Analysis and Countermeasures to
Tax Risks of Value-added Tax Invoice

增值税发票税务风险解析与应对

实战案例版

【第2版】

栾庆忠◎著

中国人民大学出版社
·北 京·

图书在版编目(CIP)数据

增值税发票税务风险解析与应对：实战案例版/栾庆忠著. --2版. --北京：中国人民大学出版社，2020.5

ISBN 978-7-300-28062-2

Ⅰ.①增… Ⅱ.①栾… Ⅲ.①发票-税收管理-风险管理-中国 Ⅳ.①F231.3

中国版本图书馆 CIP 数据核字（2020）第 069256 号

增值税发票税务风险解析与应对（实战案例版）（第 2 版）

栾庆忠 著

Zengzhishui Fapiao Shuiwu Fengxian Jiexi yu Yingdui（Shizhan Anli Ban）

出版发行	中国人民大学出版社		
社　　址	北京中关村大街 31 号	**邮政编码**	100080
电　　话	010－62511242（总编室）		010－62511770（质管部）
	010－82501766（邮购部）		010－62514148（门市部）
	010－62515195（发行公司）		010－62515275（盗版举报）
网　　址	http://www.crup.com.cn		
经　　销	新华书店		
印　　刷	涿州市星河印刷有限公司	**版　　次**	2019 年 1 月第 1 版
规　　格	175 mm×250 mm　16 开本		2020 年 5 月第 2 版
印　　张	28.5 插页 1	**印　　次**	2020 年 5 月第 1 次印刷
字　　数	541 000	**定　　价**	89.00 元

内容简介

增值税发票（简称发票）税务风险，是每位纳税人都必须面对的问题，如果处理不好，危害极大。本书全面、系统、详细地揭示了企业存在的发票税务风险，极具操作性和实战价值，能真正帮助财税人员提升发票税务风险自查与防范能力。

本书是国内第一本专注发票税务风险的书籍，自 2019 年 1 月第 1 版上市以来，深受读者喜爱，成为众多税务人员及企业财税人员的案头书。本书从纳税人角度出发，为纳税人服务，以“快速提高财税人员发票税务风险自查与防范能力，真正提高财税人员实际操作水平，降低纳税人发票税务风险，切实减轻纳税人税收负担”为目的进行编写，具有如下特色：

（1）内容全面、系统、详细。本书对与发票相关的事项进行了全面、系统、详细的讲述，既包括发票的形式审核，也包括发票的实质审核；既包括发票的一般规定，也包括发票的特殊政策；不仅传授读者发票知识，也讲透了发票背后的税收政策；不仅讲解发票税务实战操作，也会传授事半功倍的学习技巧，帮助读者建立正确的税务思维。财税人员在日常工作中遇到的发票疑难问题和关心的发票热点问题，几乎都可以在本书中找到答案和解决方法，因此，本书是一本难得的发票税务风险实战书。

（2）图、表、文并茂，好阅读，易学习。本书除了详细的文字说明，也设计了便于读者学习理解的图表。比如，在讲解建筑服务、不动产销售开票问题时，设计了建筑服务、不动产销售增值税专用发票式样；在讲解内容繁杂的问题时，设计了大量的表格：附录“四、增值税简易计税方法、发票类型及计税公式汇总表”将增值税简易征收的各种情形与发票开具一网打尽，附录“五、建筑服务、销售不动产、不动产经营租赁增值税政策及发票开具一览表”将建筑服务、不动产销售、不动产经营租赁相关的特殊政策、项目、计税方法、销售额、税率（征收率）、预缴申报、发票开具等一网打尽。

（3）以税务实战为根本特色，以实用性、可操作性为写作标准。本书突破了传统财税类书籍的固有模式，舍弃了枯燥乏味的理论知识，“干货”满满，通俗易懂，简明扼要，字字珠玑，直击要害，便于读者高效阅读、理解、吸收和消化，真正提升财税人员对发票税务风险管控的实际操作水平。

（4）案例丰富，贴近实际，来源于生活。本书精选140余个发票税务风险经典案例，涉及千余个税务风险点，是在笔者对近3年来参与纳税检查和税务咨询的几百家中小企业的发票风险真实案例梳理、汇总、分析、精选的基础上，根据最新税收政策精心编写而成，基本包括了纳税人在财税工作中会遇到的常见发票税务风险点，每个税务风险点都具有普遍性和典型性。另外，还特别精选了部分真实的法院、检察院和税务稽查局案例，以此来纠正部分读者的常见误区，让读者更加重视发票的税务风险，并学会在日常的财税工作中保护自己。

（5）条理清晰，主次分明，详略得当，重点突出。本书充分考虑了广大财税人员的需求、阅读习惯和理解能力，财税人员学习发票实战操作的最佳顺序，以及发票税务风险的重要程度，科学、合理地划分章节，排列次序。对于简单的内容，节省笔墨，力求一点就透；对于复杂疑难的内容，精选案例，采取“融法于例，以例讲法”的方式详细讲述，化繁为简，化难为易，让读者轻松掌握。

总之，本书是笔者倾心打造的一本实用性、操作性、可读性、仿真性极强，能够切实提高财税人员发票税务风险自查与防范能力，能够真正帮助纳税人降低发票税务风险的实战型工具书。

本书适用于所有增值税纳税人，不管你是哪个行业的财税人员，都可以通过本书全面、系统地学习增值税发票税务知识，提升增值税发票税务风险防控能力。

本书参考了国家税务总局网站、部分省市税务局网站的资料，大量法院、检察院、税务稽查局案例，律师文章，网络资料等，因某些资料作者不详未能标注，在此表示感谢。

本书严格按照最新税收政策进行编写，精益求精，力求做到权威、专业、准确，但限于时间和水平，难免会存在一些疏漏和不足之处，敬请广大读者批评指正。本书观点和建议仅供读者参考，切忌生搬硬套，实际工作中须特别关注税法政策的变化和主管税务机关的规定。

本书将帮助你快速提高发票税务风险管理实际操作水平，切实减少企业发票税务风险！

前　言

身为会计的你，真的会开发票吗？真的会审核发票吗？

发票一直是税务稽查的重点。国税发〔2011〕25号文中，国家税务总局就明确提出：“查账必查票”“查案必查票”“查税必查票”。

在我国“以票控税”的制度下，企业税务风险在某种程度上最终表现为票据风险。因为任何业务都离不开票据，最终都需要用票据来处理，票据不符合税法规定就产生了税务风险，而最重要的票据就是发票。因此发票风险不容忽视，苦心经营的企业可能会因为一份不符合规定的发票而被税务稽查，以致陷入泥潭甚至破产清算！很多稽查大案就是以一份小小的发票为突破口查出来的！费尽心思精心设计的经营方案可能因为一份不符合规定的发票而前功尽弃、功亏一篑！

哪些情况下必须取得发票，哪些情况下无需取得发票，很多财务人员不会判断！

发票形式繁多，什么情况下应当取得什么形式的发票，很多财务人员茫然不知！

不该开发票时却开了发票，该开发票时却不开发票，发票到底什么时候开具？很多财务人员心里没底！

赔偿款、滞纳金有时需要发票，有时又不需要发票，同样的内容不一样的处理，到底怎么把握？很多财务人员搞不懂！

企业虚开发票，不知情的会计也被判刑？会计冤枉？会计应该如何保护自己？

类似的问题还有很多：

有时能开增值税专用发票，有时却绝不能开增值税专用发票，只能开增值税普通发票。

有些业务按税法开具发票正确纳税，而不按税法开具发票同样的收入要缴纳更多的税款。

统借统还利息需不需要开具发票？

销售使用过的机器设备为什么有时开具增值税专用发票，有时又只能开具增值税普通发票？

对于同一项业务，6个会计人员能出现6种开票方法，其中4种都要多缴税款，只有2种才是税法所认可的，你知道吗？

同样的名目，有时应该由收款方给付款方开票，有时却必须由付款方给收款方开票，正确开票合法地节省税款，错误开票多缴税款。

看似相同的业务，开具发票竟有多种不同情形，有时只能开具一种发票，有时却必须开具两种发票。

做在内账上自以为隐藏收入，少缴税款，赚了便宜（一旦查出得不偿失，即使查不出也多缴了税款），岂不知严格按照会计和税法规定处理更节税。

业务真实，发票真实，为什么还是重复缴税，还要被税务处罚？

有的企业会计人员稀里糊涂地虚开了发票而不自知。

有的企业会计人员根本不会审核发票，取得几百万元的发票不符合税法规定，最终增值税不能抵扣，企业所得税不得扣除，多缴纳税款。

有的企业虚开增值税专用发票，会计人员被判刑，而有的企业虚开增值税专用发票，会计人员却没有被判刑，差别怎么就这么大？

虚开了几份增值税普通发票当即作废也会判刑？

…………

发票开具和取得并非想象得那么简单，其细节很多，所涉及税法条文遍布不同的税法政策中，就是有十几年经验的老财务也有很多并不清楚。有的企业单单不合规发票一项所涉金额就达几百万元，风险很大，基础工作做不好何谈风险防范、纳税筹划。

一个财税人员要掌握这些发票税务知识，通常需要自己摸索多年，甚至还会付出沉重的代价，才能慢慢积累起一定的经验，而通过本书则可以在短时间内迅速掌握这些增值税发票税务实战操作技能，快速提升自己的专业水平，从而成为一名优秀的财税人员。

我一直都在讲授“增值税发票管理实务与热点问题解析”这门课程，为了让更多纳税人受益和减少税务风险，我花费数月将课程内容重新整理成了这本《增值税发票税务风险解析与应对（实战案例版）》，奉献给广大读者朋友，希望各位喜欢。

本书第2版修订内容主要涉及以下方面：

（1）对近一年来发布的最新税收政策进行了全面梳理，删除了已经废止或执行到期的政策及其相关内容，代之以新政策及其新内容，比如，税率调整、异常扣税凭证管理、取消增值税扣税凭证认证确认期限、增值税专用发票丢失等最新政策内容及案例。

（2）根据最新税收政策增加了增值税发票综合服务平台升级、国内旅客运输服务抵扣、加计抵减、期末留抵税额退税等最新政策内容及案例。

(3) 对最新发票案件进行梳理分析，增加了部分典型案例，比如，最高院指导案例、最高检典型案例、法院判决案例、税务局稽查案例等。

(4) 对近一年来实际培训与咨询工作中积累的实践经验和纳税人咨询较多的热点问题根据最新政策进行整理，形成案例，融于书中。

修订后本书仍然保持第 1 版的最大特色：实战！实战！实战！本书的实战性，本书对税收政策和实战案例讲解的详细程度，可能远远超出您的想象！本书将最新税收政策与企业实际经营业务中的发票财税处理操作进行了全面、充分、有机的融合，辅以丰富的实战案例，有助于各行业财税人员全面、系统、完整地掌握增值税发票政策与实战技能。

我由衷地感谢读者，如果本书能带给大家一点思考和启发，为企业切实降低一点税务风险，将是我最大的荣幸和快乐。

读者的支持和厚爱就是我创作的动力和源泉，读者的需求和建议就是我创作的方向和目标。财税工作让我们相识，网络架起了我们沟通的桥梁，拉近了我们的距离。在感谢读者的同时，我希望能够得到读者的宝贵建议，希望能够和大家经常交流财税方面的业务。大家可以通过微信公众号“栾庆忠税缘”给我留言。

本书也是一本感恩之作，感恩这么多年来一直陪伴我的忠实读者，很多读者购买了我编写的所有图书；感恩所有的编辑朋友，没有编辑们认真细致的工作就没有精品图书的问世！特别感恩李文重和刘柳两位老师，直接促成了本书的顺利出版！

栾庆忠

目　录

第一章
发票税务风险管理

一、什么是发票税务风险？

税收是国家财政收入的主要来源，近年来，金税三期上线、增值税发票管理系统升级，税务机关的征管和检查力度不断加强，发票税务风险日益成为每个企业都必须面对的重要问题之一。发票税务风险不仅直接影响企业的经营业绩，而且会造成一定的声誉损害，严重的甚至会追究责任人的刑事责任。

国家税务总局大企业税收管理司有关负责人对企业税务风险是这样解释的：企业税务风险主要包括两方面：一是企业的纳税行为不符合税收法律法规的规定，应纳税而未纳税、少纳税，从而面临补税、罚款、加收滞纳金、刑罚处罚以及声誉损害等风险；二是企业经营行为适用税法不准确，没有用足有关优惠政策，多缴纳了税款，承担了不必要的税收负担。

对于发票税务风险，也是一样。一是企业取得或开具的发票，不符合税收法律法规的规定，应纳税而未纳税、少纳税，从而面临补税、罚款、加收滞纳金、刑罚处罚以及声誉损害等风险；二是企业取得或开具的发票，不符合税收法律法规的规定，多缴纳了税款，承担了不必要的税收负担。比如，企业取得一份不符合规定的增值税专用发票，增值税不能抵扣进项税额，企业所得税不能扣除成本费用，若企业进行了增值税抵扣进项税额和企业所得税税前扣除的处理，那么一旦被税务稽查，将面临补税、罚款、加收滞纳金等风险；若企业没有进行增值税抵扣进项税额和企业所得税税前扣除的处理，虽然没有补税、罚款、加收滞纳金等风险，但也因为该份不符合规定的增值税专用发票，造成了多缴税款的风险。

在税收实务中，发票税务风险一般是指第一种。纳税人对第一种税务风险比较重视，也会采取一定的措施进行防范和规避。但是，对于第二种税务风险，纳税人往往会忽视。而作为一名合格的财务人员，应该对这两种税务风险都予以重视，同等对待，不能厚此薄彼。

许多纳税人不禁发出种种抱怨和疑问：从来没想要漏税，为什么企业的发票还总被查出税务问题？经营风险我们都能有效控制，为什么发票税务风险总是规避不了？为什么企业辛辛苦苦挣来的钱又被补缴税款、缴纳罚款和滞纳金？为什么有的企业甚至因发票税务问题而无法经营、关门停产？

另外，企业财务处理中都有哪些发票税务风险？企业怎样对发票税务风险进行自查补救？企业怎样提前规避发票税务风险，防患于未然？企业怎样排除发票税务风险这颗“定时炸弹”？企业怎样从容应对发票的税务“检查风暴”？企业怎样才能摆脱发票税务风险的阴影？

许多企业也开始认识到，企业生存发展的最大风险已不仅仅是经营风险，还有税务风险，特别是发票的税务风险。

发票税务风险是多种多样的，有的明显，有的隐蔽；有的轻微，有的严重；有的经常出现，有的偶尔发生；有的是无意所致，有的却是故意为之；有的普遍存在于各类企业，有的只在特定行业发生。

形形色色的发票税务风险对企业的影响程度各不相同，其产生的原因众多。那么，企业发票税务风险产生的原因有哪些？如何有效地防范发票税务风险？企业常见的发票税务风险有哪些表现形式？在回答这些问题之前，先来看几个关于财务工作中的发票税务风险的小场景。

二、发票税务风险就在你身边

案例 1-1

某公司欲扩大生产规模，急需向银行贷款，需要会计师事务所出具审计报告。

审计人员问："你们的银行贷款审计提供的财务报表与纳税申报的财务报表怎么不相符？资产多了近 70 万元，收入多了近 60 万元，利润多了近 40 万元。"

公司财务负责人回答："申请银行贷款所用财务报表包含了一部分未开发票收入，公司为了合理避税，未将这部分收入进行记账和申报纳税。另外，公司还接受了捐赠的一台机器设备，没有发票，为了避税也没有入账。我们提供的财务报表是符合公司实际经营情况的。"

审计人员发现该公司一份《客户银行付款账户须知》的材料，证实了这一解释。材料上写得非常明确。

户名：某公司，账号：0000000800886600×××，开户行：某某银行某某支行，客户需要发票的请付款至此账户；

户名：王某某，账号：1617010201011845×××，开户行：某某银行某某支行，客户不需要发票的请付款至此账户。

不需要发票的客户付款至王某某的个人账户中，公司不计收入，不申报纳税；接受捐赠，公司以没有发票为由不确认捐赠收入。账外经营，多套报表，这种所谓的"合理避税"手段，明显属于逃避缴纳税款行为，不可避免地会产生发票税务风险，而发票税务风险就像一颗定时炸弹，不定何时就会爆炸。

案例 1-2

某老板在某繁华地段经营一家公司，生意十分红火，但是感觉税负偏高。为了少缴纳增值税，经人介绍认识了一个专门虚开增值税专用发票的中年男子，通过支付手续费的方式购进几十份虚开的增值税专用发票，用于抵扣税款。后来被税务稽查，最终被公安机关抓获，判刑入狱。

案例1-3

某公司发生装卸业务，取得了几份增值税专用发票，这些专用发票“名称”栏显示为“*运输服务*装卸费”，税率栏显示“9%”。该公司财务人员进行了抵扣增值税进项税额和企业所得税税前扣除的处理。

后来税务机关进行纳税检查时发现，企业取得的这几份增值税专用发票不符合税法政策规定，不能抵扣增值税进项税额，不能在企业所得税税前扣除。企业财务人员此时才知道：根据税法规定，装卸服务不属于运输服务，应属于物流辅助服务，适用税率为6%。该发票“名称”栏编码错误、“税率”栏税率错误，不符合税法政策规定，不能作为税收凭证。企业财务人员虽然主观上并没有逃避缴纳税款的故意，但因业务水平所限造成财务处理错误而少缴税款的事实。最终，企业就此笔业务补缴税款，并受到罚款和加收滞纳金的处罚。

案例1-4

某公司财务主管小李辞职，小刘接任，两人正在办理交接手续，王总监督交接手续。

小刘问：“账面上固定资产没有明细表分类核算，每月按照固定金额计提折旧，这些固定资产都有什么？计提折旧的年限、残值都是多少？另外，其他应付款有几个明细账户金额常年挂账，不发生业务，是怎么回事？”

小李答：“这是以前的财务主管遗留下来的问题，我问过前任财务主管，他也说不清楚，反正这是以前的财务主管的责任，与我们无关，不必管它。”

王总说：“具体财务工作我不懂，但是谁的责任我分得清。遗留问题要尽量解决，实在查不出原因我也不会怪你。”

小刘接任财务主管后，也同样认为遗留问题责任不在自己，也不愿费力去查找和解决这些公司遗留问题。

后来，税务机关进行税务检查时发现，该公司固定资产于5年前公司成立时购置。当时公司规模较小，老板为节省资金，购置的部分固定资产未取得发票，仅以收据入账。当时的财务主管对所有固定资产均计提了折旧，但是未建明细表分类核算，这部分未取得发票的固定资产的折旧将不允许税前扣除。而其他应付款账户常年挂账的余额实为公司最初的预收账款，后来发货时这些客户没有要求开具发票，公司又不想未开发票就缴税，担心缴税以后客户再需要开具发票时会重复缴税。财务主管又觉得预收账款余额长期挂账不好看，就把预收账款余额调整到其他应付款中。后来由于财务主管流动频繁，其他应付款科目余额就成为谁也说不清楚的烂账。这位财务主管在公司埋下的两颗“定时炸弹”，未被后几任财务主管及时识破和排除，最终因税务检查而爆炸。

案例 1-5

乙公司业务员小李与客户甲公司于20×1年12月签订了一份货物销售合同，合同约定，12月10日乙公司向甲公司提供113万元（含税）的产品，甲公司在12月20日之前付款53万元，在20×2年1月20日之前付清余款60万元。货物发出后，仓库将该批货物的出库单交到了乙公司财务部。12月20日，小李拿到了甲公司开具的转账支票交付给乙公司财务人员小赵，小赵凭借出库单开具了113万元（含税）的增值税专用发票，并进行了账务处理：确认主营业务收入100万元和增值税销项税额13万元。

根据税法规定，采取分期收款方式销售货物的，增值税纳税义务发生时间和企业所得税的收入确认时间均为合同约定的收款日期的当天。另外，销售货物先开具发票的，增值税纳税义务发生时间为开具发票的当天；企业所得税收入确认时间不变。由于没有参与销售合同的签订，业务员小李也未告知销售合同内容，小赵按照直接收款方式开具发票并确认销售收入，提前缴纳了增值税和企业所得税。若20×2年企业亏损，就不是提前缴纳企业所得税，而是多缴纳了企业所得税。

案例 1-6

甲公司因经营需要租用乙公司汽车一辆，甲公司办公室负责人直接与乙公司签订汽车租赁合同，合同约定：车辆租赁期3年，租金为4万元/年，由承租人每年1月31日之前支付，租赁期内由承租人负担车辆所需的汽油费、过路过桥费、停车费、车辆保险费、折旧费等费用。

甲公司办公室负责人将一份签订好的汽车租赁合同复印件交给该公司财务部保管。该公司财务负责人看完合同，提出了自己的意见：“这份合同条款中没有出租人向我们公司提供租赁发票的规定，另外我公司负担的车辆保险费、折旧费不得在企业所得税税前扣除，否则将造成少缴税款，会被税务机关处罚。这份合同需要修改一下。”

办公室负责人觉得麻烦，也不愿意承认自己签订的合同存在问题，最终并没有修改合同。

税法与合同法是各自独立的法律，税务机关征收税款是按照税法执行的，纳税人应交税费也是按照税法核算的。在签订经济合同时，应当考虑税法因素，不要认为合同规定承租方负担的费用就一定可以税前扣除，并且不符合税法规定的合同金额需要进行调整。

假设每年车辆保险费、折旧费等不得税前扣除的费用为 1 万元，双方可以协商修改合同条款（简便起见，未考虑出租方多计收入 1 万元造成的企业所得税、增值税等税费支出的影响）：将合同租金改为每年 5 万元，出租方为承租方开具租赁费发票，车辆保险费、折旧费等费用仍然由出租方负担。这样，承租方就可以凭借租赁合同与发票在税前扣除费用 5 万元了。

若按照原合同，只能取得 4 万元的发票，税前扣除 4 万元，1 万元的车辆保险费、折旧费因无法取得发票而不能税前扣除。若按照修改后的合同，则可以取得 5 万元的发票，税前扣除 5 万元。通过合同的签订，业务实质的变化，影响了发票的取得，减少了税款，合法地减轻了企业的税收负担。

案例 1-7

某医疗器械经销公司从事生物制品的销售，每年销售额在 200 万元左右。该公司持“医疗器械经营许可证”在税务机关进行备案后，按照简易计税办法，依照 3%的征收率对生物制品的销售开具增值税发票进行纳税申报。另外，财务人员认为是简易计税，在采购时也未取得增值税专用发票，取得的均是增值税普通发票。

后来，该公司接到主管税务局的通知，要求携带相关资料到税务机关进行核查。

核查后，税务机关告知，该公司虽然属于生物制品的销售企业，但只有“医疗器械经营许可证”，没有“药品经营许可证”，不符合国家税务总局公告 2012 年第 20 号的规定，不应享受选择简易计税按照 3%计算缴纳增值税的优惠。因此要求该公司按照一般计税，依照 13%的增值税税率，补缴增值税。

公司财务人员辩解：“选择简易计税，是经过备案的，备案时提供的材料就是‘医疗器械经营许可证’，当时税务机关负责人员并没有提出异议。”

对于财务人员的问题，税务机关负责人员解答：“简易计税只是一种计税方式，不属于税收优惠，税法中没有明确是否需要备案。企业报送错误资料后错用政策选用错误的计税方式，属于企业的责任，应当补缴税金。”

该公司因为错误地理解政策，选用了简易计税方法，只能补缴税款，而相应的进项税额因都是增值税普通发票，也无法得到抵扣。另外，错误的计税方法必然导致其开具不符合税法的发票，也必然增大了下游企业的发票税务风险。

三、发票税务风险产生的原因

通过上面7个小场景，我们可以总结出发票税务风险产生的原因。

（一）发票税务风险产生的内部因素

1. 企业缺乏正确的税务风险意识

案例1-1中的财务负责人扭曲地理解纳税筹划的内涵，采取不开发票、不入账的账外经营的不合法手段，以减少税款支出，还美其名曰“合理避税”，实则是逃避缴纳税款，为企业埋下了一颗“定时炸弹”。一经查实，企业除了必须补缴税款外，还需为此承担额外的罚款、滞纳金，滞纳金、罚款甚至会比税款多得多，企业的声誉也会受到很大的损害；若构成犯罪将被依法追究刑事责任，更是得不偿失。因此，企业应该树立正确的税务风险意识，以端正的态度对待企业纳税问题。

案例1-2中的公司老板，生意红火，不思为国家税收做贡献，也不通过合法的方法进行筹划，反而为了少缴纳增值税，主动购买虚开的增值税专用发票用于抵扣税款，最终被判刑入狱。

在现实生活中，许多企业管理者没有从思想上重视企业的税务问题，不从根源上防范税务风险。每当遇到税务检查时，第一反应就是动用社会关系和税务资源，通过找关系、走门路来解决问题。虽然有时这种方式的确奏效，但由于税务风险的客观存在并未消失，往往会留下更多的隐患，最终有可能会付出更为沉重的代价。

企业往往注重经营活动产生的经济利益，而在纳税问题上态度消极，从思想上没有形成正确的纳税观念，在纳税问题上缺乏正确的税务风险意识，并没有真正意识到税务风险的严重性。

2. 企业财务人员业务水平有限

案例1-3中的财务人员业务水平不高，不会审核取得的增值税专用发票是否符合税法规定，也未请教专业人士或从专业书籍中寻求帮助，想当然地进行账务处理。虽无主观上的故意，却造成了实际上的少缴税款，给公司造成了经济损失。

企业财务人员具备丰富的财税专业经验和较高的业务水平，及时学习和了解会计和税法的最新政策，是企业进行正确税务处理的基础。许多企业缺乏通晓税法的专业人才，无法对企业经济业务做出正确的税务处理，税务风险内部控制体系的建立更是无从谈起，这将会给企业带来较大的税务风险。

在现实生活中，许多企业财务人员业务水平一般，不求上进，每当遇到税务问题时，一筹莫展、捉襟见肘。企业财务人员大多注重对企业经营利润、往来账项等的会计核算，满足于做出三大报表和简单的纳税申报，而对税收政策却不加关注，对税法知识一知半解，对税收法规的精神把握不准，对税法没有全面的认识，对于企业经营的业务是否纳税、怎样纳税模糊不清，无法正确地判断发票是否合规，无法正确地进行税务处理。虽然主观上没有逃避缴纳税款的意愿，却容易造成纳税行为违背税收的规定，造成事实上的逃避缴纳税款，给企业带来税务风险。

3. 企业财务人员流动频繁

案例 1－4 中的前后两任财务主管均未对以前财务主管的遗留问题进行处理，导致企业未能及时规避税务风险，最终给企业造成损失。

企业财务人员流动频繁的现象在规模较小的企业尤为突出，在规模较大的企业也时有发生。财务人员流动越频繁，财务工作存在的问题就会越多，税务风险也会越大。一般来说，后任财务人员不愿费力查找前任财务人员的遗留问题。财务人员频繁流动将导致企业遗留问题越来越多，账面上会出现许多谁也说不清楚的会计事项，给企业带来非常大的税务风险。

4. 企业不重视财务工作

案例 1－5 中的货物销售合同签订虽然没有财务人员参与，也没有税务风险，但是在具体业务操作中，税务风险就产生了。企业没有按照增值税纳税义务发生时间的规定开具发票，提前开具了发票，导致企业提前缴纳了增值税和企业所得税，得不到应该享有的递延纳税的好处。

案例 1－6 中的车辆租赁合同签订没有财务人员的参与，签订人员未考虑税法因素，在合同中留下了税务风险。企业若按合同规定进行账务处理，税前扣除，难免会为少缴税款留下隐患；若按税法规定调整，虽然可以依法纳税，但企业实际支付的费用得不到税前扣除，造成了经济损失。

在现实生活中，许多企业管理者对财务部门的重视只是挂在口头上，认为企业的经济效益还是要靠业务部门，财务部门只是一个服务单位而已。财务部门不受重视，与业务部门相比地位较低，难以参与经济业务的全过程，难以有效地执行内部控制制度，自然不能很好地抵制其他部门不符合税法规定的具有税务风险的行为。

很多企业管理者都有一个认识误区，即税务处理仅是财务上的事，签合同、做业务不需要考虑税务因素，当税务上出现问题时再由财务人员来处理。实际上，合同决定业务过程，业务过程产生税，业务部门才是产生税的根源！税怎么缴不是看账怎么做，而是要看合同怎么签、业务怎么做、资金怎么走！合同、业务、资金流都已完成，税收也已产生，财务只是事后核算而已，此时再规避税务风险已经来不及。若财务人员通过做账来掩盖不符合税法规定的合同、业务和资金流，必然会为企业带来巨大的税务风险。

正是由于这个认识误区的存在，许多企业的财务部门不能参与经济业务的全过程，在经济业务进行中得不到其他部门的理解和配合，必要的程序与手续不完善，致使合同条款、业务流程、收付款方式、发票等不符合税法要求。业务部门签订经济合同时不考虑税收因素，签订经济合同后才把合同复印件送至财务部门，甚至有的企业的财务部门连经济合同复印件也无法见到，直至接到开发票通知或者收到发票、支付货款或收到货款时才知道业务的存在。财务部门处于企业经济业务处理链条的末端，无法提前防范经济业务中的税务风险，无法及时做出正确的税务处理，其结果必然是不可避免地产生税务风险。

5. 企业对政策的误读

案例 1－7 中公司财务人员因为错误地理解政策，选用了错误的计税方式，开具了错误的增值税发票，不仅要补缴税款，还不能抵扣进项税额，而且导致下游企业的发票税务风险。

只有正确地理解税收政策，才能选择正确的发票开具方式，才会正确地审核发票和判断发票能否抵扣。

（二）发票税务风险产生的外部因素

上述 5 条都是企业税务风险产生的内部因素，除此之外，企业税务风险还受到外部因素的影响。外部因素主要包括：经济形势和产业政策，市场竞争和融资环境，适用的法律法规和监管要求，税收法规或地方性法规的完整性和适用性，上级或股东的越权或违规行为，行业惯例，灾害性因素，以及其他外部风险因素。

四、发票税务风险管理的重要性

（一）从税法政策看发票税务风险管理的重要性

我们先来列举历年来出台的一些与发票相关的税法规定。

（1）《中华人民共和国发票管理办法》（根据 2010 年 12 月 20 日发布的《国务院关于修改〈中华人民共和国发票管理办法〉的决定》修订，简称《发票管理办法》）规定：不符合规定的发票，不得作为财务报销凭证，任何单位和个人有权拒收。

（2）《国家税务总局关于开展打击制售假发票和非法代开发票专项整治行动有关问题的通知》（国税发〔2008〕40 号）规定：整治不合法发票的买方市场，是专项整治行动的重要方面，对于不符合规定的发票和其他凭证，包括虚假发票和非法代开发票，均不得用以税前扣除、出口退税、抵扣税款。

（3）《国家税务总局稽查局关于〈进一步做好房地产行业税收专项检查工作〉的通知》（稽便函〔2008〕42号）规定：要对被查企业列支成本费用的票据进行重点核对，单张票面金额在10万元以上的票据必须全部进行核查。

（4）《国家税务总局关于进一步加强普通发票管理工作的通知》（国税发〔2008〕80号）规定：在日常检查中发现纳税人使用不符合规定发票特别是没有填开付款方全称的发票，不得允许纳税人用于税前扣除、抵扣税款、出口退税和财务报销。对应开不开发票、虚开发票、制售假发票、非法代开发票，以及非法取得发票等违法行为，应严格按照《发票管理办法》的规定处罚；有偷逃骗税行为的，依照《中华人民共和国税收征收管理法》（简称《税收征收管理法》）的有关规定处罚；情节严重触犯刑律的，移送司法机关依法处理。

（5）《国家税务总局关于印发〈房地产开发经营业务企业所得税处理办法〉的通知》（国税发〔2009〕31号）规定：企业在结算计税成本时其实际发生的支出应当取得但未取得合法凭据的，不得计入计税成本，待实际取得合法凭据时，再按规定计入计税成本。

（6）《国家税务总局关于印发〈进一步加强税收征管若干具体措施〉的通知》（国税发〔2009〕114号）规定：未按规定取得的合法有效凭据不得在税前扣除。

（7）《国家税务总局关于贯彻落实〈整治虚假发票“买方市场”工作方案〉相关问题的通知》（国税发〔2010〕92号）规定：对纳税人购买、取得的虚假发票，不允许用以税前扣除、抵扣税款、办理出口退（免）税和财务核算；对检查发现的问题，稽查部门要及时反馈征管部门；对使用虚假发票问题严重的纳税人，征管部门要相应调降其纳税信用等级；对检查中发现发票违法行为涉嫌犯罪的，要及时依法移送公安机关。

（8）《国家税务总局关于认真做好2011年打击发票违法犯罪活动工作的通知》（国税发〔2011〕25号）规定：进一步加强对纳税单位和个人发票使用情况的检查。各级税务机关要将发票检查作为税务检查的必查步骤和必查项目，将纳税单位和个人发票使用情况的检查与行业税收专项检查、区域税收专项整治、重点税源企业检查、专案检查工作一同布置、一同组织、一同进行，做到“查账必查票”“查案必查票”“查税必查票”。

（9）《国家税务总局稽查局关于重点企业发票使用情况检查工作相关问题的补充通知》（稽便函〔2011〕31号）规定：对企业列支项目为“会议费”“餐费”“办公用品”“佣金”和各类手续费等的发票，须列为必查发票进行重点检查。对此类发票要逐笔进行查验比对，重点检查企业是否存在利用虚假发票及其他不合法凭证虚构业务项目、虚列成本费用等问题。

(10)《国家税务总局关于开展增值税发票使用管理情况专项检查的通知》(税总函〔2016〕455号)对检查内容规定如下：

1）纳税人发票开具是否规范。纳税人销售货物、劳务、服务、无形资产或不动产，是否以各种理由拒绝开票；是否违反规定要求购买方额外提供证件证明导致开票难；是否随意变更品名等错开票；纳税人开具增值税电子普通发票，购买方当场索取纸质普通发票的，纳税人是否提供。

2）税务机关代开发票是否规范。税务机关是否严格按照纳税服务规范代开发票，是否额外要求纳税人提供相关证件或其他证明材料，是否审核纳税人申请代开发票内容超经营范围。

3）税务机关发票发放及缴销是否规范。税务机关是否根据纳税人生产经营和发票使用的实际情况，合理发放发票，满足纳税人生产经营的合理需求。

(11)《国家税务总局关于增值税发票开具有关问题的公告》(国家税务总局公告2017年第16号)规定：

1）自2017年7月1日起，购买方为企业的，索取增值税普通发票时，应向销售方提供纳税人识别号或统一社会信用代码；销售方为其开具增值税普通发票时，应在"购买方纳税人识别号"栏填写购买方的纳税人识别号或统一社会信用代码。不符合规定的发票，不得作为税收凭证。

本公告所称企业，包括公司、非公司制企业法人、企业分支机构、个人独资企业、合伙企业和其他企业。

2）销售方开具增值税发票时，发票内容应按照实际销售情况如实开具，不得根据购买方要求填开与实际交易不符的内容。销售方开具发票时，通过销售平台系统与增值税发票税控系统后台对接，导入相关信息开票的，系统导入的开票数据内容应与实际交易相符，如不相符应及时修改完善销售平台系统。

(12)《国家税务总局关于增值税发票管理若干事项的公告》(国家税务总局公告2017年第45号)规定：自2018年1月1日起，纳税人通过增值税发票管理新系统开具增值税发票(包括增值税专用发票、增值税普通发票、增值税电子普通发票)时，商品和服务税收分类编码对应的简称会自动显示并打印在发票票面"货物或应税劳务、服务名称"或"项目"栏次中。

(13)《企业所得税税前扣除凭证管理办法》(国家税务总局公告2018年第28号)规定：企业取得私自印制、伪造、变造、作废、开票方非法取得、虚开、填写不规范等不符合规定的发票，以及取得不符合国家法律、法规等相关规定的其他外部凭证，不得作为税前扣除凭证。

(14)《国家税务总局关于进一步做好纳税人增值税发票领用等工作的通知》(税总函〔2019〕64号)第三条规定：纳税人在办理实名认证时，主管税务机关应及时对其法定代表人（业主、负责人）进行税法宣传，提示发票使用中存在的涉税风险，提醒发票违法违规需要承担的法律责任。税务总局结合部分地区相关工作经验，编制了《发票使用风险提示提醒样例》，各级税务机关可以以此为参考，创新开展相关工作。发票使用风险提示提醒样例如下：

发票使用风险提示提醒样例

尊敬的法定代表人（业主、负责人）：

您正在进行实名办税身份认证，实名认证后，将可以办理发票领用等涉税事项，也将承担相关法律责任。为了防止不法分子骗取、冒用、盗用您的身份信息，将您作为企业的法定代表人（业主、负责人），从事虚开发票等违法活动，现将发票使用有关风险提示提醒如下：

如果您作为法定代表人（业主、负责人）的企业虚开增值税专用发票或者虚开用于骗取出口退税、抵扣税款的其他发票，按照《中华人民共和国刑法》第二百零五条规定，对单位判处罚金，并对其直接负责的主管人员和其他直接责任人员，处三年以下有期徒刑或者拘役；虚开的税款数额较大或者有其他严重情节的，处三年以上十年以下有期徒刑；虚开的税款数额巨大或者有其他特别严重情节的，处十年以上有期徒刑或者无期徒刑。

如果您作为法定代表人（业主、负责人）的企业虚开《中华人民共和国刑法》第二百零五条规定以外的其他发票，情节严重的，对单位判处罚金，并对其直接负责的主管人员和其他直接责任人员，处二年以下有期徒刑、拘役或者管制；情节特别严重的，处二年以上七年以下有期徒刑。

如果您作为法定代表人（业主、负责人）的企业虚开发票并符合相关条件，税务部门将向社会公布并会同相关部门采取联合惩戒和管理措施。

（二）从金税三期系统看发票税务风险管理的重要性

经历了 20 年的税务科技改革历程，中国的税务信息化已经从早期用微机做税务报表，发展到充分利用信息技术精细化管理的阶段。

税务信息化即中国税收征管信息系统，简称金税三期工程，英文缩写为 CTAIS，是中国税收信息化建设进入新阶段的标志。金税三期工程建立了覆盖所有税种、所有工作环节，并与有关部门联网的税收信息化的“天罗地网”，全面加强了税收管理，带动了我国整个税收工作的现代化建设。

随着 2016 年 10 月最后 7 个省区金税三期系统的上线，在全国范围内顺利实现了税收征管系统的全覆盖。金税三期上线的目标是对企业实现 360 度全方位的信息收集，企业实时处于税务机关的全程监控之中，目的就是打击偷漏税。

金税三期系统充分发挥数据优势，借鉴电商平台的标签化技术，用数据勾勒出纳税人的 360 度立体“画像”，全面反映纳税人的经营情况、诚信记录、涉税风险、税收贡献、纳税习惯等信息，为税务部门开展差别化纳税服务、精细化税源管理和针对性风险管控提供了数据支撑。

金税三期产生于“互联网＋税务”的时代，带有大数据、云计算等神乎其神的功能，强大到你不可想象！未来涉税信息被一眼看到底，逃税、避税成为不可能，有人说企业再要糊弄税务机关，就好比穿着“皇帝的新装”在大街上裸奔，企业很多的问题都暴露在金税三期强大的系统之下，成为纳税评估或税务稽查的对象。

金税三期可以说是个监控器，其风险管理系统专门“找茬”，分析同行数据、同期数据，如有不规律波动，就会被列入重点分析对象。

金税三期系统实现了信息共享和外部涉税信息管理。国税和地税合并前，金税三期优化系统通过建设国税、地税统一标准的核心征管应用系统，实现国税和地税业务交互、信息实时共享，加强共管户的管理，实现联合登记、联合双定户核定、联合信用等级评定、申报信息共享，提高双方信息采集准确率，达到国税和地税双方强化税源管理、提高税源管理水平的目的。通过双方信息的共享共用，优化办税程序，减轻纳税人的税收负担，提高纳税服务水平。以外部涉税信息交互为基础，充分利用现代信息技术手段，构建全国统一的外部信息管理系统和信息交换通道，形成以涉税信息的采集、整理、应用为主线的管理体系，为强化税源管理提供外部信息保障。2016 年，湖北省 33 个部门涉税信息共享，湖北地税一年信息淘金超百亿元。当年，湖北地税部门通过这一平台获取涉税信息 7 000 多万条，转化税收 118.8 亿元。

国税和地税合并后，金税三期系统对所有纳税人信息进行整合，强化对纳税人全面涉税业务的监控功能。金税三期系统，让企业的税务风险特别是发票风险成倍增加！

金税三期系统，让企业的税务风险特别是发票风险成几何倍数增加！

（三）从增值税发票管理新系统看发票税务风险管理的重要性

增值税发票管理新系统简介如下。

1. 建立发票电子底账库

新系统的核心就是建立了及时、完整、准确的发票电子底账库，即开具发票信息库。纳税人开具的发票全票面信息（包括所有汉字和数字内容）实时加密上传税务机关，生成发票电子底账库，作为纳税申报、发票数据查验以及税源管理、数据分析利用的依据。开票数据实时跨省异地传送，实现增值税纳税人纳税申报“一窗式”票票比对、票表比对管理，有效解决不法分子虚开发票、篡改发票汉字信息等问题，全面提升税收管理的质量和效率。电子底账系统如图 1－1 所示。

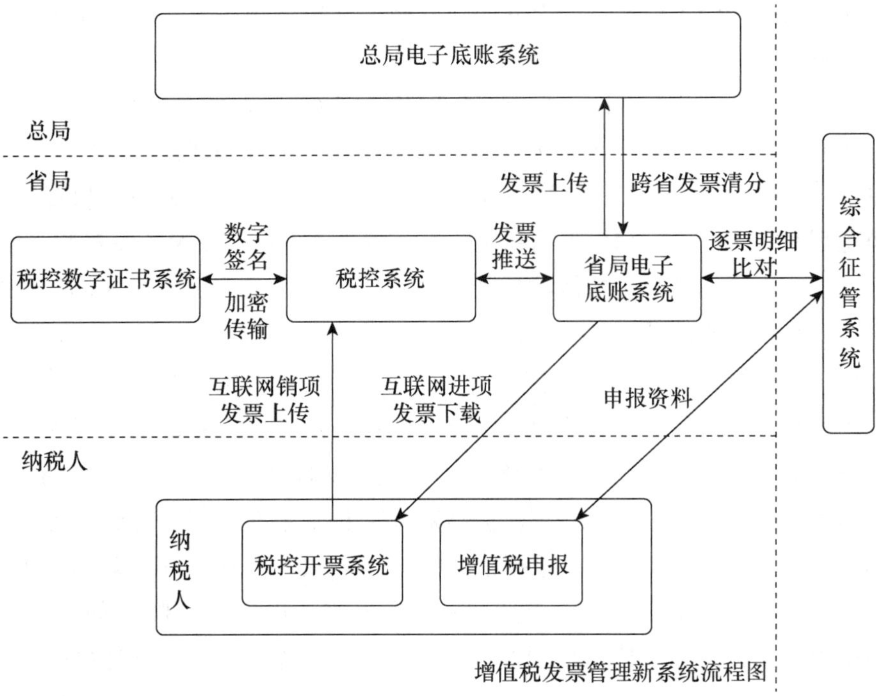

图 1－1　国家税务总局电子底账系统

2. 为税收征收管理提供了快速有效的手段

新系统插上了互联网的翅膀，为税务机关加强税收征收管理提供了快速有效的征管手段。税务机关可实时采集、监控纳税人发票开具情况，及时分析发现开票异常、申报异常的疑点纳税人，并调整其离线开票参数控制，通过网络远程控制纳税人端税控系统，暂停其发票开具，快速处理，防范税收风险。

3. 全国统一的发票真伪查验平台

新系统建立全国统一的发票真伪查验平台，向一般纳税人提供进项税额专用发票数据，向受票方及相关第三方提供普通发票数据查验服务，实现发票“真票真开”，有效解决虚假发票泛滥问题，极大地压缩虚假发票的空间，净化社会环境，促进社会诚信体系建设。会计人员、审计人员、纪检人员可通过电脑、手机进入查验系统，实时便捷地对每一张发票信息进行查询、查验和核对。

4. 大数据分析应用

新系统涵盖全部纳税人的增值税专用发票和普通发票信息，税务部门可实时采集包括交易双方名称、交易商品名称、交易金额、数量、单位等内容的信息，及时、完整、准确的全票面信息，能够客观、快捷、方便、真实反映地区、行业、企业经济发展和物流情况。税务机关通过增值税发票管理新系统，能够掌握大部分经济活动的基本数据及动向，从而强化税源管理、风险控制。通过大数据分析应用，可为宏观经济决策提供更为真实、全面、详细的数据支持。

在新系统下，货物、劳务、服务、无形资产、不动产的名称通过编码标准化了，增值税纳税人所有的进项业务和销项业务全部处在增值税发票系统的监控下，纳税人投入和产出之间的关系也将纳入税务机关的全面监控下。在这个大数据下，税务机关的风险模型可以真正发挥作用，企业想隐藏收入变得难度更大！所以，再次提醒大家：一定不要买发票！一定不要虚开发票！

5. 数据安全可靠

新系统实现了纳税人网上办税税务数字证书安全认证和发票数据加密验签，税务机关采集传输的发票数据、申报数据均为加密安全数据，保障纳税人网上办税数据的安全性，防止数据被篡改、盗取；同时可防范税务机关内部人为篡改、删除数据的内部控制风险，满足税务机关内部控制机制建设的要求，强化廉政建设。

从新系统的五大特点我们可以看出发票税务风险管理的重要性。

(四) 从假发票案例看发票税务风险管理的重要性

下面来看一起持有伪造普通发票的案件。

案例 1-8

被告人赖某犯持有伪造的发票罪，判处拘役 6 个月，缓刑 1 年，并处罚金 5 000 元。具体判决书如下：

湖北省宜昌市西陵区人民法院

刑事判决书

〔2014〕鄂西陵刑初字第×××××号

公诉机关湖北省宜昌市西陵区人民检察院。

被告人赖某，男，1978 年 2 月 3 日出生，汉族，原系宜昌市西陵一路“忆口香龙虾餐馆”的负责人，户籍地为浙江省临海市尤溪外镇官坑村 51 号。因涉嫌持有伪造的发票罪，于 2013 年 7 月 31 日被宜昌市公安局刑事拘留，同年 8 月 6 日被该局取保候审，同年 11 月 28 日被宜昌市西陵区人民检察院取保候审，同年 12 月 19 日被本院决定取保候审。

辩护人：赵某，湖北三立律师事务所律师。

湖北省宜昌市西陵区人民检察院以宜市西检刑诉〔2013〕243 号起诉书指控被

告人赖某犯持有伪造的发票罪，于 2013 年 12 月 19 日向本院提起公诉。本院受理后，依法适用简易程序，实行独任审判，于 2014 年 1 月 6 日公开开庭进行了审理。湖北省宜昌市西陵区人民检察院检察员谭某某出庭支持公诉，被告人赖某等到庭参加诉讼。现已审理终结。

经审理查明：2013 年 5 月，被告人赖某受老乡李某邀约，来到宜昌为其管理位于宜昌市西陵一路的“忆口香龙虾餐馆”。由于该店没有办理相关营业执照及税务登记，在经营的过程中经常有顾客因结账需要发票而产生纠纷。为应付客人结账，被告人赖某于 2013 年 7 月从一上门推销发票的人手中，用 400 元的价格购买了 8 本共 399 份伪造的宜昌市地方税务局通用定额发票，用于餐馆经营使用，后被税务机关查获。经鉴定，查获的发票均系非法印制的假发票。

被告人赖某所在社区矫正组织书面表示愿意接受其进行改造，并建议适用非监禁刑。

上述事实，被告人赖某在开庭审理过程中无异议，且有证人朱某、彭某、周某的证言，抓获经过，收缴发票清单，身份证明材料，发票鉴定书等证据证实，足以认定。

本院认为，被告人赖某明知是伪造的发票而持有，数量较大，其行为已构成持有伪造的发票罪。公诉机关指控的罪名成立。被告人赖某如实供述自己的罪行，依法可以从轻处罚。鉴于被告人赖某有悔罪表现，且落实了社区矫正机构，可以适用非监禁刑。根据《中华人民共和国刑法》第二百一十条之一，第六十七条第三款，第七十二条，第七十三条第一款、第三款之规定，判决如下：

被告人赖某犯持有伪造的发票罪，判处拘役六个月，缓刑一年，并处罚金 5 000 元。（缓刑考验期限，从判决确定之日起计算。罚金于判决生效后十日内缴纳。）

如不服本判决，可在接到判决书的第二日起十日内，通过本院或直接向湖北省宜昌市中级人民法院提起上诉。书面上诉的，应当提交正本一份，副本三份。

审判员　×××

二〇一四年一月六日

书记员　×××

下面来看一起虚开伪造普通发票案件。

案例 1－9

小发票引来大关注，涉案公司被罚 35 万元，会计被刑拘，老板被追逃。

2014 年，汕头市国税局稽查局联合市地税局稽查局①，从一张疑点发票入手，顺藤摸瓜，成功查处一起虚开伪造普通发票案件，涉及假发票 105 份，金额 917 万元，两名涉案人员被刑拘。

根据《中华人民共和国发票管理办法》的有关规定，汕头市国税局对信德强公司虚开伪造的普通发票的行为处以 35 万元罚款。同时，信德强公司对外虚开普通发票、开具伪造发票的行为，涉嫌触犯刑法，税务部门已将本案移交公安机关做进一步立案侦查。对该案件中其他涉案公司的税收违法行为，已另案处理。

信德强公司的涉案人员会计林某、领票人纪某等已被汕头市公安局刑拘，该公司实际经营者余某已被公安机关网上追逃。

资料来源：虚开普通发票，两人被刑拘. 南方日报，2017-02-28（A6）.

不管是开票方还是受票方，不要存在侥幸心理，一定要对假发票坚决说“不”，对假发票零容忍，否则，后果不是你能承受的！

（五）从虚开发票案例看发票税务风险管理的重要性

我们先来看近年来的一些虚开发票案件。

案例 1-10

2015 年，上海市在全国率先试点应用增值税发票管理新系统，市税务局在做好试点工作的同时，就着手利用新系统的数据信息进行比对分析、风险识别。2015 年 6 月，通过指标模型分析，发现上海春详贸易有限公司、上海尤云商贸有限公司、上海云刘商贸有限公司等三家企业涉嫌虚开增值税专用发票，涉及销售金额 7.8 亿元、税额 1.3 亿元。

案例 1-11

武汉破获 3.1 亿元虚开发票大案！增值税发票管理新系统发挥关键作用！

2016 年，湖北省武汉市国税局和公安局联合执法，破获一起特大虚开增值税发票案，涉案金额 3.1 亿元、税额 5 270 万元。

本案中，国税部门和公安部门税警联合对全国 9 个省市的 21 家涉案企业进行侦查，截至 2016 年 5 月，公安机关已经批捕 6 名犯罪嫌疑人。这也是湖北省推行增值

① 自 2018 年起，国税与地税合并。但由于本书中部分案例为 2018 年国税、地税合并之前的，因此，国税和地税依然存在。

税发票管理新系统以来，案源查找最准，查处速度最快，打击现行虚开犯罪较好的一起案件。

案例 1-12

北京市海淀区税警联合，抓捕百余名买票企业负责人！

2017 年 12 月 28 日，北京市海淀区国税局披露，该局独树一帜将打击对象集中到买票方，税警合作一举羁押涉案嫌疑人 130 人、刑拘 86 人，发现涉及发票 4 800 份，金额 2.8 亿元。

案例 1-13

“12·1”跨省虚开增值税发票大案。

2018 年，湖北省税务部门联合公安部门创新运用增值税发票风险管理防控大平台（以下简称防控大平台），采取“定位＋引导”“预警＋共享”“税务＋公安”的链条式打击模式，成功破获“12·1”跨省虚开增值税发票大案，铲除 3 个以虚开普通发票为主的犯罪团伙，抓捕犯罪嫌疑人 29 名。

这 3 个团伙涉嫌控制 122 户空壳企业，涉嫌虚开增值税发票 14 938 份（其中专用发票 1 947 份、普通发票 12 991 份），涉嫌虚开金额 50.38 亿元（其中虚开普通发票 45.12 亿元），下游受票企业有 2 490 户，涉及湖北、北京、上海、江苏等 32 个省市，湖北武汉地区已查补税额 1 823 万元。

此案获得了公安部“论剑 2018”大比武活动财税领域全国第一名。

案例 1-14

“3·3”特大虚开普通发票案刷新最高涉案额度。

广东省公安厅召开“飓风 2019”专项行动新闻发布会，通报了“飓风 2019”专项行动阶段性战果，深圳市公安机关成功侦破“3·3”特大虚开普通发票案，初步统计涉案企业 900 余户，涉案金额高达 53 亿元。

这一案件刷新了深圳历年来破获虚开普通发票案的最高涉案额度。2018 年公布的沈某等人特大虚开增值税普通发票案涉案金额高达 49 亿元。

据广东省公安厅发布的消息，2019 年 3 月 19 日，在省公安厅经侦局的统筹指挥下，深圳市公安机关联合深圳市税务局稽查局，对“3·3”特大虚开普通发票专案展开收网行动，现场抓获沈某伟、卓某足、沈某建等主要犯罪嫌疑人 7 人。

2019 年 2 月，深圳市公安局经侦支队接到深圳市税务局稽查局移交的案件线索称：有不法分子涉嫌操控大量空壳企业进行普通发票虚开违法犯罪，通过不申报或虚假申报逃避缴纳税款，严重危害深圳税收秩序。接到线索后，深圳市公安局经侦支队迅速与税务部门对接，成立联合专案组，从几十户虚开企业入手，通过大数据分析筛选出 1 000 余户高风险企业。深圳市公安局经侦支队联合深圳市税务局稽查局，在网警支队、龙华分局、罗湖分局、福田分局等部门大力配合下，成功展开收网行动。

行动中共打掉虚开犯罪团伙 2 个，现场抓获沈某伟、卓某足、沈某建等主要犯罪嫌疑人 7 名，摧毁虚开犯罪窝点 5 个，现场查获空白发票 33 500 余份、公章 900 余个、身份证 400 余个，扣押电脑、账册、税务登记证、银行存折（卡）、U 盾等作案工具一批，初步统计涉案企业 900 余户，涉案金额高达 53 亿元。

随着国家税务总局在增值税发票管理新系统中导入商品和服务编码，后期所有的增值税发票（不管是普通发票还是专用发票）全面纳入网络开具，税务管理的大数据时代真正来临，企业必须高度关注税务风险！

再次提醒：一定不要买发票！一定不要虚开发票！

虚开增值税专用发票的税务风险主要体现在以下几个方面。

1. 补缴已申报抵扣的增值税款

《国家税务总局关于纳税人虚开增值税专用发票征补税款问题的公告》（国家税务总局公告 2012 年第 33 号）规定：纳税人虚开增值税专用发票，未就其虚开金额申报并缴纳增值税的，应按照其虚开金额补缴增值税；已就其虚开金额申报并缴纳增值税的，不再按照其虚开金额补缴增值税。税务机关对纳税人虚开增值税专用发票的行为，应按《税收征收管理法》及《发票管理办法》的有关规定给予处罚。纳税人取得虚开的增值税专用发票，不得作为增值税合法有效的扣税凭证抵扣其进项税额。

无论有没有实际经营活动，一旦被查处为自己、让他人为自己虚开增值税专用发票，凭虚开增值税专用发票申报抵扣的税款必须补缴入库。

2. 被罚款、加收滞纳金

《税收征收管理法》第六十三条规定：对纳税人逃避缴纳税款的，由税务机关追缴其不缴或者少缴的税款、滞纳金，并处不缴或者少缴的税款百分之五十以上五倍以下的罚款。根据《税收征收管理法实施细则》第五十二条规定：滞纳金的计算期限自纳税人应缴未缴税款之日起至实际缴纳之日止，按日加收滞纳税款万分之五。

《国家税务总局关于纳税人取得虚开的增值税专用发票处理问题的通知》（国税发〔1997〕134 号）规定：

（1）受票方利用他人虚开的专用发票，向税务机关申报抵扣税款进行偷税的，应当依照《税收征收管理法》及有关规定追缴税款，处以偷税数额五倍以下罚款；进项税额大于销项税额的，还应当调减其留抵的进项税额。利用虚开的专用发票进行骗取出口退税的，应当依法追缴税款，处以骗税数额五倍以下罚款。

（2）在货物交易中，购货方从销售方取得第三方开具的专用发票，或者从销货地以外的地区取得专用发票，向税务机关申报抵扣税款或者申请出口退税的，应当按偷税、骗取出口退税处理，依照《税收征收管理法》及有关规定追缴税款，处以偷税、骗税数额五倍以下罚款。

3. 承担刑事责任

《中华人民共和国刑法》（以下简称《刑法》）第二百零五条规定：虚开增值税专用发票或者虚开用于骗取出口退税、抵扣税款的其他发票的，处三年以下有期徒刑或者拘役，并处二万元以上二十万元以下罚金；虚开的税款数额较大或者有其他严重情节的，处三年以上十年以下有期徒刑，并处五万元以上五十万元以下罚金；虚开的税款数额巨大或者有其他特别严重情节的，处十年以上有期徒刑或者无期徒刑，并处五万元以上五十万元以下罚金或者没收财产。

单位犯本条规定之罪的，对单位判处罚金，并对其直接负责的主管人员和其他直接责任人员，处三年以下有期徒刑或者拘役；虚开的税款数额较大或者有其他严重情节的，处三年以上十年以下有期徒刑；虚开的税款数额巨大或者有其他特别严重情节的，处十年以上有期徒刑或者无期徒刑。

《最高人民法院关于虚开增值税专用发票定罪量刑标准有关问题的通知》（法〔2018〕226 号）规定，自本通知下发之日（2018 年 8 月 22 日）起，人民法院在审判工作中不再参照执行《最高人民法院关于适用〈全国人民代表大会常务委员会关于惩治虚开、伪造和非法出售增值税专用发票犯罪的决定〉的若干问题的解释》（法发〔1996〕30 号）第一条规定的虚开增值税专用发票罪的定罪量刑标准。

在新的司法解释颁行前，对虚开增值税专用发票刑事案件定罪量刑的数额标准，可以参照《最高人民法院关于审理骗取出口退税刑事案件具体应用法律若干问题的解释》（法释〔2002〕30 号）第三条的规定执行，即虚开的税款数额在五万元以上的，以虚开增值税专用发票罪处三年以下有期徒刑或者拘役，并处二万元以上二十万元以下罚金；虚开的税款数额在五十万元以上的，认定为《刑法》第二百零五条规定的“数额较大”；虚开的税款数额在二百五十万元以上的，认定为《刑法》第二百零五条规定的“数额巨大”。

虚开增值税专用发票犯罪分子与骗取税款犯罪分子均应当对虚开的税款数额和实际骗取的国家税款数额承担刑事责任。

4. 信用影响

根据《重大税收违法失信案件信息公布办法》（国家税务总局公告 2018 年第 54 号）第五条规定，符合以下标准的发票案件属于“重大税收违法失信案件”：

（1）虚开增值税专用发票或者虚开用于骗取出口退税、抵扣税款的其他发票的；

（2）虚开普通发票 100 份或者金额 40 万元以上的；

（3）私自印制、伪造、变造发票，非法制造发票防伪专用品，伪造发票监制章的；

（4）具有偷税、逃避追缴欠税、骗取出口退税、抗税、虚开发票等行为，经税务机关检查确认走逃（失联）的；

（5）其他违法情节严重、有较大社会影响的。

《重大税收违法失信案件信息公布办法》（国家税务总局公告 2018 年第 54 号）第七条规定，公布重大税收违法失信案件信息，应当主要包括以下内容：

（1）对法人或者其他组织，公布其名称，统一社会信用代码或者纳税人识别号，注册地址，法定代表人、负责人或者经法院裁判确定的实际责任人的姓名、性别及身份证号码（隐去出生年、月、日号码段，下同），经法院裁判确定的负有直接责任的财务人员、团伙成员的姓名、性别及身份证号码；

（2）对自然人，公布其姓名、性别、身份证号码；

（3）主要违法事实；

（4）走逃（失联）情况；

（5）适用的相关法律依据；

（6）税务处理、税务行政处罚等情况；

（7）实施检查的单位；

（8）对公布的重大税收违法失信案件负有直接责任的涉税专业服务机构及从业人员，税务机关可以依法一并公布其名称、统一社会信用代码或者纳税人识别号、注册地址，以及直接责任人的姓名、性别、身份证号码、职业资格证书编号等。

上述第（1）项中法人或者其他组织的法定代表人、负责人与违法事实发生时的法定代表人、负责人不一致的，应一并公布，并对违法事实发生时的法定代表人、负责人进行标注。

经法院裁判确定的实际责任人，与法定代表人或者负责人不一致的，除有证据证明法定代表人或者负责人有涉案行为外，只公布实际责任人信息。

《重大税收违法失信案件信息公布办法》（国家税务总局公告 2018 年第 54 号）

第十二条规定：案件信息一经录入相关税务信息管理系统，作为当事人的税收信用记录永久保存。

虚开增值税专用发票一旦被查处，纳税人在贷款人、投资人、客户、供货商的信誉度会下降，纳税人正常的经营运作会受到较大的负面影响，涉案当事人的信誉也将受到影响。

5. 被惩戒

《重大税收违法失信案件信息公布办法》（国家税务总局公告2018年第54号）第十三条规定，对按《重大税收违法失信案件信息公布办法》公布的当事人，依法采取以下措施：

（1）纳税信用级别直接判为D级，适用相应的D级纳税人管理措施；

（2）对欠缴查补税款的纳税人或者其法定代表人在出境前未按照规定结清应纳税款、滞纳金或者提供纳税担保的，税务机关可以依据《中华人民共和国税收征收管理法》相关规定，通知出入境管理机关阻止其出境；

（3）税务机关将当事人信息提供给参与实施联合惩戒的相关部门，由相关部门依法对当事人采取联合惩戒和管理措施；

（4）税务机关依法采取的其他严格管理措施。

《重大税收违法失信案件信息公布办法》（国家税务总局公告2018年第54号）第十四条规定：对按本办法第九条规定不向社会公布的当事人，纳税信用级别直接判为D级，适用相应的D级纳税人管理措施。

需要注意的是：不要存在侥幸心理，不要认为税额小就没事，不要心存幻想，小税额被查的概率会越来越大！请看下面两个案例。

案例1-15

抵扣1.2万元，夫妻获刑1年6个月①。

2015年年底，青岛市国税局稽查部门联合公安机关在侦办青岛某商贸有限公司虚开增值税专用发票案的过程中，发现青岛超旭工贸有限公司涉嫌取得青岛某商贸有限公司虚开的增值税专用发票。国税、公安部门联合专案组遂对青岛超旭工贸有限公司账簿凭证等纳税资料进行检查，并对该公司实际经营负责人秦某某、财务负责人董某某进行询问。根据秦某某与董某某供述，二人系夫妻关系，秦某某发现青

① 此案发生当时执行《最高人民法院关于适用〈全国人民代表大会常务委员会关于惩治虚开、伪造和非法出售增值税专用发票犯罪的决定〉的若干问题的解释》（法发〔1996〕30号）第一条规定的虚开增值税专用发票罪的定罪量刑标准：虚开税款数额1万元以上的或者虚开增值税专用发票致使国家税款被骗取5 000元以上的，应当依法定罪处罚。

岛超旭工贸有限公司进项发票不够抵扣，便联系青岛某商贸有限公司负责人孙某某，并由董某某到孙某某处，虚开了销货单位为青岛某商贸有限公司增值税专用发票一份，价税合计8.3万元。同时，董某某按5%向孙某某支付了4100元的开票费。

根据上述违法事实及相关法律法规规定，青岛超旭工贸有限公司在没有真实货物交易、真实资金往来的情况下，取得增值税专用发票，抵扣增值税进项税额1.2万元，已构成偷税行为，被国税部门责令补缴增值税、企业所得税1.9万元。同时，该案移送司法机关，并由李沧区人民法院作出判决，判处秦某某有期徒刑1年6个月，缓刑2年；判处董某某有期徒刑1年6个月，缓刑2年。

案例1-16

让他人为自己虚开税额50 433.33元发票，判3年罚5万元！具体判决书如下：

安徽省芜湖县人民法院

刑事判决书

〔2016〕皖0221刑初×××号

公诉机关安徽省芜湖县人民检察院。

被告人骆某甲，于安徽省芜湖县，芜湖县永峰机械制造有限公司（以下简称永峰公司）法人代表。因本案于2015年11月19日被芜湖县公安局取保候审，2016年7月25日被安徽省芜湖县人民检察院取保候审。2016年8月18日本院决定对其取保候审，现取保候审在其住所。

安徽省芜湖县人民检察院以芜湖检刑诉〔2016〕187号起诉书指控被告人骆某甲犯虚开增值税专用发票罪，于2016年8月18日向本院提起公诉。本院于2016年8月30日依法组成合议庭，适用简易程序，公开开庭审理了本案。安徽省芜湖县人民检察院指派检察员许芳出庭支持公诉，被告人骆某甲到庭参加诉讼。现已审理终结。

经审理查明：被告人骆某甲为抵扣销项税款，于2015年4月主动联系出售增值税专用发票的李某（姓名不详）让其为永峰公司开具30万元增值税专用发票，并支付开票费。被告人骆某甲在永峰公司没有与南通市正贵贸易有限公司发生货物购销的情况下，从李某处取得售货方为南通市正贵贸易有限公司的增值税专用发票3份，票面金额共计296 666.67元，税额共计50 433.33元，并分别于2015年4月和5月，持上述发票在芜湖县国税局办理认证手续，抵扣永峰公司应缴税款共计50 433.33元。

被告人骆某甲主动投案，到案后如实供述了犯罪事实。现已退出全部抵扣税款

50 433.33元。

对上述犯罪事实，被告人骆某甲在开庭审理过程中亦无异议，且有物证——增值税专用发票；书证——浙江省义乌市公安局请示及相关材料，私营企业基本注册信息查询单，芜湖县国税局纳税人情况信息表及纳税申报表等材料，归案经过，常住人口基本信息，前科查询记录；证人骆某乙、王某、杨某、金某甲、金某乙的证言以及被告人骆某甲的供述和辩解等证据证实，证据之间能够相互印证，形成证明体系，足以认定。

本院认为，被告人骆某甲让他人为自己虚开增值税专用发票，情节严重，其行为已触犯《中华人民共和国刑法》第二百零五条第一款、第三款，构成虚开增值税专用发票罪。公诉机关的指控事实和罪名成立，本院予以支持。被告人骆某甲主动投案，并如实供述自己的犯罪事实，根据《中华人民共和国刑法》第六十七条第一款之规，系自首，可以从轻或者减轻处罚。庭审中，被告人骆某甲自愿认罪，认罪态度较好，依法可酌情从轻处罚。故根据被告人骆某甲的犯罪事实、情节和悔罪表现，对其没有再犯罪的危险适用缓刑，决定对其宣告缓刑。本院为维护正常的税收征管秩序，惩罚犯罪，根据《中华人民共和国刑法》第二百零五条第一、三款，第六十七条第一款，第六十四条，第七十二条第一、三款，第七十三条第二、三款，第五十二条，第五十三条之规定，判决如下：

一、被告人骆某甲犯虚开增值税专用发票罪，判处有期徒刑三年，宣告缓刑三年，并处罚金人民币50 000元。

（缓刑考验期限从判决确定之日起计算。罚金于判决生效之日起十日内一次性缴纳。）

二、抵扣税款应由税务部门追缴，上交国库。

如不服本判决，可在接到判决书的第二日起十日内，通过本院或者向安徽省芜湖市中级人民法院提出上诉。书面上诉的，应当提交上诉状正本一份，副本二份。

审　判　长　×××
审　判　员　×××
人民陪审员　×××

另外，不要以为只有开票方才犯虚开增值税专用发票罪，受票方、介绍人都同样会犯虚开增值税专用发票罪！

（六）从真发票、真业务案例看发票税务风险管理的重要性

真发票、真业务，取得发票不符合规定或未按规定取得发票，同样存在税务

风险。

案例 1-17

发票专用章不符合规定不得抵扣。A 市 B 区国家税务局税务事项通知书如下：

A 市 B 区国家税务局税务事项通知书

××国税通〔2014〕××××号

C 水泥黑龙江有限公司（纳税人识别号：×××××××××××××××）：

事由：要求企业作增值税进项税转出。

依据：详见通知内容正文。

2012 年 1—8 月，C 水泥黑龙江有限公司（纳税人识别号：×××××××××××××××）从 A 市泉兴水泥有限责任公司（纳税人识别号：×××××××××××××××）购入水泥熟料等货物取得增值税专用发票 69 张，不含税金额合计 56 191 679.51 元，进项税合计 9 552 585.39 元。开票日期均为 2012 年，加盖旧式发票专用章。经调查，上述业务真实，取得的发票，除加盖旧式专用章外，没有其他问题。

《中华人民共和国发票管理办法》及实施细则规定，发票专用章属于发票的基本内容，是确定发票法律效力的重要形式特征。发票专用章式样由国家税务总局确定。根据国家税务总局公告 2011 年第 7 号，新的“发票专用章自 2011 年 2 月 1 日起启用。旧式发票专用章可以使用至 2011 年 12 月 31 日”的规定，以上 69 张发票均属于“不符合规定的发票”。根据国税发〔2008〕40 号文件“对于不符合规定的发票和其他凭证，包括虚假发票和非法代开发票，均不得用以税前扣除、出口退税、抵扣税款”的规定，经请示 A 市国税局研究同意，C 水泥黑龙江有限公司以上 69 张发票均不得用以税前扣除、抵扣税款。

限你企业于 2014 年 9 月 30 日前，作增值税进项税转出，按规定开具红字发票，重新取得符合规定的发票，方可抵扣增值税进项税和做企业所得税税前扣除。

税务机关（签章）

2014 年 9 月 3 日

告知：

1. 本通知要求缴纳税款、滞纳金，如对本通知不服，可自收到本通知之日起六十日内按照本通知要求缴纳税款、滞纳金，或提供纳税担保，然后依法向 A 市国税局申请行政复议。

2. 本通知要求其他事项的，如对本通知不服，可自收到本通知之日起六十日内依法向A市国税局申请行政复议，或者自收到本通知之日起三个月内依法向人民法院起诉。

案例1-18

上市公司使用不合法发票、未按规定取得发票等事项，被补缴税款。

某上市公司关于子公司下属机构收到《税务行政处罚决定书》及《税务处理决定书》的公告

一、《税务行政处罚决定书》及《税务处理决定书》情况

（一）天津市和平区地方税务局稽查局出具的《税务行政处罚决定书》（津和平地税稽罚〔2018〕11号）及《税务处理决定书》（津和平地税稽处〔2018〕11号）主要内容

天津市和平区地方税务局稽查局于2016年9月23日至2018年6月13日对天津×司2013年1月1日至2015年12月31日的情况进行了检查，违法事实及处理决定如下：

1. 违法事实

天津×司2013年1月—12月在主营业务成本、营业费用等科目中，使用不合法发票14张，金额1 220 988元。该款项未按规定取得合法有效凭证，不得在企业所得税税前扣除，由此造成多列支出1 220 988元，且在2013年企业所得税汇算清缴时未调整应纳税所得额1 220 988元，少缴企业所得税305 247元。

2. 处罚决定

(1) 根据《中华人民共和国发票管理办法》，决定对天津×司使用不合法发票，多列支出的问题处少缴企业所得税税款百分之五十的罚款152 623.5元。

(2) 对天津×司使用不合法发票，多列支出的问题，依据《中华人民共和国企业所得税法》第一、二、三、四条规定，补缴企业所得税305 247元。

(3) 根据《中华人民共和国税收征收管理法》第三十二条规定，按日加收滞纳企业所得税税款万分之五的滞纳金。

（二）北京市地方税务局第二稽查局出具的《税务行政处罚决定书》（京地税二稽罚〔2018〕59号）及《税务处理决定书》（京地税二稽处〔2018〕76号）主要内容

北京市地方税务局第二稽查局于2017年8月9日起对北京市朝阳区学大教育培训学校2012年1月1日至2016年12月31日涉税情况进行了检查，违法事实及处罚决定如下：

1. 违法事实

朝阳X司与Y（北京）商贸有限公司之间的租房业务存在未按规定取得发票的问题。

2. 处罚决定

（1）根据《中华人民共和国发票管理办法》，决定对朝阳X司未按规定取得发票的行为处以50 000元罚款。

（2）根据《中华人民共和国企业所得税法》（中华人民共和国主席令第63号），朝阳X司应补缴企业所得税1 478 468.24元。

（3）根据《中华人民共和国税收征收管理法》第三十二条的规定，对朝阳X司加收企业所得税滞纳金。

二、年初至披露日累计发生的行政处罚情况及对公司的影响

2018年年初至本公告披露日，公司及下属机构在税务检查中，应补缴各项税费178.37万元、税款滞纳金426.15万元、罚款65.10万元。预计对公司2018年度经营业绩产生影响。

三、公司说明及整改措施

天津×司及朝阳X司关于上述发票对应的事项为真实业务，该等机构将按税务处理决定书的要求15日内缴清上述税款、滞纳金及罚金。

公司全体董事、监事和高级管理人员对上述问题高度重视，就本次事件所造成的影响表示歉意。公司将以此为戒，并组织相关下属公司认真学习有关法律法规，严格执行并加强公司税务管理，组织公司及各子公司相关部门人员对财务、税务方面的知识进行培训学习，强化责任意识，杜绝此类行为的发生，切实维护公司和股东的利益。公司将持续关注该事项的后续进展，并及时予以披露，敬请广大投资者注意投资风险。

四、备查文件

1. 天津市和平区地方税务局稽查局出具的《税务行政处罚决定书》（津和平地税稽罚〔2018〕11号）及《税务处理决定书》（津和平地税稽处〔2018〕11号）；

2. 北京市地方税务局第二稽查局出具的《税务行政处罚决定书》（京地税二稽罚〔2018〕59号）及《税务处理决定书》（京地税二稽处〔2018〕76号）。

案例1－19

发票票面税收分类编码选择错误，不符合税法规定被处罚。

某企业上百张发票被主管税务机关要求作废重开，原因都是税收分类编码选择错误！

某企业未按照实际销售情况选择正确的编码如实开具，主管税务机关责令其限期改正，该企业逾期不更正，被视为恶意选择编码，移交主管税务机关稽查局。

关于开具增值税发票的重要提示：

自2016年5月1日起，使用增值税发票管理新系统的纳税人，应使用增值税发票管理新系统选择相应的编码开具增值税专用发票和增值税普通发票。

自2018年1月1日起，纳税人通过增值税发票管理新系统开具增值税发票（包括增值税专用发票、增值税普通发票、增值税电子普通发票）时，商品和服务税收分类编码对应的简称会自动显示并打印在发票票面“货物或应税劳务、服务名称”或“项目”栏次中。

例如，纳税人销售黄金项链，在开具增值税发票时输入的商品名称为“黄金项链”，选择的商品和服务税收分类编码为“金银珠宝首饰”。该分类编码对应的简称为“珠宝首饰”，则增值税发票票面上会显示并打印“*珠宝首饰*黄金项链”。如果纳税人错误选择其他分类编码，发票票面上将会出现类似“*钢材*黄金项链”或“*电子计算机*黄金项链”的明显错误。

对未按规定规范使用税收分类编码的纳税人，主管税务机关将依照下列法律法规予以处理：

根据《发票管理办法》第二十二条和《增值税专用发票使用规定》第十一条的规定，纳税人不选择商品和服务税收分类与编码的，属于发票栏目填写不全，主管税务机关将依照《发票管理办法》第三十五条第一款处理，由税务机关责令改正，可以处1万元以下罚款，并公开处罚情况。

纳税人开具增值税发票时，发票内容应按照实际销售情况选择正确的编码如实开具。对经税务机关通过编码智能匹配助手和人工复核后发现纳税人选择的编码不符合规定的，主管税务机关将责令纳税人限期改正。逾期不更正的，视为恶意选择编码。

纳税人恶意选择编码的，属于开具与实际经营业务情况不符的发票，主管税务机关将依照《发票管理办法》第三十七条第一款处理，没收违法所得，虚开金额在1万元以下的，可以并处5万元以下罚款；虚开金额超过1万元的，并处5万元以上50万元以下罚款；构成犯罪的，依法追究刑事责任。

案例1-20

发票票面“备注”栏不符合税法规定多缴税。

某房地产企业取得的一部分建筑服务发票“备注”栏未按要求填写建筑服务

发生地县（市、区）名称及项目名称，税务机关要求该企业将已经抵扣的进项税额进行转出处理，该发票金额不得用于所得税税前扣除，也不得计入土地增值税扣除项目。该发票导致企业多缴纳了增值税、企业所得税、土地增值税数百万元。

《国家税务总局关于全面推开营业税改征增值税试点有关税收征收管理事项的公告》（国家税务总局公告 2016 年第 23 号）规定：提供建筑服务，纳税人自行开具或者税务机关代开增值税发票时，应在发票的“备注”栏注明建筑服务发生地县（市、区）名称及项目名称。

根据财税〔2016〕36 号文的规定，建筑服务，是指各类建筑物、构筑物及其附属设施的建造、修缮、装饰，线路、管道、设备、设施等的安装以及其他工程作业的业务活动，包括工程服务、安装服务、修缮服务、装饰服务和其他建筑服务。

《国务院关于修订〈中华人民共和国增值税暂行条例〉的决定》（中华人民共和国国务院令第 691 号）第九条规定：纳税人购进货物、劳务、服务、无形资产、不动产，取得的增值税扣税凭证不符合法律、行政法规或者国务院税务主管部门有关规定的，其进项税额不得从销项税额中抵扣。

《国家税务总局关于加强企业所得税管理的意见》（国税发〔2008〕88 号）规定：加强发票核实工作，不符合规定的发票不得作为税前扣除凭据。

《国家税务总局关于印发〈进一步加强税收征管若干具体措施〉的通知》（国税发〔2009〕114 号）规定：未按规定取得的合法有效凭据不得在税前扣除。

《国家税务总局关于营改增后土地增值税若干征管规定的公告》（国家税务总局公告 2016 年第 70 号）第五条规定：营改增后，土地增值税纳税人接受建筑安装服务取得的增值税发票，应按照《国家税务总局关于全面推开营业税改征增值税试点有关税收征收管理事项的公告》（国家税务总局公告 2016 年第 23 号）的规定，在发票“备注”栏注明建筑服务发生地县（市、区）名称及项目名称，否则不得计入土地增值税扣除项目金额。

根据上述规定，不管是增值税专用发票还是增值税普通发票，不管是自行开具发票还是税务机关代开，只要属于建筑服务，发票“备注”栏都有上述要求，未按上述要求开票的，属于不合规发票，不得抵扣增值税进项税额，不得用于所得税税前扣除，也不得计入土地增值税扣除项目金额。

由此可以看出，即使是真发票、真业务，若取得发票不符合税法规定，同样也存在税务风险。

五、发票税务风险防范的措施

“扁鹊见蔡桓公”“魏文王问扁鹊”这两个家喻户晓的故事，真正道出了“未病先防”“已病防变”“已变救危”的医道三重境界。防病总比治病要简单，治小病也比治大病更容易，成本自然也低得多。能提前预防让人不生病，能在大病之初及时发现并治愈，这才是真正的医家高手。当病重时再治，已是不得不治，需要付出很大的成本；若是病入膏肓，纵是神医在世，也已无力回天。

若将企业的发票税务风险管理比作医道，事先预防，从根源上消除“病”因、不留“病入膏肓”之隐患，乃是首善之选；否则，时间越长，税务风险越积越多，解决起来就会越来越难，甚至无法解决，即使能够解决，也会付出相当大的代价，“亡羊补牢”实为下下策。

小故事折射出大道理：真正的高手是防微杜渐、未雨绸缪的。税后控制不如税中控制，税中控制不如税前控制，可惜许多企业未能认识到这一点，等到税务风险造成重大的实际损失，从口袋里大把往外掏银子的时候，可能已经是“亡羊补牢，为时已晚”了。

现实生活中，许多企业往往认识不到预防发票税务风险的重要性，总舍不得花成本来预防发票税务风险的产生。它们往往存在着种种侥幸心理，认为税务机关一般不会查到自己头上，认为税务风险一般不会产生。可是，当税务风险真的发生时，早已错过最佳防范时间，要花很大的代价才能解决，而且很有可能已经解决不了。那么，为什么不事先作打算呢？事先预防，要省力得多，也可靠得多。

“1 元事前预防＝5 元事后投资”，这是安全经济学的基本定量规律，也同样适用于企业税务风险控制：应急补救的代价远远大于预防性投资。

《道德经》云：为之于未有，治之于未乱。做好发票税务风险预防，防微杜渐、未雨绸缪，防患于未然，善莫大焉！

关于发票税务风险防范的措施，笔者总结了 6 条。

（一）企业树立正确的发票税务风险意识

企业应该树立正确的发票税务风险意识，以端正的态度对待企业纳税问题，正确理解纳税筹划、合理避税的内涵，在依法纳税的前提下通过正确操作节省税款，而不是通过非法手段逃避缴纳税款。

（二）提高企业财务人员业务素质

企业应当鼓励和支持财务人员提高自身业务素质，利用多种渠道给财务人员提供学习税法知识和提高税务实际操作技能的机会，采取各种行之有效的措施将企业财务人员培养成为通晓税法的专业人才。企业财务人员也应该主动学习税收政策和掌握税务实际操作技能，并能及时更新财税知识。在实际工作中，能够准确区分会计核算与税务处理的差异，准确区分不同税种对同一事项的不同规定，准确识别企业潜在的税务风险，及时规避企业税务风险，运用税法维护企业合法权益，为防范包括发票风险在内的企业税务风险打下坚实基础。

（三）保持财务人员的稳定性

企业财务工作具有连贯性，财务人员流动频繁，难以形成有效的财务管理制度，难以规范企业财务和业务流程，难以提高财务人员的责任心，难以控制包括发票风险在内的企业税务风险的发生。保持财务人员的稳定性，是规范企业财务管理、防范税务风险的基础。

（四）加强企业的发票税务管理

企业应当树立正确的发票税务管理理念，摒弃以往把发票税务管理工作只看作财务部门工作的陈旧观念，认识到不规范的业务过程才是税务风险的根源，树立全员参与、全员控制的新思维，积极理解并支持财务部门的工作。企业应该在企业内部大力宣传税收知识，提高企业全体员工对税法的了解，取得全体员工对发票税务管理工作的支持和理解，把好发票取得关。

发票税务风险需要在企业的整个业务过程中防范。各个业务部门与财务部门要相互配合，相互协作，从经济合同签订到经济业务完成的整个过程都必须充分考虑税务因素，特别是发票因素，比如经济合同签订要考虑发票条款的涉税风险，经济业务过程中注意对发票的开具、取得、传递、保管、审核等，真正做到税前控制、税中控制，才能及时注意防范税务风险，避免税务风险的产生。只有这样，企业才能规范纳税行为，减少税务风险，实现更快更好的发展。

（五）进行发票税务风险自查

发票税务风险自查是企业防范发票税务风险的一种重要方法，必须把发票税务风险自查作为每一次企业税务风险自查的必查项目。然而，在现实工作中，很多企业平时并不进行税务风险自查，只有在两种情况下才被动进行自查：一是企业纳税申报情况出现预警，税务机关要求企业自查时，企业为应付税务机关而被动自查；二是企业被税务机关列为纳税检查对象，企业因担心出现税务问题在调账之前匆忙进行自查。

企业不能在税务机关检查时才“临时抱佛脚”。为了防范税务风险，在平时的工作中，企业就应当经常性地主动进行自查，及时发现和处理税务风险，将税务风险消灭在萌芽状态。在自查时，企业财务人员应熟悉税收政策，明确自查的方向和内容，采取有效的自查方法，对自查出的税务问题认真分析原因，及时采取补救措施；无法补救的依法补缴税款，及时总结经验教训，确保不再出现类似的税务问题。

（六）制定适合企业特点的发票管理制度并严格执行

要做好发票税务风险管理工作，还必须制定完善的发票管理制度并严格执行。没有完善的管理制度，任何先进的方法和手段都不能充分发挥作用。制度是文件，是命令；执行是落实，是实践；制度是执行的基础，执行是制度的实践，没有制度就没有执行；没有执行，制度也只是一个空壳。所以企业要制定适合企业特点的发票管理制度并严格执行。

发票管理制度应至少包括下列 14 项内容，其中主要内容为进项侧发票管理（第（3）～（7）条）与销项侧发票管理（第（8）～（13）条）。

（1）制度（办法）制定的税法政策依据。

（2）明确责任人、责任部门，具体职责、责任追究。

（3）发票取得。

1）供应商准入的审核管理，以确保供应商提供合规发票。

2）在合同协议中约定供应商开具发票的条件、类型、要求及送达时限，确保及时取得发票。

3）业务经办人员应根据实际发生的业务，主动向对方单位索取合规发票，并对双方单位全称、纳税人识别号、开户银行及账号、经营地址及电话、开票时间、经营项目、商品规格、数量、单价、金额、联次、签章等要素进行审核。

4）对发票的真实性进行验证，并打印网上验票结果作为报账凭据。

5）不合规发票的情形及处理办法。

（4）发票传递时限、移交手续。

（5）发票认证时限，无法认证、逾期认证等特殊情况的处理。

（6）发票丢失的处理。

（7）发票保管。

（8）发票领购。

（9）发票开具。

1）开具时限，按照纳税义务发生时间开具发票，不得提前或延迟开票。

2）发票开具的基本流程。

3）开具发票资料：合同、结算单据、客户信息表等资料。

4）开具发票范围。

5）开具发票申请。

6）开具发票原则及方法。

7）发票丢失、作废或红字发票开具。

(10) 发票领取。

(11) 发票交付。

(12) 发票保管与缴销。

(13) 发票邮寄管理。

(14) 发票制度执行日期。

六、企业财务人员如何快速提升发票税务风险自查与防范技能？

作为一位常年工作在一线的税务检查和税务咨询人员，每当遇到因为财务人员业务素质所限导致企业产生发票税务风险而造成本来可以避免的巨大损失时，我都会为此感到惋惜；每当遇到企业财务人员面对发票税务问题茫然无助时，我都会主动伸出援手；每当遇到企业财务人员因误解税收政策而开具和取得错误的发票时，我都会耐心为之讲解税法助其改正。

从我接触过的各类企业发票税务风险来看，不管何种原因，归根结底，发票税务风险的大小在很大程度上取决于企业负责人对发票税务风险的重视程度和财务人员的税务知识水平与实际操作能力。从某种意义上说，财务人员的业务水平更是起到关键作用。

在实际财务工作中，限于时间和精力，面对浩瀚繁杂的发票税收政策，企业财务人员常常不知从何处下手，感到力不从心，只通过一些网络文章学习碎片化的发票知识。但是网络文章良莠不齐，有的甚至错误连篇，不时出现“税务谣言满天飞”的场面，很多财务人员因不具备判断是非的能力，而盲目信谣传谣。很多文章虽然观点正确，但也只是对某些知识点的讲解。关于发票的绝大多数文章，还停留在比较浅显的层次，只是讲解一些最基础的知识点，并未触及深层次的税务知识。目前，对绝大多数企业财务人员而言，无法全面系统地学习税法知识，无法准确地理解税收政策，无法积累足够的税务知识，无法快速提高税务处理实战操作技能，无法快速识别企业存在的税务风险，无法有效地控制税务风险的产生。

许多企业财务人员不禁会问：怎样才能快速提高自己的发票税务知识水平和实际操作能力？怎样才能快速识别企业存在哪些发票税务风险？怎样才能快速提升发票税务风险自查和防范技能？

作为一位财税工作者，我也在苦苦思索，思考一个让财务人员短时间内提升税务水平的方法，寻找一个让财务人员短时间内具备迅速识别发票税务风险和防范发票税务风险的灵丹妙药。

功夫不负有心人！一天中午，我面对厚厚的一摞税务咨询报告工作底稿，突然一个念头在我脑海中一闪：我终于想到了一个方法，一个让财务人员快速提升发票税务风险自查和防范技能的灵丹妙药，就是把我近几年遇到的所有关于发票税务风险的案例进行精心提炼、总结、整理，写一本系统、全面、详细的有关发票税务风险的书！

经过几个月的时间，我从近三年接触过的几百家企业所发生的发票税务风险点中精选、整理、分析、汇总，结合最新税收政策，精心编写了这本《增值税发票税务风险解析与应对（实战案例版）》，涉及千余个发票税务风险点。其中简单的风险点列示出来，大家一看就懂，复杂点的风险点结合案例讲解。这些案例来源于生活，来源于工作，来源于真实的企业账务，具有很强的普遍性、代表性、实用性、可操作性，虽不敢说包罗万象，但至少也是丰富多彩。通过这些实实在在的案例，财务人员可以迅速了解企业常见的发票税务风险点，迅速掌握日常工作中最实用的税收政策和税务处理技巧，迅速识别企业存在的发票税务风险，迅速提升发票税务风险自查和防范技能，迅速成长为一名优秀的税务专业人才！

今天，这些发票税务风险点及精选案例就摆在你的面前，这不是一本教材，这是站在纳税人的角度写就的一本适合财务人员自学成才的书。为纳税人服务，提高财务人员办税水平，减少企业发票税务风险，切实为企业减少发票税务风险带来的损失，正是本书目的之所在。

第二章
虚开发票的税务风险与应对

对于企业来说，最大的税务风险莫过于虚开发票，所以我们先来谈虚开发票的税务风险。

一、哪些情形属于虚开发票？税法与刑法对虚开发票的规定有何差异？

（一）虚开发票的刑法规定及纳税人常见误区

（1）《中华人民共和国刑法》第二百零五条规定：虚开增值税专用发票或者虚开用于骗取出口退税、抵扣税款的其他发票的，处三年以下有期徒刑或者拘役，并处二万元以上二十万元以下罚金；虚开的税款数额较大或者有其他严重情节的，处三年以上十年以下有期徒刑，并处五万元以上五十万元以下罚金；虚开的税款数额巨大或者有其他特别严重情节的，处十年以上有期徒刑或者无期徒刑，并处五万元以上五十万元以下罚金或者没收财产。

单位犯本条规定之罪的，对单位判处罚金，并对其直接负责的主管人员和其他直接责任人员，处三年以下有期徒刑或者拘役；虚开的税款数额较大或者有其他严重情节的，处三年以上十年以下有期徒刑；虚开的税款数额巨大或者有其他特别严重情节的，处十年以上有期徒刑或者无期徒刑。

虚开增值税专用发票或者虚开用于骗取出口退税、抵扣税款的其他发票，是指有为他人虚开、为自己虚开、让他人为自己虚开、介绍他人虚开行为之一的。

《中华人民共和国刑法》第二百零五条之一规定：虚开本法第二百零五条规定以外的其他发票，情节严重的，处二年以下有期徒刑、拘役或者管制，并处罚金；情节特别严重的，处二年以上七年以下有期徒刑，并处罚金。

单位犯前款罪的，对单位判处罚金，并对其直接负责的主管人员和其他直接责任人员，依照前款的规定处罚。

（2）《全国人民代表大会常务委员会关于惩治虚开、伪造和非法出售增值税专用发票犯罪的决定》规定：虚开增值税专用发票是指有为他人虚开、为自己虚开、让他人为自己虚开、介绍他人虚开增值税专用发票行为之一的。

（3）《最高人民法院关于适用〈全国人民代表大会常务委员会关于惩治虚开、伪造和非法出售增值税专用发票犯罪的决定〉的若干问题的解释》（法发〔1996〕30号）（以下简称《解释》）规定：虚开增值税专用发票的，构成虚开增值税专用发票罪。具有下列行为之一的，属于虚开增值税专用发票：

1）没有货物购销或者没有提供或接受应税劳务而为他人、为自己、让他人为自己、介绍他人开具增值税专用发票；

2）有货物购销或者提供或接受了应税劳务但为他人、为自己、让他人为自己、介绍他人开具数量或者金额不实的增值税专用发票；

3）进行了实际经营活动，但让他人为自己代开增值税专用发票。

在《最高人民法院关于对为他人代开增值税专用发票的行为如何定性问题的答复》（以下简称《答复》）和《解释》这两个文件中，都把“为他人的实际经营活动代开增值税专用发票的行为”纳入虚开增值税专用发票罪中。所不同的是：《答复》中的“代开”是指“自己为他人的实际经营活动代开”，“自己”构成虚开增值税专用发票罪；《解释》中的“代开”是指“进行了实际经营活动，但让他人为自己代开”，“他人”构成虚开增值税专用发票罪。

那么，我们是否可以根据上述文件规定得出一个结论：虽然进行了实际经营活动，但是只要代开，无论是开票人还是发票代开请求人，也可构成虚开增值税专用发票罪呢？答案并非这么简单。

《最高人民法院研究室〈关于如何认定以“挂靠”有关公司名义实际经营活动并让有关公司为自己虚开增值税专用发票行为的性质〉征求意见的复函》（法研〔2015〕58号）第一条对《国家税务总局关于纳税人对外开具增值税专用发票有关问题的公告》（2014年第39号）予以了确认，即挂靠方以挂靠形式向受票方实际销售货物，被挂靠方向受票方开具增值税专用发票的，不属于《刑法》第二百零五条规定的“虚开增值税专用发票”。另外该《复函》还认为，“1996年10月17日《关于适用〈全国人民代表大会常务委员会关于惩治虚开、伪造和非法出售增值税专用发票犯罪的决定〉的若干问题的解释》虽然未废止，但该解释制定于1997年刑法施行前，根据我院《关于认真学习宣传贯彻修订的中华人民共和国刑法的通知》（法发〔1997〕3号）第五条‘修订的刑法实施后，对已明令废止的全国人大常委会有关决定和补充规定，最高人民法院原作出的有关司法解释不再适用，但是如果修订的刑法有关条文实质内容没有变化的，人民法院在刑事审判工作中，在没有新的司法解释前，可参照执行。其他对于与修订的刑法规定相抵触的司法解释，不再适用’的规定，应当根据现行刑法第二百零五条关于虚开增值税专用发票罪的规定，合理选择该解释中可以继续参照适用的条文。其中，该解释中关于‘进行了实际经营活动，但让他人为自己代开增值税专用发票’也属于虚开的规定，与虚开增值税专用发票罪的规定不符，不应继续适用；如继续适用该解释的上述规定，则对于挂靠代开案件也要以犯罪论处，显然有失妥当。”

因此，根据上述文件规定，可以得出一个结论：若实际经营活动以其他单位名义对外签订合同，由该单位收取款项、开具增值税专用发票，开票数额和经营数额相符，不具有骗取国家税款的目的，未造成国家税款损失，其行为不构成虚开增值税专用发票罪。

（4）部分纳税人存在的常见误区如下。

误区1：只有开票方才犯虚开增值税专用发票罪。

一定要注意：不仅仅是开票方犯虚开增值税专用发票罪，介绍人、受票方也会犯虚开增值税专用发票罪！

比如，李某获知A公司有多余增值税专用发票和B公司缺少增值税专用发票，由此介绍A公司给B公司开具增值税专用发票，作为介绍人李某的行为也属于虚开增值税专用发票。

再如，A公司为逃避税款缴纳，A公司法定代表人让好友任法定代表人的B公司在没有实际交易的情况下为A公司开具增值税专用发票。在这里，A公司和B公司均属于虚开增值税专用发票行为。

案例2-1

虚开发票介绍人、受票方被判刑。具体裁定书如下：

青岛鹏骏德商贸有限公司、青岛锦岩商贸有限公司等犯虚开增值税专用发票、用于骗取出口退税、抵扣税款发票罪二审刑事裁定书

山东省青岛市中级人民法院

刑事裁定书〔2015〕青刑二终字第×××号

1. 戴某某，青岛海瑞五金有限公司（以下简称海瑞公司）主管，为偷逃税款，通过徐某某从孙某某所有的青岛鹏骏德商贸有限公司（以下简称鹏骏德公司）为其公司虚开增值税专用发票42份，并抵扣税款。

海瑞公司虚开发票税额648 770.04元，海瑞公司罚金人民币三十二万元；戴某某有期徒刑十一年。

介绍人：徐某某有期徒刑七年，并处罚金人民币二十万元。

2. 王某，青岛同兴达金属制品有限公司（以下简称同兴达公司）主管，为偷逃税款，通过江某某从孙某某所有的鹏骏德公司、青岛锦岩商贸有限公司（以下简称锦岩公司）分别为其公司虚开增值税专用发票12份、5份抵扣进项税额发票。

同兴达公司虚开发票税额227 578.60元，同兴达有限公司罚金人民币十一万元；王某有期徒刑二年九个月，缓刑三年。

介绍人：江某某有期徒刑五年六个月，并处罚金人民币十五万元。

3. 秦某、董某，青岛中洋船舶工程有限公司（以下简称中洋船舶公司）、青岛超旭工贸有限公司（以下简称超旭公司）主管，为偷逃税款，通过徐某乙、徐某甲从孙某某所有的锦岩公司为其公司虚开增值税专用发票7份抵扣税款。

中洋船舶公司虚开发票税额86 619.71元，超旭公司12 022.05元，中洋船舶公司罚金人民币四万元；超旭公司罚金人民币二万元；秦某有期徒刑一年六个月，缓刑二年；董某有期徒刑一年六个月，缓刑二年。

介绍人：徐某甲有期徒刑一年六个月，缓刑二年，并处罚金人民币三万元；徐某乙有期徒刑一年六个月，缓刑二年，并处罚金人民币三万元。

4. 2013年10月，石某，青岛晟益工贸有限公司（以下简称晟益公司）主管，为偷逃税款，通过江某某从孙某某所有的锦岩公司为其公司虚开增值税专用发票2份抵扣税款。

晟益公司虚开发票税额30 520.24元，晟益公司罚金人民币二万元；石某有期徒刑六个月，缓刑一年。

介绍人：江某某有期徒刑五年六个月，并处罚金人民币十五万元。

5. 任某，青岛菲特精密钢球制造有限公司（以下简称菲特公司）主管，为偷逃税款，通过戴某、江某某联系从孙某某所有的鹏骏德公司为其公司虚开增值税专用发票13份抵扣税款。

菲特公司虚开发票税额206 956.55元，菲特公司罚金人民币十万元；任某有期徒刑二年九个月，缓刑三年。

介绍人：

(1) 江某某有期徒刑五年六个月，并处罚金人民币十五万元。

(2) 戴某有期徒刑二年九个月，缓刑三年，并处罚金人民币六万元。

6. 孙某，畅旗公司主管，为偷逃税款，从孙某某所有的锦岩公司虚开增值税专用发票1份抵扣税款。

畅旗公司虚开发票税额11 940.68元，畅旗公司罚金人民币二万元；孙某拘役三个月，缓刑六个月。

误区2：买发票被发现后，补缴税款、缴纳罚款，没有给国家造成经济损失，就没事。

补缴税款、缴纳罚款，没有给国家造成经济损失，只是可以酌情从轻处理，也会按照虚开增值税专用发票罪被判刑。不要存在侥幸心理和从众心态，不要当法盲，否则，一定会受处罚。

案例2-2

虚开专票税额50万元，补税罚款后，从轻处罚，法定代表人被判10年！具体裁定书如下：

北京市第一中级人民法院刑事裁定书

〔2016〕京01刑终×××号

原公诉机关北京市海淀区人民检察院。

上诉人（原审被告人）柳春，女，43岁（1972年12月8日出生）。因涉嫌犯虚开增值税专用发票罪，于2014年12月26日被羁押，2015年1月7日被逮捕。现羁押于北京市海淀区看守所。

原审被告单位北京捷康特光通讯技术有限公司，住所地北京市海淀区西三环北路50号院6号楼1502室，法定代表人柳春。

诉讼代表人吴顺正，男，57岁（1958年5月1日出生）北京捷康特光通讯技术有限公司技术总监。

北京市海淀区人民法院审理北京市海淀区人民检察院指控原审被告单位北京捷康特光通讯技术有限公司及其直接负责的主管人员原审被告人柳春犯虚开增值税专用发票一案，于2015年12月30日作出〔2015〕海刑初字第1292号刑事判决。原审被告人柳春不服，提出上诉。本院依法组成合议庭，经过阅卷，讯问了上诉人柳春及原审被告单位诉讼代表人吴顺正，听取了辩护人的意见，并核实了相关证据，认为本案事实清楚，决定不开庭审理。现已审理终结。

北京市海淀区人民法院判决认定：

2014年3月27日，被告单位北京捷康特光通讯技术有限公司及其法定代表人被告人柳春在与盐城邦宁商贸有限公司没有真实业务往来的情况下，通过姜某让盐城邦宁商贸有限公司为本单位虚开增值税专用发票7张，税款共计人民币107 993.59元，并全部用于抵扣税款。

2014年3月12日，被告人柳春在明知北京前峰通装科技开发有限公司与盐城友利邦商贸有限公司没有真实业务往来的情况下，让姜某介绍盐城友利邦商贸有限公司为北京前峰通装科技开发有限公司虚开增值税专用发票24张，税款共计人民币399 572.6元，并全部用于抵扣税款。

2014年12月26日，公安机关以海淀区国税稽查部门的身份电话通知被告人柳春到海淀区国家税务局，后将其依法传唤。2015年4月16日，被告单位北京捷康特光通讯技术有限公司补缴税款人民币107 993.59元，并缴纳罚款人民币50 000元。

上述事实，有经一审法庭举证、质证，并予以确认的被告人柳春的供述，证人姜某、赵某、尚某的证言，北京市海淀区国家税务局稽查局出具的证明书，江苏增值税专用发票及认证结果清单、北京捷康特光通讯技术有限公司应付账款明细、记账凭证，江苏增值税专用发票复印件及认证结果清单，北京市海淀区国家税务局稽查局税务行政处罚事项告知书，处罚决定书，工商银行付款凭证，北京捷康特光通讯技术有限公司营业执照、税务登记证、组织机构代码证，北京前峰通装科技开发有限公司营业执照、税务登记证、组织机构代码证，受案登记表，到案经过，被告人柳春的身份信息等证据证实。

北京市海淀区人民法院认为，被告单位北京捷康特光通讯技术有限公司及其直接负责的主管人员被告人柳春让他人为自己虚开增值税专用发票，虚开税款数额较大；被告人柳春介绍他人虚开增值税专用发票，情节特别严重，其行为均已构成虚开增值税专用发票罪，应予惩处。鉴于被告单位补缴被抵扣税款，挽回了国家经济损失，相关行政罚款亦已全部缴纳，故依法对其从轻处罚。依照《中华人民共和国刑法》第二百零五条，第三十条，第三十一条，第五十三第一款之规定，判决：一、被告单位北京捷康特光通讯技术有限公司犯虚开增值税专用发票罪，判处罚金人民币十万元；二、被告人柳春犯虚开增值税专用发票罪，判处有期徒刑十年，罚金人民币十万元。

上诉人柳春的上诉理由为：其与姜某之间存在金额为人民币 37 万元的真实交易，该部分应从犯罪数额中扣减；其具有自首情节。

上诉人柳春的辩护人的主要辩护意见为：柳春与姜某之间存在金额为人民币 37 万元的真实交易，该部分应从犯罪数额中扣减；柳春具有自首情节，请求二审法庭对其减轻处罚。

辩护人向二审法庭提交了税务处罚决定书、税务行政处罚决定书、电子缴税付款凭证，拟证明北京前峰通装科技开发有限公司已补缴税款并缴纳罚款，没有造成国家税款的损失，柳春的行为社会危害性不大。

经二审审理查明的事实、证据与一审相同。一审判决所据证据，经审查，证据的收集及质证符合法定程序，能够证明案件事实，本院予以确认。

关于上诉人柳春的辩护人提交的税务处罚决定书、税务行政处罚决定书、电子缴税付款凭证，拟证明北京前峰通装科技开发有限公司已补缴税款并缴纳罚款，没有造成国家税款的损失，柳春的行为社会危害性不大，经查：柳春作为被告单位直接负责的主管人员，让他人为自己虚开增值税专用发票，并介绍他人虚开增值税专用发票，虚开税款数额特别巨大，严重危害了国家税收征管秩序，依法应予惩处。故对于上诉人柳春的辩护人提交的证据，本院均不予采纳。

关于上诉人柳春及其辩护人所提柳春与姜某之间存在金额为人民币 37 万元的真实交易，该部分应从犯罪数额中扣减的上诉理由及辩护意见，经查：经一审庭审质证的被告人柳春的供述及证人姜某的证言均能够证明，柳春在明知其公司与姜某所提供的增值税专用发票的出票单位盐城邦宁商贸有限公司并无真实的业务往来的情况下，仍将价税合计金额为人民币 70 余万元的增值税发票予以抵扣的事实。柳春虽辩解其与姜某之间存在金额为人民币 37 万元的真实交易，但涉案的增值税专用发票的出票单位既非姜某的北京东明博展商贸有限公司，亦非采购合同的相对方北京新人伟业数码科技发展有限公司，故柳春与姜某之间的交易与涉案的增值税专用发票缺乏关联性。故对于上诉人柳春及其辩护人的该项上诉理由及辩护意见，本院均不予采纳。

关于上诉人柳春及其辩护人所提柳春具有自首情节，请求二审法庭对其减轻处罚的上诉理由及辩护意见，经查：经一审庭审质证的侦查机关出具的到案经过及被告人柳春的供述证明，2014 年 12 月 26 日，侦查员以海淀区国家税务局稽查部门的身份电话通知柳春到海淀区国家税务局稽查局对其账本进行查询，柳春于当日到海淀区国家税务局稽查部门接受检查，后侦查机关对其进行传唤，其行为不符合主动投案的自首要件，且柳春到案后亦未如实交代其主要犯罪事实，故不应认定为自首。因此，上诉人柳春及其辩护人的该项上诉理由及辩护意见缺乏法律依据，本院均不予采纳。

本院认为，原审被告单位北京捷康特光通讯技术有限公司让他人为自己虚开增值税专用发票，虚开税款数额较大；上诉人柳春作为原审被告单位直接负责的主管人员，让他人为自己虚开增值税专用发票，并介绍他人虚开增值税专用发票，虚开税款数额特别巨大，其行为均已构成虚开增值税专用发票罪，依法应予惩处。鉴于原审被告单位补缴被抵扣税款，挽回了国家经济损失，相关行政罚款亦已全部缴纳，故依法对其从轻处罚。一审法院根据上诉人柳春、原审被告单位北京捷康特光通讯技术有限公司犯罪的事实，犯罪的性质、情节及对于社会的危害程度所作出的判决，事实清楚，证据确实、充分，定罪及适用法律正确，量刑适当，审判程序合法，应予维持。据此，依照《中华人民共和国刑事诉讼法》第二百二十五条第一款第（一）项之规定，裁定如下：

驳回上诉人柳春的上诉，维持原判。

本裁定为终审裁定。

审　判　长　×××
代理审判员　×××
代理审判员　×××
二〇一六年二月二十五日
书　记　员　×××

误区 3：介绍他人虚开发票，不赚钱就没事。

这是部分财务人员的误区，以为免费介绍开票方和受票方之间虚开发票，没有从中赚钱，就没事，不犯罪。其实不然，介绍他人虚开增值税专用发票的，与是否从中赚钱没有关系。

在案例 2－3 中，孙某（已判刑）经营的永嘉县万某鞋厂在无真实货物交易的情况下，经被告人朱某某介绍，以支付手续费的方式从济南某某商贸有限公司取得 5 份虚开增值税专用发票，价税合计 533 500 元。从该刑事判决书来看，此案中朱某某作为介绍人并未从中赚钱，反而帮助孙某垫付部分资金伪造货物真实交易的假象。最终，被告人朱某某犯虚开增值税专用发票罪，判处有期徒刑 6 个月，并处罚金 30 000 元，真是“好心”办坏事。

案例 2－3

介绍他人虚开发票，不获利也构成犯罪，判实刑、处罚金。朱某某犯虚开增值税专用发票罪一审刑事判决书如下：

浙江省永嘉县人民法院
刑事判决书

〔2016〕浙 0324 刑初××××号

公诉机关浙江省永嘉县人民检察院。

被告人朱某某，经商。现因本案，于 2016 年 3 月 1 日被抓获，同日被刑事拘留，于同年 3 月 7 日被取保候审，于同年 10 月 11 日继续被取保候审，于同年 10 月 17 日被逮捕。

永嘉县人民检察院以温永检公诉刑诉〔2016〕××××号起诉书指控被告人朱某某犯虚开增值税专用发票罪，于 2016 年 10 月 2 日向本院提起公诉。本院于同月 9 日立案，并依法适用简易程序，实行独任审判，于同月 17 日公开开庭审理了本案。永嘉县人民检察院指派代理检察员金洁梅出庭支持公诉，被告人朱某某到庭参加诉讼。现已审理终结。

永嘉县人民检察院指控，2015 年 6 月份，孙某（已判刑）经营的永嘉县万某鞋厂在无真实货物交易的情况下，经被告人朱某某介绍，以支付手续费的方式从济南某某商贸有限公司虚开取得 5 份增值税专用发票，价税合计 533 500 元。在此期间，被告人朱某某等人帮助孙某垫付部分资金伪造货物真实交易的假象。孙某某明知自己经营的永嘉县万某鞋厂与济南某某商贸有限公司无真实货物交易，其鞋厂收取的 5 份增值税专用发票系被告人朱某某介绍从第三方开具，仍让会计于 2015 年 7 月底向税务部门申报抵扣税款，骗取税款人民币 77 517.1 元。案发后，被骗税款已全额补交。

案发后，被告人朱某某于 2016 年 3 月 1 日在温州市瓯海大道高架娄东大街出口处被抓获。

上述事实，被告人朱某某在开庭审理过程中亦无异议，并有同案犯孙某某、赵某某的供述与辩解、证人古某的证言，购销合同、增值税发票复印件、转账凭证、浙江省农村信用社（合作银行）扣款通知书、入库出库凭证、领料汇总表、企业法人营业执照、税务登记证、增值税纳税申报表、永嘉县国家税务局稽查底稿、税收缴款书、银行交易明细，民警出具的抓获经过及人口信息等证据证实，足以认定。

本院认为，被告人朱某某在没有发生直接货物交易的情况下，介绍他人虚开增值税专用发票，其行为已构成虚开增值税专用发票罪。公诉机关指控的罪名成立，予以支持。鉴于被告人朱某某归案后，如实供述自己的罪行，决定予以从轻处罚。据此，依照《中华人民共和国刑法》第二百零五条第一款和第三款、第二十五条第一款、第六十七条第三款之规定，判决如下：

被告人朱某某犯虚开增值税专用发票罪，判处有期徒刑六个月，并处罚金人民币 30 000 元。罚金限判决生效之日起十日内缴纳。

（刑期从判决执行之日起计算。判决执行以前先行羁押的，羁押一日折抵刑期一日，即自 2016 年 10 月 17 日起至 2017 年 4 月 9 日止。）

如不服本判决，可在接到判决书的第二日起十日内，通过本院或者直接向温州市中级人民法院提出上诉。书面上诉的，应当提交上诉状正本一份，副本二份。

代理审判员　×××

二〇一六年十月十七日

书　记　员　×××

（二）虚开发票的税法规定及纳税人常见误区

（1）《发票管理办法》第二十二条规定，开具发票应当按照规定的时限、顺序、栏目，全部联次一次性如实开具，并加盖发票专用章。任何单位和个人不得有下列虚开发票行为：

1）为他人、为自己开具与实际经营业务情况不符的发票；

2）让他人为自己开具与实际经营业务情况不符的发票；

3）介绍他人开具与实际经营业务情况不符的发票。

解释如下：

1）任何单位和个人不管是为他人、为自己、让他人为自己、介绍他人开具与实际经营业务不符的发票，均为虚开发票。

2）与实际经营情况不符，比如，没有真实交易发生，却开具发票，这是虚开；卖的是苹果，发票开的是橘子，这是虚开；卖了 2 个苹果，发票开的是 4 个苹果，这是虚开；卖的苹果 5 元一斤，发票开的是 7 元一斤，这是虚开；卖了 2 万元，发票开的是 4 万元，这是虚开；东西卖给了甲，发票却开给了乙，这是虚开；甲卖东西给乙，发票却是丙开给乙的，这是虚开；甲、乙之间没有真实业务，却在丙介绍下，甲给乙开了发票，甲、乙、丙都属于虚开；等等。

总的来说，发票上的销货方、购货方、商品名称、数量、单价、金额必须与实际经营业务一致，有一处不一致，即为虚开。

3）介绍人也纳入了虚开发票的范畴，这里又有两种情况：一种是职业的，即以此为赚钱的方式，在开票方与受票方之间充当"掮客"的角色，赚取中介手续费，这属于知法犯法；另一种是恰巧知道有多余发票的企业和缺少发票的企业，以帮朋友忙的想法变成了介绍人，这种行为多属于不懂法所致。

不管懂不懂法，有没有收取介绍费，一旦发生此种行为，所必须接受的法律制裁是一样的。因此，千万不要介绍他人虚开发票，以免"好心"办坏事，害人又害己。

（2）《发票管理办法》第三十七条规定，违反本办法第二十二条第二款的规定虚开发票的，由税务机关没收违法所得；虚开金额在 1 万元以下的，可以并处 5 万元以下的罚款；虚开金额超过 1 万元的，并处 5 万元以上 50 万元以下的罚款；构成犯罪的，依法追究刑事责任。非法代开发票的，依照以上规定处罚。

（3）部分纳税人常见的误区。

误区 1：只有开票方才会发生虚开发票行为。

误区 2：买发票被发现后，补缴税款、缴纳罚款，没有给国家造成经济损失，就没事。

误区 3：税法与刑法对虚开发票规定一样。

对于误区 1 和误区 2，前面已经述及，下面主要对误区 3 进行讲解。

（三）税法与刑法对虚开发票规定的差异

1. 虚开增值税专用发票、用于骗取出口退税、抵扣税款发票

根据刑法的规定，在发票开具的环节专设"虚开增值税专用发票、用于骗取出口退税、抵扣税款发票罪"，并将"为自己、为他人、让他人为自己、介绍他人"的虚开行为全方位入罪，是立法者试图从源头上预防和惩治发票犯罪，以遏制猖獗泛滥的发票犯罪行为。

根据税法的规定，发票应当如实开具，只要为他人、为自己、让他人为自己以

及介绍他人开具与实际经营业务不符的增值税专用发票，即被认定为虚开增值税专用发票。从上述规定来看，行为人只要开具与销售货物品名不符的增值税专用发票，即会被认定为构成行政法上的虚开。

无论是税务机关还是司法机关，常将税法上的虚开增值税专用发票行为与刑法上的虚开增值税专用发票罪相混淆。从上面的规定来看，其实其范围并非完全一致。

比如，“变名虚开”增值税专用发票，常被认为构成虚开增值税专用发票罪，很明显，“变名虚开”增值税专用发票，开具发票的名称与实际销售货物品名不符，属于与实际经营业务不符，属于《发票管理办法》关于虚开增值税专用发票的认定，需要承担行政法上的责任。但是，税法上的虚开增值税专用发票不等于刑法上的虚开增值税专用发票罪，二者不能混同，是否构成虚开增值税专用发票罪还应当从其实质构成要件分析。

2. 虚开增值税专用发票、用于骗取出口退税、抵扣税款发票之外的其他发票

虚开发票罪属于行政犯罪，我国《刑法》第二百零五条之一对该罪采取空白罪状的表述方式，并没有叙明“虚开发票”的范围。在没有司法解释对其细化规定的情况下，实践中该罪犯罪数额的司法适用存在较大分歧。根据对这个问题的不同回答，形成了两种截然不同的观点。

一种观点认为，根据国务院制定的《发票管理办法》，虚开发票罪的行为对象是“与实际经营业务情况不符的发票”。因此，凡是开票的内容与实际业务不符就属于虚开。与之相对应，所有不相符的数额（真实交易与逃税套现并存的混开也属于这一情况）均属于犯罪数额。

另一种观点认为，刑法是保障法，虚开发票罪规制的对象范围要小于行政法规制的对象范围。由此决定，“与实际经营业务情况不符的发票”并不必然是刑法意义上的“虚开发票”，只有危害到国家的税收管理秩序的“与实际经营业务情况不符的发票”，才是虚开发票罪的行为对象。犯罪数额的认定也秉持同一立场。基于此，混开情况下（真实交易与逃税套现并存）虚开发票罪金额应当以逃税套现金额为准。

上述争议主要包含两个层面的问题：一是行政法意义上的“虚开发票”是否等同于刑法意义上的“虚开发票”；二是混开情况下（真实交易与逃税套现并存）虚开发票罪金额的计算应当以票面金额为准，还是以逃税套现金额为准。

笔者认为，从行政犯罪的法理和相关法律规定出发，对该问题可以从以下几个层次进行解读：

第一，虚开发票罪属于行政犯罪，在罪状表述并没有明示“虚开发票”范围的情况下，可以借鉴行政法规（例如国务院制定的《发票管理办法》）的相关规定进行解读，但不能进行简单对接，必须参照全国人民代表大会制定的刑法规范进行独立

性评价。

第二，结合刑法规范对“虚开发票”进行独立性评价，必然涉及虚开发票罪的目的解释和体系解释。从虚开发票罪在我国刑法体系中的位置来看，刑法将“虚开发票罪”规定在我国《刑法》第二编“分则”第三章第六节“危害税收征管罪”之中，意味着刑法设立该罪名保护的法益是国家的税收征管秩序。换言之，如果虚开的发票既没有造成国家的税收损失，也没有危及国家的税收秩序，甚至连造成国家税款损失的危险都不具备，该行为便丧失了刑法评价的基础，也就不构成虚开发票罪，只成立一般的行政违法行为。例如，甲去某大型会馆吃饭，让会馆开具办公用品发票。除非甲让会馆开具发票的目的是逃税或者避税，否则会馆给甲开具的发票虽然“与实际经营业务情况不符”，符合《发票管理办法》这一行政法规意义上的“虚开发票”，但不构成虚开发票罪。

同理，混开发票情况下的真实交易部分，如果没有造成国家的税收损失，且行为人主观上开具该部分发票的目的不是逃税，那么该部分就不存在危害税收征管的可能性，该部分数额就不能作为犯罪数额计算。例如甲将一张混有真实交易（800万元）和逃税套现（200万元）、票面额为1 000万元的发票分作两次开具：一张是真实交易的发票（800万元），一张是逃税套现（200万元）的发票，这两种情形对于国家税款可能造成损失的都是逃税套现的200万元部分，甲虚开发票的犯罪数额应为200万元。

由此可见，虚开发票罪与虚开发票之行政违法行为的区分，不仅体现在虚开的发票是否在100张以上或者涉案数额是否在40万元以上（数量的区分），还体现在该虚开的行为类型是否危及国家的税收秩序或者有无危及国家税款损失的危险（类型的区分）。只有既具备了这种实害性或者危险性，同时又达到了一定的数量要求时，该行为才具备刑罚的可罚性，才能作为犯罪。

第三，从法律规定来看，2011年11月14日最高人民检察院与公安部《关于公安机关管辖的刑事案件立案追诉标准的规定（二）》的补充规定第二条指出，虚开发票案的立案追诉标准之一为“虚开发票一百份以上或者虚开金额累计在四十万元以上的”；同一司法解释的第三条规定，持有伪造发票案的立案追诉标准之一为“持有伪造的第（一）项、第（二）项规定以外的其他发票二百份以上或者票面额累计在八十万元以上的，应予立案追诉”。显然，最高司法机关已经将“虚开金额”与“票面额”进行明显区分：“虚开”的按照虚开金额计算，“持有”的才按照票面金额计算。

上述司法解释将票面金额与虚开金额并列规定，彰显了将虚开发票犯罪与虚开发票违法行为区分的旨趣。地方各司法机关应该结合行政犯罪的一般理论，尤其是最高司法机关的规定，将混开发票中的实际交易金额从犯罪数额中剔除出去，依法保障犯罪嫌疑人、被告人的合法权益。

（四）发票“变名虚开”

“变名虚开”属于“有货虚开”的一种，在此进行单独讲解，其他类型的“有货虚开”后面讲解。

1.“变名虚开”的几种情形

虚开发票有多种情况，甚至很多人虚开了发票还不自知，“变名虚开”就是这种情况。下面几种情况都属于“变名虚开”发票：

（1）将“餐饮”开具为“住宿”“会务费”等项目；

（2）将“借款利息”开具为“顾问费”“咨询费”“手续费”等项目；

（3）将“月饼”“粽子”开具为“打印纸”“计算机耗材”等项目；

（4）将“彩电”开具为“电脑”等项目；

（5）将高税率的“运输费”等增值税项目开具为低税率的“装卸费”等增值税项目。

2.“变名虚开”的税务风险

“变名虚开”发票也属于税法中的虚开发票，税务风险主要表现在以下四个方面：

（1）购进货物的进项税额不能抵扣增值税。根据我国《发票管理办法》的规定，销售方应当开具与实际经营情况相符的发票。在“变名销售”情况下，企业取得的增值税专用发票所载货物与实际交易情况不符，税务机关将以此为由要求企业将已经抵扣的进项税额予以转出，补缴增值税。

（2）购进货物的成本不能在企业所得税税前扣除。在“变名销售”情况下，企业取得的增值税发票所载货物与实际交易情况不符，会被税务机关认定为“不符合规定的发票”，从而不准许企业以此为凭据进行企业所得税税前扣除，进而要求企业补缴企业所得税。

（3）承担虚开发票的税收行政处罚责任。在“变名销售”情况下，税务机关将会按照“虚开发票”的税收违法行为追究企业的法律责任，对其处以罚款、没收违法所得等行政处罚。

（4）可能面临承担虚开增值税专用发票罪的刑事责任。在“变名销售”情况下，一旦税务机关认定企业构成虚开发票并按照《发票管理办法》第三十七条的规定施以行政处罚的，将会以企业涉嫌虚开增值税专用发票罪为由将案件一并移送公安机关处理。企业相关负责人可能面临承担虚开增值税专用发票罪的刑事责任风险。

国家税务总局会依托金税三期发票稽核系统，分批次在全国税务系统内下发

“变名销售”纳税风险企业名单，要求各地税务机关排查相关税收风险。目前很多存在“变名销售”的涉案企业已先后进入司法程序被追究刑事责任，亦有部分省市对“变名销售”的涉案企业仅按照一般行政违法行为进行处理，未移交司法机关追究刑事责任。

3.“变名虚开”的税务风险防范

开具发票时一定要特别注意以下几种情况：

(1) 一定要按照实际商品开具发票，不得变更名称，不能按照客户不合理的要求开具发票。

(2) 一定要保证所收到的发票，开票方也是按照实际商品开具的，没有变更名称开具与实际业务不符的发票。

(3) 一定要选择合适的税收分类编码开具发票，取得发票也要审核开票方是否准确选择编码，同一种商品开具发票和取得发票的编码一致。

(4) 专用发票商品名称比较多的，一定要规范开具销货清单，而且销货清单必须在开票系统中开具。

(5) 坚决杜绝买卖发票！轻者补税，加收滞纳金，罚款，情节严重则会触犯刑法承担刑事责任！

4.“变名虚开”发票是否构成虚开增值税专用发票罪

“变名虚开”发票是否构成虚开增值税专用发票罪，实务界及理论界一直存在争议，从一些法院判例来看，不同的法院也有不同的观点。

有的案件虽然没有按虚开增值税专用发票罪判刑，但是按逃避缴纳税款罪等其他罪名判刑。大部分律师的观点都是“变名虚开”不构成虚开增值税专用发票罪，并列举了下列原因：

(1) 行为人构成虚开增值税专用发票罪应当以行为人在主观上具有骗抵国家增值税税款的目的。《刑法》设立虚开发票罪的立法目的是打击侵害国家税收收入的犯罪行为，因此对于行为人不以骗抵国家增值税税款为目的的“虚开”行为不是《刑法》第二百零五条的评价对象。虚开增值税专用发票罪应当以具有骗抵国家增值税税款的目的为构成要件。

(2) 行为人构成虚开增值税专用发票罪应当以行为人在客观上造成国家税款损失的后果为要件。如果行为人所实施的“虚开”行为在客观上未造成国家增值税税款的损失后果，则不具有犯罪所具有的严重社会危害性，不应当为《刑法》第二百零五条所评价。主观上不具有骗抵税款的目的，客观上未造成国家税款损失，就不应以虚开增值税专用发票罪论处。

“变名虚开”，主观上不具有骗抵税款的目的，客观上未造成国家税款损失，则其开具“货品不符”的增值税专用发票行为，不满足虚开增值税专用发票罪的构成要件，不构成虚开增值税专用发票罪。

笔者也比较认同这种观点，因为《最高人民法院关于适用〈全国人民代表大会常务委员会关于惩治虚开、伪造和非法出售增值税专用发票犯罪的决定〉的若干问题的解释》（法发〔1996〕30号）规定：有货物购销或者提供或接受了应税劳务但为他人、为自己、让他人为自己、介绍他人开具数量或者金额不实的增值税专用发票，属于虚开增值税专用发票。这里仅包括数量或者金额不实，并没有说名称不实。

我国《发票管理办法》所认定的“虚开行为”与《刑法》所认定的“虚开行为”无论从内涵、本质上还是从外延上都存在根本差异，两者不能混淆。构成犯罪的“虚开行为”必须是由《刑法》及有关司法解释所明确规定的行为，而不是我国《发票管理办法》所规定的行为。

案例2-4

某彩电销售企业销售彩电，购买方（小规模纳税人）为便于入账，要求发票“货物及应税劳务名称”栏填写电脑，该彩电销售企业则按照购买方要求开具了货物及应税劳务名称为电脑的增值税专用发票，数量和金额与实际相符。请问该彩电销售企业“变名虚开”，是否构成虚开增值税专用发票罪？

该彩电销售企业在发生真实的货物购销交易的情况下，具有真实的货物交换和收付款行为，其开具的增值税专用发票虽然存在发票货物及应税劳务名称上的瑕疵，但发票所载货物的金额和数量与真实交易保持一致，在货物购销交易价值方面能够真实准确地反映货物在流转环节的增值税税负情况。因此，该彩电销售企业在“变名虚开”过程中，主观上并不具有积极追求危害国家税收征管秩序的意志，不具有骗抵增值税税款的目的，客观上未造成国家税收损失，不具有严重社会危害性，不应以犯罪论处。

案例2-4中，彩电销售企业“变名虚开”违反了我国《发票管理办法》关于“货品一致”的规定，属于具有一般行政违反性的税收违法行为，因而行为人应仅承担相应的税收行政处罚责任，即税务机关有权根据《发票管理办法》第三十七条之规定对行为人做出处罚。

案例2-5

某彩电销售企业销售彩电，正常市场价格为100万元。该彩电销售企业按照购买方要求开具了货物及应税劳务名称为电脑的增值税专用发票160万元，请问该彩电销售企业是否构成虚开增值税专用发票罪？

这构成了典型的虚开增值税专用发票罪，金额不符，100 万元为“变名虚开”，60 万元为“无货虚开”。

5. “变名虚开”还是“无货虚开”

有时，“变名虚开”与“无货虚开”很难划分，即使律师、检察官、法官等专业人士也很难分辨，存在误判的可能。

案例 2-6[①]

一、检察院指控

被告人刘琦于 2012 年初通过李某某介绍认识了江苏江浦经济贸易有限公司（以下简称江浦公司）的副总经理陆某某，并与陆某某商谈由刘琦成立一家公司以采购原材料的名义为江浦公司开具增值税专用发票。2012 年 2 月 21 日被告人刘琦在六安市经济技术开发区注册成立六安鑫鑫石油化工产品销售有限公司（以下简称鑫鑫公司，于 2013 年 3 月注销），后又于 2013 年 1 月 24 日在六安市经济技术开发区注册成立六安铂锦石油化工产品销售有限公司（以下简称铂锦公司）。鑫鑫公司、铂锦公司与江浦公司“合作”，由江浦公司联系安徽海德石油化工有限公司、安徽泰合森能源科技有限责任公司、上海海盛石油化工有限公司等供货企业购进甲基叔丁基醚、混合芳烃、二甲苯、碳五、碳九等化工产品，并提供鑫鑫公司、铂锦公司的资料给供货企业，安排供货企业与鑫鑫公司、铂锦公司签订购货合同，而后江浦公司提供购货资金给鑫鑫公司、铂锦公司，通过鑫鑫公司、铂锦公司将购货资金支付给供货企业，供货企业收到货款后由江浦公司安排运输工具到供货企业提货或由供货企业直接将货物运输到江浦公司指定的地点。交易完成后，上游供货企业为鑫鑫公司、铂锦公司开具票货款一致的增值税专用发票。被告人刘琦的鑫鑫公司、铂锦公司收到发票后再按每吨 50～70 元不等的标准加价后，为江浦公司开具销售货物名称为汽油及柴油的增值税专用发票。

由于用甲基叔丁基醚、混合芳烃、二甲苯、碳五、碳九等化工产品生产汽油、柴油应缴生产环节消费税，而被告人刘某采取将甲基叔丁基醚等化工产品转换成汽、柴油的方式为他人虚开增值税专用发票，从而隐瞒了生产环节，致使国家消费税损失 32 4052 525.29 元。被告人刘琦为获取非法利益，为他人虚开增值税专用发票，虚开的税款数额巨大，并给国家利益造成巨大损失，情节特别严重，其行为已触犯《中华人民共和国刑法》第二百零五条之规定，应当以虚开增值税专用发票罪追究其

① 本案例仅摘取了判决书的部分内容，可能存在前后文内容衔接不够流畅的地方，比如后文提到的有晖公司、振海公司等在前文中并未提到。但这并不影响对主体内容的分析。

刑事责任，提请本院依法惩处。

二、被告人及其辩护律师辩解及辩护意见

（1）刘琦所开具的增值税专用发票都有真实交易，只是将货物名称开错了，不构成虚开。

（2）刘琦不是消费税的纳税主体，刘琦的开票行为不会造成国家消费税损失，其行为不具有实质上的社会危害性。

（3）《国家税务总局关于消费税有关政策问题的公告》（国家税务总局公告2012年第47号）规定对将外购的非应税产品采取变名方式对外销售的行为开征消费税。国家对该行为征税意味着刘某的变票行为不构成刑事犯罪，刘某变票行为属于行政违法行为。

三、法院评判意见

（1）关于被告人刘琦及其辩护人所提刘琦为江浦公司及有晖公司开具的增值税专用发票都有真实货物交易背景，只是将货物名称开错了，不构成虚开的辩解及辩护意见。

经查，鑫鑫公司、铂锦公司虽与安徽海德石油化工有限公司等供货企业签订了购买混合芳烃、甲基叔丁基醚等化工产品的购货合同，但实际是江浦公司直接联系供货企业购进上述化工产品，购货资金由江浦公司提供，货物由供货企业送货至江浦公司指定的油库，或由江浦公司自提，从未经过鑫鑫公司、铂锦公司，仇某某的证言证实为刘琦公司开具的运输发票均无实际运输背景。此外，刘琦承认其按变票货物的吨数，依照每吨50～70元相对固定的收费标准获取回报，这种回报的获取方式显然不是通过货物交易获取利润的方式，故鑫鑫公司、铂锦公司与江浦公司之间无真实的货物交易关系。同样，有晖公司与刘琦的鑫鑫公司之间也无真实的货物交易关系。郁建生的证言证实，有晖公司意在变票的货物混合芳烃及甲基叔丁基醚仍在振海公司，鑫鑫公司自始至终对该批货物都没有所有权，故鑫鑫公司与有晖公司之间也无真实的货物交易关系。

鑫鑫公司、铂锦公司与江浦公司之间，鑫鑫公司与有晖公司之间均无货物购销关系，刘琦却以鑫鑫公司、铂锦公司的名义为江浦公司、有晖公司开具货物名称为柴油0＃、93＃（Ⅲ）、93＃（Ⅳ）、93＃汽油（Ⅳ）等的增值税专用发票，其行为显然不是将有真实货物交易的货物名称错开的行为，而是有意虚开的行为，构成《中华人民共和国刑法》第二百零五条规定的虚开。

综上，被告人刘琦及其辩护人的该项辩解和辩护意见不能成立，本院不予采纳。

（2）关于被告人刘琦及其辩护人所提刘琦的行为不会造成国家税收损失、不具有社会危害性的辩解及辩护意见。

经查，被告人刘琦为江浦公司虚开的增值税专用发票的货物名称是柴油0＃、

93＃（Ⅲ）、93＃（Ⅳ）、97＃（Ⅳ）等，为有晖公司虚开的增值税专用发票的货物名称是93＃汽油（Ⅳ），其中货物名称为柴油0＃、0＃柴油、0＃车用柴油（Ⅲ）及93＃汽油（Ⅳ）的增值税专用发票很明显反映了虚开的增值税专用发票的货物名称就是柴油及汽油。对于其他品名的增值税专用发票，刘琦在公安机关侦查阶段承认柴油0＃、93＃（Ⅲ）、93＃（Ⅳ）、97＃（Ⅳ）等品名指的就是不同标号的汽、柴油，江浦公司副总经理陆某某、业务部员工李某阳的证言对此予以了证实，故刘琦虚开的增值税专用发票就是汽、柴油增值税专用发票。根据《中华人民共和国消费税暂行条例》的规定，汽油、柴油属应当缴纳消费税的应税产品，实行从量定额计征消费税。刘琦虚开的增值税专用发票合计1 764份，价税合计1 945 054 622.55元，受票公司据此抵扣税款合计282 614 773.59元。经安徽蓝天司法鉴定所司法鉴定，刘琦虚开汽油、柴油等消费税应税产品增值税专用发票，造成应税消费品的汽柴油未征消费税324 052 525.29元。故刘琦虚开增值税专用发票的行为不仅使国家发票管理体制和税收征管体制遭受侵害，而且造成国家税款的巨额损失，其行为具有社会危害性。综上，被告人刘琦及其辩护人的该项辩解及辩护意见不成立，本院不予采纳。

(3)《国家税务总局关于消费税有关政策问题的公告》(国家税务总局公告2012年第47号）规定，自2013年1月1日起，工业企业以外的单位和个人将外购的消费税非应税产品以消费税应税产品对外销售的，视为应税消费品的生产行为，按规定征收消费税。这是税收政策方面的规定，不具有限制刑法效力的意义。

刘琦为江浦公司、有晖公司开具的增值税专用发票无真实的货物交易背景，其行为不仅具有行政违法性，且具有刑事违法性，触犯了《中华人民共和国刑法》第二百零五条的规定，构成虚开增值税专用发票罪。综上，被告人刘某辩护人的该项辩护意见不成立，本院不予采纳。

资料来源：六市检刑诉〔2014〕27号.

案例2-6是一起典型判例。案例中，被告人及其辩护律师认为这属于“变名虚开”，检察院及法院认为这属于“无货虚开”。

在法院判决之后，仍然有律师撰文认为法院判决有误，应按“变名虚开”不构成虚开增值税专用发票罪判处，并给出了以下理由：

（1）刘琦的公司开具增值税专用发票是以真实交易为基础的。案例2-6中刘琦和上游供货企业已经签订了购销合同且如实支付货款，而与下游企业江浦公司也签订了购货合同，江浦公司也如实支付了货款，虽然货物是由供货企业根据指令直接交由江浦公司，但这属于正常的商业安排，实践中很常见，不能因此认定存在虚开。

而且，刘琦的公司不管是购进货物还是销售货物都是如实按照货物价格开具增值税专用发票的，三方主体也都如实申报缴纳增值税，所以刘琦并不存在在没有任何交易的情况下虚开增值税专用发票和接受虚开的增值税专用发票的行为。

（2）刘琦的公司开具增值税专用发票的行为未造成少缴增值税的后果。刑法以保护法益为目的，只有严重侵犯法益的行为才构成犯罪。刑法将虚开增值税专用发票罪单列，所要保护的法益很明显是增值税税款。如果行为人的行为未造成少缴增值税的后果，不应判定构成虚开增值税专用发票罪。

案例 2－6 中每个环节都是按照货物的实际价款开具了增值税专用发票，并如实申报缴纳和抵扣进项增值税，并没有因此造成少缴和不缴增值税的后果，没有侵犯《刑法》第二百零五条有关虚开增值税专用发票罪所保护的法益，不应判定构成虚开增值税专用发票罪。

（3）刘琦没有偷逃增值税的主观故意。在案例 2－6 中，刘琦及其公司主观上不存在骗抵国家增值税税款的目的，实质上也未造成少缴增值税的结果，不符合虚开增值税发票罪主观方面的认定要求。刘琦及其公司与江浦公司“合作”的目的，是通过偷逃消费税牟取非法利益。

笔者的观点与检察院及法院观点一致，认为这不属于“变名虚开”，属于“无货虚开”。判断是“变名虚开”还是“无货虚开”，不仅要看合同等形式，更要看案件中行为人的目的和行为的实质。从实质上判断，鑫鑫公司、铂锦公司与江浦公司之间，鑫鑫公司与有晖公司之间均无货物购销关系，应属于“无货虚开”。

（五）发票“有货虚开”

虚开增值税专用发票包括两种情形：有货物交易的虚开（“有货虚开”）和无货物交易的虚开（“无货虚开”）。

有人认为，增值税专用发票“有货虚开”，不构成虚开增值税专用发票罪，这显然是对税法的误读。

《最高人民法院关于适用〈全国人民代表大会常务委员会关于惩治虚开、伪造和非法出售增值税专用发票犯罪的决定〉的若干问题的解释》（法发〔1996〕30 号）规定，虚开增值税专用发票的，构成虚开增值税专用发票罪。具有下列行为之一的，属于虚开增值税专用发票。

（1）没有货物购销或者没有提供或接受应税劳务而为他人、为自己、让他人为自己、介绍他人开具增值税专用发票；

（2）有货物购销或者提供或接受了应税劳务但为他人、为自己、让他人为自己、介绍他人开具数量或者金额不实的增值税专用发票；

（3）进行了实际经营活动，但让他人为自己代开增值税专用发票。

后两种情况就属于“有货虚开”，显然也属于虚开增值税专用发票。“有货虚开”的构成要件有以下两点：

（1）纳税人在主观上具有虚开的故意，即纳税人在主观上具有对外虚开增值税专用发票以使其他纳税人抵扣其增值税销项税额的心理状态，或者纳税人在主观上具有取得虚开的增值税专用发票用以抵扣自己的增值税销项税额的心理状态，或者纳税人在主观上具有为他人介绍虚开的增值税专用发票的心理状态。

（2）纳税人在客观上具有为他人虚开、为自己虚开、让他人为自己虚开、介绍他人虚开与实际经营情况不符的增值税专用发票的行为，包括开票方与销售方不一致、受票方与购买方不一致、发票所载货物数量与实际交易货物数量不一致、发票所载货物金额与实际资金流不一致等。

“有货虚开”一直是税务部门管理的重点和难点问题。我认为，只要是有实际经营活动的虚开都属于“有货虚开”，有下列两种情况。

1. 有第三方的“有货虚开”

这种“有货虚开”也叫作“票货分离”，受票企业与开票企业没有发生实际经营活动。

第一种情形：受票企业与开票企业虚构合同及汇款、提货、出票过程，但受票企业、开票企业之间没有真实的货物交易，真实的货物交易是发生在开票企业与货物真实购货方之间的。货物由不需要发票的真实购货方提走，真实销售货物的开票企业向未真实购货的受票企业开具发票，受票企业用通过此行为获得的增值税专用发票抵扣增值税销项税额。

该情形的典型特点为：一般有中介人牵线（也可以没有中介人），由需要发票但没有实际购进货物的受票企业拿走发票，货物被实际用货而不需要发票的购货企业提走，中介人则从中收取一定的手续费。

案例 2-7

A 企业销售货物给 B 企业，B 企业不需要发票，C 企业不需要货物而需要增值税专用发票。经中介人 D 介绍，由 A 企业开具增值税专用发票给 C 企业。A 企业、C 企业、中介人 D 均属于“有货虚开”。

第二种情形：受票企业与开票企业虚构合同及汇款、提货、出票过程，但受票企业、开票企业之间没有真实的货物交易，货物由真实的销售方销售给受票企业。没有真实销售货物的开票企业向受票企业开具发票，受票企业用通过此行为获得的增值税专用发票抵扣增值税销项税额。

该情形的典型特点为：一般有中介人牵线（也可以没有中介人），实际销售货物的销售方不开具发票，没有真实销售货物的开票企业代为开具发票，实际购货的受票企业取得的是第三方开具的发票，中介人则从中收取一定的手续费。

案例 2-8

A企业销售货物给B企业，A企业不想开具发票，经中介人D介绍，由C企业开具增值税专用发票给B企业。A企业、C企业、中介人D均属于“有货虚开”。B企业取得第三方C企业开具的增值税专用发票不得抵扣进项税额。B企业接受第三方开具的增值税专用发票，可能是善意的也可能是恶意的，要视情况而定。

案例 2-9

B企业购进一批货物而未能取得增值税专用发票，经中介人D介绍，取得了由C企业开具的增值税专用发票。B企业、C企业、中介人D均属于“有货虚开”。B企业取得第三方C企业开具的增值税专用发票不得抵扣进项税额。这种情况下，B企业接受第三方开具的增值税专用发票是恶意的。

2. 没有第三方的“有货虚开”

没有第三方的“有货虚开”，受票企业与开票企业发生了实际经营活动。

该情况的典型特点为：受票企业与开票企业有真实的货物交易，但是开具了数量或者金额不实的增值税专用发票。

案例 2-10

A企业销售货物给B企业，货款为10万元。B企业想多抵扣增值税进项税额，要求A企业开具30万元的增值税专用发票，A企业应B企业要求开具了一份30万元的增值税专用发票。A企业和B企业签订了虚假的经济合同，B企业向A企业支付货款30万元后，A企业扣除货款10万元以及多开金额相应比例开票手续费后将剩余款项返还B企业，该部分回流资金属于虚假的货款。A企业、B企业虽然有真实的货物交易，但是开具了金额不实的增值税专用发票。A企业、B企业均属于“有货虚开”，B企业取得的虚开的增值税专用发票不得抵扣进项税额。

有部分纳税人和税务人员认为，A企业与B企业之间的资金回流实际上是B企业虚增的成本费用。因为增值税专用发票票面金额与B企业向A企业支付的资金一致，不构成虚开增值税专用发票，所以应只是对B企业以偷税定性，追缴其虚增成本费用而导致少缴的企业所得税税款。这种观点是错误的。A企业与B企业之间的资金回流属于虚假的货款，票面金额与真实的货款不符，构成虚开增值税专用发票。

还有部分纳税人和税务人员存在如下误区：企业开票价格显著高于市场价格的购销交易是判断企业虚开金额不实的发票的标准之一。这种观点是错误的。比如，某货物市场价格为10万元，但在某业务员的违规操作下，双方按照30万元签订购销合同，A企业向B企业开具了一份30万元的增值税专用发票。B企业向A企业支付货款30万元后，A企业与B企业之间没有资金回流，A企业仅在账外向该业务员支付了回扣2万元，B企业支付给A企业的30万元货款均由A企业实际拥有和控制，是真实的资金流，不是虚假的货款。在这种情况下，A企业和B企业就该货物交易开具的发票金额和真实资金流保持一致，虽然企业的开票价格显著高于市场价格，但也不属于开票金额不实，A企业与B企业不构成虚开增值税专用发票罪。

下面再来看两个不同情形的“有货虚开”构成虚开增值税专用发票罪的法院判例。

案例2-11

武汉某新技术有限公司、黄某伟虚开增值税专用发票一审刑事判决书如下：

湖北省武汉东湖新技术开发区人民法院

刑事判决书

〔2016〕鄂0192刑初×××号

公诉机关武汉东湖新技术开发区人民检察院。

被告单位武汉某新技术有限公司，组织机构代码68543031×，单位地址武汉东湖新技术开发区华工科技园创新企业基地×号楼×单元。

法定代表人张某芳。

诉讼代表人黄铭义，男，1957年9月10日出生，系武汉某新技术有限公司监事。

被告人黄某伟，男，1982年12月15日出生于河南省郑州市，汉族，大学文化，系武汉某新技术有限公司实际负责人，租住武汉东湖新技术开发区。2015年10月20日因涉嫌虚开增值税专用发票由武汉市公安局决定被取保候审；2016年11月4日由武汉东湖新技术开发区人民检察院决定继续被取保候审。

辩护人胡娟、邱婷婷，北京盈科（武汉）律师事务所律师。

被告单位武汉某新技术有限公司、被告人黄某被控虚开增值税专用发票一案，武汉东湖新技术开发区人民检察院于2016年12月8日以武东湖检公诉刑诉〔2016〕×××号起诉书向本院提起公诉。本院于同日立案，并依法适用简易程序，实行独任审判，于 2016 年 12 月 21 日公开开庭进行了审理。武汉东湖新技术开发区人民检察院指派检察员何仁超出庭支持公诉，被告单位武汉某新技术有限公司的诉讼代表人、被告人黄某伟及其辩护人胡娟均到庭参加诉讼。现已审理终结。

经审理查明：被告单位武汉某新技术有限公司于 2009 年 3 月 27 日注册成立，公司类型为有限责任公司，公司法定代表人张某芳，被告人黄某伟系该公司负责人。

2013 年 2 月 19 日，被告单位武汉某新技术有限公司与个体户“赵勇”签订采购供应合同，从“赵勇”处购进一批价值 20 万元的橡塑保温板。因“赵勇”无法开具增值税专用发票，被告人黄某伟作为该公司的实际负责人，多次催促“赵勇”为其公司开具增值税专用发票。2013 年 6 月 18 日，“赵勇”通过快递形式，将销货单位为淮安市洪泽港丰商贸有限公司的两张增值税专用发票（票号分别为 00024421、00024422）邮寄至被告单位武汉某新技术有限公司，价税合计人民币 233 100 元，其中税额合计人民币 33 869.24 元。嗣后，被告单位武汉某新技术有限公司将上述增值税专用发票在税务机关申报抵扣了税款 33 869.24 元。

2014 年 2 月，税务机关从武汉某新技术有限公司追回了抵扣的税款人民币 33 869.24 元，并处罚款人民币 33 869.24 元。

2015 年 9 月 25 日，公安机关将被告人黄某伟抓获归案。

经本院委托调查，被告人黄某伟住所地社区矫正机构武汉东湖新技术开发区佛祖岭街综合治理办公室愿意对其进行非监禁刑期间的社区矫正监管。

上述事实，被告单位武汉某新技术有限公司及被告人黄某伟在开庭审理过程中亦无异议，并有经查证属实的抓获破案经过、受案登记表、立案决定书、传唤证、案件移送书及情况说明等书证，企业营业执照、税务登记证及企业变更通知书，采购供应协议、个人账户往来明细、记账凭证及河北神州保温建材集团有限公司提供的应收款明细表及情况说明，增值税纳税申报表、记账凭证、增值税专用发票，增值税抵扣凭证协查函、案件协查基本情况表、已证实虚开通知单、协查处理单、增值税抵扣凭证原始信息清单，20145003 号调查报告、稽五国税处〔2014〕22 号税务处理决定书、稽五国税罚〔2014〕15 号税务行政处罚决定书、税收缴款凭证、国家税务局询问笔录及武国税移〔2014〕5003 号案件移送意见书等书证，湖北省适用非监禁刑审前社会调查材料，被告人黄某伟的身份材料等证据证实，足以认定。

辩护人提出的被告人黄某伟有坦白情节的辩护意见，经查，公安机关接税务机关移送的案件材料后已掌握了被告人黄某伟的犯罪线索，后将被告人黄某伟抓获归案。被告人黄某伟到案的行为不符合坦白的法律规定，该辩护意见与本院查证的事实不符，与法律规定相悖，本院不予采纳。

本院认为，被告单位武汉某新技术有限公司违反国家税收征管法规，在进行了实际经营活动的情况下，让他人为其公司代开虚开增值税专用发票，致使国家税款被骗取人民币33 869.24元，其行为已构成虚开增值税专用发票罪。被告人黄某伟作为该公司直接负责人，其行为亦构成虚开增值税专用发票罪。公诉机关指控的犯罪事实清楚，证据确实、充分，罪名准确，本院予以确认。根据本案的犯罪事实、情节和被告单位、被告人黄某伟的认罪态度，结合公诉机关当庭发表的可适用缓刑的量刑建议，对被告人黄某伟适用缓刑没有再犯罪的危险，且对其所居住社区亦无重大不良影响，依法可予宣告缓刑。辩护人提出的被告人黄某伟系初犯，归案后认罪态度较好，请求对其从轻处罚并宣告缓刑的辩护意见，本院予以采纳。依照《中华人民共和国刑法》第二百零五条第二款，第七十二条第一款，第七十三条第二款、第三款的规定，判决如下：

一、被告单位武汉某新技术有限公司犯虚开增值税专用发票罪，判处罚金人民币三万元（已缴纳）。

二、被告人黄某伟犯虚开增值税专用发票罪，判处有期徒刑十个月，缓刑一年。（缓刑考验期限从判决确定之日起计算。）

如不服本判决，可在接到判决书的第二日起十日内，通过本院或者直接向湖北省武汉市中级人民法院提出上诉。书面上诉的，应当提交上诉状正本一份，副本二份。

审判员　×××

二〇一六年十二月二十一日

书记员　×××

案例2-11中，武汉某新技术有限公司（购货方）与个体户"赵勇"（销售方）签订采购供应合同，从"赵勇"处购进一批价值20万元的橡塑保温板。淮安市洪泽港丰商贸有限公司（开票方）向武汉某新技术有限公司开具增值税专用发票。

武汉某新技术有限公司在进行了实际经营活动的情况下，让他人为其公司代开虚开增值税专用发票，致使国家税款被骗取人民币33 869.24元，其行为已构成虚开增值税专用发票罪。被告人黄某伟作为该公司直接负责人，其行为亦构成虚开增值税专用发票罪。

淮安市洪泽港丰商贸有限公司代"赵勇"向武汉某新技术有限公司开具增值税专用发票，已构成"为他人开具与实际经营业务情况不符的发票"的行为。

"赵勇"在发生经营业务取得销售收入时，不是依法向经营地税务机关申请代开发票，而是让淮安市洪泽港丰商贸有限公司代其向购货方开具增值税专用发票，已构成"让他人为自己开具与实际经营业务情况不符的发票"的行为。

案例2-12

常某某、高某、王某某虚开增值税专用发票案一审刑事判决书如下：

山西省长治市城区人民法院

刑事判决书

〔2015〕城刑初字第×××号

公诉机关山西省长治市城区人民检察院。

被告人常某某，男，1949年12月2日出生，汉族，初中文化，长治市某有限公司法定代表人。2015年1月13日因涉嫌虚开增值税专用发票罪被长治市公安局取保候审。2015年5月28日被本院取保候审。

辩护人郭斌，山西维尼律师事务所律师。

被告人高某，男，1953年5月6日出生，汉族，高中文化。2015年1月13日因涉嫌虚开增值税专用发票罪被长治市公安局取保候审。2015年5月28日被本院取保候审。

辩护人王涛、李荣，山西维尼律师事务所律师。

被告人王某某，女，1962年4月24日出生，汉族，初中文化，长治市某有限公司会计。2015年1月13日因涉嫌虚开增值税专用发票罪被长治市公安局取保候审。2015年5月28日被本院决定取保候审。

辩护人秦玉，山西维尼律师事务所律师。

山西省长治市城区人民检察院以城检公诉刑诉〔2015〕×××号起诉书指控被告人常某某、高某、王某某犯虚开增值税专用发票罪，于2015年5月28日向本院提起公诉。本院依法组成合议庭，公开开庭审理了本案。山西省长治市城区人民检察院检察员席梦，被告人常某某及其辩护人郭斌，被告人高某及其辩护人李荣、王涛，被告人王某某及其辩护人秦玉到庭参加了诉讼。现已审理终结。

经审理查明：2009年12月24日至2010年11月23日期间，长治市某有限公司购进了一批原材料而没有进项发票，该公司的法定代表人即被告人常某某通过被告人高某从河北邯郸某物资有限公司为长治市某有限公司虚开增值税专用发票18张，票面金额共计1 629 314.35元，税额共计276 983.3元，后长治市某有限公司的会计被告人王某某将18张虚开的增值税专用发票认证抵扣并入账。案发后，长治市某有限公司已补缴税款及滞纳金共计505 738.55元。

上述事实，三被告人在开庭审理过程中亦无异议，且有增值税专用发票、虚假过磅单、入库单、支付凭证等书证复印件；长治市某有限公司、河北邯郸某物资有限公司主体材料、长治市国家税务局稽查局税务处理决定书、该局税务稽查执行报告、电子缴税付款凭证、证人魏某某等的证言；辨认笔录等证据证实，足以认定。

本院认为，被告人常某某、高某、王某某虚开增值税专用发票，虚开的税款数额较大，三被告人的行为均构成虚开增值税专用发票罪。公诉机关指控罪名成立，本院支持。虚开增值税专用发票中的虚开，是指有为他人虚开、为自己虚开、让他人为自己虚开、介绍他人虚开的行为之一，故三被告人辩护人关于三被告人的行为构成非法购买增值税专用发票罪的辩护意见无事实、法律依据，本院不予采纳。三被告人当庭自愿认罪，且已补缴税款及滞纳金，依法可酌情从轻处罚。依照《中华人民共和国刑法》第二百零五条、第二十五条、第七十二条、第七十三条、第五十二条、第五十三条之规定，判决如下：

被告人常某某犯虚开增值税专用发票罪，判处有期徒刑三年，缓刑五年，并处罚金人民币 50 000 元。

（缓刑考验期从判决确定之日起计算。罚金自判决生效后第二日起三个月内缴纳。）

被告人高某犯虚开增值税专用发票罪，判处有期徒刑三年，缓刑四年，并处罚金人民币 50 000 元。

（缓刑考验期从判决确定之日起计算。罚金自判决生效后第二日起三个月内缴纳。）

被告人王某某犯虚开增值税专用发票罪，判处有期徒刑三年，缓刑三年，并处罚金人民币 50 000 元。

（缓刑考验期从判决确定之日起计算。罚金自判决生效后第二日起三个月内缴纳。）

如不服本判决，可在接到判决书的第二日起十日内，通过本院或者直接向山西省长治市中级人民法院提出上诉，书面上诉的，应当提交上诉状正本一份，副本三份。

审 判 长 ×××

人民陪审员 ×××

人民陪审员 ×××

案例 2－12 中，长治市某有限公司（购货方）购进了一批原材料而没有进项发票，该公司的法定代表人即被告人常某某通过被告人高某（中介人）从河北邯郸某物资有限公司（不是真实的销售方）为长治市某有限公司虚开增值税专用发票 18 张，票面金额共计 1 629 314.35 元，税额共计 276 983.3 元，后长治市某有限公司的会计被告人王某某将 18 张虚开的增值税专用发票认证抵扣并入账。

长治市某有限公司（购货方）法定代表人即被告人常某某与会计即被告人王某某，让他人为其公司代开虚开增值税专用发票，其行为已构成虚开增值税专用发票罪。

被告人高某（中介人）介绍他人开具增值税专用发票，其行为已构成虚开增值税专用发票罪。

（六）不以骗税为目的的虚开增值税专用发票

不以骗税为目的的虚开增值税专用发票，主要存在以下几种情形：（1）编造虚假业绩；（2）满足融资需求；（3）完成销售额指标；（4）显示公司实力；（5）骗取政府补贴；（6）其他不以骗税为目的的情形。

不以骗税为目的的虚开增值税专用发票，显然属于具有一般行政违反性的税收违法行为，因而行为人应承担相应的税收行政处罚责任，即税务机关有权根据《发票管理办法》第三十七条之规定对行为人作出处罚。

不以骗税为目的的虚开增值税专用发票，是否构成虚开增值税专用发票罪？当前，无论是法学理论界还是司法实务界，对该“虚开”行为是否要求有特定目的，存在肯定说与否定说之争。这造成了理论上的混乱，更给司法机关在处理这类案件时带来了错判的风险，实践中也出现了处理结果迥异的类似案件情况。

案例2－13

以显示公司实力为目的，不是以抵扣税款为目的，不构成虚开增值税专用发票罪。以下是〔2017〕闽刑终字第391号判例的部分内容：

上诉单位松苑公司和上诉人陈松柏、施维昌向他人购买伪造的增值税专用发票的行为，不是以抵扣税款为目的，而是为了提高购进设备价值，显示公司实力，以达到在与他人合作谈判中处于有利地位的目的。根据国家税法的规定①，注明为固定资产的增值税专用发票不能抵扣税款，且陈松柏也没有要抵扣联，国家税款不会因其行为而受损失，松苑公司、陈松柏、施维昌的行为不具有严重的社会危害性，因此不构成犯罪。各被告人及其辩护人的有关辩护理由，予以采纳。原审以虚开增值税专用发票罪对松苑公司、陈松柏、施维昌定罪处刑不当，应予撤销。原审认定上诉人林建基出售伪造的增值税专用发票的事实清楚，但定罪不当。依照《中华人民共和国刑事诉讼法》第一百八十九条第（二）项及《中华人民共和国刑法》第二百零六条第一款、第六十四条之规定，于2002年5月31日判决如下：

1. 撤销泉州市中级人民法院〔2000〕泉刑初字第196号刑事判决；

① 这里是指案件当时的税法政策。

2. 上诉人林建基犯出售伪造的增值税专用发票罪，判处有期徒刑五年，并处罚金人民币五万元；

3. 上诉单位泉州市松苑锦涤实业有限公司、上诉人陈松柏和施维昌无罪。

案例 2－14

为销售超产煤炭之目的，无逃骗税故意，未造成国家税款流失，不构成虚开增值税专用发票罪。以下是〔2016〕川 15 刑终 113 号判例的部分内容：

本院①认为，1995 年的《全国人民代表大会常务委员会关于惩治虚开、伪造和非法出售增值税专用发票犯罪的决定》（以下简称《决定》）对包括虚开增值税专用发票罪等危害国家税收犯罪予以了详细规定。全国人民代表大会常务委员会的立法宗旨在该《决定》前言部分得以充分体现，即“为了惩治虚开、伪造和非法出售增值税专用发票和其他发票进行偷税、骗税等犯罪活动，保障国家税收”。该《决定》的条文内容，1997 年修订后的《中华人民共和国刑法》第三章第六节“危害税收征管罪”中予以了全部继承。其中，虚开增值税专用发票罪，分别体现在《决定》第一条和《刑法》第二百零五条的规定之中。

严重的社会危害性是任何犯罪都具有的本质特征。一行为如果没有严重的社会危害性，则不属于犯罪的范畴。虚开增值税专用发票罪也不例外，必然具有严重的社会危害性。其社会危害性的体现，司法理论和实践普遍认为，该罪侵犯的是复杂客体，即行为人既侵犯了国家增值税专用发票监督管理制度，又破坏了国家税收征管，造成了国家税款的大量流失。无论是之前的全国人民代表大会常务委员会立法决定，还是之后的《刑法》规定，从立法宗旨和立法体系可以判断，国家刑事法律无不是从保障国家税收不流失这一根本目的出发而规定一系列危害国家税收犯罪的。如果不严厉惩治这些犯罪行为，则必然或可能造成国家税收流失，危害国家税收征管。如果根本没有造成国家税收流失的可能，则不在危害税收征管犯罪的评价范围内。

就本案而言，原审被告人李某甲、李某乙在协助何某甲办理板厂沟煤矿扫尾工作期间，何某甲基于解决其所控制的椰雅煤业公司超能生产的煤炭对外销售的实际问题，伙同罗某某及二原审被告人虚增了白庙乡板厂沟煤矿向丰源集团销售煤炭这一交易环节的销售金额，利用了白庙乡板厂沟煤矿实际停产但具有煤炭生产指标的有利条件。在此期间，板厂沟煤矿开具煤炭过关票和相应 38 份增值税专用发票，将椰雅煤业公司超能生产的煤炭对外销售。上列开具增值税专用发票的行为虽与实际交易行为不符，但行为人主观上没有偷逃国家税款目的，而是为了促成超产煤炭的

① 即四川省宜宾市中级人民法院。

外销，根据销售煤炭数量如实向国家上缴了增值税和相关税费，即使在下一销售环节将增值税发票进行抵扣，客观上也不会造成国家税款的流失。因此，原审被告人李某甲、李某乙等人主观上没有偷逃国家税款的目的，客观上也没有造成国家税款流失，不具有危害国家税收征管的严重社会危害性，不应构成虚开增值税专用发票罪。

抗诉机关提出，原审被告人李某甲、李某乙实施了虚开增值税专用发票的行为，其主观上是否具有偷、骗税的目的，以及客观上是否会造成国家税收的流失，并非本罪的构成要件。本院认为，如果不从立法宗旨和立法体系认识到保障国家税款不流失的立法目的，也不从社会危害性方面认识到客观上不会也没有造成国家税款流失的行为不具有严重的社会危害性，而仅凭形式上有虚开行为就一律以虚开增值税专用发票罪追究刑事责任，明显违背了主客观相一致的基本定罪要求，属于客观归罪。如果简单地按照抗诉意见认定二原审被告人构成虚开增值税专用发票罪，则势必对其施以严重的刑罚，这也与情理不合，因为本案并未造成国家税款损失的严重危害后果。对上列抗诉意见，本院不予支持。原审被告人李某甲及其辩护人、李某乙请求驳回抗诉、维持原判的意见，本院予以采纳。

综上，原审被告人李某甲、李某乙不构成虚开增值税专用发票罪，依照《中华人民共和国刑事诉讼法》第二百二十五条第一款第（一）项之规定，裁定如下：

驳回抗诉，维持原判。

本裁定为终审裁定。

案例2-15

用票单位无申报抵扣税款资格，主观上没有骗取国家增值税税款的故意，不构成虚开用于抵扣税款发票罪。以下是浙江省高级人民法院芦才兴涉嫌虚开用于抵扣税款案的部分内容：

二审法院认为，本案中所有用票单位都是运输企业①，均不是增值税一般纳税人，无申报抵扣税款资格。因此，芦才兴让他人为自己或者为他人开具的虚假发票均无法被用于抵扣税款，被告人芦才兴在主观上没有骗取国家增值税税款的故意，仅持有冲减营业额从而有偷逃税款的故意，其行为符合偷税的构成要件，不符合虚开用于抵扣税款的发票罪的构成要件。

① 此案发生在营改增前。

案例 2-16

为完成销售额之目的，扰乱了国家对增值税专用发票的管理秩序，其行为已经构成虚开增值税专用发票罪。以下是〔2016〕辽 01 刑终 718 号判例的部分内容：

原审判决认定：2008 年 11 月至 2012 年间，被告人房某担任沈阳凯利通公司（以下简称凯利通公司）法定代表人期间，为完成该公司处于一般纳税人辅导期每年完成年销售额 180 万元人民币的指标，经与凯利通公司代账会计张某某（另案处理）预谋，利用张某某同时在沈阳阿布朗机电有限公司（以下简称阿布朗公司）、沈阳自动化系统工程有限公司（以下简称自动化公司）代账会计之便，先后两次在明知无真实交易的情况下，凯利通公司、阿布朗公司、自动化公司之间循环开具辽宁省增值税专用发票共计 106 组，增值税数额共计人民币 434 434.05 元，并分别向税务机关申报抵扣进项税额。经鉴定，阿布朗公司共虚开辽宁省增值税专用发票 13 组，价税合计人民币 1 185 654.83 元，增值税税额人民币 172 274.63 元，已向税务机关申报抵扣进项税额人民币 133 087.6 元；凯利通公司共虚开辽宁省增值税专用发票 84 组，价税合计人民币 911 771.86 元，增值税税额人民币 132 479.75 元，已向税务机关申报抵扣进项税额人民币 132 443.75 元；自动化公司共虚开辽宁省增值税专用发票 9 组，价税合计人民币 892 501.23 元，增值税税额人民币 129 679.69 元，已向税务机关申报抵扣进项税额人民币 129 679.69 元。

2014 年 3 月 31 日，公安机关将被告人房某抓获。

上述事实有原公诉机关提交，并经一审庭审质证、认证的证人孙某某、穆某某、王某、何某、张某某的证言，司法会计鉴定报告及补充说明、税务行政处罚决定书、完税凭证、阿布朗公司会计凭证、沈阳市和平区国税局证明，在逃人员登记信息表、电话查询记录、人口基本信息表、企业法人工商登记查询卡、案件来源、抓捕经过，证人张某某的刑事判决书，被告人房某的供述及辩解等证据证实，足以认定。

原审法院认为，被告人房某违反法律规定，伙同他人虚开增值税专用发票，虚开税款数额较大，其行为已构成虚开增值税专用发票罪。被告人系初犯，能如实供述犯罪事实，并主动补缴税款、罚款，悔罪态度较好，未造成国家税款损失，其虚开增值税专用发票犯罪较轻，可予免除刑事处罚。依照《中华人民共和国刑法》第二百零五条、第二十五条、第三十七条、第六十一条之规定，认定被告人房某犯虚开增值税专用发票罪，免予刑事处罚。

上诉人房某的上诉理由是：其开具增值税专用发票是为了完成销售额，主观上没有偷逃税款的故意，客观上也未造成国家税款损失，其行为不构成虚开增值税专用发票罪。

经审理查明，上诉人房某虚开增值税专用发票的犯罪事实、证据与原审判决认定相同，本院审理过程中未发生变化，本院依法均予确认。同时，上诉人房某在本院审理中未提出新的证据。

本院认为，上诉人房某违反法律规定，伙同他人虚开增值税专用发票，其行为已构成虚开增值税专用发票罪。上诉人房某到案后能如实供述犯罪事实，悔罪态度较好，可从轻处罚。关于上诉人房某所提，其开具增值税专用发票是为了完成年销售额，主观上没有偷逃税款的故意，客观上也未造成国家税款损失，其行为不构成虚开增值税专用发票罪的上诉理由。经查，沈阳市和平区国税局证明、司法会计鉴定报告及补充说明等证据，证明上诉人房某伙同张某某多次虚开增值税专用发票达106组，累计税款达人民币434 434.05元，并多次向税务机关申报抵扣进项税额，扰乱了国家对增值税专用发票的管理秩序，其行为已经构成虚开增值税专用发票罪，故对该上诉理由本院不予采纳。原判定罪准确，量刑适当，审判程序合法。依照《中华人民共和国刑事诉讼法》第二百二十五条第一款第（一）项之规定，裁定如下：

驳回上诉，维持原判。

本裁定为终审裁定。

参考《如何解读虚开增值税专用发票罪的“虚开”》[①] 一文观点：“本罪的‘虚开’与日常生活中的‘虚开’不同，必须从实质意义上对其进行解读，必须要有通过虚开骗取国家税款的目的。”

在此问题上，最高人民法院的态度一贯明确。2001年最高人民法院答复福建省高级人民法院请示的泉州市松苑锦涤实业有限公司等虚开增值税专用发票一案中，该案被告单位不以抵扣税款为目的，而是为了显示公司实力以达到在与外商谈判中处于有利地位的目的而虚开增值税发票。据此，最高人民法院答复认为，该公司的行为不构成犯罪。

我们下面来看一起最高院指导案例。

案例 2－17

一、典型意义

我国改革开放后的一段时期，社会主义市场经济制度不够完善，一些企业特别是民营企业发展有一些不规范行为。习近平总书记在2018年11月1日民营企业座谈会上强调，对一些民营企业历史上曾经有过的一些不规范行为，要以发展的眼光看问题，按照罪刑法定、疑罪从无的原则处理，让企业家卸下思想包袱，轻装前进。《中共中央 国务院关于完善产权保护制度依法保护产权的意见》（以下简称《产权意

① 姚龙兵．如何解读虚开增值税专用发票罪的“虚开”．人民法院报，2016-11-16（06）．

见》）亦明确要求："严格遵循法不溯及既往、罪刑法定、在新旧法之间从旧兼从轻等原则，以发展眼光客观看待和依法妥善处理改革开放以来各类企业特别是民营企业经营过程中存在的不规范问题。"本案张某强借用其他企业名义为自己企业开具增值税专用发票，虽不符合当时的税收法律规定，但张某强并不具有偷逃税收的目的，其行为未对国家造成税收损失，不具有社会危害性。一审法院在法定刑之下判决其承担刑事责任，并报最高人民法院核准。虽然对于本案判决结果，被告人并未上诉，但是最高人民法院基于刑法的谦抑性要求认为，本案不应定罪处罚，故未核准一审判决，并撤销一审判决，将本案发回重审。最终，本案一审法院宣告张某强无罪，切实保护了民营企业家的合法权益，将习近平总书记的指示和《产权意见》关于"以发展眼光客观看待和依法妥善处理改革开放以来各类企业特别是民营企业经营过程中存在的不规范问题"的要求落到实处。本典型案例对于指导全国法院在司法审判中按照罪刑法定、疑罪从无原则，以发展的眼光看待民营企业发展中的不规范问题，具有重要的指导意义。

二、基本案情

2004 年，被告人张某强与他人合伙成立个体企业某龙骨厂，张某强负责生产经营活动。因某龙骨厂系小规模纳税人，无法为购货单位开具增值税专用发票，张某强遂以他人开办的鑫源公司名义对外签订销售合同。2006—2007 年间，张某强先后与 6 家公司签订轻钢龙骨销售合同，购货单位均将货款汇入鑫源公司账户，鑫源公司并为上述 6 家公司开具增值税专用发票共计 53 张，价税合计 4 457 701.36 元，税额 647 700.18 元。基于以上事实，某州市人民检察院指控被告人张某强犯虚开增值税专用发票罪。

三、裁判结果

某州市人民法院一审认定被告人张某强构成虚开增值税专用发票罪，在法定刑以下判处张某强有期徒刑 3 年，缓刑 5 年，并处罚金人民币 5 万元。张某强在法定期限内没有上诉，检察院未抗诉。某州市人民法院依法逐级报请最高人民法院核准。

最高人民法院经复核认为，被告人张某强以其他单位名义对外签订销售合同，由该单位收取货款、开具增值税专用发票，不具有骗取国家税款的目的，未造成国家税款损失，其行为不构成虚开增值税专用发票罪，某州市人民法院认定张某强构成虚开增值税专用发票罪属适用法律错误。据此，最高人民法院裁定：不核准并撤销某州市人民法院一审刑事判决，将本案发回重审。该案经某州市人民法院重审后，依法宣告张某强无罪。

案例索引：中华人民共和国最高人民法院〔2016〕最高法刑核 51732773 号刑事裁定书.

尽管如此，我们仍应重视这种不以骗取国家税款为目的的发票虚开问题，虽不以骗取国家税款为主要目的，但含有其他利益，也必然存在直接或者间接的危害性，需要税务机关引起重视，进行整治和打击。

二、虚开增值税专用发票案件中恶意与善意的区别

（一）相关税法政策

（1）《国家税务总局关于纳税人虚开增值税专用发票征补税款问题的公告》（国家税务总局公告2012年第33号）规定，纳税人虚开增值税专用发票，未就其虚开金额申报并缴纳增值税的，应按照其虚开金额补缴增值税；已就其虚开金额申报并缴纳增值税的，不再按照其虚开金额补缴增值税。税务机关对纳税人虚开增值税专用发票的行为，应按《税收征收管理法》及《发票管理办法》的有关规定给予处罚。纳税人取得虚开的增值税专用发票，不得作为增值税合法有效的扣税凭证抵扣其进项税额。

（2）《国家税务总局关于纳税人善意取得虚开增值税专用发票已抵扣税款加收滞纳金问题的批复》（国税函〔2007〕1240号）规定，纳税人善意取得虚开的增值税专用发票指购货方与销售方存在真实交易，且购货方不知取得的增值税专用发票是以非法手段获得的。纳税人善意取得虚开的增值税专用发票，如能重新取得合法、有效的增值税专用发票，准许其抵扣进项税款；如不能重新取得合法、有效的增值税专用发票，不准其抵扣进项税款或追缴其已抵扣的进项税款。

纳税人善意取得虚开的增值税专用发票被依法追缴已抵扣税款的，不属于《税收征收管理法》第三十二条“纳税人未按照规定期限缴纳税款”的情形，不适用该条“税务机关除责令限期缴纳外，从滞纳税款之日起，按日加收滞纳税款万分之五的滞纳金”的规定。

（3）《国家税务总局关于纳税人善意取得虚开的增值税专用发票处理问题的通知》（国税发〔2000〕187号）规定，购货方与销售方存在真实的交易，销售方使用的是其所在省（自治区、直辖市和计划单列市）的增值税专用发票，增值税专用发票注明的销售方名称、印章、货物数量、金额及税额等全部内容与实际相符，且没有证据表明购货方知道销售方提供的增值税专用发票是以非法手段获得的，对购货方不以偷税或者骗取出口退税论处。但应按有关法规不予抵扣进项税款或者不予出口退税；购货方已经抵扣的进项税款或者取得的出口退税，应依法追缴。

购货方能够重新从销售方取得防伪税控系统开出的合法、有效增值税专用发票的，或者取得手工开出的合法、有效增值税专用发票且取得了销售方所在地税务机

关已经或者正在依法对销售方虚开增值税专用发票行为进行查处证明的，购货方所在地税务机关应依法准予抵扣进项税款或者出口退税。

（二）增值税专用发票虚开案件中善意和恶意的辨别

认定善意取得虚开增值税专用发票起码要符合以下几个标准：

（1）善意取得虚开的增值税专用发票，其定性重在“善意”，没有证据表明购货方知道销售方提供的增值税专用发票是以非法手段获得的，主观上不具有偷税意识且没有做出具体的偷税行为，应当是不以骗取国家税款为目的的。若受票方以虚抵税款为目的，则是恶意的。

（2）从纳税人是否有真实交易行为上认定，购货方和销售方必须存在真实的交易。购货方的有关财务凭证、购销合同、仓库验收记录、货款支付凭证和运费结算单及相关单据资料等单证真实可靠，购货方没有做假账、做伪证、制造虚假资金流逃避税务机关检查。

（3）从纳税人购货和取得虚开的增值税专用发票有关内容是否一致上认定，增值税专用发票注明的销售方名称、印章、货物数量、金额及税额等全部内容必须与实际相符，若有一项内容不符，则很难证明是善意的。

（4）从资金结算情况上认定，真实的交易伴随着资金流向，资金流向与发票销售方不一致时，说明资金流向的原因是纳税人在接受税务机关调查时应尽的义务。

（5）从纳税人取得虚开的增值税专用发票来源上认定，销售方使用的是其所在省（自治区、直辖市和计划单列市）的增值税专用发票。一般情况下，开票人应当和合同签约销售方一致。

实践中，税务机关常以“合同、货（行为）、票、款一致”为基础，综合考虑交易和发票开具的时间、资金结算方式、货物交付方式等多种因素，判断取得增值税专用发票的一方是否为善意取得虚开的增值税专用发票。

增值税专用发票虚开恶意与善意区别的总结如表 2-1 所示。

表 2-1 增值税专用发票虚开恶意与善意的区别

项目	恶意取得	善意取得
交易情况	没有交易，金额不实，对象不符	真实交易
主观	明知或故意	无证据表明知道非法获取
进项税	不得抵扣	不抵扣；重新取得可以抵扣
滞纳金	计算	不计算
处罚	偷税，出口骗税	无

三、虚开增值税专用发票增值税与企业所得税的处理

（一）虚开增值税专用发票增值税进项税额不能抵扣

恶意取得虚开的增值税专用发票的进项税额不能抵扣，那么善意取得虚开的增值税专用发票的进项税额能不能抵扣呢？

根据本章“二、虚开增值税专用发票案件中恶意与善意的区别”中“（一）相关税法政策”的内容，善意取得虚开的增值税专用发票的进项税额不能抵扣，如能重新取得合法、有效的增值税专用发票，准许其抵扣进项税款。

案例 2-18

2011 年，高程公司从网上联系到天极公司，于 2011 年 2 月和 3 月与天极公司以网签形式分别签订了 3 份购货合同，货款由高程公司以转账方式全额汇给天极公司，货物和 3 份增值税专用发票由天极公司通过快递方式邮寄给高程公司。同年 3 月和 8 月，高程公司将 3 份增值税专用发票向主管税务部门申报认证，在核验税票之后办理了抵扣。之后，上海市金山区国税稽查局认定该 3 份增值税专用发票为虚开，市国税稽查局据此向高程公司下达了税务处理决定书，认定高程公司取得 3 份增值税专用发票系违法，要求高程公司缴纳已经抵扣的税款 11 284.22 元及滞纳金。高程公司与天极公司系正常的贸易往来，税票取得合理合法，市国税稽查局认定的违法事实不能成立，请求法院依法撤销市国税稽查局作出的合国税稽处〔2013〕2010 号税务处理决定，退还高程公司缴纳的税款 11 284.22 元。

法院观点

市国税稽查局作为税务机构，依法具有作出税务行政处理的执法主体资格。经上海市金山区国家税务局稽查局查证，高程公司取得的由天极公司开具的 3 份增值税专用发票系虚开增值税专用发票。

根据《中华人民共和国增值税暂行条例》第九条的规定，纳税人购进货物或者应税劳务，取得的增值税扣税凭证不符合法律、行政法规或者国务院税务主管部门有关规定的，其进项税额不得从销项税额中抵扣。该条款是对不符合规定的增值税扣税凭证不得抵扣税款的规定，而不考虑受票方主观上有无过错。

高程公司作为增值税纳税义务人，其凭收受的虚开的增值税专用发票，依法不能获得抵扣进项税款，已经抵扣的进项税款，应依法追缴。高程公司认为其与天极公司之间系真实的贸易往来，其取得的天极公司开具的 3 份增值税专用发票不存在违法事实。针对此种情况，市国税稽查局在没有证据证明高程公司知道所收取的增

值税专用发票是他人虚开的情况下，认为高程公司善意取得虚开的增值税专用发票，适用国税发〔2000〕187号文件规定作出追缴抵扣税款的决定并无不当。

资料来源：安徽省合肥市庐阳市人民法院行政判决书〔2014〕庐行初字第00032号.

在案例2-17中，从该判决书内容可以看出，该案存在真实的货物销售活动，合同、货物、资金、发票流向一致，高程公司确实不知情，市国税稽查局也对此无异议，承认这一点。市国税稽查局认定高程公司系善意取得虚开的增值税专用发票，不得抵扣进项税额，也是有明确税法依据的：国税发〔2000〕187号文和国税函〔2007〕1240号文。

虽然从情理上高程公司真的很“冤枉”，但是情理代替不了法律。根据税法规定，善意取得的增值税专用发票的进项税额不能抵扣，如能重新取得合法、有效的增值税专用发票，准许其抵扣进项税款。我们应当尽力重新取得合法、有效的增值税专用发票，否则只能做进项税额转出处理。对于这种有明确税法文件规定的案件，切勿听从某些“专家”之言去起诉稽查局，浪费时间和精力，得不偿失。

（二）虚开增值税专用发票企业所得税处理

恶意取得的增值税专用发票，违背了真实性原则，企业所得税税前是不能扣除的，那么企业善意取得虚开的增值税专用发票，企业所得税税前可扣除吗？

通常情况下，很多税务机关认为，不可扣除，虚开增值税专用发票不符合扣除规定！但从一些法院判决中发现，企业善意取得虚开的增值税专用发票，企业所得税税前是可以扣除的。全国有多起判决案例。这些案例中，法院的观点为：企业业务是实际发生的，有真实业务往来，企业善意取得虚开的增值税专用发票，税法没有明确规定不许企业所得税税前扣除，因此可以扣除。

案例2-19

A省B市中级人民法院

行政判决书

〔2014〕B中行终字第×××号

上诉人（原审被告）B市国家税务局稽查局，住所地B市西大街116号。

法定代表人程某，该局局长。

委托代理人杨某。

委托代理人李某，A省××律师事务所律师。

被上诉人（原审原告）D铜业有限公司，住所地在××经济开发区内。

法定代表人盛某，该公司董事长。

委托代理人腾某，A省××律师事务所律师。

上诉人B市国家税务局稽查局因税务行政处理决定一案，不服B市C区人民法院〔2014〕浦行初字第××××号行政判决，向本院提起上诉。本院于2014年12月4日立案受理后，依法组成合议庭，同月24日公开开庭审理本案。上诉人B市国家税务局稽查局的委托代理人杨某、李某，被上诉人D铜业有限公司的委托代理人腾某到庭参加诉讼。本案现已审理终结。

原审法院查明，2011年9月，原告从G市E金属有限公司购废铜，2011年9月至11月，取得G市E金属有限公司提供的27份增值税专用发票，税额合计3 095 936.62元，2011年向国税机关认证通过，并申报抵扣税款3 095 936.62元。所购废铜已在2011年全部进入生产成本，2011年结转主营业务成本17 880 058.83元，2012年结转主营业务成本331 332.95元。

2013年10月14日，F省G市国家税务局稽查局确认27份增值税专用发票为虚开。

2014年1月22日，被告作出《税务处理决定书》（B市国税稽处〔2014〕×号）：1. 原告补缴增值税3 095 936.62元；2. 补缴2011年企业所得税3 312 940.63元，补缴2012年企业所得税145 813.43元。2014年5月24日，原告不服提起诉讼，请求依法撤销被告作出的B市国税稽处〔2014〕×号《税务处理决定书》。

原审认为：被告认定涉案的27份增值税专用发票系虚开，原告善意取得，所购货物废铜已在2011年全部进入生产成本。国家税务总局对善意取得作明确规定，即“纳税人善意取得虚开的增值税专用发票指购货方与销售方存在真实交易，且购货方不知取得的增值税专用发票是以非法手段获得的”。被告对原告作出补缴增值税的处理，确认原告系善意取得虚开的增值税专用发票。但对原告相应取得收入有关的合理支出未作认定，属事实不清。

善意取得的虚开增值税专用发票，税法明确规定不得作为增值税合法有效的扣税凭证抵扣其进项税额。但对27份增值税专用发票对应的企业所产生的成本等是否可以作为企业所得税税前列支的问题，税法没有作出明确规定。被告仅凭原告善意取得的27张虚开的增值税专用发票来调征原告的企业所得税，要求补缴企业所得税、加收滞纳金的处理决定，认定的事实不清、法律依据不足，不予支持。依照《中华人民共和国行政诉讼法》第五十四条第（二）项之规定，判决撤销被告B市国家税务局稽查局于2014年1月22日作出的B市国税稽处〔2014〕×号《税务处理决定书》第2条。

上诉人上诉称：1. 根据G市国家税务局发给上诉人的《G市E金属有限公司虚开增值税专用发票案重大案件报告》和G市国家税务局稽查局给上诉人的《已证实

虚开通知单》，证实了被上诉人持有的27份增值税专用发票为虚开。2.根据《中华人民共和国税收征收管理法》第二十一条、《中华人民共和国发票管理办法》第二十条的规定，企业购买商品必须取得发票，被上诉人购买废铜行为应当遵守上述规定，即取得合法有效的发票作为企业所得税前扣除的唯一凭证，只有提供合法有效的发票，才能最有效证明交易的真实性。3.被上诉人购买废铜必须取得合法有效的发票，而被上诉人取得的是虚开的增值税专用发票属于不符合规定的发票，是不合法的凭证。一审判决认定事实错误，适用法律不当，请求依法撤销一审判决，维持上诉人作出的税务处理决定。

被上诉人答辩称：1.上诉人认为发票是企业所得税税前扣除的唯一凭证的观点有失偏颇，发票是证明支出的重要凭证，但不是唯一凭证。《中华人民共和国会计法》第十四条规定，会计凭证包括原始凭证和记账凭证。2.被上诉人是否应当补缴企业所得税和滞纳金，关键在于是否存在成本支出的事实。根据《国家税务总局关于纳税人善意取得虚开的增值税专用发票处理问题的通知》的规定，被上诉人购买废铜的事实，依法就应予税前扣除。3.处理决定中引用的法条，主要规定企业所得税缴纳的计算方式、购买商品应当取得发票，但对善意取得虚开增值税专用发票的行为没有规定不能税前扣除或补缴所得税，故上诉人决定被上诉人补缴企业所得税以及滞纳金无法律依据。请求驳回上诉，维持原判。

各方当事人在一审中提交的证据均已随卷移交本院。

本院经审查对一审认定的事实及采信的证据均予以确认。

二审另查明，上诉人作出处理决定后，被上诉人不服申请行政复议，2014年5月9日，B市国家税务局作出《税务行政复议决定书》（税复决字〔2014〕第×号）维持了上诉人作出的《税务处理决定书》。

本院认为，2011年9月，被上诉人从案外人G市E金属有限公司购买废铜，善意取得该公司虚开的27份增值税发票，税额3 095 936.62元，该款项电汇给案外人，并通过国家税务机关认证，抵扣税款，当年全部进入生产成本。该27份增值税发票为案外人虚开，依法不得作为增值税合法有效的扣税凭证抵扣进项税额，但对企业所产生的成本等是否可以作为所得税税前列支没有规定，上诉人处理决定要求被上诉人补缴企业所得税并加收滞纳金的要求法律依据不足，原审依法予以撤销并无不当。

综上，原审判决认定事实清楚，适用法律正确，程序合法，应予维持。上诉人的上诉理由不能成立，其上诉请求本院不予支持，依据《中华人民共和国行政诉讼法》第六十一条第（一）项之规定，判决如下：

驳回上诉，维持原判。

案件受理费50元，由上诉人B市国家税务局稽查局负担。

本判决为终审判决。

审　判　长　×××
审　判　员　×××
代理审判员　×××
二〇一五年一月二十八日
书　记　员　×××

笔者赞同法院观点，根据《中华人民共和国企业所得税法》及其实施条例的规定，企业发生的各项支出，只要符合真实性、相关性、合理性、合法性四个原则，一般就可以在税前扣除。通常情况下，企业应当取得合法有效的票据，但善意取得的虚开的增值税专用发票是不是合法有效的所得税税前扣除的票据，税法没有明确规定。根据“法无授权不可为”的执法原则，税务机关应当允许企业凭票在所得税税前扣除。

通过以上分析可知，2018 年 7 月 1 日之前，税务机关应允许企业凭票在所得税税前扣除。那么 2018 年 7 月 1 日之后是不是就不允许企业所得税税前扣除了呢？

自 2018 年 7 月 1 日起施行的《企业所得税税前扣除凭证管理办法》第十二条规定，企业取得私自印制、伪造、变造、作废、开票方非法取得、虚开、填写不规范等不符合规定的发票，以及取得不符合国家法律、法规等相关规定的其他外部凭证，不得作为税前扣除凭证。

这里的虚开，应该包括恶意取得和善意取得，不管是善意还是恶意取得虚开的发票，都不能作为税前扣除凭证。恶意取得的虚开发票，违背了真实性原则。但是善意取得的虚开发票不能作为税前扣除凭证，并不代表这个成本就不能扣除。“善意的”说明该业务是真实的，因此企业可以重新取得合法合规的发票进行扣除。若是因为虚开发票，开票方企业成为非正常户，或者被工商部门吊销了营业执照，这属于符合《企业所得税税前扣除凭证管理办法》第十四条规定的特殊原因，企业可以提供证明材料证实支出的真实性，就可以税前扣除。

《企业所得税税前扣除凭证管理办法》第十四条规定，企业在补开、换开发票和其他外部凭证过程中，因对方注销、撤销、依法被吊销营业执照、被税务机关认定为非正常户等特殊原因无法补开、换开发票和其他外部凭证的，可凭以下资料证实支出的真实性后，其支出允许税前扣除。

（1）无法补开、换开发票和其他外部凭证原因的证明资料（包括工商注销、机构撤销、列入非正常经营户、破产公告等证明资料）；

（2）相关业务活动的合同或者协议；

（3）采用非现金方式支付的付款凭证；

（4）货物运输的证明资料；

（5）货物入库、出库内部凭证；

（6）企业会计核算记录以及其他资料。

其中第（1）至（3）项为必备资料。

四、虚开普通发票的税务风险

虚开增值税专用发票风险巨大，有人又盯上了普通发票的虚开，岂不知普通发票虚开同样具有极大的税务风险！

（一）虚开普通发票符合标准的，构成重大税收违法案件

《重大税收违法失信案件信息公布办法》（国家税务总局公告2018年第54号）第五条规定，本办法所称“重大税收违法失信案件”是指符合下列标准的案件：

（1）纳税人伪造、变造、隐匿、擅自销毁账簿、记账凭证，或者在账簿上多列支出或者不列、少列收入，或者经税务机关通知申报而拒不申报或者进行虚假的纳税申报，不缴或者少缴应纳税款100万元以上，且任一年度不缴或者少缴应纳税款占当年各税种应纳税总额10%以上的；

（2）纳税人欠缴应纳税款，采取转移或者隐匿财产的手段，妨碍税务机关追缴欠缴的税款，欠缴税款金额10万元以上的；

（3）骗取国家出口退税款的；

（4）以暴力、威胁方法拒不缴纳税款的；

（5）虚开增值税专用发票或者虚开用于骗取出口退税、抵扣税款的其他发票的；

（6）虚开普通发票100份或者金额40万元以上的；

（7）私自印制、伪造、变造发票，非法制造发票防伪专用品，伪造发票监制章的；

（8）具有偷税、逃避追缴欠税、骗取出口退税、抗税、虚开发票等行为，经税务机关检查确认走逃（失联）的；

（9）其他违法情节严重、有较大社会影响的。

其中第（8）项所称“经税务机关检查确认走逃（失联）的”，是指检查对象在税务局稽查局案件执行完毕前，不履行税收义务并脱离税务机关监管的。

《重大税收违法失信案件信息公布办法》（国家税务总局公告2018年第54号）第六条规定，符合本办法第五条规定的重大税收违法失信案件，税务局稽查局依法作出《税务处理决定书》或者《税务行政处罚决定书》的，当事人在法定期间内没

有申请行政复议或者提起行政诉讼，或者经行政复议或者法院裁判对此案件最终确定效力后，按本办法处理；未作出《税务处理决定书》《税务行政处罚决定书》的走逃（失联）案件，经税务机关查证处理，进行公告 30 日后，按本办法处理。

（二）虚开普通发票达到一定条件，构成虚开发票罪

《中华人民共和国刑法》第二百零五条之一规定：虚开本法第二百零五条规定以外的其他发票，情节严重的，处二年以下有期徒刑、拘役或者管制，并处罚金；情节特别严重的，处二年以上七年以下有期徒刑，并处罚金。

单位犯前款罪的，对单位判处罚金，并对其直接负责的主管人员和其他直接责任人员，依照前款的规定处罚。

由此可知，虚开普通发票达到一定条件的，构成虚开发票罪，仍然是要判刑的。

案例 2－20

浙江诸暨天沅恒珍珠工艺品有限公司，经浙江省绍兴市国家税务局稽查局检查，发现其在 2009 年 8 月 1 日至 2012 年 8 月 31 日期间，主要存在以下问题：对外虚开普通发票 877 份，票面额累计 8 623.35 万元。依照《税收征收管理法》等相关法律法规的有关规定，对其处以追缴税款 2 689.97 万元的行政处理，处以罚款 2 039.90 万元的行政处罚，并依法移送司法机关。

案例 2－21

浙江曜洲通信工程有限公司，经浙江省温州市平阳县国家税务局稽查局检查，发现其在 2014 年 1 月 1 日至 2015 年 7 月 31 日期间，主要存在以下问题：对外虚开普通发票 24 份，票面额累计 236.26 万元。依照《税收征收管理法》等相关法律法规的有关规定，对其处以罚款 10.00 万元的行政处罚，并依法移送司法机关。

案例 2－22

义乌市五州建筑工程有限公司，经浙江省义乌市国家税务局稽查局检查，发现其在 2015 年 1 月 1 日至 2015 年 12 月 31 日期间，主要存在以下问题：虚开普通发票 26 份，票面额累计 300.01 万元。依照《税收征收管理法》等相关法律法规的有关规定，对其处以罚款 13.00 万元的行政处罚，并依法移送司法机关。

案例 2－23

温岭市顺昌市政工程有限公司，经浙江省台州市温岭市国家税务局稽查局检查，发现其在 2015 年 1 月 1 日至 2015 年 9 月 30 日期间，主要存在以下问题：接受虚开普通发票 7 份，票面额累计 70.03 万元。依照《税收征收管理法》等相关法律法规的有关规定，对其处以罚款 12.00 万元的行政处罚，并依法移送司法机关。

下面再来看一起虚开普通发票法院判例，在这起判例中，被告人顾某的辩护人提出被告人顾某让顾长某虚开的 3 张浙江增值税普通发票在开具后原件即作废，该 3 张发票的金额应予剔除的意见。

案例 2－24

虚开普通发票被判刑，虚开普通发票在开具后原件即作废，金额不予剔除，应计入虚开发票的犯罪数额。

浙江省海宁市人民法院

刑事判决书

〔2015〕嘉海刑初字第×××号

公诉机关浙江省海宁市人民检察院。

被告人顾某。因犯开设赌场罪，2012 年 11 月 21 日被浙江省桐乡市人民法院判处有期徒刑七个月，缓刑一年，并处罚金一万三千元（缓刑考验期限自 2012 年 12 月 2 日起至 2013 年 12 月 1 日止）。因本案，2014 年 8 月 9 日被刑事拘留，同年 9 月 2 日被依法逮捕，9 月 4 日被取保候审，2015 年 8 月 13 日被依法逮捕。现羁押于海宁市看守所。

辩护人徐亚明、唐力，浙江海翔律师事务所律师。

被告人林某。因本案，2014 年 11 月 5 日被取保候审。

辩护人金虎良，浙江虎良律师事务所律师。

辩护人陈嘉宇，浙江虎良律师事务所实习律师。

浙江省海宁市人民检察院以海检刑诉〔2015〕639 号起诉书及海检刑变诉〔2015〕16 号变更起诉决定书，指控被告人顾某、林某犯虚开发票罪，分别于 2015 年 6 月 2 日、6 月 15 日向本院提起公诉。本院于 2015 年 6 月 2 日立案，在适用简易程序审理过程中发现本案具有不宜适用简易程序的情形，于 2015 年 6 月 30 日转为普通程序审理，并依法组成合议庭，于 2015 年 7 月 14 日、8 月 13 日公开开庭审理了本案。海宁市人民检察院指派检察员杨红平及许玲琳、张斯亮出庭支持公诉。被告人顾某、林某及辩护人徐亚明、唐力、金虎良、陈嘉宇到庭参加诉讼。现已审理终结。

经审理查明，2011年10月至2013年12月间，被告人顾某为使其经营的海宁市某养殖园申报财政补助资金，在无实际货物购销的情况下，让被告人林某为其虚开建筑业统一发票1份、浙江增值税普通发票18份，虚开金额共计2 310 274元；让顾长某（另行处理）为其虚开浙江增值税普通发票3份，虚开金额共计150 000元。

海宁市公安局接海宁市审计局移送材料后经侦查确定被告人顾某涉嫌虚开发票罪，于2014年8月9日电话通知被告人顾某到公安机关，后被告人顾某自行到公安机关并如实供述了上述犯罪事实。

上述事实，被告人顾某、林某在开庭审理过程中亦无异议，并有证人证言，浙江增值税普通发票、建筑业统一发票复印件及鉴定材料，营业执照、税务登记证复印件，账目资料，申报财政补助资料，刑事判决书、执行通知书、解除社区矫正通知书、浙江省预收（暂扣）款票据，情况说明，抓获经过及户籍证明等证据证实，足以认定。

本院认为，被告人顾某违反国家发票管理规定，在没有货物购销的情况下让他人为其虚开发票，虚开金额2 460 274元，情节特别严重；被告人林某违反国家发票管理规定，在没有货物购销的情况下为他人虚开发票，虚开金额2 310 274元，情节特别严重，其行为均已构成虚开发票罪。公诉机关指控被告人顾某、林某所犯罪名成立。关于被告人顾某的辩护人提出被告人顾某让顾长某虚开的3张浙江增值税普通发票在开具后原件即作废，该3张发票的金额应予剔除的意见。经查，被告人顾某在无实际货物购销的情况下，让他人虚开浙江增值税普通发票3张，后使用该3张发票复印件申报项目补助，其行为符合虚开发票罪的构成要件，故该3张发票的金额应计入被告人顾某虚开发票的犯罪数额，辩护人就此所提意见于法不符，不予采纳。关于被告人顾某的辩护人提出被告人顾某系自首的意见。经查，公安机关已确定被告人顾某有虚开发票犯罪嫌疑，并电话通知其到公安机关，故被告人顾某缺乏投案的主动性，依法不构成自首，辩护人此意见不予采纳。在共同犯罪中，二被告人地位、作用基本相当，不区分主从犯。被告人顾某所犯本罪大部分在其所犯前罪判决宣告前或缓刑考验期内实施，属在缓刑考验期内犯新罪及发现判决宣告以前还有其他罪没有判决，依法应当撤销缓刑，实行数罪并罚。被告人顾某、林某归案后均能如实供述自己的罪行，可分别依法从轻处罚，被告人顾某、林某的辩护人就此所提相关辩护意见予以采纳。据此，依照《中华人民共和国刑法》第二百零五条之一第一款，第二十五条第一款，第七十七条第一款，第六十九条，第六十七条第三款，第七十二条第一、三款，第七十三条第二、三款之规定，判决如下：

一、撤销浙江省桐乡市人民法院〔2012〕嘉桐刑初字第1006号刑事判决书判决主文第六项对被告人顾某宣告的缓刑。

二、被告人顾某犯虚开发票罪，判处有期徒刑二年，并处罚金二万五千元，与前罪判处的有期徒刑七个月，并处罚金一万三千元并罚，决定执行有期徒刑二年三个月，并处罚金三万八千元。

（刑期从判决执行之日起计算。判决执行以前先行羁押的，羁押一日折抵刑期一日，即自2015年8月13日起至2017年10月16日止。已折抵先行羁押的27日。罚金限判决生效后一个月内缴纳。）

三、被告人林某犯虚开发票罪，判处有期徒刑二年，缓刑二年六个月，并处罚金二万五千元。

（缓刑考验期限，从判决确定之日起计算。罚金限判决生效后一个月内缴纳。）

如不服本判决，可在接到判决书的第二日起十日内，通过本院或者直接向浙江省嘉兴市中级人民法院提出上诉。书面上诉的，应交上诉状正本一份，副本二份。

审　判　长　×××
人民陪审员　×××
人民陪审员　×××
二〇一五年八月十三日
书　记　员　×××

五、虚开发票案件中会计人员必须学会保护自己

虚开发票案件中，会计人员怎么保护自己，这是会计人员最为关心的问题。

（一）发票虚开会计人员被判刑案例

案例2－25

北京市第一中级人民法院判处被告兼职会计刘某虚开发票罪有期徒刑8年，并处罚金人民币6万元。2005年2月至2006年6月期间，刘某在明知公司没有实际经营活动的情况下，领购增值税专用发票共计175份，并办理增值税纳税申报。公司老板蔡某虚开增值税专用145份，税款209万元。刘某辩解对公司及虚开发票情况均不知情。法院认为：刘某作为兼职会计，以专业知识应当发现蔡某等人大量领购增值税专用发票的行为具有违法性。刘某领购增值税专用发票、报税等行为已构成虚开增值税专用发票罪。鉴于刘某在共同犯罪中起次要辅助作用，系从犯，可依法对其减轻处罚。

案例2-26

黄某伙同欧阳拥民（另处）利用他人身份信息注册成立了资阳市康兰特商贸有限公司，并取得一般纳税人资格。黄某聘请刘某为职员，刘某负责在黄某的指示下虚开增值税专用发票。黄某以公司名义虚开增值税专用发票50份，税额共计847 501元。其中刘某虚开20份，税额共计339 000元。

被告人黄某犯虚开增值税专用发票罪，判处有期徒刑十一年六个月，并处罚金十万元；被告人刘某犯虚开增值税专用发票罪，判处有期徒刑二年，缓刑三年，并处罚金一万元。

资料来源：四川省资阳市中级人民法院刑事裁定书〔2015〕资刑终字第60号.

案例2-27

法人代表、负责人、会计、业务员、民工均判刑，其中会计判处有期徒刑十二年，并处罚金十二万元。

王某春（另案处理）和其朋友翟某（已判刑）商量，注册成立鑫宇公司，法人代表为翟某。2007年鑫宇公司取得废旧物资回收增值税免税资格、一般纳税人资格。

王某春以年薪100 000元雇用王某担任会计。鑫宇公司成立后，翟某就陆续将鑫宇公司的所有法律手续、印章等交给了王某春进行保管和使用。2007年5月至2009年7月，在鑫宇公司没有任何实际业务的情况下，王某春指使被告人王某虚开废旧物资增值税专用发票1 209份，票面金额为112 613 754.49元；废旧物资增值税专用发票71份，票面金额为6 581 456.50元。

李某系包头市兴宇物资回收公司的业务员，受雇于王某春，月薪1 800元，主要办理兴宇公司的废旧物资收购及销售业务。涉及虚开增值税专用发票497份，票面金额为10 197 099.38元；介绍他人虚开增值税专用发票260份，票面金额为23 098 132.16元。

李某犯虚开增值税专用发票罪，判处有期徒刑七年，并处罚金八万元。

王某犯虚开增值税专用发票罪，判处有期徒刑十一年，并处罚金七万元。与前罪判处有期徒刑三年，并处罚金五万元，数罪并罚。决定执行有期徒刑十二年，并处罚金十二万元。

资料来源：鄂尔多斯市中级人民法院刑事判决书〔2016〕内06刑再2号.

案例 2－28

不知情的会计也被判刑 3 年。

为逃税，山东企业 A 在武汉虚开增值税专用发票 2 600 多万元。经查，该企业从事鞋业进出口贸易，法定代表人为张某。但其实际控制人为韩国人金某，并负责日常生产经营及联系海外顾客，去向不明。知情人透露，金某尚欠多家有业务往来的公司大笔债务。

在市场购进生产鞋的材料时，供应商为降低成本，不提供增值税专用发票。考虑到企业没有进项增值税专用发票，货物出口后不能退税，为获得此部分税款，该企业法定代表人、此案被告人张某连同金某及 A 企业其他负责人想到找人虚开增值税专用发票的方法。

2013 年，A 企业通过中间人介绍认识了武汉生意人周某。周某名下注册有 4 家空头公司，名义上经营皮革生意，实际上以虚开增值税发票为主业。2013 年 11 月至 2014 年间，A 企业派遣会计刘某通过中间人钱某与这 4 家公司取得联系，A 企业分别按开票金额的 4.8％和 0.2％支付给周某和钱某回扣费。

钱某供述，为证明两家公司有皮革交易，A 企业将开票所需资金转账到其中一家皮革公司账户，再由该公司将资金转账到自己账户。拿到回扣费后，钱某将剩余资金转至其他两个同伙账户。他们以此方法构成表面上的资金流转，一方开票，一方付款。

据武汉相关税务部门认定，A 企业虚开增值税发票价税金额合计 2 677 万余元，其中税款达 389 万元。

检方认为，山东企业的张某、刘某和武汉的周某、钱某等人，在没有真实货物交易的情况下虚开增值税专用发票，给国家造成严重损失，应当以虚开增值税专用发票罪追究其刑事责任。

此案被告人、A 企业会计刘某供述，自己只是按照老板吩咐办理银行账户，并收取日常票据，对于虚开增值税专用发票的过程毫不知情。刘某辩护人、长江日报公益律师团律师、湖北朋来律师事务所隆万花、刘一芳律师认为，刘某不属于直接责任人，主观恶性较小，在过程中没有犯罪所得，属初犯、偶犯，应从轻处罚。最终，法院在量刑时考虑了从轻处罚的辩护意见，刘某获刑 3 年。

资料来源：根据公开资料整理改编.

从案例 2－28 可以看出，有下面几个风险点：

风险点一：A 企业货款只付给其中一家武汉公司，发票却是从多个公司开具的，如果严格按照汇款单位和发票销货方核对，就可以发现问题。

风险点二：A 企业从武汉购进皮革，如果会计认真审查货物购销合同、运输合同、入库单据，都可以发现问题。

风险点三：A 企业是一家贸易公司，而且是进出口公司，货物不直接从武汉装车出口，而是运回山东装箱出口。

风险点四：A 企业真实采购货款的钱如果是从企业账面汇出去的，那么没有发票冲回，也可以发现问题。

会计要提升风险防范意识，提高规避风险能力，才是保护自己的最好办法！

再次强调：会计必须学会保护自己！

（二）会计人员保护好自己的方法

全面实施营改增后，随着增值税发票系统对货物、劳务和服务、无形资产、不动产等应税项目的全覆盖，全国增值税发票电子底账系统和稽核系统开始发力。国家税务总局连续下发涉嫌虚开发票的检查名单，越来越多的企业卷入虚开发票的漩涡，被补税、罚款、移送司法、判刑……面对越来越严厉的税收监管，奉劝纳税人："遵纪守法，远离虚开"。一旦会计人员发现所在企业存在虚开发票行为，一定要保存好证据，并尽快辞职。

作为一个会计人，首先要懂得怎样保护自己，清楚什么事情该做，什么事情不该做，自己要权衡，明显违法的事情绝对不能去做，这是原则，也是底线！

不该做的事绝对不要参与，不该签的字绝对不签，遇到不该做的事情，要与领导沟通，沟通成功自然好，沟通不成也不要去参与。一旦参与，出了事再后悔就来不及了。而且一旦参与，出了事推说自己不清楚，都是受老板指示做的，这样的辩白也是苍白无力的，因为你是一个有民事行为能力的成年人，是有判断能力的。一切由证据说话，必须保留一切有利于保护自己的证据。

运用法律武器保护自己。《中华人民共和国会计法》无疑是会计人员的保护神，作为会计人员一定要熟记在心。《中华人民共和国会计法》将会计资料的真实性与合法性的第一责任人定为单位负责人，但这并不意味着会计人员无责任了，会计人员在对外报出的报表及相关的原始凭证（包括发票、合同等）中，一定要单位负责人签字，这点很重要，平时决不能大意。这是自我保护的需要。

会计人员接手新工作，一定要做好交接工作，纸质资料和电子文件全部交接好，必须有专人负责监交，移交清册应当经过监交人员审查和签名、盖章，作为交接双方明确责任的证件。交接双方都要签字，分清各自责任，不要为其他会计人员犯的错误"背黑锅"。对于一些企业的"烂摊子"不要轻易接，一旦接了想甩手就难了。

努力学习，精通税法。只有懂税法才能更好地进行税务处理，更好地保护自己。

在很多大型企业，开具发票前一定要审核发票开具通知单，也有部分企业叫作

"开票申请单"，格式类似，关键都要有经办人、业务部门主管、主管领导等业务相关人员签字，业务相关的购销合同、运输合同、运单等业务资料要齐全，并与发票开具内容一致。发票开具通知单可以很好地保护我们会计人员，其格式如表 2-2 所示。

表 2-2 发票开具通知单

日期： 单位：元

合同编号								
合同名称								
发票种类	增值税专用发票 □				普通发票 □			
购货单位名称								
纳税人识别号								
地址、电话								
开户行及账号								
货物或劳务服务	规格型号	单位	数量	不含税单价	不含税金额	税率	税额	价税合计
合计								
经办人								
业务部门主管								
预算管理部门								
主管领导								
财务部门								
附件：业务资料（合同、运单等）								
开票人在发票开具后填写：								
发票代码		发票号码	—		价税合计			

财务人员一定要设计好财务流程和内控制度，规范企业财税处理，发生业务前对合同另一方进行必要的考察，留存好与业务相关的所有材料备查。在企业被税务稽查或公安机关侦查时，积极配合，但必须对于业务实质具有清晰的认识，以免因理解偏差作出错误的描述，从而影响案件性质的认定。要充分利用纳税人陈述、申辩的权利，对税务机关作出的税务处理或者处罚决定，纳税人可在规定时限内通过申请行政复议、提起诉讼等方式保护自己的权益。纳税人也应当及时聘请专业税务律师，帮助化解税务风险，减轻损失。

六、避免取得虚开发票的方法

针对虚开发票问题，纳税人应当树立正确的观念，认识到虚开发票的违法性，依法纳税，筑起法律与思想道德的防线。很多合法经营者会在无意中取得虚开发票，因此纳税人需以积极主动的态度采取有效的防范措施。

避免取得虚开发票的方法如下：

（1）每笔涉及发票的交易行为均应签订购销合同，销货方交货时的送货单、签收单均应与购销合同签约对象相同，并妥善保管。

（2）取得发票时，仔细核对发票内容是否与业务实际发生情况相符，审核销售方的名称应与购销合同的签约对象相同，且是送货地或收款地所开出的增值税专用发票（销货方开具其他机构的增值税专用发票不予接受）。

（3）严格审核发票的货物名称、规格、数量、金额及税额等全部内容是否与送货单或签收单实际相符，如有不符应要求更正，否则不予接受。

（4）支付货款时，应直接向发票销售方的银行账户支付，且金额应与发票上的价税金额相符。严格避免以大额现金支付货款。

（5）警惕违法从事虚开发票的中间人，主观上拒绝诱惑，同时对供货单位以及相关业务联络人员的实际情况进行更细致的了解。

（6）及时查验发票的真实有效性，如有迹象显现取得的发票可能是虚开的，应立即着手调查。调查属实者应主动向税务机关报告。

七、涉嫌虚开增值税专用发票罪的补救方法

（一）企业确实存在虚开增值税专用发票行为

案例2-29

涉嫌虚开增值税专用发票罪，犯罪情节轻微，检察院竟然不起诉。

浙江省玉环市人民检察院

不起诉决定书

玉检公诉刑不诉〔2017〕×××号

被不起诉人叶某某，男，1973年××月××日出生，居民身份证号码3326271973××××××××，汉族，小学文化，玉环××流体控制有限公司法定

代表人，家住浙江省玉环市××镇××家园××号楼××室。因涉嫌虚开增值税专用发票罪，于2017年6月1日被玉环市公安局取保候审。

本案由玉环市公安局侦查终结，以被不起诉人叶某某涉嫌虚开增值税专用发票罪，于2017年9月19日向本院移送审查起诉。本院于2017年11月3日退回公安机关补充侦查。公安机关于2017年11月27日补查重报。本院于2017年10月20日延长审查起诉期限十五日。

经本院依法审查查明：

2014年1月至2015年12月期间，被不起诉人叶某某因本人投资入股的玉环××流体控制有限公司进项税额不够抵扣，为了达到少缴税的目的，遂通过中间人王某某（另案处理）以支付票面金额8%开票费的方式从玉环××金属材料有限公司虚开增值税发票5张，价税合计人民币354 183.58元，税额65 311.22元。上述发票已全部用于抵扣。

2017年5月31日，被不起诉人叶某某被公安民警电话通知到案。案发后，被不起诉人叶某某全额补缴了国税和地税部门的税费、滞纳金和罚款等所有款项。

本院认为，叶某某实施了《中华人民共和国刑法》第二百零五条规定的行为，但犯罪情节轻微，系初犯，具有自首情节，根据《中华人民共和国刑法》第六十七条第一款的规定，可以免除处罚。依据《中华人民共和国刑事诉讼法》第一百七十三条第二款的规定，决定对叶某某不起诉。

被不起诉人如不服本决定，可以自收到本决定书后七日内向本院申诉。

2017年12月21日

案例2-29所涉及的《中华人民共和国刑法》《中华人民共和国刑事诉讼法》相关条款如下：

《中华人民共和国刑法》第六十七条规定，【自首】犯罪以后自动投案，如实供述自己的罪行的，是自首。对于自首的犯罪分子，可以从轻或者减轻处罚。其中，犯罪较轻的，可以免除处罚。

被采取强制措施的犯罪嫌疑人、被告人和正在服刑的罪犯，如实供述司法机关还未掌握的本人其他罪行的，以自首论。

犯罪嫌疑人虽不具有前两款规定的自首情节，但是如实供述自己罪行的，可以从轻处罚；因其如实供述自己罪行，避免特别严重后果发生的，可以减轻处罚。

《中华人民共和国刑法》第六十八条规定，【立功】犯罪分子有揭发他人犯罪行为，查证属实的，或者提供重要线索，从而得以侦破其他案件等立功表现的，可以从轻或者减轻处罚；有重大立功表现的，可以减轻或者免除处罚。

《中华人民共和国刑事诉讼法》第一百七十三条规定，犯罪嫌疑人没有犯罪事实，或者有本法第十五条规定的情形之一的，人民检察院应当作出不起诉决定。

对于犯罪情节轻微，依照刑法规定不需要判处刑罚或者免除刑罚的，人民检察院可以作出不起诉决定。

人民检察院决定不起诉的案件，应当同时对侦查中查封、扣押、冻结的财物解除查封、扣押、冻结。对被不起诉人需要给予行政处罚、行政处分或者需要没收其违法所得的，人民检察院应当提出检察意见，移送有关主管机关处理。有关主管机关应当将处理结果及时通知人民检察院。

《中华人民共和国刑事诉讼法》第十五条规定，有下列情形之一的，不追究刑事责任，已经追究的，应当撤销案件，或者不起诉，或者终止审理，或者宣告无罪。

（1）情节显著轻微、危害不大，不认为是犯罪的；

（2）犯罪已过追诉时效期限的；

（3）经特赦令免除刑罚的；

（4）依照刑法告诉才处理的犯罪，没有告诉或者撤回告诉的；

（5）犯罪嫌疑人、被告人死亡的；

（6）其他法律规定免予追究刑事责任的。

通过上述规定，我们就明白了案例2－28中叶某某为什么未被起诉。结合案例2－28，根据刑法规定，可以得出结论：积极采取如下补救措施，可以从轻或者减轻处罚，犯罪较轻的，可以免除处罚。

（1）犯罪情节轻微，系初犯，全额补缴了税务部门的税费、滞纳金和罚款等所有款项。

（2）具有自首情节或立功表现。

【温馨提醒】

补缴税款也要判刑，虚开发票是行为罪，不要存在侥幸心理，补税了只是可以从轻或者减轻处罚，犯罪较轻的，可以免除处罚。

远离虚开发票，才是风险防范根本之道！

我们再来看最高检发布的首批涉民营企业司法保护典型案例，其中包括两起虚开发票案例：吴某、黄某、廖某虚开增值税专用发票案和江苏A建设有限公司等7家公司及其经营者虚开发票案。

案例2－30

吴某、黄某、廖某虚开增值税专用发票案

——依法及时变更强制措施，帮助民营企业恢复生产经营

一、基本案情

被告人吴某系广州市A机械设备有限公司（以下简称“A公司”）法定代表人，被告人黄某、廖某系A公司股东，三人另系B机械设备有限公司（以下简称“B公司”）实际控制人。因涉嫌虚开增值税专用发票罪，三人在侦查阶段均被采取逮捕措施。

2011—2016年期间，被告人吴某伙同黄某、廖某经过密谋，在没有货物实际交易的情况下，由吴某联系并指使张某等人（均另案处理），为A公司虚开广州C贸易有限公司等17家公司的增值税专用发票用于抵扣税款，获取的不当利益用于A公司的日常运营以及被告人吴某、黄某、廖某三个股东的利润分配。经鉴定，A公司接受上述17家公司虚开的增值税专用发票271张，金额人民币1 977万余元，税额人民币336万余元，价税合计人民币2 314万余元。案发后，吴某作为A公司负责人自动投案，如实交代犯罪事实，黄某、廖某到案后如实交代自己知道的犯罪事实。

广州市公安局越秀区分局于2017年12月18日将黄某、廖某，于2018年1月10日将吴某，均以涉嫌虚开增值税专用发票罪移送广州市越秀区人民检察院审查起诉。

二、处理意见

在审查起诉阶段，广州市越秀区人民检察院收到B公司员工的申请书，申请对吴某等三人取保候审，以利于维持公司正常经营。收到申请后，经对案件事实进行细致审查，并向该公司多名员工核实，查明B公司确实存在因负责人被羁押企业失治失控的状况。为让企业恢复正常经营，稳定员工情绪，经综合评估，广州市越秀区检察院决定对已经逮捕的两名从犯黄某、廖某变更为取保候审。在取保候审之后，越秀区检察院通过对黄某、廖某进行法制教育，一方面敦促其继续开展工作，维护公司的正常经营，另一方面敦促其多方面筹集资金补缴税款，以挽回国家的经济损失。最终，黄某、廖某向税务机关全额补缴了税款。经到B公司实地考察，该企业恢复了正常经营，员工普遍反映良好。

2018年6月14日，广州市越秀区人民检察院以虚开增值税专用发票罪向越秀区人民法院依法提起公诉，鉴于吴某、黄某、廖某三人有自首、坦白、案发后积极补缴税款、认罪认罚等情节，提出了从宽处理的量刑建议。

三、指导意义

（1）对涉嫌犯罪的民营企业经营者，应当依法准确适用强制措施。批准或者决定逮捕，应当对犯罪嫌疑人涉嫌犯罪的性质、情节、后果、认罪态度等情况做综合考虑；对于涉嫌经济犯罪的民营企业经营者，认罪认罚、真诚悔过、积极退赃退赔、

挽回损失，取保候审不致影响诉讼正常进行的，一般不采取逮捕措施；对已经批准逮捕的，应当依法履行羁押必要性审查职责，对有固定职业、住所，不需要继续羁押的，应当及时建议公安机关予以释放或者变更强制措施；对确有羁押必要的，要考虑维持企业生产经营需要，在生产经营决策等方面提供必要的便利和支持。

（2）办理涉民营企业案件要全面综合考虑办案效果，既要保证依法惩治犯罪，尽可能地挽回国家损失，又要积极采取措施，帮助企业恢复生产经营，做到法律效果和社会效果的有机统一。

案例2-31

江苏A建设有限公司等7家公司及其经营者虚开发票系列案

——对处于从属地位、被动实施共同犯罪的民营企业，依法从宽处理

一、基本案情

涉案单位江苏A建设有限公司（以下简称“A公司”）等7家公司均为民营企业，经营建筑工程相关业务。许某等7人分别是以上7家公司负责人，分别于2018年4月25日至5月2日被取保候审。

2011—2015年，陈某在经营昆山B置地有限公司、昆山C房地产开发有限公司、昆山市D房产开发有限公司（陈某及以上3家公司另案处理）期间，在开发“某花园”等房地产项目过程中，为虚增建筑成本，偷逃土地增值税、企业所得税，在无真实经营业务的情况下，以支付6%～11%开票费的方式，要求A公司等7家工程承揽企业为其虚开建筑业统一发票、增值税普通发票，虚开金额共计3亿余元。应陈某要求，为顺利完成房地产工程建设、方便结算工程款，A公司等7家企业先后在承建“某花园”等房地产工程过程中为陈某虚开发票，使用陈某支付的开票费缴纳全部税款及支付相关费用。许某等7人在公安机关立案前投案自首，主动上缴违法所得、缴纳罚款。

江苏省苏州市公安局直属分局2018年4月20日以涉嫌虚开发票罪对A公司等7家涉案公司立案侦查，5月23日分别向昆山市人民检察院移送审查起诉。

二、处理意见

昆山市人民检察院经审查认为，A公司等7家公司及许某等7人实施了《刑法》第二百零五条之一规定的虚开发票行为，具有自首、坦白等法定从轻或减轻处罚情节，没有在虚开发票过程中偷逃税款，案发后均积极上缴违法所得、缴纳罚款，在犯罪中处于从属地位，系陈某利用项目发包、资金结算形成的优势地位要求其实施共同犯罪，具有被动性。依据《刑事诉讼法》第一百七十七条第二款规定，昆山市人民检察院于2018年12月19日对A公司等7家公司及许某等7人作出不起诉决

定。同时，对陈某及其经营的 3 家公司以虚开发票罪依法提起公诉。

三、指导意义

(1) 对于在经济犯罪活动中处于不同地位的民营企业经营者，要依法区别对待，充分考虑企业在上下游经营活动中的地位。对在共同犯罪中处于从属地位，主观恶性不大，自首、坦白，积极退赃退赔、认罪认罚的，应当依法从宽处理，促进民营企业恢复正常生产经营活动，维护企业员工就业和正常生活。对于在共同犯罪中，主观恶性较大、情节严重、采取非法手段牟取非法利益的主犯，应当依法追究刑事责任。

(2) 检察机关办理涉民营企业经济犯罪案件，要注意保护和促进市场经济秩序良性发展。对于偷逃税款、虚开发票等严重破坏合法、健康的市场经济秩序，破坏公开、公平、公正的市场竞争秩序的犯罪行为，应当依法追究刑事责任，维护合法经营、公平竞争的市场环境。

(二) 企业不存在虚开增值税专用发票行为或者只是善意接受虚开增值税专用发票

企业确实不存在虚开增值税专用发票行为，或者只是善意接受虚开增值税专用发票，这种情况下，被认为涉嫌虚开增值税专用发票，企业要怎样保护自己的权益呢?

最好是聘请税务律师，而且律师介入时间越早，工作难度就越小，越能取得更好的效果，因为律师介入的时间不同，可能造成案件的不同处理结果。

税务调查阶段、侦查阶段到“批捕”之前，为律师介入的黄金时段，律师的及时介入可以避免一些冤案、错案，让案件当事人不被公安机关立案，不被检察机关起诉，这比获得法院的无罪刑事判决更有价值。因为现实中有这样的例子，当事人虽然最终被判“无罪”，但其企业早已人去楼空，无法经营，付出了沉重的代价。

【误区】

纳税人被税务调查时，总是迷信“托人”“找关系”，须知：平时再好的“关系”也只是建立在合法的基础之上的，“关系”不可能为了你虚开发票这样的犯罪行为去徇私枉法，没有人会傻到拿自己的前途开玩笑，会无缘无故地为了你去冒违法犯罪的风险。被立案调查时，那些所谓的“关系”可能避之不及，早就不想见你了。

“托人”“找关系”不但不能解决问题，还容易错失良机，甚至导致更严重的后果。聘请一位好律师，应该是一个最好的办法。

(三) 稽查局依据《已证实虚开通知单》要求补缴税款

纳税人最担心的，就是当地稽查局依据开票方所在地税务局稽查局发出的《已证实虚开通知单》来要求受票方企业补缴税款。

当受票方企业得知《已证实虚开通知单》确认企业取得的发票为虚开的增值税专用发票，而企业又确信自己是无辜的，这时企业该怎么办呢？有没有方法补救呢？

根据《国家税务总局关于印发〈税收违法案件发票协查管理办法（试行）〉的通知》（税总发〔2013〕66 号）第九条的规定，已确定虚开发票案件的协查，委托方应当按照受托方一户一函的形式出具《已证实虚开通知单》及相关证据资料，并在所附发票清单上逐页加盖公章，随同《税收违法案件协查函》寄送受托方。通过协查信息管理系统发起已确定虚开发票案件协查函的，委托方应当在发送委托协查信息后 5 个工作日内寄送《已证实虚开通知单》以及相关证据资料。

由此可见，《已证实虚开通知单》属于异地税务机关之间的协查文件，仅供税务机关内部使用，并不直接送达行政相对人。由于属于"内部行政行为"，因此不具有可诉性。但是，下游税务稽查局直接凭据《已证实虚开通知单》要求下游企业补缴税款，此时，内部行政行为对外付诸实施、实际影响相对人权利义务时，便具有了可诉性。如果下游税务稽查局仅将《已证实虚开通知单》作为线索，对涉案企业开展立案检查，然后根据企业的税务违法情况作出处理的，《已证实虚开通知单》作为税务机关内部文书，并未对相对人的合法权益造成直接损害，便不具有可诉性。

实际上，企业可以对《已证实虚开通知单》提起行政复议和行政诉讼。

根据《中华人民共和国行政复议法》第九条的规定，公民、法人或者其他组织认为具体行政行为侵犯其合法权益的，可以自知道该具体行政行为之日起六十日内提出行政复议申请。也就是说，只要认为具体行政行为侵犯其合法权益的，均可以自知道该具体行政行为之日起六十日内提出行政复议申请，并未说只有行政相对人才能提起行政复议。

根据《中华人民共和国行政诉讼法》第二条的规定，公民、法人或者其他组织认为行政机关和行政机关工作人员的行政行为侵犯其合法权益，有权依照本法向人民法院提起诉讼。

根据《中华人民共和国行政诉讼法》第十二条第十二款的规定，人民法院受理公民、法人或者其他组织提起的下列诉讼：认为行政机关侵犯其他人身权、财产权等合法权益的。

最高人民法院第 22 号指导案例明确了内部行政行为可诉性的条件：内部行政行为已实际执行并外化为对外发生法律效力的具体行政行为，转变为可诉的行政行为，属于行政诉讼受案范围。

也就是说，法院是否受理案件最终取决于行政行为是否有侵犯相对人合法权益的情形，而不是行政行为属于内部行政行为或是外部行政行为。从最高人民法院第22号指导案例确立的诉讼规则可知，内部行政行为一旦对外付诸实施、实际影响相对人权利义务，行政相对人便可就行政行为提起诉讼。

《已证实虚开通知单》虽然并非由上游稽查局直接发给下游企业，但是该《已证实虚开通知单》直接导致企业补缴税款，影响企业本身的权利义务，的确会损害下游企业的利益。如果下游企业认为该《已证实虚开通知单》侵犯其合法权益，依据《中华人民共和国行政复议法》第九条和《中华人民共和国行政诉讼法》第十二条的规定，有权提起行政复议和行政诉讼。

关于《已证实虚开通知单》的行政复议和行政诉讼案例，目前还非常少，很难找到企业胜诉的案例，因为大多数纳税人认为《已证实虚开通知单》是不能行政复议和行政诉讼的。

案例 2-32

福建省××市××区人民法院

行政裁定书

〔2017〕闽 0602 行初 146 号

起诉人福建 AA 有限公司，住所地南靖县。

法定代表人陈某某，总经理。

本院收到起诉人福建 AA 有限公司的起诉状。起诉人起诉称：福建省××市南靖县国家税务局稽查局（以下简称南靖县税务稽查局）分别于 2017 年 7 月 19 日向宁夏回族自治区银川市贺兰县国家税务局稽查局发出协查编号为 635062700170120《已证实虚开通知单》；于 2017 年 7 月 31 日向云南省昆明市西山区国家税务局稽查局发出协查编号为 635062700170203～635062700170209《已证实虚开通知单》；于 2017 年 8 月 2 日向宁夏回族自治区银川市国家税务局稽查局发出协查编号为 635062700170250《已证实虚开通知单》。收到《已证实虚开通知单》的国家税务局稽查局已经通知与起诉人有业务往来的多家受票企业，要求从起诉人取得的增值税专用发票中的进项税额予以转出，补缴转出部分的增值税税款。该等受票企业已经口头通知起诉人承担上述税款，其中宁夏众欣联合康广医药有限公司已经向起诉人发出《付款请求函》和《银川市国税局稽查查补税款预缴通知书》，要求起诉人将查补税款转给该受票公司，以便其缴纳税款。起诉人认为：一、南靖县税务稽查局发出的《已证实虚开通知单》既是一种具体行政行为，也是一种行政确认行为，该具体行政行为已经不是内部行为，而是一种外部行为，对外发生效力。二、《已证实虚开通知单》不是纳税争议，无需行政复议前置。三、《已证实虚开通知单》程序不合法，认定的事实不存在。包括：1. 南靖县税务稽查局出具的《已证实虚开通知单》未告知起诉人，也未通知起诉人参与陈述、申辩、申请回避的权利，未送达起诉人，未告知享有行政复议和行政诉讼的权利。2. 该通知单既没有附录认定涉案的发票系虚开的发票的证据，也没有列明事实认定过程，更没有列举认定受票方取得的发票系虚开的发票的法律依据。四、南靖县税务稽查局利用《已证实虚开通知单》单方认定起诉人存在违法行为，向起诉人下达税务处理决定书（靖国税稽处〔2017〕2 号）错误地认为起诉人虚构农产品收购业务，虚构委托加工业务，财务做虚假核算，虚假委托加工资金回流，虚构物流，编造阴阳合同，销售资金回流等，并认定起诉人虚开增值税专用发票。综上，《已证实虚开通知单》已经严重损害起诉人的合法权益，这种行政确认行为是无效的。为此，起诉人提起行政诉讼，请求：1. 确认福建省××市南靖县国家税务局稽查局作出的福建 AA 有限公司虚开发票案案号 23506272016000007 的所有《已证实虚开通知单》的行政确认行为无效；2. 本案诉讼费由福建省××市南靖县国家税务局稽查局承担。

经审查，本院认为，起诉人所诉的福建省××市南靖县国家税务局稽查局开具的《已证实虚开通知单》是税务机关根据认定的事实作出处理决定事项之一，即福建省××市南靖县国家税务局稽查局已经作出的税务处理决定的其中一项内容。根据《中华人民共和国税收征收管理法》第八十八条规定，纳税人、扣缴义务人、纳税担保人同税务机关在纳税上发生争议时，必须先依照税务机关的纳税决定缴纳或者解缴税款及滞纳金或者提供相应的担保，然后可以依法申请行政复议；对行政复议决定不服的，可以依法向人民法院起诉。即起诉人对税务机关作出的税务处理决定不服的，应依法先申请行政复议，对行政复议决定不服的，可向人民法院起诉。综上，起诉人所诉的《已证实虚开通知单》系税务机关作出税务处理决定的事项之一，依法应先申请行政复议，起诉人未经行政复议，不属于行政诉讼受案范围，不符合立案条件。据此，依照《中华人民共和国行政诉讼法》第四十九条第（四）项的规定，裁定如下：

对起诉人福建 AA 有限公司的起诉，本院不予立案。

如不服本裁定，可在裁定书送达之日起十日内，向本院递交上诉状，上诉于××市中级人民法院。

审判长　×××

审判员　×××

审判员　×××

二〇一七年九月二十二日

书记员　×××

福建省××市中级人民法院
行政裁定书

〔2017〕闽 06 行终 138 号

上诉人（原审起诉人）：福建 AA 有限公司，住所地福建省南清县山城镇翠眉村（东大路）（万丹大厦），统一社会信用代码 913506277845226583。

法定代表人：×××，总经理。

委托诉讼代理人：×××，福建×××律师事务所律师。

上诉人福建 AA 有限公司因诉福建省南靖县国家税务局稽查局税务行政行为一案，不服福建省××市××区人民法院〔2017〕闽 0602 行初 146 号“不予立案”的行政裁定，向本院提出上诉。

上诉人福建 AA 有限公司上诉称，1.《已证实虚开通知单》是一种行政确认行为，不属于《税收征管法实施细则》第一百条所述的纳税争议规定的范围，不适用纳税争议需要行政复议前置的规定，可以直接提起行政诉讼；2.《已证实虚开通知单》具有对外行政效力，是一种单独的行政行为，不依附于任何行政行为就可以发生对外效力。上诉人的下游企业是根据福建省××市南靖县国家税务局稽查局向下游企业所在国家税务局发出的《已证实虚开通知单》要求上诉人补缴税款额，福建省××市南靖县国家税务局稽查局向外发布的《已证实虚开通知单》造成上诉人利益受到损害，导致上诉人社会评价降低，影响到上诉人的社会信誉；3. 起诉权不是胜诉权，应尊重上诉人的起诉权。因此，上诉人上诉请求撤销××市××区人民法院〔2017〕闽 0602 行初 146 号行政裁定，立案受理本案。

本院认为，根据《中华人民共和国行政诉讼法》第二十五条第一款规定的“行政行为的相对人以及其他与行政行为有利害关系的公民、法人或者其他组织，有权提起诉讼。”

本案上诉人福建 AA 有限公司所诉的福建省××市南靖县国家税务局稽查局开具的《已证实虚开通知单》，是福建省××市南靖县国家税务局稽查局向上诉人的下游企业所在的国家税务局发出的，上诉人的下游企业根据上述《已证实虚开通知单》要求上诉人补缴税款额，故上诉人与上述《已证实虚开通知单》存在利害关系，上诉人所诉事项属于《中华人民共和国行政诉讼法》第十二条第一款“人民法院受理公民、法人或者其他组织提起的下列诉讼：……（十二）认为行政机关侵犯其他人身权、财产权等合法权益的”规定的行政诉讼的受案范围，具有可诉性。根据《税收征管法实施细则》第一百条的规定，纳税争议是指纳税人、扣缴义务人、纳税担保人对税务机关确定的纳税主体、征税对象、征税范围、减税、免税及退税、适用税率、计税依据、纳税环节、纳税期限、纳税地点以及税款征收方式等具体行政行为有异议而发生的争议。上诉人所诉的《已证实虚开通知单》不属于上述纳税争议规定的范围，不适用《中华人民共和国税收征收管理法》第八十八条关于纳税争议需要行政复议前置的规定，可以直接提起行政诉讼。上诉人的起诉符合《中华人民共和国行政诉讼法》第四十九条规定的受理条件，根据《中华人民共和国行政诉讼法》第五十一条第一款的规定："……对符合本法规定的起诉条件的，应当登记立案。"原审法院对上诉人福建AA有限公司的起诉裁定不予立案不当，应予以纠正。上诉人的上诉理由成立，予以采纳；其上诉请求，予以支持。

依照《中华人民共和国行政诉讼法》第八十九条第一款第二项和《最高人民法院关于执行〈中华人民共和国行政诉讼法〉若干问题的解释》第六十八条的规定，裁定如下：

一、撤销××市××区人民法院〔2017〕闽0602行初146号行政裁定书；

二、本案指令××市××区人民法院立案受理。

本裁定为终审裁定。

审判长　×××

审判员　×××

审判员　×××

二〇一七年十二月二十六日

书记员　×××

虽然在案例2-32中区法院对起诉人福建AA有限公司的起诉不予立案，但是本案也说明了对《已证实虚开通知单》的行政复议和行政诉讼的可行性。区法院之所以没有立案，是因为区法院认为纳税人应先依法申请行政复议，对行政复议决定不服的，可以依法向人民法院起诉。

企业上诉后，市法院认为上诉人所诉的《已证实虚开通知单》不属于上述纳税争议规定的范围，不适用《中华人民共和国税收征收管理法》第八十八条关于纳税争议需要行政复议前置的规定，可以直接提起行政诉讼。市法院做出了终审裁定：(1) 撤销××市××区人民法院〔2017〕闽0602行初146号行政裁定书；(2) 本案指令××市××区人民法院立案受理。

在与一些律师朋友交流时，也有不少律师持有这种观点：企业可以对《已证实虚开通知单》(发生对外法律效力的) 申请行政复议或直接提起行政诉讼。但《已证实虚开通知单》系税务机关内部文书，属于内部行政行为，且未发生对外的法律效力，不具有可复议性或可诉性。

虽然我国不是判例法的国家，但判例对司法实践的影响不可小觑，这是一个好的开端。

下面我们再来看一个上市公司对《已证实虚开通知单》专用发票进项税额的应对案例，这个案例是很值得学习的。

案例 2-33

证券代码：000××× 证券简称：×××× 公告编号：2019-036

重庆××××股份有限公司关于全资子公司重庆××××化工有限公司收到税务稽查结论的公告

本公司及董事会全体成员保证信息披露的内容真实、准确和完整，没有虚假记载、误导性陈述或重大遗漏。

一、公司全资子公司前期涉税事项情况

公司全资子公司重庆××××化工有限公司（以下简称“化工公司”）于2018年6月27日收到重庆市江津区国家税务局稽查局《税务事项通知书》（江津国税稽通〔2018〕8号），主要内容如下：“事由：取得的虚开增值税专用发票不得作为增值税合法有效的扣税凭证。通知内容：你公司取得的、已认证抵扣的、由福建省××能源科技有限公司开具的增值税专用发票已被证实为虚开，所涉及发票132份，金额131 225 144.26元，按照相关规定，其进项税额不得从销项税额中抵扣，所涉及具体事宜联系稽查局。”具体内容详见公司于2018年6月29日发布的《关于全资子公司重庆××××化工有限公司收到税务事项通知书的公告》，公告编号2018-022。

二、因国家及重庆市税务机构改革，原重庆市江津区国家税务局稽查局对公司依法开展相关税务稽查事项由行使其职权的国家税务总局重庆市税务局第五稽查局承继办理。

三、2019年7月3日化工公司收到国家税务总局重庆市税务局第五稽查局《税务稽查结论》（渝税五稽结〔2019〕100046号），税务稽查结论如下：“重庆××××化工有限公司（纳税人识别号：9150011634598XXXXT）：经对你（单位）2015年1月1日至2017年12月31日期间与福建省××能源科技有限公司业务往来情况的检查，未发现税收违法问题。”

四、税务稽查结论对公司的影响

按照税务稽查结论，化工公司与福建省××能源科技有限公司的贸易业务往来中不存在涉嫌接收虚开增值税专用发票情况，因此化工公司所获得增值税进项税发票已经认证并按规定进行抵扣，出具的稽查结论不会对公司损益造成影响。

五、备查文件

国家税务总局重庆市税务局第五稽查局《税务稽查结论》（渝税五稽结〔2019〕100046 号）

特此公告

重庆××××股份有限公司董事会

2019 年 7 月 4 日

我们从这则上市公司公告可以看到，化工公司虽然收到重庆市江津区国家税务局稽查局《税务事项通知书》（江津国税稽通〔2018〕8 号），但最终并未做进项税额转出处理。

我们通过翻看该公司前期公告发现了其税务事项处理过程及应对措施：

（1）2018 年 6 月 29 日公告，披露化工公司 2018 年 6 月 27 日收到重庆市江津区国家税务局稽查局《税务事项通知书》（江津国税稽通〔2018〕8 号）的主要内容：你公司取得的、已认证抵扣的、由福建省××能源科技有限公司开具的增值税专用发票已被证实为虚开，所涉及发票 132 份，金额 131 225 144.26 元（详见附件），按照相关规定，其进项税额不得从销项税额中抵扣，所涉及具体事宜联系稽查局。

此次接通知后，公司将会同律师、年审会计师等中介机构积极与税务部门联系沟通，并研究处理方案，评估该事项可能对公司产生的影响。

由于该事项尚存在一定不确定性，公司将根据上述事项的进展，及时履行信息披露义务。敬请投资者关注公司后续公告并注意投资风险。

（2）2019 年 4 月 24 日补充公告，披露鉴于目前税务局审理核查尚未最终出结果且未强制要求公司将上述不能抵扣的进项税转出，暂不按税务事项通知书要求转出处理、待正式文件下达后按文件要求处理。

公告主要内容如下：自 2018 年 6 月 27 日收到重庆市江津区国家税务局稽查局（现重庆市江津区税务局第二税务所）出具的《税务事项通知书》（江津国税稽通〔2018〕8 号）后，公司及化工公司人员、会计师事务所、专项律师对涉税事项于 2018 年 7 月 13 日走访福州市经济开发区国税稽查局，据福州市经开区国税稽查局介绍，福建省××能源科技有限公司（以下简称福建××公司）是在有真实货物交易情况下涉及偷逃消费税，福州市经开区国税稽查局已经向福建××公司出具涉案处理决定书和处罚决定书（下称两书），该两书已下发至福建××公司，两书主要内容包括：（1）虚开增值税发票行为罚款 50 万元，并移交公安机关；（2）追缴消费税。化工公司取得的增值税专用发票所涉的增值税已完税。重庆市江津区税务局第二税务所于 2019 年 1 月、2 月分别向化工公司相关人员再次询问相关情况并调取交易过程中的资料。2019 年 3 月重庆市江津区税务局第二税务所人员前往山东、江苏，化工公司的下游贸易合作企业调查取证，补充调查资料，目前相关取证工作已基本完成，并形成补充资料上报重庆市税务局第五稽查局，重庆市税务局第五稽查局审理科目前正对补充资料以及原有调查材料进行审理核查，截至目前审理核查工作尚未有结果。

(3) 2019 年 7 月 4 日公告，公布了其子公司涉税事项的稽查结论及税务稽查结论对公司的影响。化工公司与福建省××能源科技有限公司的贸易业务往来中不存在涉嫌接收虚开增值税专用发票情况，因此化工公司所获得增值税进项税发票已经认证并按规定进行抵扣，出具的稽查结论不会对公司损益造成影响。

八、虚开发票案件中税务稽查方法及证据

我们从稽查局《税务处理决定书》可以看到虚开发票案件中税务稽查方法及证据。我们直接以稽查局《税务处理决定书》做案例，大家自然就可以了解税务稽查方法及证据。

案例 2-34

国家税务总局茂名市税务局第一稽查局税务处理决定书

茂税一稽处〔2019〕150001 号

茂名市××物资有限公司：(纳税人识别号：91440900MA4UX0BPXX)

我局（所）于 2018 年 5 月 28 日至 2019 年 3 月 6 日对你（单位）2016 年 11 月 14 日至 2017 年 12 月 31 日纳税情况进行了检查，违法事实及处理决定如下：

违法事实

你公司于 2016 年 11 月至 2017 年 12 月期间在没有实际经营业务的情况下，通过利用非正常企业开具的增值税专用发票抵扣税款后对外开具增值税专用发票，合计开具增值税专用发票 150 份，发票代码：4400153130，发票号码：05593687 至 05593698，05593811 至 05593822，05607563 至 05607574，05606703 至 05606714，05609497 至 05620020，05608973 至 05608984，05620221 至 05620232，05620281 至 05620292，05620305 至 05620316，05630043 至 05630054，05630087 至 05630098，05633844 至 05633845，05646750 至 05646751；发票代码：4400144130，发票号码：12788501 至 12788502；货物名称：废铜；发票金额共 14 853 805.11 元，税额共 2 525 146.89 元，价税合计共 17 378 952.00 元。

上述违法事实有以下证据证明：

（1）通过实地检查、电话查询以及其他征管手段，对你公司和公司相关人员查无下落，判定你公司为走逃失联企业。

（2）通过直接送达和邮寄送达方式无法送达相关法律文书后，采取公告形式送达相关法律文书，通过在你公司主管税务机关的公告栏和你公司注册地址张贴公告，向你公司公告送达检查通知书，至公告期限结束，你公司未与我局联系，也未到我局配合税务检查，判定你公司逃避税务机关检查。

（3）经查实你公司的上游开票企业全部属走逃失联企业，其中有1户上游开票企业——深圳市××实业有限公司开出72份增值税专用发票为失控发票，且你公司利用非正常企业开具的增值税专用发票抵扣税款。

（4）经查实你公司2016年10月31日开业，2016年11月至2017年4月的纳税申报数据逻辑混乱，无法审核真实性，且持续6个月开出大量增值税专用发票后，从2017年5月后突然降为零申报或无申报状态直至案发走逃失联，虚开发票特征较为明显。

（5）你公司的纳税申报资料和我局金税三期系统数据证实，你公司并未取得任何货物运输发票，没有支出过货物运输费用。

（6）经查你公司的银行对账单，以及你公司相关人员冯××、刘×、程××、张××、潘××等人私人账户银行对账单，和何××（开平市××洁具实业有限公司法人代表）的私人账户银行对账单，证实你公司与下游受票企业开平市水口镇××水暖厂存在利用银行账户回流资金，部分交易资金信息不真实，证实你公司虚开增值税专用发票。

（7）经查你公司的银行对账单，以及你公司相关人员冯××、刘×、程××、张××等人私人账户银行对账单，证实你公司开具增值税专用发票给佛山市南海区××金属回收有限公司等4家公司的资金往来存在异常，在收到资金后，即时或当天、短期迅速转入个人账号，不符合正常经营企业的资金往来常规。

（8）经查实另一涉案企业茂名市YY物资有限公司（已另案处理）的经营地址为茂名高新技术产业开发区七迳镇厂前新村56号四楼433房，与你公司只一墙之隔。同时茂名市YY物资有限公司办税员梁×霞是你公司财务负责人，你公司与茂名市YY物资有限公司在公安机关办理的公章刻章许可证上所载的委刻经办人均为冯×林。你公司与茂名市YY物资有限公司存在共同上游开票企业深圳市××实业有限公司、深圳市YY实业有限公司、佛山市××商贸有限公司，存在共同下游受票企业开平市××洁具实业有限公司和开平市水口镇XX水暖厂。你公司和茂名市YY物资有限公司相关人员李××、冯××、张××、刘××、程XX、潘××、冯××等人存在密切资金往来。你公司与茂名市YY物资有限公司采取虚开增值税专用发票手段有共同之处。

处理决定

根据《中华人民共和国发票管理办法》第二十二条规定，开具发票应当按照规定的时限、顺序、栏目，全部联次一次性如实开具，并加盖发票专用章。任何单位和个人不得有下列虚开发票行为：（一）为他人、为自己开具与实际经营业务情况不符的发票；（二）让他人为自己开具与实际经营业务情况不符的发票；（三）介绍他人开具与实际经营业务情况不符的发票，同时根据《国家税务总局关于走逃（失联）企业开具增值税专用发票认定处理有关问题的公告》（税总发〔2016〕76号）的规定，税务机关可以综合所掌握的优势证据，依法定性处理的有关规定，经过茂名市税务局重大税务案件审理委员会审理认定，你公司在没有实际货物交易的情况下，通过利用非正常企业开具的增值税专用发票抵扣税款后为他人开具与实际经营业务情况不符发票的行为，是虚开增值税专用发票行为。你公司于2016年11月至2017年12月期间对外虚开的150份发票，金额共14 853 805.11元，税额共2 525 146.89元，价税合计共17 378 952.00元。

限你（单位）自收到本决定书之日起15日内按照规定进行相关账务调整。

你（单位）若同我局（所）在纳税上有争议，必须先依照本决定的期限缴纳税款及滞纳金或者提供相应的担保，然后可自上述款项缴清或者提供相应担保被税务机关确认之日起六十日内依法向国家税务总局茂名市税务局申请行政复议。

二〇一九年五月十四日

案例 2－35

国家税务总局福州市税务局稽查局税务处理决定书

榕税稽处〔2019〕27号

差错事实及证据

（一）走逃失联

广州市税务局稽查局已证实虚开函（协查编号：644019700180191）反映，你公司2017年8月期间接受广州××贸易有限公司虚开增值税专用发票46份，金额合计4 514 230.73元，税额合计767 419.22元。检查人员接到稽查任务后立即对受票单位你公司进行检查，发现你公司已走逃失联。检查人员查询了金税三期税收管理系统上你公司登记的电话87932220和你公司法定代表人兼财务负责人代茂的电话17061770682，为空号。2018年10月17日检查人员到你公司税务登记证上注明的经营地址：福州市台江区学军路1号群升国际A座103单元，发现该地址并无你公司存在，并拍摄了现场照片。检查人员采取特快专递方式邮寄《税务检查通知书》

到你公司经营地址，被退回，退回理由：收件人不在，电话有误。

以上事实由：1.《现场笔录》；2.现场照片；3.EMS特快专递单据；4.公告送达截图等证据证实。

（二）进项与销项存在不匹配的现象

经查询防伪税控系统，系统显示你公司2017年1月至2017年9月取得的进项为：胶合板膜板、铁板、铝塑板、瓷砖、大理石、模具钢材、螺纹钢、槽钢、钢板等。开具的销项发票为：护臂、平行天梯、箭尾、双杠、二位蹬力器、三位蹬力器、电动液压篮球架、射箭练习器、羽毛球等体育器材、体育用品和部分螺纹钢、槽钢、钢板、圆钢等。

以上事实由：1.打印自防伪税控系统认证子系统的认证结果清单；2.打印自金税三期税收管理系统的增值税申报表、企业所得税申报表等证据证实。

（三）银行账户无资金往来

经查询金税三期税收管理系统你公司银行开户信息你公司设在中国银行福州五一广场支行，银行账号：426062143029，经银行查询该账户2017年7月11日前无交易记录，有交易记录的时间为2017年7月11日至2017年9月26日。该银行账户并没有跟上游取得进项发票的开票单位发生资金往来，也没有跟下游（除××集团有限公司、福建××建设工程有限公司外）受票单位发生资金往来。

以上事实由：1.检查存款账户许可证明；2.银行往来对账单等证据证实。

（四）虚开增值税专用发票

你公司跟上下游企业无资金交易的情况下接受广州××贸易有限公司虚开的增值税专用发票，对下游企业虚开增值税专用发票260份，发票金额合计23 593 731.77元，税额合计4 010 934.43元，价税合计27 604 666.20元。

以上事实由：1.打印自防伪税控系统报税子系统的开具发票明细清单；2.打印自金税三期税收管理系统的增值税申报表等证据证实。

案例2-36

国家税务总局北京市税务局第二稽查局税务处理决定书

京税稽二处〔2019〕6000412号

违法事实

1. 你单位直接走逃失踪不纳税申报。你单位自2018年7月起未申报纳税，2018年9月13日被主管税务机关国家税务总局北京市朝阳区税务局第七税务所认定为非正常户企业。

2. 你单位进销项比对严重不符。根据防伪税控系统及电子底账查询系统的详细货物清单发现，你单位在检查期间进项为移液器，销项为电解铜、油泵、控制器等，进销不符。

3. 你单位交易资金信息不真实。检查组到中国工商银行调取你单位资金流信息，发现你单位开户账号与下游企业无交易资金往来。

根据以上查实情况和已经获取的证据认定你单位在没有真实的货物交易情况下，对下游企业开具增值税专用发票47份，金额合计4 691 268.26元，税额合计750 602.74元，开具增值税普通发票88份，金额合计7 653 605.18元，税额合计648 506.82元。

第三章
应开发票而未开发票的税务风险与应对

一、判断是否应该开发票

（一）属于增值税征税范围应当开发票

（1）《发票管理办法》第三条规定，本办法所称发票，是指在购销商品、提供或者接受服务以及从事其他经营活动中，开具、收取的收付款凭证。

（2）《发票管理办法》第十九条规定，销售商品、提供服务以及从事其他经营活动的单位和个人，对外发生经营业务收取款项，收款方应当向付款方开具发票；特殊情况下，由付款方向收款方开具发票。

（3）《中华人民共和国增值税暂行条例》（简称《增值税暂行条例》）第一条规定，在中华人民共和国境内销售货物或者加工、修理修配劳务（以下简称劳务），销售服务、无形资产、不动产以及进口货物的单位和个人，为增值税的纳税人，应当依照本条例缴纳增值税。

（4）《企业所得税税前扣除凭证管理办法》第九条规定，企业在境内发生的支出项目属于增值税应税项目的，对方为已办理税务登记的增值税纳税人，其支出以发票（包括按照规定由税务机关代开的发票）作为税前扣除凭证；对方为依法无需办理税务登记的单位或者从事小额零星经营业务的个人，其支出以税务机关代开的发票或者收款凭证及内部凭证作为税前扣除凭证，收款凭证应载明收款单位名称、个人姓名及身份证号、支出项目、收款金额等相关信息。

小额零星经营业务的判断标准是个人从事增值税应税项目经营业务的销售额不超过增值税相关政策规定的起征点。

国家税务总局对增值税应税项目开具发票另有规定的，以规定的发票或者票据作为税前扣除凭证。

根据以上规定，依法无需办理税务登记的单位或者从事小额零星经营业务的个人从事增值税应税项目经营业务，可以开具发票（由税务机关代开发票），也可以不开具发票（由税务机关代开发票）。

（二）增值税免税项目也属于增值税征税范围，也需要开发票

根据《增值税暂行条例》的规定，适用免征增值税规定的应税行为，不得开具增值税专用发票。

根据《国家税务总局关于加强免征增值税货物专用发票管理的通知》（国税函〔2005〕780 号）的规定，增值税一般纳税人销售免税货物，一律不得开具专用发票，但国有粮食购销企业销售免税粮食除外。

还有其他免税业务不得开具专用发票的政策，在此不再一一列举。

由此可以得出结论：增值税免税项目也属于增值税征税范围，也需要开发票，虽然不能开具专用发票，但是可以开具普通发票。免税业务可以开具专用发票的情形目前只有一个例外，即国有粮食购销企业销售免税粮食。

根据《增值税暂行条例》第十五条的规定，下列项目免征增值税：

（1）农业生产者销售的自产农产品；

（2）避孕药品和用具；

（3）古旧图书；

（4）直接用于科学研究、科学试验和教学的进口仪器、设备；

（5）外国政府、国际组织无偿援助的进口物资和设备；

（6）由残疾人的组织直接进口供残疾人专用的物品；

（7）销售的自己使用过的物品。

除以上规定外，增值税的免税、减税项目由国务院规定。任何地区、部门均不得规定免税、减税项目。

除《增值税暂行条例》规定的免税政策外，还有其他文件也规定了一些免税政策。例如，《关于支持小微企业融资有关税收政策的通知》（财税〔2017〕77 号）第一条规定：自 2017 年 12 月 1 日至 2019 年 12 月 31 日，对金融机构向农户、小型企业、微型企业及个体工商户发放小额贷款取得的利息收入，免征增值税。金融机构应将相关免税证明材料留存备查，单独核算符合免税条件的小额贷款利息收入，按现行规定向主管税务机构办理纳税申报；未单独核算的，不得免征增值税。《财政部税务总局关于延续支持农村金融发展有关税收政策的通知》（财税〔2017〕44 号）第一条相应废止。

再如，《营业税改征增值税试点过渡政策的规定》（财税〔2016〕36 号文件印发）关于统借统还项目免征增值税规定：统借统还业务中，企业集团或企业集团中的核心企业以及集团所属财务公司按不高于支付给金融机构的借款利率水平或者支付的债券票面利率水平，向企业集团或者集团内下属单位收取的利息。

统借方向资金使用单位收取的利息，高于支付给金融机构的借款利率水平或者支付的债券票面利率水平的，应全额缴纳增值税。

统借统还业务是指：

（1）企业集团或者企业集团中的核心企业向金融机构借款或对外发行债券取得资金后，将所借资金分拨给下属单位（包括独立核算单位和非独立核算单位，下同），并向下属单位收取用于归还金融机构或债券购买方本息的业务。

（2）企业集团向金融机构借款或对外发行债券取得资金后，由集团所属财务公司与企业集团或者集团内下属单位签订统借统还贷款合同并分拨资金，并向企业集团或者集团内下属单位收取本息，再转付企业集团，由企业集团统一归还金融机构或债券购买方的业务。

关于增值税免税项目，可以从国家税务总局发布的《减免税政策代码目录》中查询，也可参照本书附录“一、增值税减免政策代码目录”。

（三）不征收增值税项目一般不需要开发票

不征收增值税项目一般不需要开发票，不征收增值税项目总结如表3-1所示。

表3-1 不征收增值税项目明细表

序号	不征收增值税项目具体内容	依据
1	供应或开采未经加工的天然水（如水库供应农业灌溉用水，工厂自采地下水用于生产），不征收增值税。	国税发〔1993〕154号
2	对国家管理部门行使其管理职能，发放的执照、牌照和有关证书等取得的工本费收入，不征收增值税。	国税函发〔1995〕288号
3	供电工程贴费不属于增值税销售货物和收取价外费用的范围，不应当征收增值税。 供电工程贴费是指在用户申请用电或增加用电容量时，供电企业向用户收取的用于建设110千伏及以下各级电压外部供电工程建设和改造等费用的总称，包括供电和配电贴费两部分。	财税字〔1997〕102号
4	对卫生防疫站调拨或发放的由政府财政负担的免费防疫苗不征收增值税。	国税函〔1999〕191号
5	对统一核算，且经税务机关批准汇总缴纳增值税的成品油销售单位跨县市调配成品油的，不征收增值税。	国家税务总局令第2号
6	各燃油电厂从政府财政专户取得的发电补贴不属于规定的价外费用，不计入应税销售额，不征收增值税。	国税函〔2006〕1235号
7	根据现行增值税有关规定，融资性售后回租业务中承租方出售资产的行为，不属于增值税征收范围，不征收增值税。 融资性售后回租业务是指承租方以融资为目的将资产出售给经批准从事融资租赁业务的企业后，又将该项资产从该融资租赁企业租回的行为。融资性售后回租业务中承租方出售资产时，资产所有权以及与资产所有权有关的全部报酬和风险并未完全转移。	国家税务总局公告2010年第13号
8	纳税人在资产重组过程中，通过合并、分立、出售、置换等方式，将全部或者部分实物资产以及与其相关联的债权、负债和劳动力一并转让给其他单位和个人，不属于增值税的征税范围，其中涉及的货物转让，不征收增值税。	国家税务总局公告2011年第13号
9	纳税人在资产重组过程中，通过合并、分立、出售、置换等方式，将全部或者部分实物资产以及与其相关联的债权、负债经多次转让后，最终的受让方与劳动力接收方为同一单位和个人的，仍适用《国家税务总局关于纳税人资产重组有关增值税问题的公告》（国家税务总局公告2011年第13号）的相关规定，其中货物的多次转让行为均不征收增值税。 资产的出让方需将资产重组方案等文件资料报其主管税务机关。	国家税务总局公告2013年第66号

续表

序号	不征收增值税项目具体内容	依据
10	经批准允许从事二手车经销业务的纳税人按照《机动车登记规定》的有关规定，收购二手车时将其办理过户登记到自己名下，销售时再将该二手车过户登记到买家名下的行为，属于《增值税暂行条例》规定的销售货物的行为，应按照现行规定征收增值税。 除上述行为以外，纳税人受托代理销售二手车，凡同时具备以下条件的，不征收增值税；不同时具备以下条件的，视同销售征收增值税。 （1）受托方不向委托方预付货款； （2）委托方将二手车销售统一发票直接开具给购买方； （3）受托方按购买方实际支付的价款和增值税额（如系代理进口销售货物则为海关代征的增值税额）与委托方结算货款，并另外收取手续费。	国家税务总局公告2012年第23号
11	纳税人取得的财政补贴收入，与其销售货物、劳务、服务、无形资产、不动产的收入或者数量直接挂钩的，应按规定计算缴纳增值税。纳税人取得的其他情形的财政补贴收入，不属于增值税应税收入，不征收增值税。 2020年1月1日前，纳税人取得的中央财政补贴继续按照《国家税务总局关于中央财政补贴增值税有关问题的公告》（2013年第3号）执行；已经申报缴纳增值税的，可以按现行红字发票管理规定，开具红字增值税发票将取得的中央财政补贴从销售额中扣减。	国家税务总局公告2019年第45号
12	用于公益事业或者以社会公众为对象的服务。	财税〔2016〕36号
13	根据国家指令无偿提供的铁路运输服务、航空运输服务，属于《营业税改征增值税试点实施办法》第十四条规定的用于公益事业的服务。	财税〔2016〕36号
14	单位或者个体工商户聘用的员工为本单位或者雇主提供取得工资的服务。	财税〔2016〕36号
15	单位或者个体工商户为聘用的员工提供服务。	财税〔2016〕36号
16	行政单位收取的同时满足以下条件的政府性基金或者行政事业性收费。 （1）由国务院或者财政部批准设立的政府性基金，由国务院或者省级人民政府及其财政、价格主管部门批准设立的行政事业性收费； （2）收取时开具省级以上（含省级）财政部门监（印）制的财政票据； （3）所收款项全额上缴财政。	财税〔2016〕36号
17	存款利息。仅限于存储在国家规定的吸储机构所取得的存款利息。	财税〔2016〕36号
18	被保险人获得的保险赔付。	财税〔2016〕36号
19	房地产主管部门或者其指定机构、公积金管理中心、开发企业以及物业管理单位代收的住宅专项维修资金。	财税〔2016〕36号
20	在资产重组过程中，通过合并、分立、出售、置换等方式，将全部或者部分实物资产以及与其相关联的债权、负债和劳动力一并转让给其他单位和个人，其中涉及的不动产、土地使用权转让行为。	财税〔2016〕36号
21	各党派、共青团、工会、妇联、中科协、青联、台联、侨联收取党费、团费、会费，以及政府间国际组织收取会费，属于非经营活动，不征收增值税。	财税〔2016〕68号

续表

序号	不征收增值税项目具体内容	依据
22	单用途卡发卡企业或者售卡企业销售单用途卡，或者接受单用途卡持卡人充值取得的预收资金，不缴纳增值税。 支付机构销售多用途卡取得的等值人民币资金，或者接受多用途卡持卡人充值取得的充值资金，不缴纳增值税。	国家税务总局公告2016年第53号
23	《销售服务、无形资产、不动产注释》（财税〔2016〕36号）第一条第（五）项第1点所称“保本收益、报酬、资金占用费、补偿金”，是指合同中明确承诺到期本金可全部收回的投资收益。金融商品持有期间（含到期）取得的非保本的上述收益，不属于利息或利息性质的收入，不征收增值税。 纳税人购入基金、信托和理财产品等各类资产管理产品持有至到期，不属于《销售服务、无形资产、不动产注释》（财税〔2016〕36号）第一条第（五）项第4点所称的金融商品转让。	财税〔2016〕140号

（四）不属于增值税征税范围也需要开发票的情形

不属于增值税征税范围的业务，不属于《发票管理办法》规范的开具发票范围，一般认为不需要开具发票。但《国家税务总局关于营改增试点若干征管问题的公告》（国家税务总局公告2016年第53号）的出台改变了惯性思维，该公告第九条第（十一）项将《商品和服务税收分类与编码（试行）》中的分类编码增加了6“未发生销售行为的不征税项目”，用于纳税人收取款项但未发生销售货物、应税劳务、服务、无形资产或不动产的情形。“未发生销售行为的不征税项目”下设601“预付卡销售和充值”、602“销售自行开发的房地产项目预收款”、603“已申报缴纳营业税未开票补开票”。使用“未发生销售行为的不征税项目”编码，发票税率栏应填写“不征税”，不得开具增值税专用发票。

《国家税务总局关于增值税发票管理若干事项的公告》（国家税务总局公告2017年第45号）更新了《商品和服务税收分类编码表》，增值税发票管理新系统中不征税编码现为12个（见表3-2）。

表3-2　增值税发票管理新系统中不征税项目及编码

合并编码	名称
6000000000000000000	未发生销售行为的不征税项目
6010000000000000000	预付卡销售和充值
6020000000000000000	销售自行开发的房地产项目预收款
6030000000000000000	已申报缴纳营业税未开票补开票
6040000000000000000	代收印花税
6050000000000000000	代收车船使用税

续表

合并编码	名称
6060000000000000000	融资性售后回租承租方出售资产
6070000000000000000	资产重组涉及的不动产
6080000000000000000	资产重组涉及的土地使用权
6090000000000000000	代理进口免税货物货款
6100000000000000000	有奖发票奖金支付
6110000000000000000	不征税自来水
6120000000000000000	建筑服务预收款

未发生销售行为也需要开具税率栏为“不征税”的增值税普通发票的情形，目前只有这 12 种情况，除此之外，不征税项目均不需要开发票。以后，编码 6“未发生销售行为的不征税项目”可能还会增加，增加后，不征税项目需要开具发票的情形也就随之增加。

需要说明的是，选择 602“销售自行开发的房地产项目预收款”、612“建筑服务预收款”两个编码开具增值税普通发票，只是适用暂时没有达到纳税义务发生时间而采取预征增值税的开票方式。

(五) 按照纳税义务发生时间开具发票

在实务中，有多种销售结算方式，而销售结算方式不同，相应的增值税纳税义务发生时间就不同，即发票开具时间不同。在不该开具发票的时候开具发票会造成一定的损失，比如分期收款结算方式应该在书面合同约定的收款日期的当天开具发票，若企业在货物发出的当天就开具发票，则要按照开具发票金额缴纳增值税款，得不到递延税款的好处，给企业造成损失。可见，掌握各种销售结算方式的发票开具时间是很有必要的。

(1)《国家税务总局关于修订〈增值税专用发票使用规定〉的通知》(国税发〔2006〕156 号) 第十一条规定，增值税专用发票按照增值税纳税义务的发生时间开具。

(2)《增值税暂行条例》第十九条规定，增值税纳税义务发生时间为：

1) 发生应税销售行为，为收讫销售款项或者取得索取销售款项凭据的当天；先开具发票的，为开具发票的当天。

2) 进口货物，为报关进口的当天。

增值税扣缴义务发生时间为纳税人增值税纳税义务发生的当天。

(3)《中华人民共和国增值税暂行条例实施细则》(财政部令第 50 号，简称《增值税暂行条例实施细则》) 第三十八条规定，《增值税暂行条例》第十九条第一款第

（一）项规定的收讫销售款项或者取得索取销售款项凭据的当天，按销售结算方式的不同，具体为：

1）采取直接收款方式销售货物，不论货物是否发出，均为收到销售款或者取得索取销售款凭据的当天。

2）采取托收承付和委托银行收款方式销售货物，为发出货物并办妥托收手续的当天。

3）采取赊销和分期收款方式销售货物，为书面合同约定的收款日期的当天；无书面合同的或者书面合同没有约定收款日期的，为货物发出的当天。

4）采取预收货款方式销售货物，为货物发出的当天，但生产销售生产工期超过12个月的大型机械设备、船舶、飞机等货物，为收到预收款或者书面合同约定的收款日期的当天。

5）委托其他纳税人代销货物，为收到代销单位的代销清单或者收到全部或者部分货款的当天。未收到代销清单及货款的，为发出代销货物满180天的当天。

6）销售应税劳务，为提供劳务同时收讫销售款或者取得索取销售款的凭据的当天。

7）纳税人发生应列为视同销售货物行为的，为货物移送的当天。

案例3-1

甲公司与客户乙公司于2月签订了一份货物销售合同，合同约定，2月20日甲公司向乙公司提供50万元的货物，乙公司应于当年3月10日之前支付全部款项。3月初乙公司由于突发事件，资金紧张，暂时无力支付。3月份甲公司已实现增值税10万元，若再申报缴纳该笔业务税款，由于未能收回货款，将造成公司资金周转困难，于是财务人员决定暂不申报缴纳该笔业务的税款，待实际收到款项时再进行申报纳税。7月份收到款项后，财务人员开具专用发票，申报缴纳了税款。财务人员认为自己只是延迟缴纳税款，并未少缴税款。当月稽查局对甲公司上半年的增值税纳税情况进行专项检查，发现这笔业务。稽查局认为该公司未按规定期限申报纳税，为逃避缴纳税款行为，决定给予公司未按期缴纳税款的0.5倍罚款并加收滞纳金的处理。请问稽查局的处理决定正确吗?

稽查局的处理决定是正确的。根据税法规定，纳税义务发生时间为书面合同确定的付款日期。因此，3月10日甲公司不论是否收回货款，均应申报缴纳税款。

（4）根据《营业税改征增值税试点实施办法》（财税〔2016〕36号附件1）第四十五条规定，增值税纳税义务、扣缴义务发生时间为：

1）纳税人发生应税行为并收讫销售款项或者取得索取销售款项凭据的当天；先

开具发票的，为开具发票的当天。

收讫销售款项，是指纳税人销售服务、无形资产、不动产过程中或者完成后收到款项。

取得索取销售款项凭据的当天，是指书面合同确定的付款日期；未签订书面合同或者书面合同未确定付款日期的，为服务、无形资产转让完成的当天或者不动产权属变更的当天。

【温馨提醒】

收讫销售款项以应税行为开始发生为前提，除了提供租赁服务采取预收款方式外，在发生应税行为之前收到的款项不属于收讫销售款项，不需要确认纳税义务发生，但是先开具发票的，纳税义务为开具发票的当天。

案例 3-2

甲公司与客户丙公司于 2 月签订了一份咨询服务合同，合同约定，2 月 28 日甲公司向丙公司提供 100 万元的咨询服务，丙公司应于当年 3 月 10 日之前支付全部款项。2 月 28 日甲公司已就此项业务开具发票。请问甲公司纳税义务发生时间为哪一天?

根据税法规定，增值税纳税义务发生时间为纳税人发生应税行为并收讫销售款项或者取得索取销售款项凭据的当天；先开具发票的，为开具发票的当天。因此，该业务纳税义务发生时间应为 2 月 28 日，而不是 3 月 10 日。

案例 3-3

甲公司 9 月 27 日与乙公司签订运输服务合同，合同金额为 30 万元，书面合同未确定付款日期。甲公司 9 月 28 日开始运输，10 月 1 日抵达目的地。其中于 9 月 28 日收到运费 5 万元，9 月 30 日收到运费 10 万元，11 月 2 日收到剩余运费 15 万元。请问甲公司纳税义务发生时间为哪天?

根据税法规定，增值税纳税义务发生时间为纳税人发生应税行为并收讫销售款项或者取得索取销售款项凭据的当天，因此，该业务纳税义务发生时间应为 9 月 28 日、9 月 30 日收到运费的当天，而不是运输劳务提供完成的 10 月 1 日。9 月份此业务销售额确认 15 万元。

根据税法规定，取得索取销售款项凭据的当天，是指书面合同确定的付款日期；未签订书面合同或者书面合同未确定付款日期的，为服务、无形资产转让完成的当天或者不动产权属变更的当天。虽然余款 15 万元于 11 月 2 日才收到，但是运输劳务提供完成日期为 10 月 1 日，因此该业务纳税义务发生时间应为 10 月 1 日，10 月份此业务销售额确认 15 万元，并开具发票。

2）纳税人提供建筑服务、租赁服务采取预收款方式的，其纳税义务发生时间为收到预收款的当天。（本条款 2017 年 6 月 30 日前有效，自 2017 年 7 月 1 日起建筑服务预收款不再是纳税义务发生时间。）

【温馨提醒】

1. 根据《财政部 税务总局关于建筑服务等营改增试点政策的通知》（财税〔2017〕58 号）

自 2017 年 7 月 1 日起，本条修改为“纳税人提供租赁服务采取预收款方式的，其纳税义务发生时间为收到预收款的当天”。

纳税人提供建筑服务取得预收款，应在收到预收款时，以取得的预收款扣除支付的分包款后的余额，按照本条第三款规定的预征率预缴增值税。

按照现行规定应在建筑服务发生地预缴增值税的项目，纳税人收到预收款时在建筑服务发生地预缴增值税。按照现行规定无需在建筑服务发生地预缴增值税的项目，纳税人收到预收款时在机构所在地预缴增值税。

适用一般计税方法计税的项目预征率为 2%，适用简易计税方法计税的项目预征率为 3%。

2. 建筑服务纳税义务的开票、凭证问题

2017 年 7 月 1 日起，纳税人提供建筑服务，增值税纳税义务发生时间为：

（1）先开具发票的，为开具发票的当天；

（2）采取预收款方式的，收到预收款不产生纳税义务，仅需预缴增值税，预收款在建筑服务开始发生时产生纳税义务；

（3）销售建筑服务过程中或者完成后收到款项的当天；

（4）书面合同确定的付款日期；

（5）未签订书面合同或者书面合同未确定付款日期的，为建筑服务完成的当天；

（6）发生视同销售建筑服务的，为建筑服务完成的当天。

即增值税纳税义务发生时间为开票、实际收款（不含预收）、开工之日（预收）、合同约定、完工之中较早者（以上第（5）项和第（6）项除外）。

其他观点：

（1）预收款纳税义务发生时间应为已经发生建筑应税服务并与业主或发包方进

行工程进度结算签订进度结算书，并在财务上将“预收账款”科目结转到“工程结算”科目的当天。

(2) 建筑业预收款纳税义务发生时间的确认，应以合同约定的预收款抵扣工程进度款的时间来确认为宜。

发票（不特别说明，不包括不征税的增值税普通发票）按照纳税义务发生时间开具，预收款需要开具不征税的增值税普通发票。若开具税率栏为9%（税率）或3%（征收率）的发票，则纳税义务时间提前到开票日期，不开具税率栏为9%（税率）或3%（征收率）的发票不产生纳税义务，到服务发生即开工之日发生纳税义务，开具发票。

2017年7月1日之前，仍然按原规定执行。

案例3-4

甲公司7月份出租一台货车，租金为6 000元/月，8月1日一次性预收了对方半年的租金共36 000元。请问甲公司纳税义务发生时间为哪天?

根据税法规定，纳税人提供有形动产租赁服务采取预收款方式的，其纳税义务发生时间为收到预收款的当天。因此，该业务纳税义务发生时间应为收到36 000元租金的当天即8月1日，则8月份应确认收入36 000元。

案例3-5

甲建筑公司承接一项建筑工程，2月20日开工，当年12月份完工。合同约定，1月20日预付工程款100万元，6月20日支付工程款600万元，工程完工后12月31日支付余款700万元。实际情况是，1月20日预收工程款100万元，8月20日收到工程款600万元，工程完工尚未收到工程余款。请问甲公司纳税义务发生时间为哪天?

根据上述规定，建筑服务纳税义务发生时间应为:

(1) 建筑企业与业主签署合同，预收工程款的，2017年6月30日前，其纳税义务发生时间为收到预收款的当天，在预收款的当天开具增值税专用发票。2017年7月1日起，收到预收款不再是纳税义务发生时间，不需要开具增值税专用发票，可以开具不征税的增值税普通发票。

(2) 在提供建筑服务期间，按照合同确定的付款日期、收到款项日期和开具发票日期三者孰早的原则确定纳税义务发生时间。

(3) 提供建筑服务期间，未收到款项且合同未确定付款日期，则以服务完成的当天为纳税义务发生时间。

因此，2017年6月30日前，该业务纳税义务发生时间应为1月20日、6月20日、12月31日，分别确认销售额100万元、600万元、700万元，并分别开具发票。

2017年7月1日后，该业务纳税义务发生时间应为2月20日、6月20日、12月31日，分别确认销售额100万元、600万元、700万元，并分别开具发票。1月20日不再是纳税义务发生时间，仅需要开具不征税的增值税普通发票。

3）纳税人从事金融商品转让的，为金融商品所有权转移的当天。

4）纳税人发生《营业税改征增值税试点实施办法》第十四条规定情形的，其纳税义务发生时间为服务、无形资产转让完成的当天或者不动产权属变更的当天。

5）增值税扣缴义务发生时间为纳税人增值税纳税义务发生的当天。

纳税义务发生时间的确定非常重要，确定不准确会给企业造成提前纳税、延迟纳税甚至重复纳税的风险，并可能会有被处以加收滞纳金、罚款的风险。纳税人可以进行合理的规划，通过合同条款的约定来合法地推迟纳税义务发生时间，递延纳税，获得资金的时间价值。

（5）《电力产品增值税征收管理办法》（国家税务总局令〔2004〕第10号）第六条规定，发、供电企业销售电力产品的纳税义务发生时间的具体规定如下：

1）发电企业和其他企事业单位销售电力产品的纳税义务发生时间为电力上网并开具确认单据的当天。

2）供电企业采取直接收取电费结算方式的，销售对象属于企事业单位，为开具发票的当天；属于居民个人，为开具电费缴纳凭证的当天。

3）供电企业采取预收电费结算方式的，为发行电量的当天。

4）发、供电企业将电力产品用于非应税项目、集体福利、个人消费，为发出电量的当天。

5）发、供电企业之间互供电力，为双方核对计数量、开具抄表确认单据的当天。

6）发、供电企业销售电力产品以外其他货物，其纳税义务发生时间按《增值税暂行条例》及其实施细则的有关规定执行。

（6）《国家税务总局关于在境外提供建筑服务等有关问题的公告》（国家税务总局公告2016年第69号）规定，纳税人提供建筑服务，被工程发包方从应支付的工程款中扣押的质押金、保证金，未开具发票的，以纳税人实际收到质押金、保证金的当天为纳税义务发生时间。

案例 3-6

某房地产企业与建筑施工企业进行工程进度结算，房地产企业支付工程款给建筑施工企业，扣押施工企业质量保证金55万元。

(1) 若建筑施工企业就房地产企业扣押的质量保证金55万元，向房地产企业开具发票，则建筑施工企业发生纳税义务，缴纳增值税5万元。

(2) 若建筑施工企业就房地产企业扣押的质量保证金55万元，没有向房地产企业开具发票，则建筑施工企业没有发生纳税义务。质保期过后，建筑施工企业收到发包方支付的质量保证金时，建筑施工企业发生纳税义务，缴纳增值税5万元。

(7)《财政部 国家税务总局关于明确金融、房地产开发、教育辅助服务等增值税政策的通知》(财税〔2016〕140号) 规定，证券公司、保险公司、金融租赁公司、证券基金管理公司、证券投资基金以及其他经中国人民银行、银监会、证监会、保监会批准成立且经营金融保险业务的机构发放贷款后，自结息日起90天内发生的应收未收利息按现行规定缴纳增值税，自结息日起90天后发生的应收未收利息暂不缴纳增值税，待实际收到利息时按规定缴纳增值税。本条明确了所有经中国人民银行、银监会、证监会、保监会①批准经营金融保险业务的机构发放贷款利息收入增值税纳税义务发生时间与银行贷款利息收入执行口径一致。

【疑难问题】

房地产公司销售不动产纳税义务发生时间如何确定?

《营业税改征增值税试点实施办法》第四十五条规定，增值税纳税义务、扣缴义务发生时间为：纳税人发生应税行为并收讫销售款项或者取得索取销售款项凭据的当天；先开具发票的，为开具发票的当天。收讫销售款项，是指纳税人销售服务、无形资产、不动产过程中或者完成后收到款项。取得索取销售款项凭据的当天，是指书面合同确定的付款日期；未签订书面合同或者书面合同未确定付款日期的，为服务、无形资产转让完成的当天或者不动产权属变更的当天。这是一个原则性规定，并没有特别针对房地产开发企业销售商品房增值税纳税义务发生时间做出明确规定。

国家税务总局货物和劳务税司在其编写的《全面推开营业税改征增值税试点政策培训参考材料》中明确了房地产开发企业销售商品房增值税纳税义务发生时间，房地产开发企业采取预收款方式销售所开发的房地产项目，在收到预收款时按照

① 现在银监会和保监会已合并成立为银保监会。

3%的预征率预缴增值税，待产权发生转移时，再清算应纳税款，并扣除已预缴的增值税款。可以看出，国家税务总局的口径应是销售商品房产权转移时间为纳税义务发生时间。如何判断产权转移时间，国家税务总局没有进一步明确，各地关于房地产公司销售不动产纳税义务发生时间的确定口径不一。

第一种观点：以交房时间作为房地产公司销售不动产纳税义务发生时间。

纳税人发生应税行为是纳税义务发生的前提。房地产公司销售不动产，以房地产公司将不动产交付给买受人的当天作为应税行为发生的时间。

在具体交房时间的辨别上，以《商品房买卖合同》上约定的交房时间为准；若实际交房时间早于合同约定时间的，以实际交付时间为准。

以交房时间作为房地产公司销售不动产纳税义务发生时间，主要是基于以下几点考虑：

一是可以解决税款预缴时间与纳税义务发生时间不明确的问题；

二是可以解决房地产公司销项税额与进项税额发生时间不一致造成的错配问题（如果按收到房屋价款作为纳税义务发生时间，可能形成前期销项税额大、后期进项税额大、长期留抵甚至到企业注销时进项税额仍然没有抵扣完毕的现象）。

三是可以解决从销售额中扣除的土地价款与实现的收入匹配的问题。

以上是摘自湖北国税的观点。内蒙古自治区等其他几个省区也明确以交房时间作为房地产公司销售不动产纳税义务发生时间，笔者也支持这种观点。

第二种观点：以办理《不动产权证书》的当天作为房地产公司销售不动产纳税义务发生时间。

部分地区认为，房地产开发企业销售自行开发的不动产的应税行为是不动产所有权发生转移的行为。不动产（即商品房）所有权何时转移是判断纳税义务是否发生的关键。要综合考虑以下四方面问题：

一是法律适用问题。现有税收法律法规中并没有判断所有权转移的规定，税务部门也不具备判断所有权转移的法定职责和专业能力，须由专门的法律法规规范，如《中华人民共和国城市房地产管理法》第六十条规定，国家实行土地使用权和房屋所有权登记发证制度；《中华人民共和国物权法》第十四条规定，不动产物权的设立、变更、转让和消灭，依照法律规定应当登记的，自记载于不动产登记簿时发生效力。故以办理《不动产权证书》的时间作为所有权转移时间是较为合理的。

二是进销匹配的问题。增值税与营业税的计税规则不同，征收营业税时，应纳税额与销售收入直接相关，出于税源管控的考虑，往往将纳税义务发生时间前置。营改增后，应纳税额的计算既要考虑销售收入，也要考虑可抵扣的进项税额。如果将纳税义务前置，按回款进度确认销项税额，往往会导致进项留抵过大，甚至出现项目全部销售完毕仍有大量留抵税额且无法退税的情况发生。因而，在营改增政策设计中，就已经取消了原营业税按预收款确认纳税义务的规定，尽量后置房地产开发企业的纳税义务发生时间，尽可能地保持进销匹配。

三是收入实现的问题。也许有人会担心后置房地产开发企业的纳税义务发生时间，大量的税款在最后一刻才得以实现，会导致税款入库不均衡。其实这种情况并不会发生，一方面不动产销售有预缴税款的义务。在房屋所有权转让前房地产开发企业提前收到的款项基本都可以视为预收账款，根据《国家税务总局关于发布〈房地产开发企业销售自行开发的房地产项目增值税征收管理暂行办法〉的公告》（国家税务总局公告 2016 年第 18 号）第十条和第十九条规定，在收到预收款时须按照3%的预征率预缴增值税，税款并不是在最后一刻才实现的。另一方面不动产的开发销售周期较长。长期来看，每一套房子的销售时间间隔基本是平稳的，办理《不动产权证书》也是陆续进行的，因而不动产销售的纳税义务也是渐次实现的，所以也不存在税款不均衡入库的问题。

四是风险可控的问题。《不动产权证书》办理时间或发票开具时间可查询、可监控，以此作为纳税义务发生时间的判断标准，比合同约定交房时间、房屋封顶时间、交付入住时间、面积测绘时间等有更强的法定性和可操作性，可以最大限度地减轻税收执法风险。

综上所述，房地产开发企业销售自行开发的不动产的纳税义务发生时间应为办理《不动产权证书》的当天或开具不动产增值税发票的当天（不包括开具分类编码为 602“销售自行开发的房地产项目预收款”、发票税率栏填写“不征税”所开具的增值税发票）。二者时间不一致的，按照孰先的原则确定销售商品房的纳税义务发生时间。

对于这种观点，笔者认为不符合实际情况，不利于税款征收，因为有部分房地产开发企业实际交付房屋以后多年都不为客户办理《不动产权证书》。若以办理《不动产权证书》的当天为纳税义务发生时间，则可能比实际交房时间要晚几年才能达到纳税义务发生时间，因此持这种观点的税务机关是不多见的。

二、应开发票而不开发票的税务风险

（一）你可能想不到：不开发票也会多缴税

纳税人将自产、委托加工或购买的货物用作投资、分配给股东或投资者、无偿赠送、以物易物、以物抵债、委托代销等情形，按照有关规定，对方为增值税一般纳税人的，可以根据其要求开具专用发票。但有些企业却不开专用发票，这样不仅没有少缴税，还要多缴税。

案例 3－7

甲公司为增值税一般纳税人，增值税税率为 13%。甲公司将市场价 100 万元的原材料换取乙公司市场价 100 万元的库存商品。

方案 1：甲公司与乙公司互相不开具专用发票。

甲公司账务处理：

借：库存商品　　1 130 000

　贷：其他业务收入　　1 000 000

　　　应交税费——应交增值税（销项税额）　　130 000

乙公司账务处理：

借：原材料　　1 130 000

　贷：主营业务收入　　1 000 000

　　　应交税费——应交增值税（销项税额）　　130 000

甲公司、乙公司应纳增值税额均为 13 万元。

方案 2：甲公司与乙公司按正常的销售、购货过程进行处理，互相开具专用发票。

甲公司账务处理：

借：库存商品　　1 000 000

　　应交税费——应交增值税（进项税额）　　130 000

　贷：其他业务收入　　1 000 000

　　　应交税费——应交增值税（销项税额）　　130 000

乙公司账务处理：

借：原材料　　1 000 000

　　应交税费——应交增值税（进项税额）　　130 000

　贷：主营业务收入　　1 000 000

　　　应交税费——应交增值税（销项税额）　　130 000

甲公司、乙公司应纳增值税额均为 13－13＝0。

由此可见，不开具专用发票比开具专用发票要多缴 13 万元增值税。由于增值税实行凭票抵扣的制度，没有取得增值税专用发票，其进项税额就不能抵扣。而销售货物或应税劳务，不管是否开具专用发票，都要计提销项税额，如果公司不计提销项税额，那就是逃避缴纳税款。

案例 3－8

乙公司是一家电脑销售企业，1 月与甲公司签订委托代销协议，按照协议规定，乙公司应按不含税销售价格 6 000 元/台进行销售，甲公司按照 200 元/台向乙公司支付手续费。1 月乙公司收到电脑 130 台，至当年 2 月底结账时，乙公司销售电脑 100 台，乙公司账务处理为：

（1）收到受托代销的商品，不记账，只在备查簿上登记商品数量。

（2）销售代销商品时，在备查簿上登记，同时：

借：库存现金　　678 000

　贷：应付账款——甲公司　　678 000

（3）支付代销款时。

借：应付账款——甲公司　　678 000

　贷：其他业务收入——手续费收入　　20 000

　　　应交税费——应交增值税（销项税额）　　1 200

　　　银行存款　　656 800

该企业被税务机关检查时，被要求按照视同销售补缴增值税 78 000 元。

实际上，该企业若严格按照税法规定做视同销售处理且正确开具和取得增值税专用发票，根本不需要多缴税。

乙公司正确的开具和取得发票及财税处理如下：

（1）收到受托代销的商品时，按数量 130 台和约定的价格 6 000 元/台做下列处理。

借：受托代销商品　　780 000

　贷：受托代销商品款　　780 000

（2）销售代销商品时，按销售数量 100 台和销售价格 6 000 元/台，开具增值税专用发票。

借：银行存款　　678 000

　贷：应付账款　　600 000

　　　应交税费——应交增值税（销项税额）　　78 000

同时结转代销商品 100 台的成本。

借：受托代销商品款　　600 000

　贷：受托代销商品　　600 000

（3）收到甲公司开具的增值税专用发票时。

借：应交税费——应交增值税（进项税额）　　78 000

　贷：应付账款　　78 000

（4）支付货款并确认代销手续费时。

借：应付账款——甲公司	678 000
贷：其他业务收入——手续费收入	20 000
应交税费——应交增值税（销项税额）	1 200
银行存款	656 800

由此可以看出，乙公司若按照规定开具和取得增值税专用发票，并进行正确的账务处理，并不会多缴增值税，因为销项税额和进项税额之差为零。但是乙公司由于不按正确的账务处理方法核算，未能取得甲公司的增值税专用发票，被税务机关检查时，要按照视同销售补缴增值税 78 000 元。

（二）卖方拒开发票案例

案例 3－9

卖方拒开增值税发票，买方进项税损失获赔。

在买卖关系中，卖方销售货物未按照合同约定向买方开具增值税发票，造成买方不能抵扣进项税，买方能否要求卖方赔偿抵扣税款的损失呢?

耒阳市法院对一起买卖及安装合同纠纷案作出一审判决：被告高升公司赔偿原告兴龙公司进项税损失 226 134 元、安装款损失 83 000 元，并支付违约金 72 000 元，共计 381 134 元，限被告高升公司在本判决生效后 10 日内支付。

2010 年 11 月 18 日，原告兴龙公司与被告高升公司双方在耒阳市西湖路龙城世家签订了《电梯设备买卖合同》和《电梯安装合同》，买卖合同约定原告向被告购买 8 部电梯，总价款为 1 432 000 元，并注明本合同总价已包括电梯设备价格及其应缴纳的税金，发票类别为增值税发票；付款方式为分期付款。安装合同约定安装款总额为 276 000 元，并注明本合同总价包含卸车、安装、调试、报装、检验及 1 年免费维保费，发票类别为普通税务发票；付款方式为原告在进场安装后 3 日内支付安装款总额的 50％即 138 000 元，余下的 50％在安装调试完毕并在国家质量监督局验收合格后 3 日内支付。

合同订立后，原、被告在履行《电梯设备买卖合同》中，原告已先后向被告支付货款共计为 1 330 200 元，被告也先后向原告交付了 8 部电梯，因被告未向原告开具增值税发票，原告尚有货款 101 800 元未付。原、被告在履行《电梯安装合同》中，原告已先后向被告支付电梯安装款 139 000 元，而被告却未按施工进度为原告进行电梯安装。

因此，原、被告为确保电梯安装工程的如期完成，又于 2012 年 8 月 6 日签订了

《电梯安装补充协议》，约定电梯安装时间：从 2012 年 8 月 10 日开始安装，至 2012 年 10 月 8 日前完成安装，逾期每天罚 500 元。但被告仍未能按期完成电梯安装检验，其收到原告的安装款 139 000 元也未向原告开具普通税务发票，且被告放弃结尾工程不辞而别。

此后，原告在多次找被告协商未果的情况下，于 2012 年 12 月 24 日经耒阳市公证处向被告邮寄了《工程联系函》，要求被告于 2013 年 1 月 10 日前完成电梯检验，耒阳市公证处于 2012 年 12 月 26 日向原告出具了公证书。可被告仍置之不理，随即无法联系。

无奈，原告于 2013 年 3 月 9 日在《永州日报》向被告发布声明：自登报之日起解除原、被告之间的《电梯安装合同》和《电梯安装补充协议》，并追究被告的违约责任。原告为避免损失扩大，于 2012 年 3 月 12 日又与万事达公司签订了《电梯设备结尾安装合同》，将被告未完成的电梯安装工程交由万事达公司完成，约定价款为 220 000 元。随后原告与万事达公司双方均履行了合同义务。但被告的违约行为已造成原告电梯安装的直接经济损失 83 000 元（139 000＋220 000－276 000）。因被告至今未按约向原告开具增值税发票，致使原告购进电梯无法抵扣进项税额，由此已给原告造成抵扣税款损失 226 134 元（1 330 200×17%）。[①] 另被告未履行电梯安装义务逾期时间为 2012 年 10 月 9 日至 2013 年 3 月 9 日，共计 5 个月，按照合同约定被告应向原告支付违约金 75 000 元（150×500），但原告在本案中只诉请被告支付违约金 72 000 元。

法院经审理认为，原、被告于 2010 年 11 月 18 日签订的《电梯设备买卖合同》《电梯安装合同》及 2012 年 8 月 6 日签订的《电梯安装补充协议》均为有效合同，对双方当事人具有法律约束力，原、被告双方均应按照合同约定全面履行自己的义务。原、被告在履行《电梯设备买卖合同》中，原告已向被告支付货款 1 330 200 元，而被告虽然履行了交货义务，但其未按约向原告开具电梯款的增值税发票，导致原告所付电梯款无法抵扣税款 226 134 元（1 330 200×17%），此款应是原告不能抵扣税款的实际损失，被告应予赔偿。故对原告诉请被告赔偿其不能抵扣税款的损失 226 134 元，法院予以支持。

根据原、被告在《电梯安装补充协议》中的约定，被告要在 2012 年 10 月 8 日前完成安装，逾期每天罚 500 元，该约定应视为违约金的计算方法，因被告未履行电梯安装义务逾期达 5 个月，故对原告诉请被告支付违约金 72 000 元（144×500），法院予以支持。

本案中，因被告未全面履行《电梯安装合同》的义务，原告只得另行与万事达

① 当时增值税税率为 17%。

公司签订《电梯设备结尾安装合同》，造成原告在电梯安装工程中多支付了安装款83 000元（139 000＋220 000－27 600），此款是由于被告的违约行为而造成原告的直接经济损失，故原告诉请被告赔偿此款，合情、合理、合法，法院予以支持。据此，法院作出如上判决。

案例3－10

三亚和利实业发展有限责任公司、芜湖市兆信炉料有限公司买卖合同纠纷案。

安徽省高级人民法院

民事判决书

〔2014〕皖民二终字×××号

上诉人（原审原告、反诉被告）：三亚和利实业发展有限责任公司（简称三亚和利公司），住所地海南省三亚市。

上诉人（原审被告、反诉原告）：芜湖市兆信炉料有限公司（简称芜湖兆信公司），住所地安徽省繁昌县。

上诉人三亚和利公司、芜湖兆信公司因买卖合同纠纷一案，均不服安徽省芜湖市中级人民法院于2013年11月29日作出的〔2013〕芜中民二初字第00267号民事判决，向本院提起上诉。本院受理后，依法组成合议庭，于2014年5月21日公开开庭审理了本案。三亚和利公司的委托代理人张其珍、芜湖兆信公司的委托代理人戴衍卫到庭参加了诉讼。本案现已审理终结。

原审法院查明：2010年12月5日，芜湖兆信公司（甲方）与三亚和利公司（乙方）签订《铁精粉购销战略合作合同》，约定交货期为2011年元月至2011年12月31日、交货地点为芜湖市新港码头、交货数量为20万吨以上。合同对货物定价进行了约定：双方之间的铁精粉购销价格根据供货交易时的市场价格优惠30元/吨，以双方签订补充协议的方式确定最终执行价；品位计价原则以铁品位65%为基准，每增减0.1%，价格加减3元/吨。此后，双方通过补充协议和函的形式对每月发货数量、品质、价格以及违约责任等进行约定。2011年7月份、8月份、12月份以及2012年元月份、2月份、3月份，三亚和利公司未能及时供货，按照补充协议约定，三亚和利公司支付给芜湖兆信公司2011年7—8月份未发货滞期款70万元，2011年12月份未发货滞期款30万元，2012年1—2月份未发货滞期款40万元，2012年3月份未发货滞期款30万元，上述滞期款均转为芜湖兆信公司支付给三亚和利公司的货款。2012年6月20日，芜湖兆信公司与三亚和利公司签订《结算协议书》，就余款结算及税票问题进行约定，双方确认：截至2012年6月17日，三亚和利公司仍欠芜湖兆信公司货物预付款 6 092 507.31 元；截至 2012 年 6 月 20 日，三亚和利公司共有 39 349 404.15 元税票未向芜湖兆信公司开具，三亚和利公司如在本协议签订后 40 天内仍不能开具税票，则应向芜湖兆信公司支付相等值的货物作为税款，所涉税款由芜湖兆信公司代为缴纳，税款总额 5 717 434.79 元。双方还约定，如在协议约定的时间内，三亚和利公司未履行义务，则应承担如下违约责任：（1）按应税总额的（包括 5 717 434.79 元及即将发船的货物应税款）月息 2%向芜湖兆信公司支付利息；（2）向芜湖兆信公司支付尾款的利息，月息按 2%计算；（3）承担芜湖兆信公司为主张债权而支出的律师费用，律师费用按诉讼总额的 8%计收；（4）承担芜湖兆信公司为主张债权而支出的来回飞机票款及住宿费用。双方又通过签订补充协议或函的形式确定每次交易的货物数量、价格等。《结算协议书》签订后，三亚和利公司供货 4 次：2012 年 7 月 1 日供货货款为 4 609 109.54 元、2012 年 9 月 6 日供货货款为 4 434 657.23 元、2012 年 9 月 24 日供货货款为 3 704 784.35 元、2012 年 11 月 5 日供货货款为 4 331 904.06 元。芜湖兆信公司于 2012 年 9 月 17 日支付货款 300 万元，以代付船费的形式分别于 2012 年 9 月 6 日付款 298 510 元、2012 年 9 月 24 日付款 350 592 元、2012 年 11 月 5 日付款 343 850 元；至 2012 年 11 月 5 日，三亚和利公司总计供货干基吨位 73 505.61 吨（湿基吨位 80 492.11 吨），欠芜湖兆信公司货款 699 4991.87 元；至 2012 年 12 月 20 日，三亚和利公司未开具的增值税专用发票价税合计 22 636 710.17 元。

…………

关于未开具增值税专用发票责任的承担。国家税务总局《增值税专用发票使用规定》第十条规定，“一般纳税人销售货物或者提供应税劳务，应向购买方开具专用发票”，因此，销售方给付购货方增值税专用发票为法定义务。依照诚实信用原则，该法定义务应当作为合同的附随义务由销售方履行。至 2012 年 12 月 20 日，三亚和利公司尚有 22 636 710.17 元增值税专用发票未向芜湖兆信公司开具。三亚和利公司作为出卖方，向购买方芜湖兆信公司开具相应的增值税专用发票是其合同的附随义务。芜湖兆信公司要求三亚和利公司开具 22 636 709.63 元增值税专用发票，低于应开具的 22 636 710.17 元，其诉请应予支持。本案芜湖兆信公司与三亚和利公司的交易是含税交易，芜湖兆信公司支付的货款中包含应向国家税务部门缴纳的增值税，对芜湖兆信公司而言即是进项税，芜湖兆信公司可凭三亚和利公司开具的税票向税务部门抵扣进项税款。该 22 636 709.63 元税票可折抵应税款 3 289 094.56 元，三亚和利公司未开具增值税发票，导致芜湖兆信公司不能抵扣相应税款，必然导致相应的经济损失。对该损失，三亚和利公司应予承担。依据双方在《结算协议书》中违约责任的约定，三亚和利公司未能开具税票，应自 2012 年 12 月 21 日起，以应税款 3 289 094.56 元为计算基数，按月息 2%向芜湖兆信公司承担违约责任。三亚和利公司若不能在本判决规定的期间内履行开具22 636 710.17元增值税专用发票的义务，应当向芜湖兆信公司赔偿相应税款损失3 289 094.56元。

…………

维持安徽省芜湖市中级人民法院〔2013〕芜中民二初字第00267号民事判决第一、三、四、五项，即“芜湖兆信公司于判决生效之日起十五日内向三亚和利公司支付货款6 994 991.87元，并支付相应利息（自2012年11月5日起至本判决确定给付之日止，按照中国人民银行同期同类人民币贷款基准利率计算）”“三亚和利公司于判决生效之日起十五日内向芜湖兆信公司开具价税合计22 636 709.63元的增值税专用发票，并支付相应税款的利息（以3 289 094.56元为基数，自2012年12月21日起至税票开具之日止，按月息2%计算）”“若三亚和利公司未能在上述判决规定的期限内开具22 636 709.63元增值税专用发票，应当赔偿芜湖兆信公司相应税款损失3 289 094.56元”“驳回芜湖兆信公司的其他诉讼请求”。

案例3-11

广州真功夫经营管理有限公司、东莞市勤和装饰工程有限公司装饰装修合同纠纷二审民事判决书如下：

广东省广州市中级人民法院

民事判决书

〔2018〕粤01民终18987号

上诉人（原审原告）：广州真功夫经营管理有限公司，住所地广东省广州市南沙区金岭北路93号455号。

法定代表人：潘宇海，该公司执行董事。

委托诉讼代理人：何佳敏，女，该公司员工。

被上诉人（原审被告）：东莞市勤和装饰工程有限公司，住所地广东省东莞市长安镇长盛德政中路204号。

法定代表人：蔡瑞芹。

原审第三人：东莞市辛勤装修工程有限公司，住所地广东省东莞市长安镇锦厦社区锦源路陆家洲三巷6号。

法定代表人：文思尧。

上诉人广州真功夫经营管理有限公司（以下简称真功夫公司）因与被上诉人东莞市勤和装饰工程有限公司（以下简称勤和公司）及原审第三人东莞市辛勤装修工程有限公司（以下简称辛勤公司）装饰装修合同纠纷一案，不服广东省广州市白云区人民法院〔2017〕粤0111民初14221号民事判决，向本院提起上诉。本院于

2018年9月27日立案后，依法组成合议庭审理了本案。本案现已审理终结。

真功夫公司上诉请求：撤销一审判决，改判支持真功夫公司的诉讼请求。事实与理由：一、真功夫公司诉请勤和公司开具发票是要求其履行合同义务，属于民法、合同法的调整范畴。《真功夫工程承包框架合同》《补充协议》约定勤和公司具有向真功夫公司开具工程总额的合格税务发票的义务，勤和公司应当按照合同约定全面履行自己的义务。税务机关的管理范围重点在于征收税款，对纳税人是否进行缴税、逃税进行检查、稽查。而本案焦点在于勤和公司应向真功夫公司开具发票的行为，故一审法院以开具发票的事项属于税务行政管理机关的管理范围而驳回真功夫公司的请求，属认定事实错误。上述合同约定合格税务发票，而增值税属于合格税务发票的一种。且自2012年11月1日起，国家税务营改增在广东省实施改革后，营业税改为增值税，故真功夫公司要求开具增值税专用发票合法有据，应予支持。勤和公司自认有能力开具，且在一般的公司经营当中企业自行开具的情形是存在的。从商业惯例上看，企业在注册时已经办理有税务登记资格，也即表明勤和公司具有开票的资格，一审法院对此的认定有误。另外，对于勤和公司是否具有开票资格的举证责任不应由真功夫公司承担，应由勤和公司承担。但勤和公司在一审中并未就此答辩和提交证据，应由其承担举证不能的不利后果。因此，真功夫公司要求勤和公司开具工程款共计636 685.60元的增值税发票的诉讼请求合法有理。二、勤和公司未开具发票的行为违反合同约定，理应承担相应的违约责任，真功夫公司要求按合同约定的25%计算违约金159 171.40元符合合同约定。企业所得税税率为25%，真功夫公司用此种方法计算税负损失159 171.40元亦合法有理。

勤和公司、辛勤公司均未作答辩，亦未到庭。

真功夫公司向一审法院起诉请求：1.勤和公司向真功夫公司开具工程款共计636 685.60元的增值税专用发票，辛勤公司承担连带责任；2.勤和公司向真功夫公司支付实际损失金额159 171.40元。

一审法院查明事实：2015年4月20日，真功夫公司（甲方、发包方）与辛勤公司（乙方、承包方）签订《真功夫工程承包框架合同》（框架合同编号：PP20150420－H1），约定甲方（包括真功夫餐饮有限公司及其下属各分公司、分店）作为真功夫连锁快餐的经营者，已在众多地区设立真功夫连锁餐厅；甲方确定乙方为其装饰装修工程的承包商之一，工程项目为装饰装修工程、机电工程（含新店筹建、店改造、后勤基地/办公室装修改造等）、甲方指定的其他工程项目，主要包括工程项目为装饰装修工程、机电工程，具体工程项目以双方签订的单项工程订单/单项工程承包合同为准；承包方式为甲方提供工程要求或设计图纸、以“综合单价包干、工程量据实结算”的方式承包工程；工程款分四期支付，第一笔款（工程预付款）24万元，约为该店装修工程预算造价的40%，第二笔款（工程进度款）付至该店装修工程造价的80%，第三笔款（工程竣工结算款）满足支付条件后10工作日内付款，第四笔款（工程质保金）3万元，约为该店装修工程结算造价的5%。……(5) 如工程所在地的税务部门规定一个单项工程订单/单项工程承包合同只能开具一次发票，则乙方应在申请支付第三笔款（工程竣工结算款）时作出说明，经甲方确认后，乙方在申请支付第三笔款时向甲方开具与工程结算造价等额的合格税务发票（即工程全额发票，乙方后续申请支付工程质保金时不需再单独开具质保金发票）。6. 合法票据：乙方开具的发票应为工程所在地的合格税务发票，真实、合法、有效，如乙方开具的发票有假，应立即补开合格发票，按发票金额的25%支付违约金并赔偿甲方因此所受损失，甲方同时有权终止与乙方的业务合同。合同附件真功夫单项工程订单（框架合同编号：PP20140501－H1）约定，在双方已签订的工程承包框架合同的基础上，由乙方承包甲方广州永泰店装饰工程，工程名称：广州永泰加福广场店装修工程（以下简称涉案工程）；工程地址：广州市永泰嘉福广场；工程项目：装修工程、电装工程；工期35个日历日，自2015年9月15日起开工（以真功夫筹建部另行通知日为准），并自该日起计算工期；工程结算造价：636 685.6元（按工程实际结算为准）。合同签订后，双方依约履行。2015年11月2日，真功夫公司通过网上银行转账向辛勤公司支付涉案工程工程款24万元。2015年12月9日，真功夫公司通过网上银行转账向辛勤公司支付涉案工程二期款22万元。

2016年8月8日，真功夫公司（乙方）与勤和公司（丙方）、辛勤公司（甲方）签订《补充协议》，内容为：鉴于：1. 甲方与乙方于2015年4月20日签订了《真功夫工程承包框架合同》（以下简称“原合同”），约定自2015年4月20日至2016年12月30日（以下简称“原期间”），由甲方负责乙方旗下门店的装修装饰工程；2. 因甲方发展需要，现由丙方承接甲方原有业务，原合同项下甲方未履行的所有权利义务自2016年8月8日起转由丙方概括继承，甲方及丙方作为原合同在剩余期间的连带履行人，甲方对丙方履行原合同剩余权利义务，承担连带责任，甲方同意：丙方继承原合同剩余权利义务，不用支付任何对价。2016年12月30日，真功夫公司向勤和公司支付涉案工程的工程款176 685.60元。

至今，勤和公司未依合同约定为真功夫公司开具上述工程款的发票。

一审法院认为，真功夫公司与辛勤公司签订的《真功夫工程承包框架合同》以及真功夫公司与勤和公司、辛勤公司签订的《补充协议》均为合法、有效的合同，各方均应恪守履行合同。其中《真功夫工程承包框架合同》为装饰装修合同，《补充协议》为上述合同的债权债务概括转移合同。自《补充协议》签订后，《真功夫工程承包框架合同》的施工人义务转由勤和公司承担。勤和公司下落不明未到庭参加诉讼，未提供证据证实其已履行开具发票的义务。因此，一审法院对真功夫公司主张勤和公司未履行开具发票义务的事实予以确认。

对于真功夫公司提出判令勤和公司向其开具636 685.60元的增值税专用发票的诉讼请求，首先，根据税法的规定，开具发票的事项属于税务行政管理机关的管理范围，因此合同约定的开具发票义务不属于人民法院可以强制当事人履行的义务；其次，合同中并未约定所开具的发票必须是增值税专用发票，且真功夫公司也未提供证据证实勤和公司达到税务行政管理机关对开具增值税专用发票纳税人的要求。因此，一审法院对该诉讼请求不予支持。

对于真功夫公司主张辛勤公司对勤和公司开具发票义务承担连带责任的诉讼请求，首先，根据《补充协议》约定，勤和公司承接了辛勤公司的剩余债权债务，辛勤公司已不负有为真功夫公司开具发票的义务；其次，连带责任是财产责任，其客体应为种类物，但开具发票属于行为债务，故真功夫公司主张辛勤公司对行为债务承担连带责任是对法律的认识错误。因此，一审法院对真功夫公司上述诉讼请求不予支持。

对于真功夫公司主张勤和公司按照未开发票金额的25%向真功夫公司赔偿实际损失159 171.40元的诉讼请求，真功夫公司参照合同约定开具假发票的违约责任主张不开发票的违约责任，有一定合理之处，但是，考虑到国家税务营改增后，真功夫公司的税负有一定变化，即实际损失不能达到25%，故酌情确定按照未开发票金额20%确定勤和公司应当承担的违约责任。因此，真功夫公司主张实际损失127 337.12元的诉讼请求是符合法律规定和客观事实的，一审法院予以支持，对超出部分一审法院予以驳回。

勤和公司下落不明，经一审法院公告送达开庭传票，期满未到庭参加诉讼，一审法院依法进行缺席判决。辛勤公司下落不明，经一审法院公告送达开庭传票，期满未到庭参加诉讼，不影响本案审理。

综上所述，一审法院依照《中华人民共和国合同法》第六十条、第一百零七条、《中华人民共和国民事诉讼法》第六十四条、第九十二条、第一百四十四条，《最高人民法院关于适用的解释》第二百四十条规定，判决：一、勤和公司于该判决生效之日起5日内向真功夫公司赔偿损失127 337.12元；二、驳回真功夫公司的其他诉讼请求。案件受理费3 483.40元，由勤和公司负担。

本院二审中，询问真功夫公司如勤和公司、辛勤公司不开具或者不能开具发票的，对真功夫公司造成什么损失。真功夫公司述称会造成其支出的工程款不能在企业所得税应纳税所得额中扣除相应支出，只能作为企业所得税应纳税所得额缴纳税负，税率是25%，依据是国家税务总局发布的《企业所得税税前扣除凭证管理办法》第五条、第十六条。

经审查，本院对一审法院查明的事实予以确认。

本院认为，《中华人民共和国合同法》第六十条规定："当事人应当按照约定全面履行自己的义务。当事人应当遵循诚实信用原则，根据合同的性质、目的和交易习惯履行通知、协助、保密等义务。”涉案《真功夫工程承包框架合同》及《补充协议》均为有效合同，其约定的向真功夫公司开具工程款发票的义务属于装饰装修工程承包人辛勤公司、勤和公司应当履行的协助义务，也是承包人根据相关税务法规应当承担的法定义务。因此，在真功夫公司已经向勤和公司、辛勤公司支付全部工程款的情况下，勤和公司、辛勤公司不履行开具发票的协助义务，构成违约。涉案《补充协议》约定涉案《真功夫工程承包框架合同》项下辛勤公司未履行的义务转由勤和公司继承，及辛勤公司对勤和公司履行涉案《真功夫工程承包框架合同》剩余义务承担连带责任。故真功夫公司诉请勤和公司承担开具工程款发票、辛勤公司承担连带责任的继续履行义务的违约责任，依据充分，合法合理，本院予以支持。鉴于企业已实施营改增的税务制度，真功夫公司诉请开具的发票为增值税专用发票，亦合法合理，本院予以支持。

国家税务总局发布的《企业所得税税前扣除凭证管理办法》第五条规定：“企业发生支出，应取得税前扣除凭证，作为计算企业所得税应纳税所得额时扣除相关支出的依据。”第十六条规定：“企业在规定的期限未能补开、换开符合规定的发票、其他外部凭证，并且未能按照本办法第十四条的规定提供相关资料证实其支出真实性的，相应支出不得在发生年度税前扣除。”由此可知，纳税发票对真功夫公司利益影响很大，勤和公司、辛勤公司不向真功夫公司开具发票必然造成真功夫公司的经济损失。

《中华人民共和国合同法》第一百零七条规定：“当事人一方不履行合同义务或者履行合同义务不符合约定的，应当承担继续履行、采取补救措施或者赔偿损失等违约责任。”故真功夫公司除主张勤和公司、辛勤公司承担继续履行开具发票义务的违约责任，还主张勤和公司承担赔偿损失的违约责任，符合法律规定，应予支持。但真功夫公司在二审中述称其经济损失为税负损失，即如果勤和公司、辛勤公司向真功夫公司开具了发票，则可避免真功夫公司的税负损失。因此，根据真功夫公司所述其遭受的是税负损失的情形，为督促勤和公司、辛勤公司尽快履行开具发票的义务，及减少当事人的讼累，并考虑客观上存在勤和公司、辛勤公司不能开具增值税专用发票的可能性，以及判决的可执行性，本院确定勤和公司向真功夫公司赔偿损失的具体方式为，指定勤和公司、辛勤公司在一定期限内向真功夫公司履行开具增值税专用发票的义务，如勤和公司、辛勤公司在指定期限内不履行或者不能履行，则由勤和公司向真功夫公司赔偿损失。至于赔偿损失的数额，涉案《真功夫工程承包框架合同》约定开具假发票应按发票金额的25%支付违约金，而不开具发票与开具假发票对真功夫公司造成的损失是一样的，故真功夫公司提出按照合同约定的违约金赔偿损失159 171.40元（发票金额636 685.60元的25%）的诉讼请求合理，且勤和公司也无提出对该违约金进行调整的抗辩，本院予以支持。

综上所述，真功夫公司的上诉请求成立，予以支持。依照《中华人民共和国合同法》第六十条、第一百零七条、第一百一十条、第一百一十四条，《中华人民共和国民事诉讼法》第一百七十条第一款第二项规定，判决如下：

一、撤销广东省广州市白云区人民法院〔2017〕粤 0111 民初 14221 号民事判决；

二、东莞市勤和装饰工程有限公司自本判决发生法律效力之日起三十日内向广州真功夫经营管理有限公司开具工程款 636 685.60 元的增值税专用发票，东莞市辛勤装修工程有限公司承担连带责任；

三、如东莞市勤和装饰工程有限公司、东莞市辛勤装修工程有限公司在本判决第二项指定的期限内不履行或者不能履行该判项确定的义务，则东莞市勤和装饰工程有限公司自该判项指定的期限届满之日起十日内向广州真功夫经营管理有限公司赔偿损失 159 171.40 元。

如果未按本判决指定的期间履行给付金钱义务，应当依照《中华人民共和国民事诉讼法》第二百五十三条之规定，加倍支付迟延履行期间的债务利息。

一、二审案件受理费各 3 483.40 元，均由东莞市勤和装饰工程有限公司负担。

本判决为终审判决。

（三）应开具发票而未开具发票的税务风险及规避方法

通过案例 3-9、案例 3-10、案例 3-11，我们可以看出：在买卖关系中，卖方销售货物、服务等未按照合同约定向买方开具增值税专用发票，造成买方不能抵扣进项税额，买方可以要求卖方赔偿未能抵扣税款的损失。

（1）一定要关注案例中法院审理结论，重点关注〔2014〕皖民二终字×××号判决书中的“关于未开具增值税专用发票责任的承担”一段的表述，即购买方能抵扣进项税额的情况下，未开具专用发票或开具的专用发票不符合税法规定造成买方不能抵扣的，卖方需要赔付对方未能抵扣的进项税额和同期银行利息。另外，重点关注〔2018〕粤 01 民终 18987 号判决书中“本院认为”中的二审法院观点，即不能开具发票会造成其支出的工程款不能在企业所得税应纳税所得额中扣除相应支出，只能作为企业所得税应纳税所得额缴纳税负，税率是 25%，赔偿损失的数额，涉案《真功夫工程承包框架合同》约定开具假发票应按发票金额的 25%支付违约金，而不开具发票与开具假发票对真功夫公司造成的损失是一样的，故真功夫公司提出按照合同约定的违约金赔偿损失 159 171.40 元（发票金额 636 685.60 元的 25%）的诉讼请求合理，且勤和公司也无提出对该违约金进行调整的抗辩，本院予以支持。

（2）对于接受发票方来讲，注意以下几点：

1）能抵扣进项税额的情况下，开票方不开专用发票只开普通发票，可以要求开票方赔偿税款损失及同期银行利息。

2）开票方不按税法规定开票，接受发票方取得的不合规发票不能抵扣进项税额和在企业所得税税前扣除，可以要求开票方换票，开票方如果不换票，告知开票方以后因为此发票造成的税款损失由开票方承担。

（3）对于开票方来讲，注意以下几点：

1）如果接受发票方提出一些“不合规”的要求开具专用发票，可以让接受发票方做出承诺，不能抵扣进项税额和在企业所得税税前扣除产生的责任不由开票方承担，最好写在合同里，或者签订补充合同、承诺书。

2）要按税法规定开具专用发票，不得压线错格，不要忘记备注栏等要求。

3）客户能抵扣进项税额或者虽然现在不能抵扣但将来可能会改变用途可以计算抵扣进项税额的情况下，尽量给客户开具专用发票。

（4）对于接受发票方和开票方双方来讲，合同中的发票条款要特别重视。

1）明确约定开具发票的类型（专用发票还是普通发票）、开具发票的票面要求等。

2）明确约定发票出现税务问题时的赔偿责任。开票方未按税法规定开具发票应承担赔偿责任，包括但不限于税款、滞纳金、罚款及其相关损失。开票方应接受发票方不合理要求未能按税法规定开具发票，接受发票方因此产生的损失由接受发票方自行承担，开票方不承担任何责任，开票方因此造成的包括但不限于税款、滞纳金、罚款及其相关的损失应由接受发票方承担。

3）明确约定企业因发票问题被税务调查，对方有义务配合企业做好调查、解释和说明工作。

第四章
错开发票的税务风险与应对

在很多不懂行的人看来，开发票只不过是会计日常工作中一件很普通、很简单的事情，其实开发票绝不是很多人想象的那样简单。实际工作中，经常有企业因为收到一份错开的发票而不能做企业所得税税前扣除，不能做增值税进项税额抵扣，从而遭受不小的损失。同样，对于开票方而言，因为错开发票而无法及时足额地收取货款，因为错开发票受到税务机关处罚等现象层出不穷。那么，企业会计通常存在哪些错开发票的行为？开错发票又该怎样解决呢？

一、错开发票的情形、解决办法及改进建议

（一）发票打印压线错格、字迹不清楚，发票号码错误等

解决办法：符合条件的退回发票，开票方作废重开，否则开票方只能开具红字发票，然后重新开具蓝字发票。不可在票面以涂改并加盖公章的方式来更改开票信息。

改进建议：

（1）发票打印前应进行格式调整设置，确保二维码、密码区、文字能一一对应，第一次开具可先用 A4 纸打印调试准确后，再用发票进行补打，确保开具准确。

（2）每次开票前一定要对开票系统内发票号码与纸质发票号码进行一一核对，核对无误后再行开具。

（3）用专用打印机进行发票打印，以防打印其他文档后打印机格式错乱出现不必要的废票。

（二）购买方的名称填写不规范，纳税人识别号未填写或填写不准确，项目填写不齐全

解决办法：符合条件的退回发票，开票方作废重开，否则开票方只能开具红字发票，然后重新开具蓝字发票。不可在票面以涂改并加盖公章的方式来更改开票信息。

改进建议：

（1）按照购买方提供的开票信息逐项逐字核对，规范填写发票。

（2）专用发票要项目填写齐全。

（三）名称、单位、数量、金额、税率等项目开具错误

解决办法：

（1）符合条件的退回发票，开票方作废重开，否则开票方只能开具红字发票，

然后重新开具蓝字发票。不可在票面以涂改并加盖公章的方式来更改开票信息。

（2）数量、金额不可能同时开具错误，必然造成单价错误，所以无法采取补开、部分冲红的方式解决问题。

改进建议：

（1）保存打印发票之前仔细核对，确保名称、单位、数量、金额、税率正确。

（2）开具名称时，正确选择商品和服务税收分类与编码。例如石粉属于非金属矿产品，不能选择金属矿产品编码；电梯的维护保养属于其他现代服务，不能选择修理修配劳务；装卸费属于物流辅助服务，不能选择运输服务。

（3）熟知税法中对特殊应税行为的名称、单位的填写要求，比如在销售不动产时，企业应在发票“货物或应税劳务、服务名称”栏填写不动产名称及房屋产权证书号码（无房屋产权证书的可不填写），“单位”栏填写面积单位。

（4）“税率”栏要正确选择税率或征收率。熟知税收政策，才能确保“税率”栏开具正确，例如纳税人对安装运行后的电梯提供的维护保养服务，按照“其他现代服务”缴纳增值税，税率为6%，而不是9%和13%，付款方若取得9%或13%的增值税专用发票不得抵扣进项税额，也不得在企业所得税税前扣除。建筑工程总承包单位为房屋建筑的地基与基础、主体结构提供工程服务，建设单位自行采购全部或部分钢材、混凝土、砌体材料、预制构件的，适用简易计税方法计税，付款方若取得9%的增值税专用发票，不得抵扣进项税额，也不得在企业所得税税前扣除。各行业小规模纳税人销售不动产应选择5%的征收率，不要错误地选成3%的征收率。

（四）盖章错误

解决办法：

（1）未加盖发票专用章的发票要补盖。

（2）加盖财务专用章、公章的，不允许再在发票上补盖发票专用章。符合条件的退回发票，开票方作废重开，否则开票方只能开具红字发票，然后重新开具蓝字发票。

（3）盖章模糊或不完整，能否在旁边加盖一个清晰、完整的发票专用章，各地口径不一，有的认可，有的不认可。

（4）发票专用章盖反了，对这种情况，税务机关一般是认可的。

改进建议：一定要在发票盖章处加盖发票专用章，确保清晰、完整。

（五）有“备注”栏填写要求的建筑服务、不动产销售、运输服务等发票“备注”栏应填未填或填写不符合税法要求

解决办法：符合条件的退回发票，开票方作废重开，否则开票方只能开具红字

发票，然后重新开具蓝字发票。不可在票面以涂改并加盖公章的方式来更改开票信息。

改进建议：严格按照税法政策关于“备注”栏的填写要求开具发票，例如提供建筑服务，纳税人自行开具或者税务机关代开增值税发票时，应在发票的“备注”栏注明建筑服务发生地县（市、区）名称及项目名称。企业在发生不动产租赁行为时自行开具或者税务机关代开的增值税发票也应在“备注”栏注明不动产的详细地址；在销售不动产时，企业应在发票“备注”栏注明不动产的详细地址。

（六）发票票种开具错误

解决办法：符合条件的退回发票，开票方作废重开，否则开票方只能开具红字发票，然后重新开具蓝字发票。

改进建议：熟知发票票种知识。（1）不该开具专用发票的应税行为不能开具专用发票，只能开具普通发票，比如销售商业预付卡或接受持卡人充值时，只能开具不征税的增值税普通发票，而不能开具增值税专用发票。（2）不该自行开具农产品收购发票的，应该取得农产品销售方开具的农产品销售发票或增值税普通发票、增值税专用发票。

二、错开发票的税务风险

按照《发票管理办法》第三十五条的规定，未按照规定开具发票的，由税务机关责令改正，可以处 1 万元以下的罚款；有违法所得的，予以没收。

按照《发票管理办法》第四十条的规定，对违反发票管理规定 2 次以上或者情节严重的单位和个人，税务机关可以向社会公告。

按照《发票管理办法》第四十一条的规定，违反发票管理法规，导致其他单位或者个人未缴、少缴或者骗取税款的，由税务机关没收违法所得，可以并处未缴、少缴或者骗取的税款 1 倍以下的罚款。

当然，错开发票还会导致对方不能抵扣进项税额和做企业所得税税前扣除，存在需要赔偿对方多缴纳税款、滞纳金、罚款等经济损失的风险。

案例 4－1

某企业在销售免税货物时，因为购货方索取增值税专用发票而按照购货方不合理要求错误开具了增值税专用发票。

根据《国家税务总局关于加强免征增值税货物专用发票管理的通知》（国税函〔2005〕780 号）第一条的规定，增值税一般纳税人销售免税货物，一律不得开具增值税专用发票（国有粮食购销企业销售免税粮食除外）。如违反规定开具增值税专用发票，则对其开具的销售额依照增值税适用税率全额征收增值税，不得抵扣进项税额，并按照《发票管理办法》及其实施细则的有关规定予以处罚。

该企业错误开具增值税专用发票，致使本来享受免税的货物不能再享受免税优惠，被全额征收增值税，还要面临税务机关处罚，得不偿失。

三、错开发票不属于虚开发票

错开发票与虚开发票有本质区别，错开发票显然不属于虚开发票。

案例 4－2

济南天桥区××城的王先生犯了难，自家收银员由于失误把一张 320 元的发票开成了 32 万元，因为这一失误，餐厅要多缴纳 16 000 元左右的税，因此他希望当日吃饭的顾客能归还那张开错的巨额发票。

王先生是××城××总店财务部门的工作人员。他于 2 月 16 日在清算店里账目时发现异常情况，消费底单显示顾客明明只消费了 320 元，发票却开成了 32 万元，他立刻就觉得不对劲。

“可能是收银员多打了一个零，小数点也打错位置，本来是 320.00，结果打成了 320 000.00，但当时并没有发现，顾客自己可能也没发现。”王先生说。就这样，他的餐厅一下开出了一张 32 万元的巨额发票。

发现发票开错后，王先生积极通过各种途径寻找当日就餐的顾客，希望能找回这张巨额发票，但由于店内的监控录像只能保存 7 天，无法调取一个月前事发当天结账时的画面，因此也就没有办法通过调取监控找到当日吃饭的顾客。

“找回发票当然是最好的，如果找不回的话，我们就只能多缴纳 1.6 万元的税，还可能面临税务部门的处罚。”王先生表示。

案例 4－3

甲公司是一家从事钢结构生产和安装的企业，向客户销售自产的钢结构件的同时提供安装服务。根据《国家税务总局关于进一步明确营改增有关征管问题的公告》（国家税务总局公告 2017 年第 11 号）第一条的规定，纳税人销售活动板房、机器设备、钢结构件等自产货物的同时提供建筑、安装服务，不属于《营业税改征增值税试点实施办法》（财税〔2016〕36 号文件印发）第四十条规定的混合销售，应分别核算货物和建筑服务的销售额，分别适用不同的税率或者征收率。因此，甲公司应当开具一份税率为13%的发票和一份税率为9%（或征收率3%）的增值税专用发票，但是客户却要求只能开具一份税率为13%的增值税专用发票。这算不算虚开发票呢？

甲公司全额按税率13%开具增值税专用发票，相当于多缴了增值税，当然会导致收入下降，少缴企业所得税。但是发票总金额与实际业务相符，只是安装部分开错了税率，只是一种错开发票的行为。

那么遇到稽查怎么办？开票方其实无需担心。税务稽查最大的可能就是认可你的发票，认为你是未分别核算，按兼营业务从高适用税率征税，不退增值税也不补所得税。

实际上，这类业务中，受票方税务风险更大一些。受票方本来应该取得税率为9%（或征收率3%）的增值税专用发票，却取得了13%的增值税专用发票，多抵扣了进项税额，税务稽查很可能让受票方做进项税额转出处理，受票方面临补税、加收滞纳金和被处罚款的风险。

因此，甲公司应当站在客户的角度，为客户分析发票风险，客户应该也不会再坚持错误的做法，逼迫甲公司不按规定开具发票。甲公司就可以正确开具发票，不再多缴税了。

第五章
费用报销和税前扣除中的发票风险

《发票管理办法》第二十一条规定，不符合规定的发票，不得作为财务报销凭证，任何单位和个人有权拒收。

由此可见，只有符合规定的发票才可以作为财务报销凭证，因此，审核发票是费用报销中关键的一步。

费用报销是企业所得税税前扣除的基础，费用不能报销，何谈税前扣除？费用报销中最重要的一项工作就是审核发票。

一、审核发票四步法

在这里总结一下审核发票的四步法，相关的税法政策依据，在其他章节详细讲解，这里不再列出。

（一）第一步：真伪审核

有的假发票很好识别，比如：发票代码的 2～5 位为行政区划代码前 4 位，若行政区划代码与发票专用章上的单位所在地不符，则肯定为假票；国税发〔2009〕142 号文件规定，手工发票的限额应严格控制在百元版和千元版，若为万元版通用手工发票则肯定为假票；再如一些时间跨度较大的不同日期的连号发票一般为假发票。有的假发票不易识别，需要到税务局网站查询。

新系统开具的增值税发票，可登录全国增值税发票查验平台查验真伪；其他发票，可登录各省市税务局网站查验真伪。

（二）第二步：票面审核

（1）审核票面各项要素是否填写完整、准确。

（2）审核发票抬头是否为本单位全称，名称必须与营业执照完全一致，一字不差。

（3）发票票面印有纳税人识别号项且购买方有纳税人识别号或统一社会信用代码的，纳税人识别号一栏必须填写正确无误，否则，不需填写，无需审核。

（4）若为增值税专用发票，“地址、电话”以及“开户行及账号”两栏信息必须准确完整。若为增值税专用发票以外的发票，“地址、电话”以及“开户行及账号”两栏要求不高，可以不填写，但是填写的话必须填写准确。

（5）在发票要求盖章处加盖发票专用章，增值税专用发票、增值税普通发票一般要求盖在“销售方（章）”栏（备注栏）附近，不要偏离太多。不能加盖公章、财务专用章。

（6）增值税专用发票不要压线错格。

(7) 审核“货物或应税劳务、服务名称”栏，名称要和实际一致，并准确选择税收编码。

(8) 汇总开具发票的，审核是否附销货清单。专用发票销货清单必须从开票新系统开具；普通发票暂时没有强制要求必须从新系统开具，附有购物清单或小票也是可以的。

(9) 税率栏是否按照税法规定准确填写适用税率或征收率，有无开错税率情形。

(10) 其他栏次填写要求。“规格型号”“单位”“数量”“单价”栏可按实际业务填写，无此项目可不填。“收款人”“复核”栏可按实际需要填写，“开票人”栏为必填项。

审核不动产发票、成品油发票等有特殊要求的发票，“单位”栏是否符合规定。

(11) 审核运输服务、建筑服务、销售不动产等具有备注栏特殊要求的发票的备注栏是否按照税法要求填写。

(12) 审核机动车销售统一发票、通行费增值税电子普通发票等特殊式样的发票是否符合税法规定。

(13) 审核成品油发票等有特殊要求的发票是否符合税法规定。

(14) 审核发票是不是现行有效的发票，而不是已经废止的发票。

(15) 审核发票与报销单上填写的报销项目是否相符。这主要是因为发生费用后无法取得发票而使用其他发票顶替入账而出现的，比如有的企业费用项目为招待餐费，后面附的发票却是盖有鞋店章的发票；有的企业费用项目为装卸费，后面附的却是公共汽车票。

(三) 第三步：实质审核

根据税收政策、合同协议、经济业务等进行实质审核。

(1) 审核开票人是否正确。不属于增值税纳税义务人不能开票，防止收到虚开发票。

(2) 审核是否属于开票范围。除了少数不征税发票外，是否有其他不属于增值税征税范围不应该开票而开具了发票的情形。

(3) 审核发票类型是否正确，如不能开专用发票而开具了专用发票。

(4) 审核价外费用是否按照主业税率开具发票，审核开票人是否正确，特别是代垫运输费问题。

(5) 审核混合销售是否按照主业税率开具发票。注意特殊规定和一般规定，注意混合销售与兼营业务的区别。

(6) 审核兼营业务是否分别开具发票（合同单独注明销售额）或者从高税率开具发票（合同未单独注明销售额）。

（7）审核一般纳税人适用简易计税方法开票是否符合税收政策规定。防止开票方自行适用简易计税方法，给受票方带来风险。

（8）审核一般纳税人适用免税方法开票是否符合税收政策规定。防止开票方自行免税，给受票方带来风险。

（9）审核只能适用简易计税方法的特殊甲供工程业务开票是否符合规定。

（10）审核采用差额开票功能开票是否符合税收政策规定。

（11）买一赠一、销售折让、销售折扣、折扣销售、销售返利等特殊销售方式下发票开具是否符合规定。

（12）发票是否和合同、业务、资金流向等实际情况相符。

（四）第四步：次月复核

次月 1 日复核发票是否作废。有些企业通过月底最后一天作废发票达到少缴税和虚开发票的目的。特别是对于第一次合作的客户一定要约定次月付款，以防发生这种情况。

2015 年 5 月，浙江省桐乡市国税局在专项税务风险排查中发现重要线索，破获一起特大虚开增值税普通发票案件。某建材公司及某贸易公司在无真实业务的情况下，采取月初开票、月底作废的手段，虚开发票共计 6 000 余份，票面涉案金额高达 6.5 亿元，受票企业遍布全国各地，受票金额在百万元以上的企业就有近 200 家，保守估计直接造成发票收受方企业所在地数千万元巨额税款流失。

一些虚开增值税普通发票案件中的犯罪嫌疑人避开常见的增值税专用发票，将视线对准监管相对薄弱、量刑相对较轻的增值税普通发票，采取月初领票开具，月底打印开票清单用于次月领票，纳税申报时作废电子信息的方式虚开。由于发票月底才作废，收票企业当月月底前通过税务局网上系统查询发票状态正常便入账，隔月一般不会重复查询。

二、常见费用报销和税前扣除中的税务风险

《国家税务总局关于转发中纪委〈关于坚决制止开具虚假发票公款报销行为的通知〉的通知》（国税函〔2003〕230 号）规定，财务报销必须规范报销凭证，附正规发票，如果采购商品较多，货物名称、单价、数量等不能在发票中详细反映，还应附供应商提供的明细清单。以上要求不仅限于办公用品的购置，对会议费、培训费、印制费、物业管理、维修、劳务、软件开发、设备租赁、车辆保险等各项费用的支出，亦应按以上要求办理。

《国家税务总局稽查局关于重点企业发票使用情况检查工作相关问题的补充通

知》（稽便函〔2011〕31 号）规定，对企业列支项目为“会议费”“餐费”“办公用品”“佣金”和各类手续费等的发票，须列为必查发票，进行重点检查。对此类发票要逐笔进行查验比对，重点检查企业是否存在利用虚假发票及其他不合法凭证虚构业务项目、虚列成本费用等问题。对必查发票要逐笔进行查验比对，通过对资金、货物等流向和发票信息的审核分析，重点检查其业务的真实性。

根据上述规定，费用报销和企业所得税税前扣除，并非只要有发票就可以。

费用报销是企业所得税税前扣除的基础，费用报销远不是你想象的那么简单，那么没有意义。费用报销和企业所得税税前扣除需要有足够的合法有效的企业所得税税前扣除凭证（简称税前扣除凭证）。当然，合法有效的税前扣除凭证不仅仅指发票。

（一）税前扣除凭证管理遵循的原则

《企业所得税税前扣除凭证管理办法》第二条规定，本办法所称税前扣除凭证，是指企业在计算企业所得税应纳税所得额时，证明与取得收入有关的、合理的支出实际发生，并据以税前扣除的各类凭证。

《企业所得税税前扣除凭证管理办法》第四条规定，税前扣除凭证在管理中遵循真实性、合法性、关联性原则。真实性是指税前扣除凭证反映的经济业务真实，且支出已经实际发生；合法性是指税前扣除凭证的形式、来源符合国家法律法规等相关规定；关联性是指税前扣除凭证与其反映的支出相关联且有证明力。

《企业所得税税前扣除凭证管理办法》第七条规定，企业应将与税前扣除凭证相关的资料，包括合同协议、支出依据、付款凭证等留存备查，以证实税前扣除凭证的真实性。

企业所得税税前扣除遵循的原则更多：税法独立原则、权责发生制原则、实际发生原则、相关性和合理性原则、区分收益性支出和资本性支出原则、需凭有效凭证税前扣除的原则、合法性原则与真实性原则、实质重于形式原则、配比原则、不重复扣除原则等。

案例 5-1

一家医疗器械公司为了把大量的地下费用在账面上体现出来，通过朋友介绍，从一家酒店以支付 5% 手续费的形式购买了 600 万元的“会务费”增值税专用发票，以达到既可以抵扣增值税又可以冲抵利润少缴企业所得税的目的。会计主管为了做到“天衣无缝”，也准备了充分的证据链。具体包括：

（1）会务费用审批单；

（2）会务合同或者协议；

（3）会务进程单；

（4）出席人员签到单；

（5）付款证明；

（6）合规的增值税专用发票；

（7）费用的预算情况；

（8）会务现场照片（或者其他影像资料）；

（9）其他资料。

虽然财务人员准备了充分的证据链来自圆其说，但是由于开票方酒店开票项目与实际经营的业务不匹配异常预警，小小的酒店竟然开出了巨额会议费，经核查属于严重虚开发票，已经开出的会务费发票列入失控，最终买票方——该医疗器械公司的行为也东窗事发。由于涉及增值税额较大，买卖发票的双方均被立案检查。这样的会计真是掩耳盗铃、自欺欺人！

医疗器械公司构成偷税，酒店属于虚开发票。尽管会计把证据链做得很充分，但违背了真实性原则，仍然不可以做增值税进项税额抵扣和企业所得税税前扣除。

资料来源：中国税务报.

（二）常见费用报销事项需要的税前扣除凭证相关资料

企业应将与税前扣除凭证相关的资料，包括合同协议、支出依据、付款凭证等留存备查，以证实税前扣除凭证的真实性。相关证明资料一定要真实、有效、客观、充足。常见费用报销事项需要的税前扣除凭证相关资料列举如下。

1. 原材料

购买原材料，是否有入库单，入库单签章、审批手续是否齐全，是否有采购订单（或采购合同，紧急需求、小额零星采购等特殊采购业务可以没有订单或合同），是否有质量验收合格证明，发票内容（数量、规格型号、单价、金额、销售方等）是否与采购合同对应。应关注采购价格是否偏高，是否高于采购限价，是否舍近求远采购，关注价格波动情况，发现异常及时报告主管领导。

2. 租赁费

是否经审核签批，是否有租赁合同，发票内容是否与租赁合同吻合。应关注租赁费金额是否合理，是否与物业费、仓储费等混淆。

3. 业务招待费

业务招待费报销，是否经审核签批，是否超过规定限额和招待标准，大额发票是否附有消费清单。大额发票是税务稽查重点，如果没有清单，可能会被认为是虚假消费。应关注业务招待费是否与宣传费、会议费、办公费等混淆。另外要提醒的是，餐费发票并非全是招待费，比如，出差时员工的日常餐费可计入差旅费；公司组织会议时，与会人员的餐费可计入会议费；员工晚上加班时，加班用餐可计入办公费；内部员工聚餐时，餐费可计入职工福利费。

4. 差旅费

差旅费的审核包括：（1）报销单内容是否填写齐全；（2）所附的餐饮费发票、住宿费发票、交通费发票等差旅费发票是否与行程相关；（3）出差人员名单是否属实；（4）差旅费报销单是否经审核签批；（5）差旅补助支出需提供出差人员姓名、出差地点、时间和任务等内容的证明材料；（6）对补助标准较高或经常性支出的，应制定差旅费相关管理制度。

5. 会议费、培训费

会议费报销要注意，是否经审核签批，是否有会议通知、会议议题、参会人员名单、签到表、会议照片等资料，是否有与会议无关费用（如旅游费）列支，会议费发票是否和餐饮费、住宿费混开。企业应保存会议时间、会议地点、会议对象、会议目的、会议内容、费用标准等内容的相应证明材料，作为备查资料。培训费资料可参考会议费资料留存备查。

6. 办公费

是否经审核签批，是否有办公用品申购单（必须详细注明所申购用品的名称、规格、数量、单价、金额及申购部门等）、购物清单（必须详细注明所申购用品的名称、规格、数量、单价、金额等）或小票。

7. 运费

运费是税务重点稽查项目，企业应重点关注运费费用的审核。（1）运费报销单是否经审核签批；（2）运输费用发票备注栏是否按规定填写；（3）起运地和运达地是否与运费报销单相符；（4）是否由起运地和运达地以外的车辆运输，运输价格是否波动较大；（5）货物信息是否与货物发票相符。

8. 油费

企业的加油费也是税务稽查重点关注的项目，企业应重点关注加油费用的审核。（1）报销的加油费是否为本公司车辆所用；（2）本公司账面上是否有车辆，加油费总额是否超过了车辆理论行车的最大油耗量；（3）本公司是否存在租赁车辆，是否有租赁合同，租赁费是否有发票，租赁费是否按合同支付，租赁业务是否真实合理。

9. 水电费

水电费报销，是否与本公司的产能相吻合。有的企业账面反映产量很少，但水电费却很高，有可能是企业虚假报销水电费，也有可能是企业隐藏收入。

10. 劳务费

劳务费报销，是否有劳务费支出申请表或相关事项审核签批、支出凭单（实际发放劳务费明细信息，包括姓名、单位、职务、职级、身份证号、支付时间、税前金额、代扣个人所得税额、税后金额、银行卡号、签名和额度等信息）、劳务合同等。企业聘请专家及相关人员从事评审、论证、咨询、授课、评标、翻译、审计、设计等事项，按照规定范围和标准支付给个人的费用，都属于劳务费。除了上述资料，有的劳务费根据实际情况还可能需要其他资料。以专家咨询费为例，还需要附有专家论证会会议纪要或专家论证意见等，纪要内容须与学科咨询论证密切相关。再以审计费为例，还需要有审计报告。专家咨询费、审计费需要与相关联的往返交通、住宿费用一并报销。

11. 广告费

是否有广告合同、广告发布的监测报告、广告发布效果报告、广告照片等，应关注是否有将广告发布、播映、宣传、展示费开为广告策划、设计、制作、咨询、信息服务费逃避文化事业建设费的情形。

12. 工资薪金

是否有考勤记录、劳动合同、工资薪金制度，工资薪金是否符合行业和地区水平，是否扣缴了个人所得税，工资数额是否与劳动合同和考勤记录相吻合。

企业列支季节工、临时工、实习生、返聘离退休人员所实际发生的费用，税前列支需要满足下列条件：

（1）符合企业的实际经营的需要，尤其是上述费用金额较大时，一定要结合自己生产经营实际，证明上述费用支出的必要性。

（2）对于上述人员的支出，最好有股东大会、董事会、薪酬委员会或相关管理机构制定的相关制度，相关支出在制度规定的范围和标准内发生。

（3）上述人员的支出要符合行业及地区水平，如果费用过高也会面临税收调整的风险。

（4）企业应制定上述人员支出的内部控制制度，在相关费用发生时，留下相关内部控制的轨迹，比如费用发生时相关部门的申请、批准、发放、签字等。

（5）企业应准备用工协议（可以是不到劳动局备案的非正规协议）、相关人员的身份证复印件及联系电话等，以备税务机关核查。

13. 其他费用

其他费用不再一一列举，一定要注意费用报销和税前扣除应符合基本扣除原则，一定要有足够的证明资料。

另外，还需要注意费用不能相互混淆，比如不能把具有扣除限额的招待费列支为没有扣除限额的办公费、会务费等费用。混淆费用，不是小事情。

案例 5-2

餐桌上"吃出"亿元会议费

在企业日常的费用支出中，会议费是一项常见的支出。可是，你听说过哪家企业常年在餐桌上边吃饭边开会，单凭餐饮发票就列支巨额会议费的吗？听起来难以置信，但北京市国税局①第一稽查局税务人员却发现某跨国大型药企G公司在餐桌上竟吃出了1亿元的"会议费"！

稽查人员发现，G公司"营业费用——小型研讨会"科目项下核算的会议费用高达1亿元。该公司税务总监介绍，他们的医药代表经常邀请各医院医生召开小型会议，介绍公司产品的药效和临床经验等。检查组发现，仅从报销凭证看，G公司小型研讨会的地点大多在餐厅包间。因此，检查组对该公司这项会议费用的列支提出了质疑。

对此，G公司税务总监辩称，小型研讨会是医药行业开展业务宣传的主要形式之一。由于参会的医生工作繁忙，只能在午间或晚上下班用餐时间互动交流，故会议地点选在餐馆，会议费用体现在餐费发票上。借用G公司税务总监的解释就是："我们只不过是吃饭的时候谈点事。"在他看来，请医生吃饭的目的是推销药品，这是整个行业普遍存在且不得已而为之的营销模式，应作为企业的一项合理费用。

检查组认为，会议费与餐费不能简单混同，财务报销凭证也应有区别。根据规定，列支会议费的入账材料应反映会议时间、地点、出席人员、内容、目的、费用标准及支付凭证。餐费发票只能反映用餐的事实，却无法反映小型研讨会的内容及形式。除餐费发票，企业应提供其他合法有效的凭证，形成一个证据链，证明该项会议费是真实发生且与取得收入直接相关的支出。G公司仅凭餐费发票就直接按会议费入账核算并申报扣除，难以让人信服。

在税务稽查实践中，企业因生产经营需要而宴请或工作餐的开支应属于业务招待费范畴。既然只能证明请医生用餐，那就要按业务招待费来对待。因此，根据《中华人民共和国企业所得税法实施条例》（简称《企业所得税法实施案例》）第四十三条的规定，企业发生的与生产经营活动有关的业务招待费支出，按照发生额的60%扣除，但最高不得超过当年销售（营业）收入的5‰。根据这一规定，检查组对超出扣除限额的部分给出了纳税调整的处理意见。

资料来源：北京市国税局第一稽查局.

① 本案例发生在国税与地税合并前。

医药企业“吃饭的时候谈点事”似乎已经成为整个行业心知肚明的“潜规则”，但税法是严肃的，容不得半点瑕疵，任何经不起推敲的税务处理都存在涉税风险。企业需不断提高税法遵从度，对可能存在的涉税风险及时识别、分析和控制。在案例5-2中，G公司作为一家跨国大型制药企业，在被实施税务稽查之前，并未对每年1亿元的会议费支出给予应有的重视，也未意识到小餐桌上可能存在的涉税风险，税务风险分析与控制更无从谈起。

案例5-3

证据矛盾，虚假协议，不能抵扣和扣除案例

企业所得税核实情况：

税前列支不符合税收规定的费用未按规定进行纳税调整。

（1）经查明，你单位在2016年8月31日记51号凭证中多列支物业费18 401.89元。

（2）经查明，你单位在2016年3月17日记31号凭证中列支会务费140 000.00元，并签订《会务费协议》，《会务费协议》中甲方为该企业，乙方为广州华钜君悦酒店有限公司，但《会务费协议》中第四条注明：“……由乙方一次性将款项支付给甲方……”第五条注明：“……甲方只提供会务服务。”财务负责人已确认该笔费用为虚假的协议，税收违法证据已经复印并经财务负责人签字确认，因此认定该《会务费协议》为虚假的协议，该笔费用不符合税法真实性的规定。根据《中华人民共和国企业所得税法》第八条和《中华人民共和国企业所得税法实施条例》第二十七条的规定，本次检查调增应纳税所得额158 401.89元（18 401.89+140 000.00）。

资料来源：国家税务总局武汉市税务局第一稽查局税务处理决定书武税一稽处〔2019〕69573号.

（三）跨年度发票的处理

在日常费用报销中，纳税人经常遇到一个难题，即跨年度发票问题。我们用一个案例来说明这种情况。

案例5-4

跨年度发票的处理

下面是大多数纳税人对跨年度取得发票的账务处理。

第一种方法：

20×1年12月2日，支付甲公司装卸费。

借：预付账款——甲公司　　9 000

　贷：库存现金、银行存款等　　9 000

附件：付款审批单、转账支票头。

20×2 年 1 月 7 日，收到甲公司装卸费普通发票。

借：销售费用　　9 000

　贷：预付账款——甲公司　　9 000

附件：一份 20×1 年 12 月份装卸费普通发票。

第二种方法：

20×2 年 1 月 9 日，收到水电费普通发票。

借：管理费用　　2 600

　贷：库存现金　　2 600

附件：一份 20×1 年 12 月份水电费普通发票、付款审批单、对方收据。

第三种方法：

20×2 年 3 月 4 日，支付租赁费。

借：以前年度损益调整　　40 000

　贷：银行存款　　40 000

附件：一份 20×1 年 12 月份租赁费发票、付款审批单、转账支票头。

这三种方法均用以前年度费用发票补记以前年度费用，或通过“以前年度损益调整”核算，在税前扣除时往往得不到税务人员的认可，造成税前不能抵扣的风险。

某些税务人员认为，根据《财政部 国家税务总局关于企业所得税几个具体问题的通知》（财税字〔1996〕79 号）第一条“企业纳税年度内应计未计扣除项目，包括各类应计未计费用、应提未提折旧等，不得移转以后年度补扣”的规定，对企业汇算清缴期间通过“以前年度损益调整”“管理费用”“销售费用”“生产成本”等科目补记的以前年度应计未计费用、应提未提折旧等不能税前扣除，既不能在费用入账年度 20×2 年扣除，又不能在费用发生年度 20×1 年扣除（即调减 20×1 年应纳税所得额）。某些税务人员视为企业扣除权利的放弃。

税收政策

(1)《企业所得税法实施条例》第九条规定，企业应纳税所得额的计算，以权责发生制为原则，属于当期的收入和费用，不论款项是否收付，均作为当期的收入和费用；不属于当期的收入和费用，即使款项已经在当期收付，均不作为当期的收入和费用。本条例和国务院财政、税务主管部门另有规定的除外。

(2)《国家税务总局关于企业所得税若干问题的公告》（国家税务总局公告 2011 年第 34 号）规定，企业当年度实际发生的相关成本、费用，由于各种原因未能及时取得该成本、费用的有效凭证，企业在预缴季度所得税时，可暂按账面发生金额进行核算；但在汇算清缴时，应补充提供该成本、费用的有效凭证。

(3)《国家税务总局关于印发〈企业所得税汇算清缴管理办法〉的通知》（国税发〔2009〕79号）第十条规定，纳税人在汇算清缴期内发现当年企业所得税申报有误的，可在汇算清缴期内重新办理企业所得税年度纳税申报。

(4)《国家税务总局关于企业所得税应纳税所得额若干税务处理问题的公告》（国家税务总局公告2012年第15号）第六条规定，根据《税收征收管理法》的有关规定，对企业发现以前年度实际发生的、按照税收规定应在企业所得税前扣除而未扣除或者少扣除的支出，企业做出专项申报及说明后，准予追补至该项目发生年度计算扣除，但追补确认期限不得超过5年。企业由于上述原因多缴的企业所得税税款，可以在追补确认年度企业所得税应纳税款中抵扣，不足抵扣的，可以向以后年度递延抵扣或申请退税。亏损企业追补确认以前年度未在企业所得税税前扣除的支出，或盈利企业经过追补确认后出现亏损的，应首先调整该项支出所属年度的亏损额，然后再按照弥补亏损的原则计算以后年度多缴的企业所得税税款，并按规定处理。

(5)《税收征收管理法》第五十一条规定，纳税人超过应纳税额缴纳的税款，税务机关发现后应当立即退还；纳税人自结算缴纳税款之日起三年内发现的，可以向税务机关要求退还多缴的税款并加算银行同期存款利息，税务机关及时查实后应当立即退还。

税务风险

基于上述税法政策规定可以看出，某些税务人员的做法是不符合税法政策规定的。

《企业所得税法实施条例》明确规定，企业应纳税所得额的计算是以权责发生制为原则的。

财税字〔1996〕79号文件第一条“企业纳税年度内应计未计扣除项目，包括各类应计未计费用、应提未提折旧等，不得移转以后年度补扣”的规定，强调了不能结转以后年度补扣，并没有说明不能回到费用发生年度扣除。

国家税务总局公告2011年第34号文件则允许汇算清缴之前取得发票等有效凭证的，可以在费用发生年度进行申报扣除。

国税发〔2009〕79号文件规定，纳税人发现企业所得税申报有误的，可以在汇算清缴期内重新办理企业所得税年度纳税申报。

国家税务总局公告2012年第15号文件对于汇算清缴时未得到税前扣除的以前年度应扣未扣支出，允许企业做出专项申报及说明后追补至该项目发生年度计算扣除，但追补确认期限不得超过5年。多缴的企业所得税税款，可以在追补确认年度企业所得税应纳税款中抵扣，不足抵扣的，可以向以后年度递延抵扣或申请退税。

虽然某些税务人员的理解是错误的，但是企业这样做账务处理，在向税务人员解释时会比较麻烦。现实工作中，某些税务人员业务素质有限，企业财务人员又不能据理力争，还是存在这部分费用无法在税前扣除的可能。为了减少不必要的麻烦，税前扣除无障碍，我们可以选择下列两种方法进行账务处理。

方法一：

当年，企业可以在成本费用实际发生但尚未取得发票时：

借：生产成本、管理费用、销售费用、财务费用等科目

贷：应付账款

当年或次年，在支付款项时：

借：预付账款

贷：银行存款、库存现金等科目

次年，在取得跨年度发票时：

借：应付账款

贷：预付账款

方法二：

当年，企业可以在成本费用实际发生但尚未取得发票时：

借：生产成本、管理费用、销售费用、财务费用等科目

贷：应付账款

次年，在取得跨年度发票时：

借：应付账款

贷：银行存款、库存现金等科目。

对于方法二，如果当年已经付款，会造成“银行存款”或“库存现金”科目余额与实际情况暂时差额，可以通过编制余额调节表来处理。

这样进行账务处理，既符合权责发生制，又仅根据国家税务总局公告2011年第34号文件规定就可以税前扣除，也容易得到税务机关的认可。

另外，企业习惯性地按发票取得时间记账的方法是不符合会计和税法要求的，习惯不见得是正确的。这种习惯性的记账方法就很容易因为未取得发票不记账而形成当年应计未计支出，当年应计未计支出的处理方式也可以参考上述政策进行税务处理，这里不再赘述。

(四) 税前扣除凭证并不仅仅指发票

《企业所得税税前扣除凭证管理办法》第八条规定，税前扣除凭证按照来源分为

内部凭证和外部凭证。内部凭证是指企业自制用于成本、费用、损失和其他支出核算的会计原始凭证。内部凭证的填制和使用应当符合国家会计法律、法规等相关规定。外部凭证是指企业发生经营活动和其他事项时，从其他单位、个人取得的用于证明其支出发生的凭证，包括但不限于发票（包括纸质发票和电子发票）、财政票据、完税凭证、收款凭证、分割单等。

根据《企业所得税税前扣除凭证管理办法》的相关条款，表5-1总结了各种扣除项目情形所需扣除凭证。

表5-1　各种扣除项目情形所需扣除凭证

扣除项目情形	销售方	扣除凭证
增值税应税项目	增值税纳税人	发票
	无需办理税务登记的单位或者从事小额零星经营业务的个人	税务机关代开的发票或者收款凭证及内部凭证。收款凭证应载明收款单位名称、个人姓名及身份证号、支出项目、收款金额等相关信息
非增值税应税项目	单位	其他外部凭证
	个人	内部凭证
	按税务总局规定可以开具发票的	发票（可）
共同接受增值税应税劳务	企业	发票和分割单
	共同接受劳务方	以企业开具的分割单
共同接受非应税劳务	企业	其他外部凭证和分割单
	共同接受劳务方	以企业开具的分割单
企业租用房屋发生的水、电、燃气、冷气、暖气、通讯线路、有线电视、网络等费用	出租方开票结算	发票
	出租方采取分摊方式的	出租方开具的其他外部凭证
从境外购进货物或者劳务发生的支出	单位或者个人	发票或者具有发票性质的收款凭证、相关税费缴纳凭证

（五）应取得发票而未取得发票的补救方法

根据《企业所得税税前扣除凭证管理办法》的相关条款，表5-2总结了应取得发票而未取得发票的补救方法。

表 5-2　应取得发票而未取得发票的补救方法

情形	补救方法
当年度汇算清缴期结束前应取得发票而未取得发票	要求对方补开、换开发票。
因对方注销、撤销、依法被吊销营业执照、被税务机关认定为非正常户等特殊原因	凭以下资料证实支出真实性后，其支出允许税前扣除： （1）无法补开、换开发票、其他外部凭证原因的证明资料（包括工商注销、机构撤销、列入非正常经营户、破产公告等证明资料）； （2）相关业务活动的合同或者协议； （3）采用非现金方式支付的付款凭证； （4）货物运输的证明资料； （5）货物入库、出库内部凭证； （6）企业会计核算记录以及其他资料。 其中第（1）至（3）项为必备资料。
汇算清缴期结束后应取得发票而未取得发票，被税务机关发现	税务机关发现企业应当取得而未取得发票、其他外部凭证或者取得不合规发票、不合规其他外部凭证并且告知企业的，企业应当自被告知之日起 60 日内补开、换开符合规定的发票、其他外部凭证。其中，因对方特殊原因无法补开、换开发票、其他外部凭证的，企业应当按照本办法第十四条的规定，自被告知之日起 60 日内提供可以证实其支出真实性的相关资料。

（六）不需要发票就可以税前列支的支出

不需要发票就可以税前列支的支出列举（包括但不限于）如下：

（1）工资薪金（以工资表和相应的付款单据作为合法凭据，企业应按规定保管工资分配方案、工资结算单、企业与职工签订的劳动合同、个人所得税扣缴情况以及社保机构盖章的社会保险名单清册，作为备查资料）、福利费用（职工困难补助费、合理的福利费列支范围的人员工资、补贴等，有关收据、凭证就可以作为合法凭据，而对购买属于职工福利费列支范围的实物资产和发生对外的相关费用就应取得合法发票来作为列支凭证）。

（2）非应税项目支出，应取得相应的扣除凭证，按规定进行税前扣除。

1）企业缴纳的政府性基金、行政事业性收费，以开具的财政票据为税前扣除凭证。

2）企业缴纳的可在税前扣除的各类税金，以完税证明为税前扣除凭证。

3）企业拨缴的职工工会经费，以工会组织开具的工会经费收入专用收据为税前扣除凭证。

4）企业支付的土地出让金，以开具的财政票据为税前扣除凭证。

5）企业缴纳的社会保险费，以开具的财政票据为税前扣除凭证。

6）企业缴纳的住房公积金，以开具的专用票据为税前扣除凭证。

7）企业通过公益性社会团体或者县级以上人民政府及其部门，用于公益事业的捐赠支出，以省级以上（含省级）财政部门印制并加盖接受捐赠单位印章的公益性捐赠票据，或加盖接受捐赠单位印章的《非税收入一般缴款书》收据联，为税前扣除凭证。

8）企业根据法院判决、调解、仲裁等发生的支出，以法院判决书、裁定书、调解书，以及可由人民法院执行的仲裁裁决书、公证债权文书和付款单据为税前扣除凭证。

以上项目由税务部门或其他部门代收的，也可以以代收凭据依法在税前扣除。

（3）财产损失（需向税务机关提供相关材料申报备案）。

（4）经济合同罚款支出、诉讼费（行政罚款不可以税前扣除）、违约金（但作为价外费用时需要取得发票）、青苗补偿费等支出。

（5）支付给境外的费用（企业支付给中国境外单位或个人的款项，应当提供合同、外汇支付单据、境外单位或个人签收单据等。税务机关有疑义的，可要求企业提供境外公证机构的确认证明，经税务机关审核认可后，可作为税前扣除凭证）。

（6）自建固定资产计提折旧（凭购入材料发票和相关合法凭证作为原始凭证转入固定资产，《企业所得税法实施条例》第五十八条第二项规定，自行建造的固定资产，以竣工结算前发生的支出为计税基础）。

（7）未竣工结算的在建工程、已投入使用的资产计提折旧。

《企业会计准则第 4 号——固定资产》应用指南规定，已达到预定可使用状态但尚未办理竣工决算的固定资产，应当按照估计价值确定其成本，并计提折旧；待办理竣工决算后，再按实际成本调整原来的暂估价值，但不需要调整原已计提的折旧额。

《国家税务总局关于贯彻落实企业所得税法若干税收问题的通知》（国税函〔2010〕79 号）规定，允许暂估固定资产成本并计提折旧。企业固定资产投入使用后，因工程款项尚未结清未取得全额发票时，可暂按合同规定的金额计入固定资产计税基础计提折旧，待发票取得后进行调整。但该项调整应在固定资产投入使用后 12 个月内进行。

（8）股权转让不属于流转税的征税范围，不征流转税，因而受让股权的一方取得的该项投资无需取得发票，应将股东会议决议、资产评估报告、股权转让合同、股权价款支付凭证等资料作为入账的依据。

（9）税法明确规定允许税前扣除的准备金支出。

第六章
防范发票税务风险必须掌握的税务事项

一、发票的种类与使用

（1）增值税一般纳税人销售货物、提供加工修理修配劳务和应税行为，使用增值税发票管理新系统开具增值税专用发票、增值税普通发票、机动车销售统一发票、增值税电子普通发票。

1）增值税专用发票（见图6-1）。增值税专用发票由基本联次或者基本联次附加其他联次构成，分为三联版和六联版两种。基本联次为三联：第一联为记账联，是销售方记账凭证；第二联为抵扣联，是购买方扣税凭证；第三联为发票联，是购买方记账凭证。其他联次用途，由纳税人自行确定。纳税人办理产权过户手续需要使用发票的，可以使用增值税专用发票第六联。

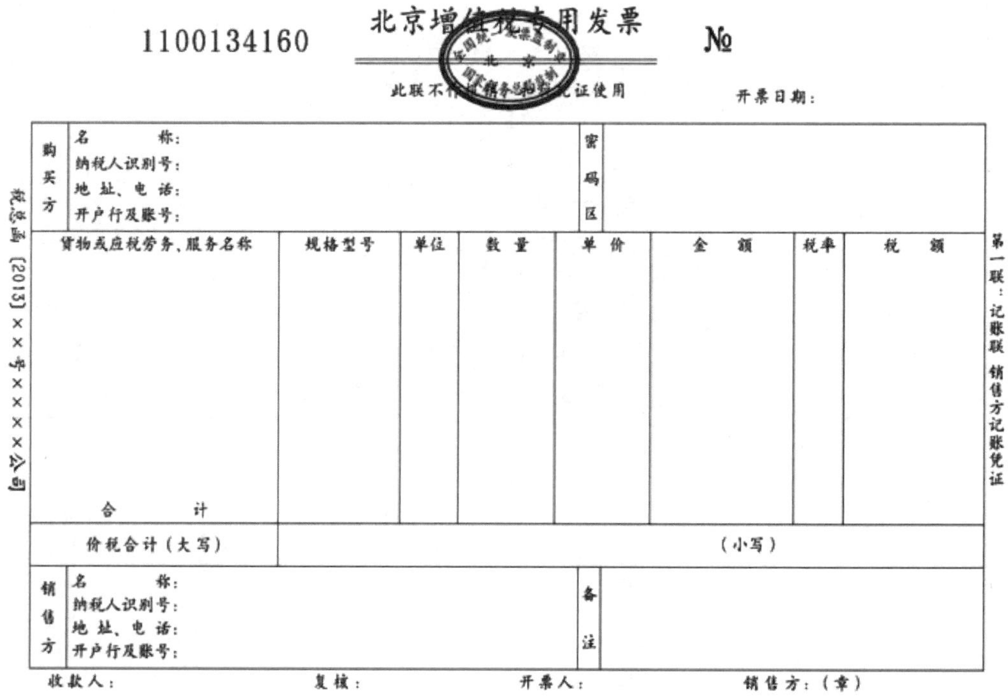

图6-1 增值税专用发票票样

2）增值税普通发票（见图6-2）。增值税普通发票（折叠票）由基本联次或者基本联次附加其他联次构成，分为两联版和五联版两种。基本联次为两联：第一联为记账联，是销售方记账凭证；第二联为发票联，是购买方记账凭证。其他联次用途，由纳税人自行确定。纳税人办理产权过户手续需要使用发票的，可以使用增值税普通发票第三联。

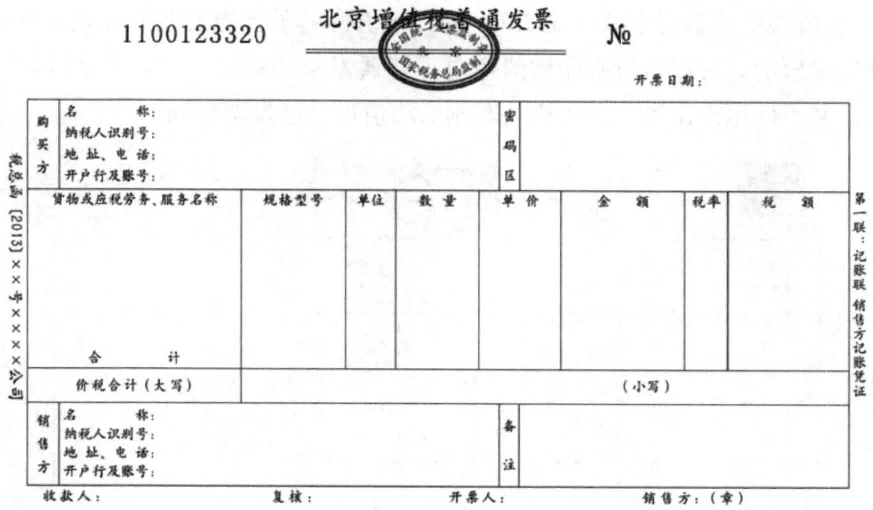
1100123320 北京增值税普通发票 №
开票日期：
购买方 名称： 纳税人识别号： 地址、电话： 开户行及账号：
密码区
货物或应税劳务、服务名称 | 规格型号 | 单位 | 数量 | 单价 | 金额 | 税率 | 税额
合计
价税合计（大写） （小写）
销售方 名称： 纳税人识别号： 地址、电话： 开户行及账号：
备注
收款人： 复核： 开票人： 销售方：（章）
税总函[2013]××号××××公司
第一联：记账联 销售方记账凭证

图 6-2 增值税普通发票票样

3）机动车销售统一发票（见图 6-3）。从事机动车零售业务的单位和个人，在销售机动车（不包括销售旧机动车）收取款项时，开具机动车销售统一发票。机动车销售统一发票为电脑六联式发票：第一联为发票联，是购货单位付款凭证；第二联为抵扣联，是购货单位扣税凭证；第三联为报税联，车购税征收单位留存；第四联为注册登记联，车辆登记单位留存；第五联为记账联，销货单位记账凭证；第六联为存根联，销货单位留存。

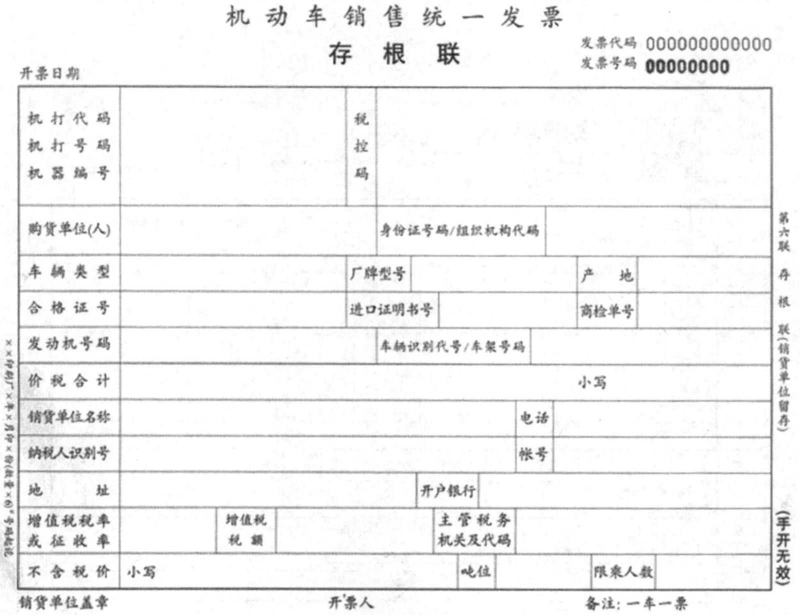
机动车销售统一发票
存根联
发票代码 000000000000
发票号码 00000000
开票日期
机打代码 机打号码 机器编号
税控码
购货单位(人) 身份证号码/组织机构代码
车辆类型 厂牌型号 产地
合格证号 进口证明书号 商检单号
发动机号码 车辆识别代号/车架号码
价税合计 小写
销货单位名称 电话
纳税人识别号 帐号
地址 开户银行
增值税税率或征收率 增值税税额 主管税务机关及代码
不含税价 小写 吨位 限乘人数
销货单位盖章 开票人 备注：一车一票
第六联 存根联（销货单位留存）
（手开无效）

图 6-3 机动车销售统一发票票样

4）增值税电子普通发票（见图 6-4）。增值税电子普通发票的开票方和受票方需要纸质发票的，可以自行打印增值税电子普通发票的版式文件，其法律效力、基本用途、基本使用规定等与税务机关监制的增值税普通发票相同。

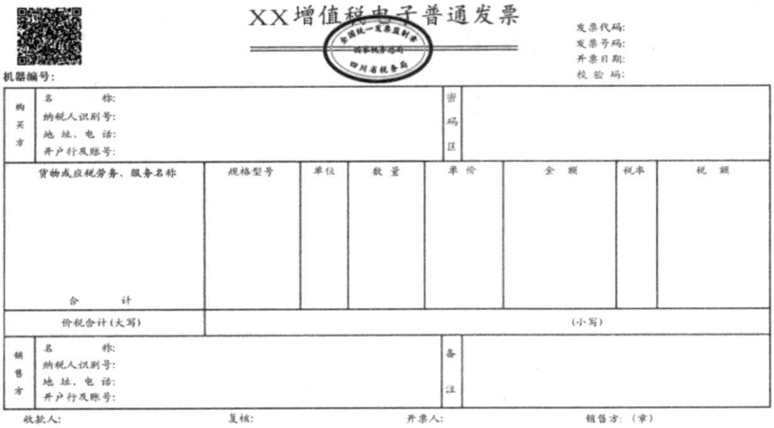

图 6-4　增值税电子普通发票票样

纳税人通过增值税电子发票公共服务平台开具的增值税电子普通发票（票样见图 6-5），属于税务机关监制的发票，采用电子签名代替发票专用章，其法律效力、基本用途、基本使用规定等与增值税普通发票相同。增值税电子普通发票版式文件格式为 OFD 格式。单位和个人可以登录全国增值税发票查验平台（https://inv-veri.chinatax.gov.cn）下载增值税电子发票版式文件阅读器查阅增值税电子普通发票。

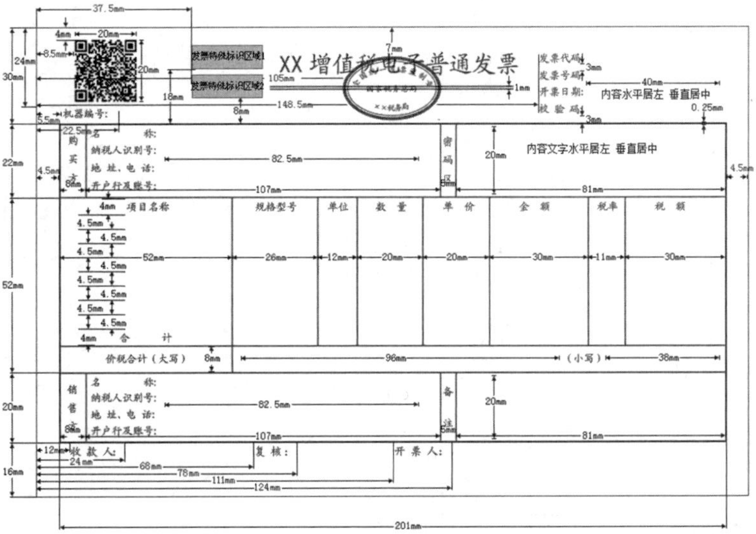

图 6-5　通过增值税电子发票公共服务平台开具的增值税电子普通发票票样

【温馨提醒】

增值税电子普通发票常见问题

（1）申请使用增值税电子普通发票需符合什么条件？

答：一般情况下，有意愿使用增值税电子普通发票系统开具增值税电子普通发票的增值税纳税人，都可以向主管税务机关申领使用电子发票。对面向普通消费者且用票量较大的行业（如电子商务、快递、公用事业、商超、餐饮等），建议优先考虑使用电子发票。

（2）如何办理和领购电子发票？

答：纳税人凭税务登记证件、经办人身份证明和《发票领购簿》向主管税务机关申请使用电子发票，使用金税盘（或税控盘）申领电子发票号段。

（3）电子发票打印后还需加盖发票专用章吗？

答：《国家税务总局关于推行通过增值税电子发票系统开具的增值税电子普通发票有关问题的公告》（国家税务总局公告2015年第84号）第三条规定，增值税电子普通发票的开票方和受票方需要纸质发票的，可以自行打印增值税电子普通发票的版式文件，其法律效力、基本用途、基本使用规定等与税务机关监制的增值税普通发票相同。

消费者从企业购买商品或服务后，在企业的ERP系统中产生交易信息，交易信息经电子发票前置系统生成相关税控信息，发送到升级版税务端及电子底账系统，并将税控信息等数据返回电子发票服务平台。电子发票服务平台对税控数据处理后进行电子签章，最终生成该笔发票数据的凭证（PDF）文件传给企业ERP系统。企业ERP系统收到电子发票信息后，可经短信、邮件、App等推送至用户手机，消费者可以查看、下载电子发票信息。

因此，电子发票上有税控签名和企业电子签章，打印后不需要另外再加盖发票专用章。

（4）增值税电子普通发票的开票方和受票方需要纸质发票的如何处理？

答：电子发票的开票方和受票方需要纸质发票的，可以自行打印电子发票的版式文件（彩色或黑白均可），其法律效力、基本用途、基本使用规定等与税务机关监制的增值税普通发票相同。

（5）受票方如何使用电子发票？

答：受票方可以通过开票方使用的电子发票服务平台查询、下载电子发票的版式文件，或通过邮件、微信等其他途径获取电子发票版式文件。

（6）获得开具的增值税电子普通发票可以作为税前扣除凭证吗？

答：《国家税务总局关于推行通过增值税电子发票系统开具的增值税电子普通发

票有关问题的公告》（国家税务总局公告 2015 年第 84 号）第三条规定，增值税电子普通发票的开票方和受票方需要纸质发票的，可以自行打印增值税电子普通发票的版式文件，其法律效力、基本用途、基本使用规定等与税务机关监制的增值税普通发票相同。

因此，获得开具的电子普通发票可以自行打印（彩色或黑白均可），其法律效力、基本用途、基本使用规定等与税务机关监制的增值税普通发票相同，可以作为税前扣除的有效凭证。

(7) 使用电子普通发票需要抄报税吗？当月开具的增值税电子普通发票能当月作废吗？

答：使用增值税电子普通发票系统开具电子发票的纳税人，在每个月征期结束前应及时向主管税务机关抄报税，按规定办理相关纳税申报。当月开具的增值税电子普通发票不能当月作废，只能做冲红处理。

(8) 增值税电子普通发票如何验旧、缴销？

答：使用增值税电子普通发票的纳税人仍然按照“验旧购新”的原则验旧发票，只是验旧时不需要提供已开具的纸质红字发票，只需要保证开具的发票数据已上传至电子底账系统即可。注销前尚未使用完电子发票的纳税人需要缴销空白电子发票的，不做空白发票作废处理，应将电子发票的数据做回退，由税务机关处理。

(9) 如何查询取得的增值税电子发票真伪？

答：增值税电子普通发票查验真伪的途径——第三方服务平台或者国家税务总局全国增值税发票查验平台（https://inv-veri.chinatax.gov.cn）。

---

(2) 小规模纳税人月销售额超过 10 万元的（以 1 个季度为一个纳税期的，季度销售额未超过 30 万元），使用增值税发票管理新系统开具增值税普通发票、机动车销售统一发票、增值税电子普通发票。

未使用新系统开具发票的企业仍然可以使用税务局通用机打发票，停止使用期限关注主管税务机关通知，预计以后会逐步取消这种发票。

《青岛市国家税务局关于对部分增值税小规模纳税人推行增值税发票管理新系统的通告》（青岛国税通告〔2017〕9 号）规定，自 2018 年 4 月 1 日起，青岛市税务局通用机打发票停止使用（出租车发票、过路过桥费发票、银行代收费业务专用发票除外）。《合肥市国家税务局关于停用网络发票开票系统、停供通用手工发票、通用机打发票（平推式、卷式）的公告》（合肥市国家税务局公告〔2017〕4 号）规定，自 2018 年 1 月 1 日起，全市国税系统不再向纳税人发放通用手工发票、通用机打平推式发票、通用机打卷式发票（不含出租车专用发票）。纳税人结余的上述空白发票，可使用至 2018 年 2 月 28 日。原使用通用手工发票、通用机打发票（平推式）纳税人，可以向主管税务机关申请领用增值税普通发票，通过增值税发票管理新系统开具发票。

（3）2017 年 1 月 1 日起启用增值税普通发票（卷票）（见图 6－6）。增值税普通发票（卷票）分为两种规格：57mm×177.8mm、76mm×177.8mm，均为单联。

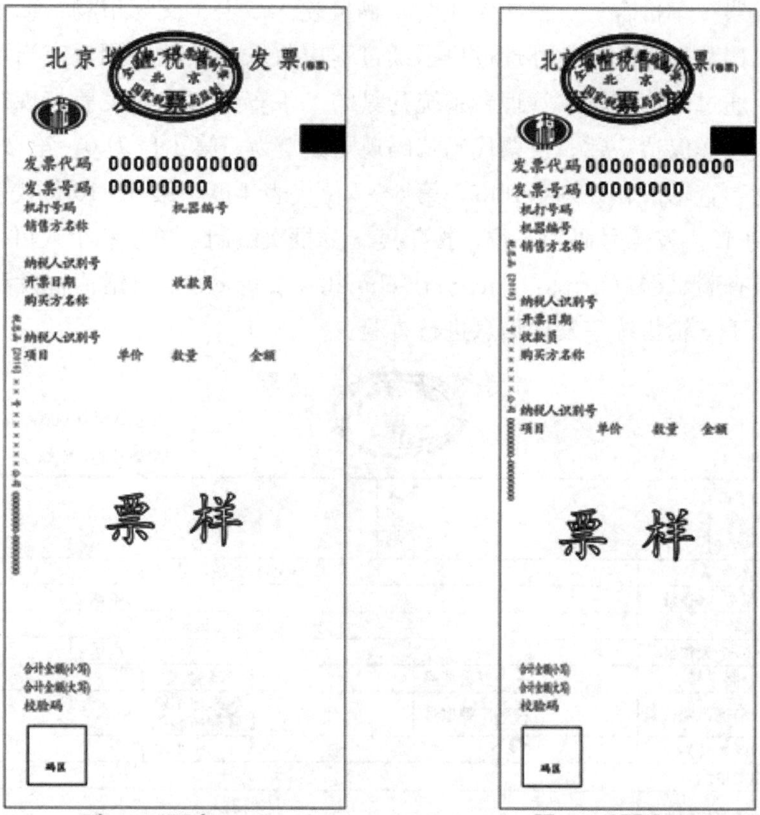

76mm×177.8mm　　57mm×177.8mm

图 6－6　增值税普通发票（卷票）票样

自 2017 年 7 月 1 日起，纳税人可按照《发票管理办法》及其实施细则要求，书面向税务机关要求使用印有本单位名称的增值税普通发票（卷票），税务机关按规定确认印有该单位名称发票的种类和数量。纳税人通过新系统开具印有本单位名称的增值税普通发票（卷票）。印有本单位名称的增值税普通发票（卷票）由国家税务总局统一招标采购的增值税普通发票（卷票）中标厂商印制，其式样、规格、联次和防伪措施等与原有增值税普通发票（卷票）一致，并加印企业发票专用章。使用印有本单位名称的增值税普通发票（卷票）的企业，按照《国家税务总局 财政部关于冠名发票印制费结算问题的通知》（税总发〔2013〕53 号）规定，与发票印制企业直接结算印制费用。

（4）门票、过路（过桥）费发票、定额发票、客运发票和二手车销售统一发票继续使用。

自 2018 年 4 月 1 日起，二手车交易市场、二手车经销企业、经纪机构和拍卖企业应当通过增值税发票管理新系统开具二手车销售统一发票（见图 6－7）。二手车销售统一发票“车价合计”栏次仅注明车辆价款。二手车交易市场、二手车经销企业、经纪机构和拍卖企业在办理过户手续过程中收取的其他费用，应当单独开具增值税发票。通过增值税发票管理新系统开具的二手车销售统一发票与现行二手车销售统一发票票样保持一致。发票代码编码规则调整为：第 1 位为 0，第 2～5 位代表省、自治区、直辖市和计划单列市，第 6～7 位代表年度，第 8～10 位代表批次，第 11～12 位为 17。发票号码为 8 位，按年度、分批次编制。单位和个人可以登录全国增值税发票查验平台（https://inv-veri.chinatax.gov.cn），对增值税发票管理新系统开具的二手车销售统一发票信息进行查验。

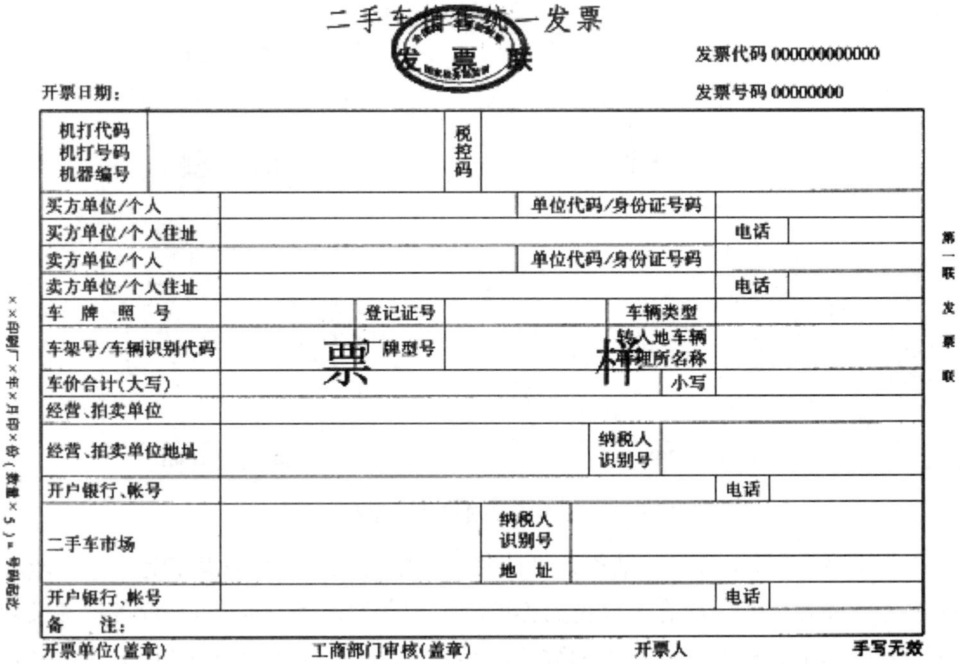
二手车销售统一发票
发票联
发票代码 000000000000
开票日期：
发票号码 00000000

机打代码 机打号码 机器编号		税控码			
买方单位/个人		单位代码/身份证号码			
买方单位/个人住址			电话		
卖方单位/个人		单位代码/身份证号码			
卖方单位/个人住址			电话		
车牌照号	登记证号		车辆类型		
车架号/车辆识别代码	厂牌型号		转入地车辆管理所名称		
车价合计（大写）			小写		
经营、拍卖单位					
经营、拍卖单位地址		纳税人识别号			
开户银行、帐号			电话		
二手车市场		纳税人识别号			
		地址			
开户银行、帐号			电话		
备注：					

开票单位（盖章）　工商部门审核（盖章）　开票人　手写无效

第一联 发票联

票样

图 6－7　二手车销售统一发票票样

（5）采取汇总纳税的金融机构，省、自治区所辖地市以下分支机构可以使用地市级机构统一领取的增值税专用发票、增值税普通发票、增值税电子普通发票；直辖市、计划单列市所辖区县及以下分支机构可以使用直辖市、计划单列市机构统一领取的增值税专用发票、增值税普通发票、增值税电子普通发票。

（6）税务机关使用新系统代开增值税专用发票和增值税普通发票。代开增值税专用发票使用六联票，代开增值税普通发票使用五联票。

（7）2018 年 1 月 1 日起，使用 ETC 卡或用户卡交纳的通行费，以及 ETC 卡充值费可以开具收费公路通行费增值税电子普通发票（见图 6－8），不再开具纸质票据。

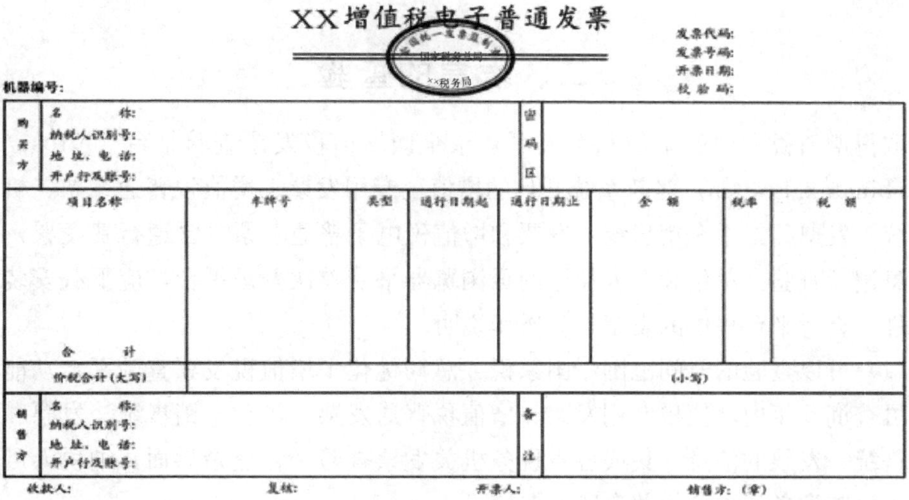
XX增值税电子普通发票

发票代码：
发票号码：
开票日期：
校 验 码：

机器编号：

购买方 名 称：
纳税人识别号：
地 址、电 话：
开户行及账号：
密码区

项目名称	车牌号	类型	通行日期起	通行日期止	金 额	税率	税 额
合 计							
价税合计（大写）					（小写）		

销售方 名 称：
纳税人识别号：
地 址、电 话：
开户行及账号：
备注

收款人： 复核： 开票人： 销售方：（章）

图 6－8 通行费增值税电子普通发票票样

（8）未来的趋势是，从非增值税发票管理新系统开具的发票会越来越少，收到非增值税发票管理新系统开具的发票要认真验证是不是被税务机关废止停用的发票，比如很多地方都出台政策逐步取消通用机打发票、通用手工发票，那么当企业取得这种废止停用的发票时，就不能作为合法有效的税收凭证。

（9）一般纳税人有下列情形之一的，不得使用增值税专用发票：

1）会计核算不健全，不能向税务机关准确提供增值税销项税额、进项税额、应纳税额数据及其他有关增值税税务资料的。上列其他有关增值税税务资料的内容，由省、自治区、直辖市和计划单列市税务局确定。

2）应当办理一般纳税人资格登记而未办理的。

3）有《税收征收管理法》规定的税收违法行为，拒不接受税务机关处理的。

4）有下列行为之一，经税务机关责令限期改正而仍未改正的：

①虚开增值税专用发票；

②私自印制增值税专用发票；

③向税务机关以外的单位和个人买取增值税专用发票；

④借用他人增值税专用发票；

⑤未按《增值税专用发票使用规定》第十一条开具增值税专用发票；

⑥未按规定保管增值税专用发票和专用设备；

⑦未按规定申请办理防伪税控系统变更发行；

⑧未按规定接受税务机关检查。

有上列情形的，如已领取增值税专用发票，主管税务机关应暂扣其结存的增值税专用发票和税控专用设备。

二、发票的查验

取得增值税发票的单位和个人可登录全国增值税发票查验平台（https://inv-veri.chinatax.gov.cn）对新系统开具的增值税专用发票、增值税普通发票、机动车销售统一发票、二手车销售统一发票和增值税电子普通发票（含通行费发票）的发票信息进行查验。单位和个人通过网页浏览器平台首次登录平台，应下载安装根证书文件，查看平台提供的发票查验操作说明。

（1）可以查验的时间范围：国家税务总局优化了增值税发票查验平台功能，纳税人可查询5年内增值税专用发票、增值税普通发票、机动车销售统一发票和二手车销售统一发票的信息。集成各省税务机关发票查验平台登录界面，纳税人可通过统一入口查询各省税务机关自印发票信息。

（2）如需查询、验证不在上述范围内的发票信息，需持发票原件至发票开具方税务机关或登录发票开具方税务机关的发票查验网站进行查验。

（3）由于存在纳税人离线自开票的方式和发票电子数据的数据同步周期（至少1天）问题，在线进行发票查验可能存在滞后情况。

（4）根据纳税人查验的票种，其输入的校验项目也不相同。

1）增值税专用发票：发票代码、发票号码、开票日期和开具金额（不含税）；

2）机动车销售统一发票：发票代码、发票号码、开票日期和不含税价；

3）增值税普通发票、增值税电子普通发票（含通行费发票）、增值税普通发票（卷票）：发票代码、发票号码、开票日期和校验码后6位。

（5）每天每张发票可在线查询次数为5次，超过次数后请于次日再进行查验操作。

（6）该平台仅提供所查询发票票面信息的查验结果。如对查验结果有疑义，需持发票原件至当地税务机关进行鉴定。

三、搞清楚谁开发票——开具发票的纳税人

在中华人民共和国境内销售货物或者加工、修理修配劳务，销售服务、无形资产、不动产以及进口货物的单位和个人，为增值税的纳税人，应当缴纳增值税。

单位以承包、承租、挂靠方式经营的，承包人、承租人、挂靠人（以下统称承包人）以发包人、出租人、被挂靠人（以下统称发包人）名义对外经营并由发包人承担相关法律责任的，以该发包人为纳税人。否则，以承包人为纳税人。

案例 6-1

某包工队C无建筑施工资质，挂靠有二级资质的A公司承接建筑施工业务。C包工队跟B施工企业谈妥建筑施工业务。由于C包工队无施工资质，分包合同由A公司与B施工企业签订，B施工企业将款项拨付给A公司，A公司再转付C包工队。以A公司名义对外经营并由A公司承担相关法律责任，则以A公司为纳税人，A公司向B施工企业开具增值税普通发票或专用发票。

案例 6-2

公司食堂对外承包主要存在两种方式：

（1）以被承包人名义经营，经营风险由被承包人承担。食堂所有采购仍以被承包公司名义进行，食堂运营支出均在公司列支核算，则该食堂仍属于公司内部食堂。如果食堂服务对象仅为公司员工，不对外经营，不征增值税。

（2）以承包者名义经营并承担经营风险。公司将食堂外包给专业餐饮服务公司，由专业餐饮服务公司负责运营管理、承担经营风险，按期向公司支付承包费用，员工就餐直接向承包人支付就餐费用。

公司将食堂包括场地、设备及经营权整体外包给专业餐饮服务公司，如果外包协议并未区分不同资产外包服务价格，因该协议主要标的并非不动产、动产的使用权，而是食堂的经营权，所以适用对外销售无形资产——其他权益性无形资产之中的经营权（其他经营权）按所收全部价款包括价外费用（含公司支付的水电气费用等）按6%税率征税，不适用不动产、动产租赁服务征税；如果公司食堂发生的水电气费用单独向专业餐饮服务公司收取，则按转售水电气适用税率征税。如果出租方与承租方相互之间提供免费服务，需按抵顶之前的销售额分别确认各自的应税销售额。

企业及内部员工支付给专业餐饮服务公司的进餐费用，专业餐饮服务公司应按餐饮服务6%税率征税。

四、搞清楚开具发票的范围

《发票管理办法》第三条规定，本办法所称发票，是指在购销商品、提供或者接受服务以及从事其他经营活动中，开具、收取的收付款凭证。

《发票管理办法》第十九条规定，销售商品、提供服务以及从事其他经营活动的单位和个人，对外发生经营业务收取款项，收款方应当向付款方开具发票；特殊情况下，由付款方向收款方开具发票。

一般情况下，我们要知道一笔业务是否需要开具增值税发票，首先就要知道这笔业务是否属于增值税征税范围。只有属于增值税征税范围的业务才需要开具增值税发票，不属于增值税征税范围自然也就不需要开具增值税发票。

（一）销售货物或者提供加工、修理修配劳务以及进口货物

销售货物或者提供加工、修理修配劳务以及进口货物的征税范围如表 6 - 1 所示。

表 6 - 1　销售货物或者提供加工、修理修配劳务以及进口货物征税范围及注释

征税范围名称	征税范围注释
销售货物或者提供加工、修理修配劳务以及进口货物	货物，是指有形动产，包括电力、热力、气体在内。 销售货物，是指有偿转让货物的所有权。 提供加工、修理修配劳务，是指有偿提供加工、修理修配劳务。单位或者个体工商户聘用的员工为本单位或者雇主提供加工、修理修配劳务，不包括在内。 加工，是指受托加工货物，即委托方提供原料及主要材料，受托方按照委托方的要求，制造货物并收取加工费的业务。 修理修配，是指受托对损伤和丧失功能的货物进行修复，使其恢复原状和功能的业务。 有偿，是指从购买方取得货币、货物或者其他经济利益。 在中华人民共和国境内销售货物或者提供加工、修理修配劳务，是指：（1）销售货物的起运地或者所在地在境内；（2）提供的应税劳务发生在境内。

（二）应税行为（销售服务、无形资产、不动产）

应税行为的具体范围，按照《销售服务、无形资产、不动产注释》（见本书附录“二、销售服务、无形资产、不动产注释”）执行。

销售服务、无形资产或者不动产，是指有偿提供服务、有偿转让无形资产或者不动产，但属于下列非经营活动的情形除外。

（1）行政单位收取的同时满足以下条件的政府性基金或者行政事业性收费。

1）由国务院或者财政部批准设立的政府性基金，由国务院或者省级人民政府及其财政、价格主管部门批准设立的行政事业性收费；

2）收取时开具省级以上（含省级）财政部门监（印）制的财政票据；

3）所收款项全额上缴财政。

(2) 单位或者个体工商户聘用的员工为本单位或者雇主提供取得工资的服务。

(3) 单位或者个体工商户为聘用的员工提供服务。

(4) 财政部和国家税务总局规定的其他情形。

有偿，是指取得货币、货物或者其他经济利益。

【温馨提醒】

“有偿”分两种形式：货币形式，包括现金、存款、应收账款、应收票据、准备持有至到期的债券投资以及债务的豁免等；非货币形式，包括固定资产、生物资产、无形资产、股权投资、存货、不准备持有至到期的债券投资、劳务以及有关权益等。

营改增后，财税〔2002〕191号“以无形资产、不动产投资入股，参与接受投资方利润分配，共同承担投资风险的行为，不征收营业税”的规定不再延续执行，对将不动产投资入股换取股权行为，按有偿销售不动产、无形资产行为开具发票缴纳增值税。

案例6-3

A公司将不动产换取了B公司的土地使用权，此时虽没有取得货币，但对A公司而言，取得了B公司的土地使用权；同样，B公司也以土地为代价换取了A公司房屋所有权，这里的土地使用权和房屋所有权就是我们所说的其他经济利益。因此，A公司按转让不动产开具发票缴纳增值税，B公司按转让土地使用权开具发票缴纳增值税。

案例6-4

C银行将房屋出租给D饭店，而D饭店长期不付租金，后经双方协商，由C银行在D饭店就餐抵账。对C银行而言，出租房屋取得的是免费接受餐饮服务；对D饭店而言，提供餐饮服务取得的是免费使用房屋。这两者涉及的餐饮服务和房屋出租等也是其他经济利益，都应征收增值税。因此，C银行按出租不动产开具发票缴纳增值税，D饭店按提供餐饮服务开具发票缴纳增值税。

案例6-5

E房地产开发企业委托F建筑工程公司建造房屋，双方在结算价款时，E房地产开发企业将若干套房屋给F建筑工程公司冲抵工程款，看上去没有资金往来，但实际上E房地产开发企业取得的好处是接受了F建筑工程公司的建筑劳务，同样F建筑工程公司获得了房屋所有权，双方都取得了经济利益，也应当缴纳增值税。因此，E房地产开发企业按销售房屋开具发票缴纳增值税，F建筑工程公司按提供建筑服务开具发票缴纳增值税。

在境内销售服务、无形资产或者不动产，是指：

（1）服务（租赁不动产除外）或者无形资产（自然资源使用权除外）的销售方或者购买方在境内；

（2）所销售或者租赁的不动产在境内；

（3）所销售自然资源使用权的自然资源在境内；

（4）财政部和国家税务总局规定的其他情形。

案例 6－6

A境外纳税人向B境外纳税人提供我国境内某设备的租赁服务，不属于“在境内销售服务（租赁不动产除外）或者无形资产”的情形，不征收增值税，不需要开具发票。

境外单位和个人向其他境外单位和个人销售或租赁我国境内的不动产，属于我国征税管辖权，按规定征收增值税，需要开具发票。

案例 6－7

境外旅行社组织国外游客的中国旅游项目，境外旅行社已收款，并支付给境内酒店，由境内酒店提供酒店服务，该境内酒店是否需要申报缴纳增值税？

根据《营业税改征增值税试点实施办法》第十二条“在境内销售服务、无形资产或者不动产，是指：（1）服务（租赁不动产除外）或者无形资产（自然资源使用权除外）的销售方或者购买方在境内”，上述酒店服务应申报缴纳增值税，因此境内酒店应开具发票。

下列情形不属于在境内销售服务或者无形资产：

（1）境外单位或者个人向境内单位或者个人销售完全在境外发生的服务。

（2）境外单位或者个人向境内单位或者个人销售完全在境外使用的无形资产。

（3）境外单位或者个人向境内单位或者个人出租完全在境外使用的有形动产。

（4）财政部和国家税务总局规定的其他情形。

境外单位或者个人发生的下列行为不属于在境内销售服务或者无形资产：

（1）为出境的函件、包裹在境外提供的邮政服务、收派服务；

（2）向境内单位或者个人提供的工程施工地点在境外的建筑服务、工程监理服务；

（3）向境内单位或者个人提供的工程、矿产资源在境外的工程勘察勘探服务；

（4）向境内单位或者个人提供的会议展览地点在境外的会议展览服务。

案例 6-8

酒店住宿的同时，免费提供餐饮服务（以早餐居多）、矿泉水、水果、洗漱用品等，作为酒店的一种营销模式，消费者统一支付对价，不列为视同销售范围，不需另外组价征收。只要按酒店实际收取的价款，依适用税率计算缴纳增值税，即只需要就住宿服务开具发票，不需要单独就免费提供的餐饮服务（以早餐居多）、矿泉水、水果、洗漱用品等开具发票。对于酒店明码标价提供的餐饮服务、橱窗内销售物品、房间内餐饮迷你吧等，应分别核算销售额，按适用税率计算缴纳增值税，即需要分别按照住宿服务、餐饮服务、货物销售等业务按各自的适用税率开具发票。

五、视同销售与开具发票

（一）视同销售货物

根据《增值税暂行条例实施细则》第四条的规定，有7种视同销售行为：

（1）将货物交付其他单位或者个人代销；

（2）销售代销货物；

（3）设有两个以上机构并实行统一核算的纳税人，将货物从一个机构移送其他机构用于销售，但相关机构设在同一县（市）的除外；

（4）将自产、委托加工的货物用于集体福利或者个人消费；

（5）将自产、委托加工或者购进的货物作为投资，提供给其他单位或者个体工商户；

（6）将自产、委托加工或者购进的货物分配给股东或者投资者；

（7）将自产、委托加工或者购进的货物无偿赠送其他单位或者个人。

（二）视同销售服务、无形资产、不动产

根据《营业税改征增值税试点实施办法》第十四条的规定，下列情形视同销售

服务、无形资产或者不动产：

（1）单位或者个体工商户向其他单位或者个人无偿提供服务，但用于公益事业或者以社会公众为对象的除外。

（2）单位或者个人向其他单位或者个人无偿转让无形资产或者不动产，但用于公益事业或者以社会公众为对象的除外。

（3）财政部和国家税务总局规定的其他情形。

以上视同销售行为和视同销售服务、无形资产或者不动产行为能否开具增值税专用发票，有下列几种情况：

（1）纳税人将自产或委托加工的货物用于集体福利或者个人消费，属于内部自产自用性质，不开具发票。

（2）视同销售货物若属于《增值税暂行条例》和国税发〔2006〕156号、财税〔2016〕36号等文件规定的不得开具专用发票的情形，不得开具专用发票。

（3）纳税人将自产、委托加工或购买的货物用作投资、分配给股东或投资者、无偿赠送、委托代销等情形，按照有关规定，对方为增值税一般纳税人的，可以根据其要求开具专用发票。

（4）除用于公益事业或者以社会公众为对象，单位或者个体工商户向其他单位或者个人无偿提供服务，单位或者个人向其他单位或者个人无偿转让无形资产或者不动产，视同销售服务、无形资产或者不动产缴纳增值税。类似增值税无偿赠送货物行为，视纳税人情况开具相应发票。

需要提醒的是，对于不需要开具发票的情形，或者需要开具发票但实际上没有开具发票的情形，只要纳税义务发生时间已到，在增值税纳税申报时都需要进行申报，填写在增值税纳税申报表附表一中的“未开具发票”栏即可。

案例6－9

保修期内免费为客户提供维修服务所领用的零配件是否需要视同销售缴纳增值税？是否需要开具发票？

保修期内免费保修业务是作为销售合同的一部分，有关收入实际已经在销售时获得，维修企业已就销售额缴纳了税款，免费保修时无需再缴纳增值税，维修领用零配件也不需要视同销售缴纳增值税，不需要开具发票。

案例6－10

汽车生产企业将自产汽车用于本企业管理部门使用和移送企业下设的汽车维修厂进行碰撞试验是否视同销售缴纳增值税？是否需要开具发票？

根据税法对视同销售货物的规定，汽车生产企业将自产汽车用于本企业管理部门使用属于视同销售货物的规定范围，需要视同销售，需要开具发票；而用于碰撞试验的，不属于视同销售货物的规定范围，不需要视同销售，也不需要开具发票。

案例 6-11

企业通过省红十字会向地震灾区捐赠物资是否缴纳增值税？是否需要开具发票？

根据《增值税暂行条例实施细则》第四条的规定，将自产、委托加工或购买的货物无偿赠送他人的行为，视同销售货物。企业捐赠物资应当视同销售，而不论受赠对象是谁，计算增值税时应以本企业同类物资售价作为计税依据，需要开具发票。

案例 6-12

在国外地震、海啸的时候，航空公司运送救灾物资以及把中国公民接回国内都是指令性的、无偿的，这种运输服务无需视同销售服务征税，也就无需开具发票。

(三) 看似视同销售实则不属于视同销售的情形

(1)《财政部 国家税务总局关于创新药后续免费使用有关增值税政策的通知》(财税〔2015〕4号) 规定如下：

1) 药品生产企业销售自产创新药的销售额，为向购买方收取的全部价款和价外费用，其提供给患者后续免费使用的相同创新药，不属于增值税视同销售范围。

2) 本通知所称创新药，是指经国家食品药品监督管理部门[①]批准注册、获批前未曾在中国境内外上市销售，通过合成或者半合成方法制得的原料药及其制剂。

3) 药品生产企业免费提供创新药，应保留如下资料，以备税务机关查验：

①国家食品药品监督管理部门颁发的注明注册分类为1.1类的药品注册批件；

②后续免费提供创新药的实施流程；

③第三方（创新药代保管的医院、药品经销单位等）出具的免费用药确认证明，以及患者在第三方登记、领取创新药的记录。

4) 本通知自2015年1月1日起执行。此前已发生并处理的事项，不再作调整；未处理的，按本通知规定执行。

---

① 2018年3月，国务院机构改革，将国家食品药品监督管理总局的职责整合，组建中华人民共和国国家市场监督管理总局。因此，此处的职能自2018年3月起由国家市场监督管理总局国家药品监督管理局负责。

（2）《国家税务总局关于土地价款扣除时间等增值税征管问题的公告》（国家税务总局公告2016年第86号）第七条明确规定，纳税人出租不动产，租赁合同中约定免租期的，不属于《营业税改征增值税试点实施办法》（财税〔2016〕36号文件印发）第十四条规定的视同销售服务。

厂房、写字楼或者商铺的租赁业务中，承租方在租赁后，都需要进行装饰装修，占用大量时间，为此承租方往往要求出租方在租赁合同中约定一定的免租期优惠。租赁合同中约定免租期，是以满足一定租赁期限为前提的，并不是“无偿”赠送，不属于视同销售服务，无需按视同销售规则计算增值税销项税额，因此免租期不需要开具发票。

六、开具发票怎样选择适用税率、征收率？

确定了一笔业务属于增值税征税范围，就可以确定能够开具增值税发票了，但要想正确开具发票，还必须掌握各类增值税业务的税率和征收率。比如搬家公司提供的搬家业务按照“物流辅助——装卸搬运”征收增值税，税率为6%；对搬家公司承揽的货物运输业务，按照交通运输业征收增值税，税率为9%。对这两笔业务应当分别取得税率6%，10%的增值税发票。若取得税率不是6%的装卸费发票，而是9%或13%等其他税率的发票，那就属于不符合税法规定的发票，不可以做抵扣进项税额和企业所得税税前扣除处理。

（一）税率、征收率的基本规定

根据《增值税暂行条例》第二条及《财政部 税务总局 海关总署关于深化增值税改革有关政策的公告》（财政部 税务总局 海关总署公告2019年第39号）的规定，增值税税率如下：

（1）纳税人销售货物、劳务、有形动产租赁服务或者进口货物，除《增值税暂行条例》第二条第二项、第四项、第五项另有规定外，税率为13%。

（2）纳税人销售交通运输、邮政、基础电信、建筑、不动产租赁服务，销售不动产，转让土地使用权，销售或者进口下列货物，税率为9%。

1）粮食等农产品、食用植物油、食用盐；

2）自来水、暖气、冷气、热水、煤气、石油液化气、天然气、二甲醚、沼气、居民用煤炭制品；

3）图书、报纸、杂志、音像制品、电子出版物；

4）饲料、化肥、农药、农机、农膜；

5）国务院规定的其他货物。

【温馨提醒】

适用 9%增值税税率货物范围注释

一、农产品

农产品，是指种植业、养殖业、林业、牧业、水产业生产的各种植物、动物的初级产品。具体征税范围暂继续按照《财政部 国家税务总局关于印发〈农业产品征税范围注释〉的通知》（财税字〔1995〕52号）及现行相关规定执行，并包括挂面、干姜、姜黄、玉米胚芽、动物骨粒、按照《食品安全国家标准——巴氏杀菌乳》（GB 19645—2010）生产的巴氏杀菌乳、按照《食品安全国家标准——灭菌乳》（GB 25190—2010）生产的灭菌乳。

二、食用植物油、自来水、暖气、冷气、热水、煤气、石油液化气、天然气、沼气、居民用煤炭制品、图书、报纸、杂志、化肥、农药、农机、农膜

上述货物的具体征税范围暂继续按照《国家税务总局关于印发〈增值税部分货物征税范围注释〉的通知》（国税发〔1993〕151号）及现行相关规定执行，并包括棕榈油、棉籽油、茴油、毛椰子油、核桃油、橄榄油、花椒油、杏仁油、葡萄籽油、牡丹籽油、由石油伴生气加工压缩而成的石油液化气、西气东输项目上游中外合作开采天然气、中小学课本配套产品（包括各种纸制品或图片）、国内印刷企业承印的经新闻出版主管部门批准印刷且采用国际标准书号编序的境外图书、农用水泵、农用柴油机、不带动力的手扶拖拉机、三轮农用运输车、密集型烤房设备、频振式杀虫灯、自动虫情测报灯、粘虫板、卷帘机、农用挖掘机、养鸡设备系列产品、养猪设备系列产品、动物尸体降解处理机、蔬菜清洗机。

三、饲料

饲料，是指用于动物饲养的产品或其加工品。具体征税范围按照《国家税务总局关于修订"饲料"注释及加强饲料征免增值税管理问题的通知》（国税发〔1999〕39号）执行，并包括豆粕、宠物饲料、饲用鱼油、矿物质微量元素舔砖、饲料级磷酸二氢钙产品。

四、音像制品

音像制品，是指正式出版的录有内容的录音带、录像带、唱片、激光唱盘和激光视盘。

五、电子出版物

电子出版物，是指以数字代码方式，使用计算机应用程序，将图文声像等内容信息编辑加工后存储在具有确定的物理形态的磁、光、电等介质上，通过内嵌在计算机、手机、电子阅读设备、电子显示设备、数字音/视频播放设备、电子游戏机、导航仪以及其他具有类似功能的设备上读取使用，具有交互功能，用以表达思想、普及知识和积累文化的大众传播媒体。载体形态和格式主要包括只读光盘（CD只读光盘CD-ROM、交互式光盘CD-I、照片光盘Photo-CD、高密度只读光盘DVD-ROM、蓝光只读光盘HD-DVDROM和BDROM）、一次写入式光盘（一次写入CD光盘CD-R、一次写入高密度光盘DVD-R、一次写入蓝光光盘HD-DVD/R和BD-R）、可擦写光盘（可擦写CD光盘CD-RW、可擦写高密度光盘DVD-RW、可擦写蓝光光盘HDDVD-RW和BD-RW、磁光盘MO）、软磁盘（FD）、硬磁盘（HD）、集成电路卡（CF卡、MD卡、SM卡、MMC卡、RR-MMC卡、MS卡、SD卡、XD卡、T-Flash卡、记忆棒）和各种存储芯片。

六、二甲醚

二甲醚，是指化学分子式为CH_3OCH_3，常温常压下具有轻微醚香味，易燃、无毒、无腐蚀性的气体。

七、食用盐

食用盐，是指符合《食用盐》（GB/T 5461—2016）和《食用盐卫生标准》（GB 2721—2003）两项国家标准的食用盐。

（3）纳税人销售服务、无形资产，除《增值税暂行条例》第二条第一项、第二项、第五项另有规定外，税率为6%。

（4）纳税人出口货物，税率为零；但是，国务院另有规定的除外。

（5）境内单位和个人跨境销售国务院规定范围内的服务、无形资产，税率为零。

税率的调整，由国务院决定。

《增值税暂行条例》第十二条规定，小规模纳税人增值税征收率为3%，国务院另有规定的除外。

《国家税务总局关于国内旅客运输服务进项税抵扣等增值税征管问题的公告》（国家税务总局公告2019年第31号）第十三条规定：

关于开具原适用税率发票

（一）自2019年9月20日起，纳税人需要通过增值税发票管理系统开具17%、16%、11%、10%税率蓝字发票的，应向主管税务机关提交《开具原适用税率发票承诺书》（附件2），办理临时开票权限。临时开票权限有效期限为24小时，纳税人应在获取临时开票权限的规定期限内开具原适用税率发票。

（二）纳税人办理临时开票权限，应保留交易合同、红字发票、收讫款项证明等相关材料，以备查验。

（三）纳税人未按规定开具原适用税率发票的，主管税务机关应按照现行有关规定进行处理。

附件2：

开具原适用税率发票承诺书

纳税人统一社会信用代码（纳税人识别号）：________________

纳税人名称（盖章）：________________

本纳税人是一般纳税人/小规模纳税人。办理开具原适用税率发票临时开票权限，开具原适用税率发票属于：

□一般纳税人在税率调整前开具的发票有误需要重新开具，且已按照原适用税率开具了红字发票，现重新开具正确的蓝字发票。

□一般纳税人在税率调整前发生增值税应税销售行为，且已申报缴纳税款但未开具增值税发票，现需要补开原适用税率增值税发票。

□转登记纳税人在一般纳税人期间开具的适用原税率发票有误需要重新开具，且已按照原适用税率开具了红字发票，现重新开具正确的蓝字发票。

□转登记纳税人在一般纳税人期间发生增值税应税销售行为，且已申报缴纳税款但未开具增值税发票，现需要补开原适用税率增值税发票。

以上内容，我确定它是真实的、准确的、完整的。

经办人签字：________

日　期：________

（二）征收率的特殊规定

1. 转让不动产

《纳税人转让不动产增值税征收管理暂行办法》（国家税务总局公告2016年第14号）规定如下：

（1）一般纳税人转让其2016年4月30日前取得（不含自建）的不动产，可以选择适用简易计税方法计税，以取得的全部价款和价外费用扣除不动产购置原价或者取得不动产时的作价后的余额为销售额，按照5%的征收率计算应纳税额。

（2）一般纳税人转让其2016年4月30日前自建的不动产，可以选择适用简易计税方法计税，以取得的全部价款和价外费用为销售额，按照5%的征收率计算应纳税额。

（3）小规模纳税人转让其取得（不含自建）的不动产，以取得的全部价款和价外费用扣除不动产购置原价或者取得不动产时的作价后的余额为销售额，按照5%的征收率计算应纳税额。

（4）小规模纳税人转让其自建的不动产，以取得的全部价款和价外费用为销售额，按照5%的征收率计算应纳税额。

（5）个人转让其购买的住房，按照有关规定全额缴纳增值税的，以取得的全部价款和价外费用为销售额，按照5%的征收率计算应纳税额。

（6）个人转让其购买的住房，按照有关规定差额缴纳增值税的，以取得的全部价款和价外费用扣除购买住房价款后的余额为销售额，按照5%的征收率计算应纳税额。

2. 销售自行开发的房地产老项目

《房地产开发企业销售自行开发的房地产项目增值税征收管理暂行办法》（国家税务总局公告2016年第18号）规定如下：

（1）一般纳税人销售自行开发的房地产老项目，可以选择适用简易计税方法，以取得的全部价款和价外费用为销售额，不得扣除对应的土地价款，并按照5%的征收率计算应纳税额。

（2）小规模纳税人销售自行开发的房地产项目，应按照《营业税改征增值税试点实施办法》第四十五条规定的纳税义务发生时间，以当期销售额和5%的征收率计算当期应纳税额。

3. 不动产经营租赁

《纳税人提供不动产经营租赁服务增值税征收管理暂行办法》（国家税务总局公告2016年第16号）规定如下：

（1）一般纳税人出租其2016年4月30日前取得的不动产，可以选择适用简易计税方法，按照5%的征收率计算应纳税额。

（2）单位和个体工商户出租不动产（不含个体工商户出租住房）按照5%的征收率计算应纳税额。个体工商户出租住房，按照5%的征收率减按1.5%计算应纳税额。

（3）其他个人出租不动产（不含住房）按照5%的征收率计算应纳税额。其他个人出租住房，按照5%的征收率减按1.5%计算应纳税额。

4. 劳务派遣服务、人力资源外包服务

《财政部 国家税务总局关于进一步明确全面推开营改增试点有关劳务派遣服务、收费公路通行费抵扣等政策的通知》（财税〔2016〕47号）规定如下：

（1）一般纳税人提供劳务派遣服务，选择差额纳税，以取得的全部价款和价外费用，扣除代用工单位支付给劳务派遣员工的工资、福利和为其办理社会保险及住房公积金后的余额为销售额，按照简易计税方法依5%的征收率计算缴纳增值税。

(2) 小规模纳税人提供劳务派遣服务，选择差额纳税，以取得的全部价款和价外费用，扣除代用工单位支付给劳务派遣员工的工资、福利和为其办理社会保险及住房公积金后的余额为销售额，按照简易计税方法依5%的征收率计算缴纳增值税。

(3) 一般纳税人提供人力资源外包服务，可以选择适用简易计税方法，按照5%的征收率计算缴纳增值税。

5. 一级公路、二级公路、桥、闸通行费服务

《财政部 国家税务总局关于进一步明确全面推开营改增试点有关劳务派遣服务、收费公路通行费抵扣等政策的通知》(财税〔2016〕47号) 规定，一般纳税人收取试点前开工的一级公路、二级公路、桥、闸通行费，可以选择适用简易计税方法，按照5%的征收率计算缴纳增值税。

6. 转让土地使用权

《财政部 国家税务总局关于进一步明确全面推开营改增试点有关劳务派遣服务、收费公路通行费抵扣等政策的通知》(财税〔2016〕47号) 规定，纳税人转让2016年4月30日前取得的土地使用权，可以选择适用简易计税方法，以取得的全部价款和价外费用减去取得该土地使用权的原价后的余额为销售额，按照5%的征收率计算缴纳增值税。

7. 不动产融资租赁

《财政部 国家税务总局关于进一步明确全面推开营改增试点有关劳务派遣服务、收费公路通行费抵扣等政策的通知》(财税〔2016〕47号) 规定，一般纳税人2016年4月30日前签订的不动产融资租赁合同，或以2016年4月30日前取得的不动产提供的融资租赁服务，可以选择适用简易计税方法，按照5%的征收率计算缴纳增值税。

(三) 发票税率栏选择“0”“免税”“不征税”“***”“*”的不同情形

1. 增值税零税率，发票税率栏选择“0”还是“免税”?

按道理来讲，“增值税零税率”业务发票税率栏选择“0”，“免征增值税”业务发票税率栏选择“免税”。但最近笔者发现，在现实工作中并非如此。

纳税人销售零税率货物或者服务和无形资产，不属于税收优惠，是法定征税行

为，具有纳税的义务，链条并没有断，其进项税额是可以抵扣的（形式上表现为退税），只不过由于税率是“0”，不用实际负担税款，可以根据当地税收文件规定选择税率为“0”或“免税”开具发票。

比如《浙江省国家税务局关于出口货物劳务或服务开具增值税普通发票有关问题的公告》（浙江省国家税务局公告2017年第10号）第三条规定：对于适用增值税退（免）税政策、增值税零税率政策和免税政策的出口货物劳务或服务，出口企业开具增值税普通发票时应选择“免税开票”选项；对于适用增值税征税政策的出口货物劳务或服务，出口企业应按规定缴纳增值税，在开具增值税普通发票时，不得选择“免税开票”选项，应选择“适用税率”选项。

2. 增值税免税，发票税率栏选择“免税”还是“0”？

增值税免税，区别于增值税零税率，属于税收优惠，虽具有纳税义务，但根据税收政策免除了纳税人缴纳税款的义务，其进项税额是不可以抵扣的，一般可以选择税率为“免税”进行发票开具，特殊情况下选择税率为“0”进行发票开具。

增值税免税行为选择税率为“0”开具发票的特殊情况为：《国家税务总局关于调整机动车销售统一发票票面内容的公告》（国家税务总局公告2014年第27号）第一条第（四）项规定，纳税人销售免征增值税的机动车，通过机动车销售统一发票税控系统开具时应在机动车销售统一发票“增值税税率或征收率”栏选填“0”，机动车销售统一发票“增值税税率或征收率”栏自动打印显示“***”，“增值税税额”栏自动打印显示“******”；机动车销售统一发票票面“不含税价”栏和“价税合计”栏填写金额相等。

另外，还要关注地方规定，比如《福建省国家税务局关于增值税纳税人适用免征增值税规定若干管理事项的公告》（福建省国家税务局公告2014年第3号）第四条规定，纳税人发生适用免征增值税规定的应税行为，不得开具专用发票，应按规定开具增值税普通发票，其中通过防伪税控系统开具增值税普通发票时，“税率”栏选择“0”。

纳税人发生增值税免税行为，选择税率为“免税”开具发票是最合理的，但选择税率为“0”开具发票，只要主管税务机关认可，实际上也是可以的。为了避免税务风险，有特殊规定的就按特殊规定选择税率为“0”，否则选择税率为“免税”，比如销售免征增值税的机动车有特殊规定，我们就选择税率为“0”。

【相关链接】

“零税率”和“免税”不要傻傻分不清

免税、零税率的相同点如下：

(1) 提供零税率和免税服务的单位和个人都负有纳税义务，相应的销售额应在增值税申报表中申报。这点有别于不征税收入，取得的不征税收入没有纳税义务，无需在增值税申报表中申报。

(2) 两者从形式上看都表现为纳税人不纳税，或者说是本交易环节（或流通环节）的增值额部分不用缴纳增值税。

(3) 两者都不得开具增值税专用发票。

提供零税率应税服务不得开具增值税专用发票的政策依据是《适用增值税零税率应税服务退（免）税管理办法》（国家税务总局公告2014年第11号）第七条，即实行增值税退（免）税办法的增值税零税率应税服务不得开具增值税专用发票。

提供免征增值税应税服务不得开具增值税专用发票的政策依据是《营业税改征增值税试点实施办法》（财税〔2016〕36号文附件1）第五十三条。

(4) 财税〔2016〕36号文附件1《营业税改征增值税试点实施办法》第四十八条第二款规定，纳税人发生应税行为同时适用免税和零税率规定的，纳税人可以选择适用免税或者零税率。

免税、零税率的不同点如下：

(1) 适用范围不同。财税〔2016〕36号文附件1《营业税改征增值税试点实施办法》第十五条第（四）项规定，境内单位和个人发生的跨境应税行为，税率为零。具体范围由财政部和国家税务总局另行规定。

财税〔2016〕36号文附件3《营业税改征增值税试点过渡政策的规定》规定了四十类项目免征增值税；财税〔2016〕36号文附件4《跨境应税行为适用增值税零税率和免税政策的规定》也规定了一些跨境应税行为适用增值税免税政策的情形。

可见，增值税零税率仅仅适用于跨境应税行为，而增值税免税政策不限于跨境应税行为，也适用于境内发生的应税行为。

此外，财税〔2016〕36号文附件1《营业税改征增值税试点实施办法》第十九条规定，小规模纳税人发生应税行为适用简易计税方法计税；第三十四条规定，简易计税方法的应纳税额，指按照销售额和增值税征收率计算的增值税额，不得抵扣进项税额。可见小规模纳税人计算增值税额时适用征收率，但是由财税〔2016〕36号文附件1《营业税改征增值税试点实施办法》第十五条的规定可知，零税率是增值税税率的一种，所以增值税零税率政策仅适用于一般纳税人，不适用于小规模纳税人。增值税免税政策适用于一般纳税人和小规模纳税人。

(2) 增值税优惠幅度和进项税额抵扣待遇不同。增值税零税率不仅是本交易环节（或流通环节）的增值额部分不用缴纳增值税，而且以前各交易环节（或流通环节）的累积增值额也不用缴纳增值税，具体通过允许抵扣进项税额来实现。但增值税免税政策仅仅是本交易环节（或流通环节）的增值额部分不用缴纳增值税，进项税额不允许抵扣，计入交易成本，如果税务和会计上已经抵扣了，需做转出进项税额处理。

（3）税收管理要求不同。零税率是增值税税率的一种，只要符合税法规定，就可以适用增值税零税率，并按月向主管退税的税务机关申报办理增值税退（免）税手续。增值税免税是一项税收优惠政策，一般需报税务机关备案。

资料来源：国家税务总局.

3. 增值税不征税，特殊情况下可以开具普通发票，税率栏选择“不征税”

理论上讲，纳税人发生的增值税不征税业务，不能开具增值税发票。不属于《发票管理办法》规范的开具发票范围，一般认为不需要开具发票，但《国家税务总局关于营改增试点若干征管问题的公告》（国家税务总局公告2016年第53号）的出台改变了惯性思维。该文件第九条第（十一）项将《商品和服务税收分类与编码（试行）》中的分类编码增加了6“未发生销售行为的不征税项目”，用于纳税人收取款项但未发生销售货物、应税劳务、服务、无形资产或不动产的情形。“未发生销售行为的不征税项目”下设601“预付卡销售和充值”、602“销售自行开发的房地产项目预收款”、603“已申报缴纳营业税未开票补开票”。使用6“未发生销售行为的不征税项目”编码，发票税率栏应填写“不征税”，不得开具增值税专用发票。

《国家税务总局关于增值税发票管理若干事项的公告》（国家税务总局公告2017年第45号公告）更新了《商品和服务税收分类编码表》，增值税发票管理新系统中“不征税”编码现为12个。未发生销售行为也需要开具税率栏为“不征税”增值税普通发票的情形，目前只有这12种情况，除此之外，不征税项目均不需要开发票。以后，编码6“未发生销售行为的不征税项目”可能还会增加，增加后，不征税项目需要开具发票的情形也就随之增加。

4. 特殊业务发票税率栏显示“***”

《国家税务总局关于营业税改征增值税委托地税局代征税款和代开增值税发票的通知》（税总函〔2016〕145号）第二条第（四）项规定，增值税小规模纳税人销售其取得的不动产以及其他个人出租不动产，购买方或承租方不属于其他个人的，纳税人缴纳增值税后可以向税务局申请代开增值税专用发票。不能自开增值税普通发票的小规模纳税人销售其取得的不动产，以及其他个人出租不动产，可以向税务局申请代开增值税普通发票。税务局代开发票部门通过增值税发票管理新系统代开增值税发票，系统自动在发票上打印“代开”字样。

税务局代开发票部门为纳税人代开的增值税发票，统一使用六联增值税专用发票和五联增值税普通发票。第四联由代开发票岗位留存，以备发票扫描补录；第五联交征收岗位留存，用于代开发票与征收税款的定期核对；其他联次交纳税人。

代开发票岗位应按下列要求填写增值税发票：

(1)“税率”栏填写增值税征收率。免税、其他个人出租其取得的不动产适用优惠政策减按 1.5%征收、差额征税的，“税率”栏自动打印“***”；

(2) 销售方“名称”栏填写代开税务局名称；

(3) 销售方“纳税人识别号”栏填写代开发票税务局代码；

(4) 销售方“开户行及账号”栏填写税收完税凭证字轨及号码（免税代开增值税普通发票可不填写）；

(5) 备注栏填写销售或出租不动产纳税人的名称、纳税人识别号（或者组织机构代码）、不动产的详细地址；

(6) 差额征税代开发票，通过系统中差额征税开票功能，录入含税销售额（或含税评估额）和扣除额，系统自动计算税额和金额，备注栏自动打印“差额征税”字样；

(7) 纳税人销售其取得的不动产代开发票，“货物或应税劳务、服务名称”栏填写不动产名称及房屋产权证书号码，“单位”栏填写面积单位；

(8) 按照核定计税价格征税的，“金额”栏填写不含税计税价格，备注栏注明“核定计税价格，实际成交含税金额×××元”。

其他项目按照增值税发票填开的有关规定填写。

税务局代开发票部门应在代开增值税发票的备注栏上，加盖税务局代开发票专用章。

5. 运营商电子发票税率栏显示“*”

运营商电子发票符合国家税务总局相关业务及技术规范，可以通过国家税务总局全国增值税发票查验平台进行查验，确认是正规的增值税普通发票。税率为“*”是由于国家税务总局特许运营商电子发票不做价税分离，不是免税业务，不影响收票方正常使用。

七、发票的抵扣

《增值税暂行条例》第九条规定，纳税人购进货物、劳务、服务、无形资产、不动产，取得的增值税扣税凭证不符合法律、行政法规或者国务院税务主管部门有关规定的，其进项税额不得从销项税额中抵扣。

纳税人应高度重视扣税凭证的获取和管理，这将直接决定增值税税负的大小。

（一）增值税扣税凭证的种类

增值税扣税凭证，是指增值税专用发票（含税控机动车销售统一发票）、海关进口增值税专用缴款书、农产品收购发票、农产品销售发票、完税凭证、收费公路通行费增值税电子普通发票、通行费发票（不含财政票据）、国内旅客运输服务相关凭证。

1. 增值税专用发票

增值税专用发票（含税控机动车销售统一发票）按增值税专用发票上注明的税额抵扣。

【特殊情况】

纳税人购进农产品，从按照简易计税方法依照3%征收率计算缴纳增值税的小规模纳税人处取得增值税专用发票的，以增值税专用发票上注明的金额和9%的扣除率计算进项税额。

2. 海关进口增值税专用缴款书

海关进口增值税专用缴款书，按海关进口增值税专用缴款书上注明的税额抵扣。

3. 农产品收购发票或者销售发票

自2019年4月1日起，取得（开具）农产品销售发票或收购发票的，以农产品销售发票或收购发票上注明的农产品买价和9%的扣除率计算进项税额。进项税额计算公式：

进项税额＝买价×9%

【温馨提醒】

（1）《财政部 税务总局 海关总署关于深化增值税改革有关政策的公告》（财政部 税务总局 海关总署公告2019年第39号）第二条规定，自2019年4月1日起，纳税人购进农产品，原适用10%扣除率的，扣除率调整为9%。纳税人购进用于生产或者委托加工13%税率货物的农产品，按照10%的扣除率计算进项税额。

（2）根据《财政部 国家税务总局关于收购烟叶支付的价外补贴进项税额抵扣问题的通知》（财税〔2011〕21号）规定，烟叶收购单位收购烟叶时按照国家有关规定以现金形式直接补贴烟农的生产投入补贴（以下简称价外补贴）属于农产品买价，为“价款”的一部分。烟叶收购单位应将价外补贴与烟叶收购价格在同一张农产品收购发票或者销售发票上分别注明，否则，价外补贴不得计算增值税进项税额进行抵扣。

(3) 根据《国家税务总局关于明确营改增试点若干征管问题的公告》(国家税务总局公告2016年第26号) 规定，餐饮行业增值税一般纳税人购进农业生产者自产农产品，可以使用国税机关监制的农产品收购发票，按照现行规定计算抵扣进项税额。

有条件的地区，应积极在餐饮行业推行农产品进项税额核定扣除办法，按照《财政部 国家税务总局关于在部分行业试行农产品增值税进项税额核定扣除办法的通知》(财税〔2012〕38号) 有关规定计算抵扣进项税额。

(4) 农产品收购发票仅限于从事农业产品收购、加工、经营业务的增值税一般纳税人领购使用。在增值税一般纳税人向农业生产者个人收购其自产农产品时，可以自行开具农产品收购发票。

(5) 增值税一般纳税人向农业生产单位收购农产品，以及向从事农产品经营的单位和个人购进农产品的，不得自行开具农产品收购发票，而应由农业生产单位或农产品经营者开具普通发票，或到税务机关申请代开发票；经营者是一般纳税人的，可以按规定开具专用发票。

农产品扣税凭证抵扣政策比较复杂，本书将在后面章节进行专题讲解。

4. 完税凭证

纳税人凭完税凭证抵扣进项税额的，应当具备书面合同、付款证明和境外单位的对账单或者发票。资料不全的，其进项税额不得从销项税额中抵扣。

自境外单位或者个人购进劳务、服务、无形资产或者境内的不动产，抵扣额为从税务机关或者扣缴义务人取得的代扣代缴税款的完税凭证上注明的增值税额。

5. 收费公路通行费增值税电子普通发票、通行费发票

自2018年1月1日起，纳税人支付的道路、桥、闸通行费，按照以下规定抵扣进项税额：

(1) 纳税人支付的道路通行费，按照收费公路通行费增值税电子普通发票上注明的增值税额抵扣进项税额。

2018年1月1日至6月30日，纳税人支付的高速公路通行费，如暂未能取得收费公路通行费增值税电子普通发票，可凭取得的通行费发票（不含财政票据，下同）上注明的收费金额按照下列公式计算可抵扣的进项税额。

$$\text{高速公路通行费可抵扣进项税额}=\text{高速公路通行费发票上注明的金额}\div(1+3\%)\times 3\%$$

2018年1月1日至12月31日，纳税人支付的一级、二级公路通行费，如暂未能取得收费公路通行费增值税电子普通发票，可凭取得的通行费发票上注明的收费金额按照下列公式计算可抵扣进项税额。

$$\frac{一级、二级公路通行费}{可抵扣进项税额}=\frac{一级、二级公路通行费}{发票上注明的金额}\div(1+5\%)\times5\%$$

（2）纳税人支付的桥、闸通行费，暂凭取得的通行费发票上注明的收费金额按照下列公式计算可抵扣的进项税额。

$$\frac{桥、闸通行费}{可抵扣进项税额}=\frac{桥、闸通行费}{发票上注明的金额}\div(1+5\%)\times5\%$$

（3）财税〔2017〕90号文所称通行费，是指有关单位依法或者依规设立并收取的过路、过桥和过闸费用。

通行费电子发票分为以下两种：

1）左上角标识“通行费”字样，且税率栏次显示适用税率或征收率的通行费电子发票（以下称征税发票），可抵扣。

2）左上角无“通行费”字样，且税率栏次显示“不征税”的通行费电子发票（以下称不征税发票），不可抵扣。

6. 国内旅客运输服务相关凭证

自2019年4月1日起，纳税人购进国内旅客运输服务，其进项税额允许从销项税额中抵扣。

纳税人未取得增值税专用发票的，暂按照以下规定确定进项税额：

（1）取得增值税电子普通发票的，为发票上注明的税额；

（2）取得注明旅客身份信息的航空运输电子客票行程单的，为按照下列公式计算的进项税额：

$$航空旅客运输进项税额=(票价+燃油附加费)\div(1+9\%)\times9\%$$

（3）取得注明旅客身份信息的铁路车票的，为按照下列公式计算的进项税额：

$$铁路旅客运输进项税额=票面金额\div(1+9\%)\times9\%$$

（4）取得注明旅客身份信息的公路、水路等其他客票的，按照下列公式计算进项税额：

$$公路、水路等其他旅客运输进项税额=票面金额\div(1+3\%)\times3\%$$

注意：允许抵扣进项税额的国内旅客运输服务凭证，除增值税专用发票外，只限于增值税电子普通发票和注明旅客身份信息的航空运输电子客票行程单、铁路车票、公路及水路等其他客票，不包括增值税普通发票。

允许抵扣的国内旅客运输服务，限于与本单位签订了劳动合同的员工，以及本单位作为用工单位接受的劳务派遣员工发生的国内旅客运输服务。

纳税人购进国内旅客运输服务，以取得的增值税电子普通发票上注明的税额为进项税额的，增值税电子普通发票上注明的购买方“名称”“纳税人识别号”等信息，应当与实际抵扣税款的纳税人一致，否则不予抵扣。

纳税人允许抵扣的国内旅客运输服务进项税额，是指纳税人 2019 年 4 月 1 日及以后实际发生，并取得合法有效增值税扣税凭证注明的或依据其计算的增值税税额。以增值税专用发票或增值税电子普通发票为增值税扣税凭证的，为 2019 年 4 月 1 日及以后开具的增值税专用发票或增值税电子普通发票。

另外，出口货物转内销证明也属于外贸企业增值税抵扣进项税额的凭证，其依据为《出口货物劳务增值税和消费税管理办法》（国家税务总局公告 2012 年第 24 号）、《国家税务总局关于出口货物劳务增值税和消费税有关问题的公告》（国家税务总局公告 2013 年第 65 号）、《国家税务总局关于公开行政审批事项等相关工作的公告》（国家税务总局公告 2014 年第 10 号）。

（二）增值税扣税凭证的勾选确认①（认证）及抵扣期限等税务问题

增值税一般纳税人取得的增值税专用发票（含税控机动车销售统一发票）以及海关进口增值税专用缴款书，未办理认证、申报抵扣或者申请稽核比对的，不得作为合法的增值税扣税凭证，不得计算进项税额抵扣。

用于抵扣增值税进项税额的专用发票应经税务机关认证相符（国家税务总局另有规定的除外）。认证相符的专用发票应作为购买方的记账凭证，不得退还销售方。专用发票抵扣联无法认证的，可使用专用发票发票联到主管税务机关认证。专用发票发票联复印件留存备查。

1. 增值税专用发票和机动车销售统一发票

根据《国家税务总局关于取消增值税扣税凭证认证确认期限等增值税征管问题的公告》（国家税务总局公告 2019 年第 45 号）第一条规定：增值税一般纳税人取得 2017 年 1 月 1 日及以后开具的增值税专用发票、海关进口增值税专用缴款书、机动车销售统一发票、收费公路通行费增值税电子普通发票，取消认证确认、稽核比对、申报抵扣的期限。纳税人在进行增值税纳税申报时，应当通过本省（自治区、直辖市和计划单列市）增值税发票综合服务平台对上述扣税凭证信息进行用途确认。

① 考虑到需要引用现行有效的税法文件原文，发票抵扣的勾选确认在本书多处仍然采用习惯性说法“认证”。

增值税一般纳税人取得 2016 年 12 月 31 日及以前开具的增值税专用发票、海关进口增值税专用缴款书、机动车销售统一发票，超过认证确认、稽核比对、申报抵扣期限，但符合规定条件的，仍可按照《国家税务总局关于逾期增值税扣税凭证抵扣问题的公告》（2011 年第 50 号，国家税务总局公告 2017 年第 36 号、2018 年第 31 号修改）、《国家税务总局关于未按期申报抵扣增值税扣税凭证有关问题的公告》（2011 年第 78 号，国家税务总局公告 2018 年第 31 号修改）规定，继续抵扣进项税额。

2. 海关进口增值税专用缴款书

根据《国家税务总局关于增值税发票管理等有关事项的公告》（国家税务总局公告 2019 年第 33 号）第二条的规定，增值税一般纳税人取得海关进口增值税专用缴款书（以下简称“海关缴款书”）后如需申报抵扣或出口退税，按以下方式处理：

（1）增值税一般纳税人取得仅注明一个缴款单位信息的海关缴款书，应当登录本省（区、市）增值税发票选择确认平台（以下简称“选择确认平台”）查询、选择用于申报抵扣或出口退税的海关缴款书信息。通过选择确认平台查询到的海关缴款书信息与实际情况不一致或未查询到对应信息的，应当上传海关缴款书信息，经系统稽核比对相符后，纳税人登录选择确认平台查询、选择用于申报抵扣或出口退税的海关缴款书信息。

（2）增值税一般纳税人取得注明两个缴款单位信息的海关缴款书，应当上传海关缴款书信息，经系统稽核比对相符后，纳税人登录选择确认平台查询、选择用于申报抵扣或出口退税的海关缴款书信息。

稽核比对结果为不符、缺联、重号、滞留的异常海关缴款书按以下方式处理：

（1）对于稽核比对结果为不符、缺联的海关缴款书，纳税人应当持海关缴款书原件向主管税务机关申请数据修改或核对。属于纳税人数据采集错误的，数据修改后再次进行稽核比对；不属于数据采集错误的，纳税人可向主管税务机关申请数据核对，主管税务机关会同海关进行核查。经核查，海关缴款书票面信息与纳税人实际进口货物业务一致的，纳税人登录选择确认平台查询、选择用于申报抵扣或出口退税的海关缴款书信息。

（2）对于稽核比对结果为重号的海关缴款书，纳税人可向主管税务机关申请核查。经核查，海关缴款书票面信息与纳税人实际进口货物业务一致的，纳税人登录选择确认平台查询、选择用于申报抵扣或出口退税的海关缴款书信息。

（3）对于稽核比对结果为滞留的海关缴款书，可继续参与稽核比对，纳税人不需申请数据核对。

3. 收费公路通行费增值税电子普通发票与通行费发票

《交通运输部 财政部 国家税务总局 国家档案局关于收费公路通行费电子票据开具汇总等有关事项的公告》（交通运输部公告 2020 年第 24 号）第六条规定：

(1) 通行费电子票据作为电子会计凭证具有与纸质会计凭证同等法律效力，是单位财务收支和会计核算的原始凭证，在满足相关条件基础上，单位可以仅使用通行费电子票据进行报销入账归档，不再打印纸质件。具体报销入账和归档管理按照《财政部 国家档案局关于规范电子会计凭证报销入账归档的通知》(财会〔2020〕6号) 执行。

(2) 收费公路通行费增值税进项抵扣事项按照现行增值税政策有关规定执行。增值税一般纳税人申报抵扣的通行费电子发票进项税额，在纳税申报时应当填写在《增值税纳税申报表附列资料（二）》(本期进项税额明细) 中“认证相符的增值税专用发票”相关栏次中。

(3) 纳税人取得通行费电子发票后，应当登录增值税发票综合服务平台确认发票用途。税务总局通过增值税发票综合服务平台为纳税人提供通行费电子发票批量选择确认服务。

(4) 单位和个人可以登录全国增值税发票查验平台 (https://inv-veri.chinatax.gov.cn)，对通行费电子发票信息进行查验。单位和个人可以登录全国财政电子票据查验平台 (http://pjcy.mof.gov.cn)，对通行费财政电子票据信息进行查验。

《财政部 国家税务总局关于租入固定资产进项税额抵扣等增值税政策的通知》(财税〔2017〕90号) 第七条第（二）项规定，纳税人支付的桥、闸通行费，暂凭取得的通行费发票（不含财政票据）上注明的收费金额按照下列公式计算可抵扣的进项税额：

$$\text{桥、闸通行费可抵扣进项税额}=\text{桥、闸通行费发票上注明的金额}\div(1+5\%)\times 5\%$$

4. 发票抵扣勾选确认

《国家税务总局关于扩大小规模纳税人自行开具增值税专用发票试点范围等事项的公告》(国家税务总局公告2019年第8号) 第二条规定：扩大取消增值税发票认证的纳税人范围。将取消增值税发票认证的纳税人范围扩大至全部一般纳税人。一般纳税人取得增值税发票（包括增值税专用发票、机动车销售统一发票、收费公路通行费增值税电子普通发票，下同）后，可以自愿使用增值税发票选择确认平台查询、选择用于申报抵扣、出口退税或者代办退税的增值税发票信息。

所谓的取消认证，是指纳税人取得销售方使用增值税发票系统升级版开具的增值税发票，可以不再进行扫描认证，而通过增值税发票税控开票软件登录本省增值税发票查询平台，查询、选择用于申报抵扣或者出口退税的增值税发票信息，即增值税专用发票在线免扫描认证。

实务操作是“扫描认证”变成“网络认证”。

纳税人填报增值税纳税申报表的方法保持不变，即当期申报抵扣的增值税发票数据，仍填报在《增值税纳税申报表附列资料（二）》第2栏“其中：本期认证相符且本期申报抵扣”的对应栏次中。

按照国家税务总局统一部署，增值税发票管理系统 2.0 版自 2019 年 8 月 23 日起在宁波市上线试运行，自 2019 年 11 月 1 日起在全国多数地市正式上线运行。系统上线后纳税人开具增值税发票并没有变化，但发票抵扣勾选需登录全新上线的增值税发票综合服务平台操作，免扫描平台将停用。

根据《国家税务总局关于增值税发票综合服务平台等事项的公告》（国家税务总局公告 2020 年第 1 号）第一条规定：税务总局将增值税发票选择确认平台升级为增值税发票综合服务平台，为纳税人提供发票用途确认、风险提示、信息下载等服务。纳税人取得增值税专用发票、机动车销售统一发票、收费公路通行费增值税电子普通发票后，如需用于申报抵扣增值税进项税额或申请出口退税、代办退税，应当登录增值税发票综合服务平台确认发票用途。增值税发票综合服务平台登录地址由国家税务总局各省（自治区、直辖市和计划单列市）税务局（以下简称“各省税务局”）确定并公布。

纳税人应当按照发票用途确认结果申报抵扣增值税进项税额或申请出口退税、代办退税。纳税人已经申报抵扣的发票，如改用于出口退税或代办退税，应当向主管税务机关提出申请，由主管税务机关核实情况并调整用途。纳税人已经确认用途为申请出口退税或代办退税的发票，如改用于申报抵扣，应当向主管税务机关提出申请，经主管税务机关核实该发票尚未申报出口退税，并将发票电子信息回退后，由纳税人调整用途。

根据总局解读，为适应税收现代化建设需要，创新发票服务方式，提升发票管理质效，税务部门对原增值税发票选择确认平台进行升级，打造形成了增值税发票综合服务平台。通过这一平台，纳税人能够获得以下优质便捷的服务：

一是“一站式”的发票用途确认服务。纳税人可以对其取得的增值税专用发票、机动车销售统一发票、收费公路通行费增值税电子普通发票的使用用途进行“一站式”确认，有效提升增值税扣税凭证的精细化、标准化和信息化管控水平。按照《国家税务总局关于增值税发票管理等有关事项的公告》（国家税务总局公告 2019 年第 33 号）规定，自 2020 年 2 月 1 日起，纳税人取得符合条件的海关进口增值税专用缴款书后，也可通过综合服务平台进行用途确认。二是“集成化”的发票风险提示服务。纳税人可以对发票的开具、申报、缴税、用途确认等流转状态以及作废、红冲、异常等管理状态进行查询统计。根据查询到的风险提示信息，纳税人可以及时开展风险应对处理，有效规避因税企之间和购销双方信息不对称而产生的涉税风险和财务管理风险。三是“全票种”的发票信息下载服务。纳税人可以批量下载所取得的发票明细信息，并可据此开展批量查验、统计分析等工作，能够帮助纳税人有效提升发票电子化管理水平。目前，可以批量下载发票信息的发票种类包括增值税专用发票、增值税普通发票、增值税电子普通发票、收费公路通行费增值税电子普通发票、机动车销售统一发票、二手车销售统一发票。

增值税发票综合服务平台是现有增值税发票选择确认平台的升级版，在原有基础上更改与新增了一些功能，为纳税人提供增值税专用发票等抵扣凭证的网上抵扣勾选、退税勾选、代办退税勾选、成品油消费税管理、勾选库存、进销项发票查询和下载等功能，功能更加完善，界面更加友好。纳税人可以在平台登录页面，点击右上角的“流程指引”“操作手册”“常见问题”查看或下载相关文档。登录及使用中的相关问题也可联系主管税务机关或税控服务单位进行咨询。

系统上线后，纳税人办理开具发票、抵扣勾选、纳税申报等涉税业务时需注意以下事项：

(1) 选择“部分抵扣”与“不抵扣”后，该所属期申报缴税后不能再次选择抵扣。

1) 在增值税发票综合服务平台上，“发票抵扣勾选”模块允许纳税人在“有效税额”栏次填写该张发票的部分税额，并确认抵扣。需要注意的是，如果一张发票选择了部分勾选，则代表确认了这张发票只抵扣有效税额，发票的状态就变成“已抵扣”，当前所属期申报缴税后或申报期结束后，本张发票剩下的税额不能再次进行勾选抵扣。

2) 纳税人可通过“发票不抵扣勾选”模块选择确认申报期内不抵扣的进项发票。需要特别注意的是，选择了“不抵扣”后，当前所属期申报缴税后或申报期结束后，该张发票不能重新被抵扣勾选。

(2) 纳税申报前必须进行确认签名操作。

1) 每一所属期纳税申报前，纳税人需通过增值税综合服务平台进行“抵扣勾选统计”和“确认签名”操作。

2) 申报期内对已勾选数据进行“确认签名”后，系统会锁定当期抵扣勾选操作，如需继续勾选发票，可在成功“撤销签名”后继续进行发票勾选或撤销勾选操作。

3)“确认签名”功能只在申报期内开放。

4) 申报缴税前，“确认签名”和“撤销签名”支持多次操作。

(3) 办理综合服务平台相关事项应携带税控设备。

新系统上线后，无论是纳税人还是税务机关登录增值税综合服务平台进行相关操作，都需要连接税控设备作为身份识别标识。因此，如果需要至办税服务厅办理综合服务平台相关事项，最好携带税控设备或含有数字证书的Ukey，否则税务机关可能由于没有权限进行操作而无法办理相应事项。

5. 当月发票认证后当月可以不抵扣留待下月抵扣吗?

增值税一般纳税人取得的增值税专用发票（含税控机动车销售统一发票）以及海关缴款书，未办理认证、申报抵扣或者申请稽核比对的，不得作为合法的增值税扣税凭证，不得计算进项税额抵扣。

增值税进项税额抵扣的基本原则是：当期认证当期抵扣，认证的当期未抵扣的，不能转下期再抵扣。辅导期纳税人除外。

纳税人应在认证通过的次月申报期内向主管税务机关申报抵扣进项税额。若是没有申报抵扣，相当于放弃了抵扣权利，应将进项税额全部计入成本费用。

6. 当月认证抵扣后开票方误操作将该发票作废如何处理？

根据《增值税专用发票使用规定》（国税发〔2006〕156号）第二十五条的规定，认证相符的专用发票应作为购买方的记账凭证，不得退还销售方。

销售方未按《增值税专用发票使用规定》的作废条件作废发票，销售方税务机关应对其进行未按规定作废发票处理，不应要求购买方退回已作废专用发票发票联和抵扣联。

购买方应做进项税额转出处理，重新取得增值税专用发票进行抵扣。

7. 登记为一般纳税人前的增值税扣税凭证进项税额还能抵扣吗？

《国家税务总局关于纳税人认定或登记为一般纳税人前进项税额抵扣问题的公告》（国家税务总局公告2015年第59号）第一条规定，纳税人自办理税务登记至认定或登记为一般纳税人期间，未取得生产经营收入，未按照销售额和征收率简易计算应纳税额申报缴纳增值税的，其在此期间取得的增值税扣税凭证，可以在认定或登记为一般纳税人后抵扣进项税额。

8. 专用发票用于不能抵扣项目可以不认证吗？

对税法不允许抵扣的增值税专用发票，纳税人可以选择认证或不认证，但是最好认证，因为认证可以对增值税专用发票进行辨别真伪，也不会形成滞留票，纳税申报时要记得进行进项税额转出。若选择不认证，视同普通发票进行账务处理。

9. 何为滞留票？滞留票有无税务风险？

滞留票一般是指销货方对购货方开具增值税专用发票，而购货方由于种种原因在规定期限内未将专用发票认证及抵扣的增值税专用发票。

增值税一般纳税人取得2017年1月1日及以后开具的增值税专用发票、海关进口增值税专用缴款书、机动车销售统一发票、收费公路通行费增值税电子普通发票，取消认证确认、稽核比对、申报抵扣的期限。笔者认为，取消期限后，长期不认证应该也会有滞留票的风险。

滞留票的成因及税务风险包括：

（1）部分纳税人隐瞒收入，采取购进货物和销售货物均不入账的手段偷逃税款，对取得的专用发票不进行认证抵扣，形成滞留票。企业被税务稽查，须承担相应的法律后果。

（2）部分人员将进项发票不慎丢失，为避免担责，未向企业财务等有关部门报告，形成滞留票。企业接受税务机关相关处理，同时承担相应后果。

（3）因为不可抗力、专用发票被盗、经济纠纷、办税人员伤亡等客观因素，形成滞留票，应按税法规定经主管税务机关审核，逐级上报，由省税务局认证并稽核比对。对比对相符的增值税扣税凭证，允许纳税人继续抵扣其进项税额。

（4）用于不得抵扣的项目的专用发票未认证，形成滞留票，没有风险，只能作为普通发票使用。

（5）小规模纳税人取得的增值税专用发票，形成滞留票，没有风险，只能作为普通发票使用。

10. 辅导期一般纳税人取得的农产品收购发票能否当月抵扣？

《国家税务总局关于印发〈增值税一般纳税人纳税辅导期管理办法〉的通知》（国税发〔2010〕40 号）第七条规定，辅导期纳税人取得的增值税专用发票抵扣联、海关进口增值税专用缴款书应当在交叉稽核比对无误后，方可抵扣进项税额。

根据上述规定，辅导期内纳税人取得的农产品收购发票或销售发票不实行“先比对后抵扣”的管理办法。

（三）取得增值税扣税凭证也不能抵扣的情形

（1）《增值税暂行条例》第十条规定，下列项目的进项税额不得从销项税额中抵扣。

1）用于简易计税方法计税项目、免征增值税项目、集体福利或者个人消费的购进货物、劳务、服务、无形资产和不动产；

2）非正常损失的购进货物，以及相关的劳务和交通运输服务；

3）非正常损失的在产品、产成品所耗用的购进货物（不包括固定资产）、劳务和交通运输服务；

4）国务院规定的其他项目。

（2）《营业税改征增值税试点实施办法》（财税〔2016〕36 号）第二十七条规定，下列项目的进项税额不得从销项税额中抵扣。

1）用于简易计税方法计税项目、免征增值税项目、集体福利或者个人消费的购进货物、加工修理修配劳务、服务、无形资产和不动产。其中涉及的固定资产、无形资产、不动产，仅指专用于上述项目的固定资产、无形资产（不包括其他权益性无形资产）、不动产。

纳税人的交际应酬消费属于个人消费。

【温馨提醒】

（1）不动产、无形资产的具体范围，按照《销售服务、无形资产或者不动产注释》执行。

固定资产，是指使用期限超过 12 个月的机器、机械、运输工具以及其他与生产经营有关的设备、工具、器具等有形动产。

（2）只有专门用于简易计税方法计税项目、免征增值税项目、集体福利或者个人消费的固定资产、无形资产（不包括其他权益性无形资产）、不动产进项税额才不得抵扣，发生兼用于增值税应税项目和上述项目情况的，该进项税额准予全部抵扣。

（3）纳税人购进其他权益性无形资产，无论是专用于简易计税方法计税项目、免征增值税项目、集体福利或者个人消费，还是兼用于上述项目，均可抵扣进项税额。

（4）集体福利或者个人消费，是指企业内部供职工使用的食堂、浴室、理发室、宿舍、幼儿园等福利设施及其设备、物品和纳税人的交际应酬消费。

需要注意的是，集体福利≠职工福利。

劳保用品取得增值税专用发票的，可以抵扣进项税额。

个人消费包括纳税人的交际应酬消费。如业务招待费中列支的各类礼品、烟、酒，不得抵扣进项税额，具有宣传作用在业务宣传费中列支的礼品按视同销售处理，可以抵扣进项税额。

（5）用于不征税项目的，不需要转出。

（6）根据《财政部、国家税务总局关于租入固定资产进项税额抵扣等增值税政策的通知》（财税〔2017〕90 号），自 2018 年 1 月 1 日起，纳税人租入固定资产、不动产，既用于一般计税方法计税项目，又用于简易计税方法计税项目、免征增值税项目、集体福利或者个人消费的，其进项税额准予从销项税额中全额抵扣。

（7）《财政部 税务总局 海关总署关于北京 2022 年冬奥会和冬残奥会税收优惠政策的公告》（财政部公告 2019 年第 92 号）第四条规定：国际奥委会及其相关实体的境内机构因赞助、捐赠北京冬奥会以及根据协议出售的货物或服务免征增值税的，对应的进项税额可用于抵扣本企业其他应税项目所对应的销项税额，对在 2022 年 12 月 31 日仍无法抵扣的留抵税额可予以退还。

2）非正常损失的购进货物，以及相关的加工修理修配劳务和交通运输服务。

3）非正常损失的在产品、产成品所耗用的购进货物（不包括固定资产）、加工修理修配劳务和交通运输服务。

4）非正常损失的不动产，以及该不动产所耗用的购进货物、设计服务和建筑服务。

5）非正常损失的不动产在建工程所耗用的购进货物、设计服务和建筑服务。

纳税人新建、改建、扩建、修缮、装饰不动产，均属于不动产在建工程。

6）购进的贷款服务、餐饮服务、居民日常服务和娱乐服务。

【温馨提醒】

纳税人接受贷款服务向贷款方支付的与该笔贷款直接相关的投融资顾问费、手续费、咨询费等费用，其进项税额不得从销项税额中抵扣。

融资性售后回租纳入贷款服务，其进项税额不得从销项税额中抵扣。

购买文化体育服务、教育医疗服务、旅游服务、住宿服务且不用于《营业税改征增值税试点实施办法》第二十七条中的情形则允许抵扣进项税额。

住宿服务不属于居民日常服务，因此用于公务消费可以抵扣进项税额，但是用于集体福利或个人消费就不可以抵扣。

物业管理服务不属于居民日常服务，而是属于商务辅助服务中的企业管理服务，因此可以抵扣进项税额。

纳税人购买应征消费税的摩托车、汽车、游艇取得的进项税额允许按规定抵扣。

旅游服务用于集体福利或者个人消费，支付的旅游费不能作为进项税额抵扣；但是用于生产经营，比如公务考察时，由旅游公司统一安排交通和住宿，支付给旅游公司的支出属于用于生产经营的，这部分费用支出的进项税额是可以抵扣的，即旅游服务支出用于生产经营作为进项税额才能抵扣，用于集体福利和个人消费不能抵扣。

案例 6-13

甲公司由于保管不善，在产品发生非常损失，其实际成本为 20 000 元，其中所耗原材料成本为 10 100 元（包含运费 100 元，不考虑其他费用）；产成品发生非正常损失，其实际成本为 26 000 元，其中所耗原材料成本为 20 100 元（包含运费 100 元，不考虑其他费用）。这些原材料在购入时均取得增值税专用发票进行了抵扣。

首先，计算进项税转出额：

在产品进项税转出＝10 000×13%＋100×9%＝1 309(元)

产成品进项税转出＝20 000×13%＋100×9%＝2 609(元)

有的会计人员计算为 26 000×13%＝3 380（元），是会多缴税的。然后，进行账务处理：

借：待处理财产损溢——待处理流动资产损溢　　21 309

　贷：生产成本　　20 000

　　　应交税费——应交增值税（进项税额转出）　　1 309

借：待处理财产损溢——待处理流动资产损溢　28 609
　贷：库存商品　26 000
　　　应交税费——应交增值税（进项税额转出）　2 609

7）财政部和国家税务总局规定的其他情形。

第 4）项、第 5）项所称货物，是指构成不动产实体的材料和设备，包括建筑装饰材料和给排水、采暖、卫生、通风、照明、通讯、煤气、消防、中央空调、电梯、电气、智能化楼宇设备及配套设施。

（3）《营业税改征增值税试点实施办法》（财税〔2016〕36 号）第二十八条规定：不动产、无形资产的具体范围，按照本办法所附的《销售服务、无形资产或者不动产注释》执行。

固定资产，是指使用期限超过 12 个月的机器、机械、运输工具以及其他与生产经营有关的设备、工具、器具等有形动产。

非正常损失，是指因管理不善造成货物被盗、丢失、霉烂变质，以及因违反法律法规造成货物或者不动产被依法没收、销毁、拆除的情形。

案例 6 - 14

企业生产不合格产品所耗用的原材料是否属于非正常损失？已抵扣的进项税额需要转出吗？

企业生产不合格产品不属于非正常损失，不必进行进项税额转出。

案例 6 - 15

新华书店的图书盘亏、毁损损失，因政策变动而积压的财税图书，是否需要进项税额转出？

新华书店的图书盘亏、毁损损失显然属于因人为管理责任而毁损、被盗造成的非正常损失，该类资产损失进项税额应予以转出。因政策变动而积压的财税图书则可以理解为“政策因素造成的损失”，是企业无法控制的，不是因为管理不善引起的，属于正常损失，进项税额无需转出。

案例 6 - 16

建筑公司在工地搭建的临时建筑在工程完工后会被拆除，原已抵扣的进项税额是否需要转出？

建筑企业搭建的临时建筑，虽然形态上属于不动产，但施工结束后即被拆除，其性质上更接近于生产过程中的中间投入物，可以进行抵扣。

建筑工地的临时建筑在工程结束时被拆除，并非因违反法律法规造成不动产被依法没收、销毁、拆除的情形，显然不属于非正常损失的不动产，其进项税额不需要转出。

案例 6-17

商品过期一般有下列几种情形：

(1) 对于鲜活、易腐烂变质或者易失效的商品（保质期 15 天以内）比如鲜奶，如果超过保质期报废，一般不属于非正常损失。除此之外的商品，如果超过保质期导致商品报废，属于主观上应当或可以控制的情形，应当界定为管理不善，属于非正常损失，否则属于正常损失。

(2) 产品过期（不含鲜活等）按照以销定产或以销定购的管理理论判断。属于管理不善造成的霉烂变质，应当进行进项税额转出；不属于管理不善造成的霉烂变质，不需要进行进项税额转出。

(3) 产品过季节、断码等，如果还具有原商品属性，售价虽然可能偏低，但是存在合理理由，不需要进行进项税额转出。

过期商品在实践中存在争议，但是部分地区的税务部门发布了规定，明确过期商品的损失不属于非正常损失的范围，例如，《青海省国家税务局关于增值税有关业务问题的通知》（青国税函〔2006〕113 号）规定，有保质期的货物因过期报废而造成的损失，除责任事故以外，可以按照不属于《增值税暂行条例》及其实施细则规定的非正常损失，准予从销项税额中抵扣其进项税额；《四川省国家税务局关于印发〈增值税若干政策问题解答（之一）〉的通知》（川国税函〔2008〕155 号）规定，企业销售过期或过季节商品、缺码（不配套）商品、工业企业报废产品等属正常损失范围，其外购货物或应税劳务的进项税额允许抵扣，不做进项转出；《安徽省国家税务局关于若干增值税政策和管理问题的通知》（皖国税函〔2008〕10 号）规定，纳税人因库存商品已过保质期、商品滞销或被淘汰等原因，将库存货物报废或低价销售处理的，不属于非正常损失，不需要做进项税额转出处理；2009 年 11 月 9 日，国家税务总局纳税服务司在问题解答中也指出，纳税人生产或购入在货物外包装或使用说明书中注明有使用期限的货物，超过有效（保质）期无法进行正常销售，需作销毁处理的，可视作企业在经营过程中的正常经营损失，不纳入非正常损失。

在企业所得税处理中，不管正常损失还是非正常损失，只要是与生产经营有关的、合理的损失，均可按规定的程序和要求在向主管税务机关申报后在税前扣除，而且非正常损失范围与增值税规定不同。

（4）《营业税改征增值税试点实施办法》第二十九条规定，适用一般计税方法的纳税人，兼营简易计税方法计税项目、免征增值税项目而无法划分不得抵扣的进项税额，按照下列公式计算不得抵扣的进项税额。

$$\text{不得抵扣的进项税额}=\text{当期无法划分的全部进项税额}\times\left(\text{当期简易计税方法计税项目销售额}+\text{免征增值税项目销售额}\right)\div\text{当期全部销售额}$$

主管税务机关可以按照上述公式依据年度数据对不得抵扣的进项税额进行清算。

《营业税改征增值税试点实施办法》第三十条规定，已抵扣进项税额的购进货物（不含固定资产）、劳务、服务，发生本办法第二十七条规定情形（简易计税方法计税项目、免征增值税项目除外）的，应当将该进项税额从当期进项税额中扣减；无法确定该进项税额的，按照当期实际成本计算应扣减的进项税额。

《营业税改征增值税试点实施办法》第三十一条规定，已抵扣进项税额的固定资产、无形资产或者不动产，发生本办法第二十七条规定情形的，按照下列公式计算不得抵扣的进项税额。

$$\text{不得抵扣的进项税额}=\text{固定资产、无形资产或者不动产净值}\times\text{适用税率}$$

固定资产、无形资产或者不动产净值，是指纳税人根据财务会计制度计提折旧或摊销后的余额。

《国家税务总局关于深化增值税改革有关事项的公告》（国家税务总局公告2019年第14号）第六条规定：已抵扣进项税额的不动产，发生非正常损失，或者改变用途，专用于简易计税方法计税项目、免征增值税项目、集体福利或者个人消费的，按照下列公式计算不得抵扣的进项税额，并从当期进项税额中扣减：

$$\text{不得抵扣的进项税额}=\text{已抵扣进项税额}\times\text{不动产净值率}$$

$$\text{不动产净值率}=\text{不动产净值}\div\text{不动产原值}\times100\%$$

《营业税改征增值税试点实施办法》第三十二条规定，纳税人适用一般计税方法计税的，因销售折让、中止或者退回而退还给购买方的增值税额，应当从当期的销项税额中扣减；因销售折让、中止或者退回而收回的增值税额，应当从当期的进项税额中扣减。

《营业税改征增值税试点实施办法》第三十三条规定，有下列情形之一者，应当按照销售额和增值税税率计算应纳税额，不得抵扣进项税额，也不得使用增值税专用发票。

1）一般纳税人会计核算不健全，或者不能够提供准确税务资料的；

2）应当办理一般纳税人资格登记而未办理的。

案例 6－18

甲咨询公司财务核算制度不健全，2017 年 7 月至 2018 年 6 月取得销售额 660 万元，应税服务年销售额已超过小规模纳税人标准。2018 年 7 月收到税务机关《税务事项通知书》，甲咨询公司应当在 5 日内向主管税务机关办理相关手续，公司逾期未办理增值税一般纳税人资格登记，次月起将按销售额依照增值税税率计算应纳税额，不得抵扣进项税额，也不得使用增值税专用发票，直至纳税人办理相关手续为止。

（5）《财政部 国家税务总局关于全面推开营业税改征增值税试点的通知》（财税〔2016〕36 号）附件 2 第一条第（四）项规定，按照《营业税改增值税试点实施办法》第二十七条第（一）项规定不得抵扣且未抵扣进项税额的固定资产、无形资产、不动产，发生用途改变，用于允许抵扣进项税额的应税项目，可在用途改变的次月按照下列公式计算可以抵扣的进项税额。

$$可以抵扣的进项税额=\frac{固定资产、无形资产、不动产净值}{1+适用税率}\times 适用税率$$

上述可以抵扣的进项税额应取得合法有效的增值税扣税凭证。

【温馨提醒】

企业取得不得抵扣进项税额的固定资产、无形资产、不动产的，也应当取得合法有效的增值税扣税凭证，以备将来用途发生改变后符合抵扣条件时计算进项税额抵扣。

《国家税务总局关于深化增值税改革有关事项的公告》（国家税务总局公告 2019 年第 14 号）第七条规定：按照规定不得抵扣进项税额的不动产，发生用途改变，用于允许抵扣进项税额项目的，按照下列公式在改变用途的次月计算可抵扣进项税额。

$$可抵扣进项税额=增值税扣税凭证注明或计算的进项税额\times 不动产净值率$$

（四）不动产抵扣

《财政部 税务总局 海关总署关于深化增值税改革有关政策的公告》（财政部 税

务总局 海关总署公告2019年第39号）第五条规定：自2019年4月1日起，《营业税改征增值税试点有关事项的规定》（财税〔2016〕36号印发）第一条第（四）项第1点、第二条第（一）项第1点停止执行，纳税人取得不动产或者不动产在建工程的进项税额不再分2年抵扣。此前按照上述规定尚未抵扣完毕的待抵扣进项税额，可自2019年4月税款所属期起从销项税额中抵扣。

《国家税务总局关于深化增值税改革有关事项的公告》（国家税务总局公告2019年第14号）第六条规定：已抵扣进项税额的不动产，发生非正常损失，或者改变用途，专用于简易计税方法计税项目、免征增值税项目、集体福利或者个人消费的，按照下列公式计算不得抵扣的进项税额，并从当期进项税额中扣减：

不得抵扣的进项税额＝已抵扣进项税额×不动产净值率

不动产净值率＝不动产净值÷不动产原值×100%

《国家税务总局关于深化增值税改革有关事项的公告》（国家税务总局公告2019年第14号）第七条规定：按照规定不得抵扣进项税额的不动产，发生用途改变，用于允许抵扣进项税额项目的，按照下列公式在改变用途的次月计算可抵扣进项税额。

可抵扣进项税额＝增值税扣税凭证注明或计算的进项税额×不动产净值率

案例6-19

甲公司10月购入房屋用于办公，增值税专用发票上注明房屋价款1 000万元、增值税90万元，以银行存款支付价款。

其进项税额中于取得扣税凭证的当期从销项税额中抵扣。

甲公司的账务处理为：

借：固定资产——某办公用房	10 000 000
应交税费——应交增值税（进项税额）	900 000
贷：银行存款	10 900 000

案例6-20

甲公司某项产品免征增值税，其专用生产车间取得的增值税专用发票（金额200万元、税额18万元）不得抵扣，企业做了进项税额转出，该车间账面原值为218万元。后来该产品免税期届满恢复征税，此时，该车间的账面净值为109万元。

按照规定不得抵扣进项税额的不动产，发生用途改变，用于允许抵扣进项税额项目的，按照下列公式在改变用途的次月计算可抵扣进项税额。

不动产净值率＝不动产净值÷不动产原值×100％
＝109÷218×100％＝50％

可抵扣进项税额＝增值税扣税凭证注明或计算的进项税额×不动产净值率
＝18×50％＝9(万元)

会计处理如下：

借：应交税费——应交增值税（进项税额）　　90 000

　贷：固定资产——某生产车间　　90 000

可以抵扣的进项税额9万元填写在《增值税纳税申报表附列资料（二）》（本期进项税额明细）第8栏“其他”。

该生产车间经上述调整后，应按调整后的账面价值在剩余尚可使用寿命期限内计提折旧或摊销。

（五）留抵税额抵欠税的处理方法

根据《国家税务总局关于增值税一般纳税人用进项留抵税额抵减增值税欠税问题的通知》（国税发〔2004〕112号）规定，对纳税人因销项税额小于进项税额而产生期末留抵税额的，应以期末留抵税额抵减增值税欠税。为了满足纳税人用留抵税额抵减增值税欠税的需要，《增值税一般纳税人纳税申报办法》（国税发〔2003〕53号）中将《增值税纳税申报表》（主表）相关栏次的填报口径作如下调整：（1）第13项“上期留抵税额”栏数据，为纳税人前一申报期的“期末留抵税额”减去抵减欠税额后的余额数，该数据应与“应交税费——应交增值税”明细科目借方月初余额一致。（2）第25项“期初未缴税额（多缴为负数）”栏数据，为纳税人前一申报期的“期末未缴税额（多缴为负数）”减去抵减欠税额后的余额数。

（六）延期开具的增值税专用发票是否可以抵扣?

只要不属于不得抵扣的情形就可以抵扣。

（七）哪些增值税专用发票列入异常凭证范围？增值税一般纳税人取得异常凭证怎样处理?

《国家税务总局关于异常增值税扣税凭证管理等有关事项的公告》（国家税务总局公告2019年第38号）第一条规定，符合下列情形之一的增值税专用发票，列入异常凭证范围：

（1）纳税人丢失、被盗税控专用设备中未开具或已开具未上传的增值税专用发票；

（2）非正常户纳税人未向税务机关申报或未按规定缴纳税款的增值税专用发票；

（3）增值税发票管理系统稽核比对发现“比对不符”“缺联”“作废”的增值税专用发票；

（4）经税务总局、省税务局大数据分析发现，纳税人开具的增值税专用发票存在涉嫌虚开、未按规定缴纳消费税等情形的；

（5）属于《国家税务总局关于走逃（失联）企业开具增值税专用发票认定处理有关问题的公告》（国家税务总局公告 2016 年第 76 号）第二条第（一）项规定情形的增值税专用发票。即走逃（失联）企业存续经营期间发生下列情形之一的，所对应属期开具的增值税专用发票列入异常凭证范围：

1）商贸企业购进、销售货物名称严重背离的；生产企业无实际生产加工能力且无委托加工，或生产能耗与销售情况严重不符，或购进货物并不能直接生产其销售的货物且无委托加工的。

2）直接走逃失踪不纳税申报，或虽然申报但通过填列增值税纳税申报表相关栏次，规避税务机关审核比对，进行虚假申报的。

《国家税务总局关于异常增值税扣税凭证管理等有关事项的公告》（国家税务总局公告 2019 年第 38 号）第二条规定，增值税一般纳税人申报抵扣异常凭证，同时符合下列情形的，其对应开具的增值税专用发票列入异常凭证范围：

（1）异常凭证进项税额累计占同期全部增值税专用发票进项税额 70%（含）以上的；

（2）异常凭证进项税额累计超过 5 万元的。

纳税人尚未申报抵扣、尚未申报出口退税或已作进项税额转出的异常凭证，其涉及的进项税额不计入异常凭证进项税额的计算。

《国家税务总局关于异常增值税扣税凭证管理等有关事项的公告》（国家税务总局公告 2019 年第 38 号）第三条规定，增值税一般纳税人取得的增值税专用发票列入异常凭证范围的，应按照以下规定处理：

（1）尚未申报抵扣增值税进项税额的，暂不允许抵扣。已经申报抵扣增值税进项税额的，除另有规定外，一律作进项税额转出处理。

（2）尚未申报出口退税或者已申报但尚未办理出口退税的，除另有规定外，暂不允许办理出口退税。适用增值税免抵退税办法的纳税人已经办理出口退税的，应根据列入异常凭证范围的增值税专用发票上注明的增值税额作进项税额转出处理；适用增值税免退税办法的纳税人已经办理出口退税的，税务机关应按照现行规定对列入异常凭证范围的增值税专用发票对应的已退税款追回。

纳税人因骗取出口退税停止出口退（免）税期间取得的增值税专用发票列入异

常凭证范围的，按照第（1）项规定执行。

（3）消费税纳税人以外购或委托加工收回的已税消费品为原料连续生产应税消费品，尚未申报扣除原料已纳消费税税款的，暂不允许抵扣；已经申报抵扣的，冲减当期允许抵扣的消费税税款，当期不足冲减的应当补缴税款。

（4）纳税信用A级纳税人取得异常凭证且已经申报抵扣增值税、办理出口退税或抵扣消费税的，可以自接到税务机关通知之日起10个工作日内，向主管税务机关提出核实申请。经税务机关核实，符合现行增值税进项税额抵扣、出口退税或消费税抵扣相关规定的，可不作进项税额转出、追回已退税款、冲减当期允许抵扣的消费税税款等处理。纳税人逾期未提出核实申请的，应于期满后按照第（1）项、第（2）项、第（3）项规定作相关处理。

（5）纳税人对税务机关认定的异常凭证存有异议，可以向主管税务机关提出核实申请。经税务机关核实，符合现行增值税进项税额抵扣或出口退税相关规定的，纳税人可继续申报抵扣或者重新申报出口退税；符合消费税抵扣规定且已缴纳消费税税款的，纳税人可继续申报抵扣消费税税款。

（八）纳税人应如何防范取得异常凭证?

建议大家通过下列几项措施来防范取得异常凭证：

（1）切记：绝对不可买卖发票！这是底线！

（2）加强采购流程管理，对于价格明显偏低、舍近求远等不合理的货物，审查其真实性。采购内控制度必须保证合同流、物流、资金流、发票流符合税法规定。

（3）加强供应商管理，对异常供应商一票否决，通过“全国企业信用信息公示系统”核实供货企业信息、变更信息（特别是法定代表人和股东信息变更）、抵押出质信息、经营异常信息、违法信息、抽检抽查信息、企业年报的公示情况；通过“中国执行信息公开网”查询是否存在失信被执行人信息、企业有无被执行的案件。核实供货企业业务员身份，核实供应商法定代表人身份，查法定代表人的关联企业的经营状态和纳税信用。

（4）加强付款流程管理，对陌生供货单位付款前要求对方提供已经申报纳税（增值税、消费税）的资料，确实无法提供的，也要合理设定付款期限，至少应在抵扣发票开具50日后方可付款。

（5）及时登录增值税发票综合服务平台查验发票信息，点击“发票状态信息”审核发票状态是否正常。

（6）合同中明确约定提供异常凭证需要承担违约赔偿责任。

（九）无运输工具承运业务的抵扣

《国家税务总局关于跨境应税行为免税备案等增值税问题的公告》（国家税务总局公告2017年第30号）第二条规定，纳税人以承运人身份与托运人签订运输服务合同，收取运费并承担承运人责任，然后委托实际承运人完成全部或部分运输服务时，自行采购并交给实际承运人使用的成品油和支付的道路、桥、闸通行费，同时符合下列条件的，其进项税额准予从销项税额中抵扣。

（1）成品油和道路、桥、闸通行费，应用于纳税人委托实际承运人完成的运输服务；

（2）取得的增值税扣税凭证符合现行规定。

【相关链接】

《销售服务、无形资产、不动产注释》把无运输工具承运人提供的承运业务，从运输代理中区分出来，按照交通运输服务缴纳增值税：无运输工具承运业务，是指经营者以承运人身份与托运人签订运输服务合同，收取运费并承担承运人责任，然后委托实际承运人完成运输服务的经营活动。

案例6-21

A货代公司（一般纳税人）以承运人身份与托运人签订运输服务合同，收取运费110 000元并承担承运人责任，然后委托实际承运人B运输公司（小规模纳税人）完成运输服务，支付B运输公司运输费用92 700元。B运输公司完成此次运输服务，需要油费56 500元，高速公路过桥过路费4 120元。

$$\text{A货代公司可抵扣增值税}=92\,700\div(1+3\%)\times3\%=2\,700(\text{元})$$

$$\text{B运输公司需缴纳增值税}=92\,700\div(1+3\%)\times3\%=2\,700(\text{元})$$

1. 根据国家税务总局公告2017年第30号，两公司应如何筹划？

A、B公司可以协商，B公司完成运输业务需要消耗的成品油56 500元，支付的道路、桥、闸通行费4 120元，可以由A公司完成采购并交付给B公司，B公司只需要收取A公司运输费用32 080元，开具3%的增值税专用发票给A公司。

$$\begin{array}{c}\text{A公司可以抵扣的}\\\text{进项税额}\end{array}=\begin{array}{c}\text{成品油进项}\\\text{税额6 500元}\end{array}+\begin{array}{c}\text{道路、桥、闸通行费}\\\text{进项税额120元}\end{array}+\begin{array}{c}\text{B公司运费进项}\\\text{税额934.37元}\end{array}=7\,554.37(\text{元})$$

B公司需要缴纳增值税＝32 080÷(1＋3%)×3%＝934.37(元)

经过上述案例比较，A公司在没有增加支付代价的情况下：

多抵扣了进项税额＝7 554.37－2 700＝4 854.37(元)

B公司在没减少实际收费的情况下：

少缴纳了增值税＝2 700－934.37＝1 765.63(元)

一增一减，企业减税降负明显。

2. 若两公司均为一般纳税人呢?

筹划前：

A货代公司可抵扣增值税＝92 700÷(1＋9%)×9%＝7 654.13(元)

B运输公司需缴纳增值税＝92 700÷(1＋9%)×9%－6 500－120＝1 034.13(元)

筹划后：

A公司可以抵扣的进项税额＝成品油进项税额6 500元＋道路、桥、闸通行费进项税额120元＋B公司运费进项税额2 648.81元＝9 268.81(元)

B公司需要缴纳增值税＝32 080÷(1＋9%)×9%
＝2 648.81(元)

A公司在没有增加支付代价的情况下：

多抵扣了进项税额＝9 268.81－7 654.13＝1 614.68(元)

B公司在没减少实际收费的情况下：

多缴纳了增值税＝2 648.81－1 034.13＝1 614.68(元)

两公司总体税负没变，此消彼长，A公司少缴税是建立在B公司多缴税基础上的。

(十) 一般纳税人注销或被取消辅导期一般纳税人资格时的抵扣

《财政部 国家税务总局关于增值税若干政策的通知》(财税〔2005〕165号)规定，一般纳税人注销或被取消辅导期一般纳税人资格，转为小规模纳税人时，其存货不作进项税额转出处理，其留抵税额也不予退税。

（十一）一般纳税人迁移时的抵扣

《国家税务总局关于一般纳税人迁移有关增值税问题的公告》（国家税务总局公告 2011 年第 71 号）规定，增值税一般纳税人因住所、经营地点变动，按照相关规定，在工商行政管理部门做变更登记处理，但因涉及改变税务登记机关，需要办理注销税务登记并重新办理税务登记的，在迁达地重新办理税务登记后，其增值税一般纳税人资格予以保留，办理注销税务登记前尚未抵扣的进项税额允许继续抵扣。

（十二）一般纳税人资产重组时的抵扣

《国家税务总局关于纳税人资产重组增值税留抵税额处理有关问题的公告》（国家税务总局公告 2012 年第 55 号）规定，增值税一般纳税人在资产重组过程中，将全部资产、负债和劳动力一并转让给其他增值税一般纳税人并按程序办理注销税务登记的，其在办理注销登记前尚未抵扣的进项税额可结转至新纳税人处继续抵扣。

（十三）一般纳税人租入固定资产、不动产时的抵扣

《财政部 国家税务总局关于租入固定资产进项税额抵扣等增值税政策的通知》（财税〔2017〕90 号）规定，自 2018 年 1 月 1 日起，纳税人租入固定资产、不动产，既用于一般计税方法计税项目，又用于简易计税方法计税项目、免征增值税项目、集体福利或者个人消费的，其进项税额准予从销项税额中全额抵扣。

（十四）房地产开发企业进项税额的抵扣

《房地产开发企业销售自行开发的房地产项目增值税征收管理暂行办法》（国家税务总局公告 2016 年第 18 号）第十三条规定：一般纳税人销售自行开发的房地产项目，兼有一般计税方法计税、简易计税方法计税、免征增值税的房地产项目而无法划分不得抵扣的进项税额的，应以《建筑工程施工许可证》注明的“建设规模”为依据进行划分。

$$\text{不得抵扣的进项税额}=\text{当期无法划分的全部进项税额}\times\frac{\text{简易计税、免税房地产项目建设规模}}{\text{房地产项目总建设规模}}$$

（十五）自办理税务登记至登记为一般纳税人期间取得的增值税扣税凭证的抵扣

《国家税务总局关于纳税人认定或登记为一般纳税人前进项税额抵扣问题的公

告》（国家税务总局公告2015年第59号）第一条规定，自办理税务登记至登记为一般纳税人期间，未取得生产经营收入，未按照销售额和征收率简易计算应纳税额申报缴纳增值税的，其在此期间取得的增值税扣税凭证，可以在登记为一般纳税人后抵扣进项税额。

（十六）保险公司取得车辆维修劳务发票的进项税额的抵扣

《国家税务总局关于国内旅客运输服务进项税抵扣等增值税征管问题的公告》（国家税务总局公告2019年第31号）第十一条规定：

（1）提供保险服务的纳税人以实物赔付方式承担机动车辆保险责任的，自行向车辆修理劳务提供方购进的车辆修理劳务，其进项税额可以按规定从保险公司销项税额中抵扣。

（2）提供保险服务的纳税人以现金赔付方式承担机动车辆保险责任的，将应付给被保险人的赔偿金直接支付给车辆修理劳务提供方，不属于保险公司购进车辆修理劳务，其进项税额不得从保险公司销项税额中抵扣。

（3）纳税人提供的其他财产保险服务，比照上述规定执行。

（十七）增值税加计抵减

《财政部 税务总局 海关总署关于深化增值税改革有关政策的公告》（财政部 税务总局 海关总署公告2019年第39号）第七条规定：自2019年4月1日至2021年12月31日，允许生产、生活性服务业纳税人按照当期可抵扣进项税额加计10%，抵减应纳税额（以下称加计抵减政策）。

（1）本公告所称生产、生活性服务业纳税人，是指提供邮政服务、电信服务、现代服务、生活服务（以下称四项服务）取得的销售额占全部销售额的比重超过50%的纳税人。四项服务的具体范围按照《销售服务、无形资产、不动产注释》（财税〔2016〕36号印发）执行。

2019年3月31日前设立的纳税人，自2018年4月至2019年3月期间的销售额（经营期不满12个月的，按照实际经营期的销售额）符合上述规定条件的，自2019年4月1日起适用加计抵减政策。

2019年4月1日后设立的纳税人，自设立之日起3个月的销售额符合上述规定条件的，自登记为一般纳税人之日起适用加计抵减政策。

纳税人确定适用加计抵减政策后，当年内不再调整，以后年度是否适用，根据上年度销售额计算确定。

（2）纳税人应按照当期可抵扣进项税额的10%计提当期加计抵减额。按照现行规定不得从销项税额中抵扣的进项税额，不得计提加计抵减额；已计提加计抵减额的进项税额，按规定作进项税额转出的，应在进项税额转出当期，相应调减加计抵减额。计算公式如下：

当期计提加计抵减额＝当期可抵扣进项税额×10％

当期可抵减加计抵减额＝上期末加计抵减额余额＋当期计提加计抵减额－当期调减加计抵减额

（3）纳税人应按照现行规定计算一般计税方法下的应纳税额（以下称抵减前的应纳税额）后，区分以下情形加计抵减：

1）抵减前的应纳税额等于零的，当期可抵减加计抵减额全部结转下期抵减；

2）抵减前的应纳税额大于零，且大于当期可抵减加计抵减额的，当期可抵减加计抵减额全额从抵减前的应纳税额中抵减；

3）抵减前的应纳税额大于零，且小于或等于当期可抵减加计抵减额的，以当期可抵减加计抵减额抵减应纳税额至零。未抵减完的当期可抵减加计抵减额，结转下期继续抵减。

（4）纳税人出口货物劳务、发生跨境应税行为不适用加计抵减政策，其对应的进项税额不得计提加计抵减额。

纳税人兼营出口货物劳务、发生跨境应税行为且无法划分不得计提加计抵减额的进项税额，按照以下公式计算：

不得计提加计抵减额的进项税额＝当期无法划分的全部进项税额×当期出口货物劳务和发生跨境应税行为的销售额÷当期全部销售额

（5）纳税人应单独核算加计抵减额的计提、抵减、调减、结余等变动情况。骗取适用加计抵减政策或虚增加计抵减额的，按照《中华人民共和国税收征收管理法》等有关规定处理。

（6）加计抵减政策执行到期后，纳税人不再计提加计抵减额，结余的加计抵减额停止抵减。

《国家税务总局关于深化增值税改革有关事项的公告》（国家税务总局公告2019年第14号）第八条规定：按照《财政部 税务总局 海关总署关于深化增值税改革有关政策的公告》（财政部 税务总局 海关总署公告2019年第39号）规定，适用加计抵减政策的生产、生活性服务业纳税人，应在年度首次确认适用加计抵减政策时，通过电子税务局（或前往办税服务厅）提交《适用加计抵减政策的声明》。适用加计抵减政策的纳税人，同时兼营邮政服务、电信服务、现代服务、生活服务的，应按照四项服务中收入占比最高的业务在《适用加计抵减政策的声明》中勾选确定所属行业。

《国家税务总局关于国内旅客运输服务进项税抵扣等增值税征管问题的公告》（国家税务总局公告 2019 年第 31 号）第二条规定：

（1）《财政部 税务总局 海关总署关于深化增值税改革有关政策的公告》（财政部 税务总局 海关总署公告 2019 年第 39 号）第七条关于加计抵减政策适用所称“销售额”，包括纳税申报销售额、稽查查补销售额、纳税评估调整销售额。其中，纳税申报销售额包括一般计税方法销售额，简易计税方法销售额，免税销售额，税务机关代开发票销售额，免、抵、退办法出口销售额，即征即退项目销售额。

稽查查补销售额和纳税评估调整销售额，计入查补或评估调整当期销售额确定适用加计抵减政策；适用增值税差额征收政策的，以差额后的销售额确定适用加计抵减政策。

（2）2019 年 3 月 31 日前设立，且 2018 年 4 月至 2019 年 3 月期间销售额均为零的纳税人，以首次产生销售额当月起连续 3 个月的销售额确定适用加计抵减政策。

2019 年 4 月 1 日后设立，且自设立之日起 3 个月的销售额均为零的纳税人，以首次产生销售额当月起连续 3 个月的销售额确定适用加计抵减政策。

（3）经财政部和国家税务总局或者其授权的财政和税务机关批准，实行汇总缴纳增值税的总机构及其分支机构，以总机构本级及其分支机构的合计销售额，确定总机构及其分支机构适用加计抵减政策。

根据《财政部 税务总局关于明确生活性服务业增值税加计抵减政策的公告》（财政部 税务总局公告 2019 年第 87 号）规定：

（1）2019 年 10 月 1 日至 2021 年 12 月 31 日，允许生活性服务业纳税人按照当期可抵扣进项税额加计 15%，抵减应纳税额（以下称加计抵减 15%政策）。

（2）本公告所称生活性服务业纳税人，是指提供生活服务取得的销售额占全部销售额的比重超过 50%的纳税人。生活服务的具体范围按照《销售服务、无形资产、不动产注释》（财税〔2016〕36 号印发）执行。

2019 年 9 月 30 日前设立的纳税人，自 2018 年 10 月至 2019 年 9 月期间的销售额（经营期不满 12 个月的，按照实际经营期的销售额）符合上述规定条件的，自 2019 年 10 月 1 日起适用加计抵减 15%政策。

2019 年 10 月 1 日后设立的纳税人，自设立之日起 3 个月的销售额符合上述规定条件的，自登记为一般纳税人之日起适用加计抵减 15%政策。

纳税人确定适用加计抵减 15%政策后，当年内不再调整，以后年度是否适用，根据上年度销售额计算确定。

（3）生活性服务业纳税人应按照当期可抵扣进项税额的 15%计提当期加计抵减

额。按照现行规定不得从销项税额中抵扣的进项税额，不得计提加计抵减额；已按照15%计提加计抵减额的进项税额，按规定作进项税额转出的，应在进项税额转出当期，相应调减加计抵减额。计算公式如下：

当期计提加计抵减额＝当期可抵扣进项税额×15%

当期可抵减加计抵减额＝上期末加计抵减额余额＋当期计提加计抵减额－当期调减加计抵减额

（4）纳税人适用加计抵减政策的其他有关事项，按照《关于深化增值税改革有关政策的公告》（财政部 税务总局 海关总署公告2019年第39号）等有关规定执行。

根据《国家税务总局关于增值税发票管理等有关事项的公告》（国家税务总局公告2019年第33号）第一条规定：符合《财政部 税务总局关于明确生活性服务业增值税加计抵减政策的公告》（财政部 税务总局公告2019年第87号）规定的生活性服务业纳税人，应在年度首次确认适用15%加计抵减政策时，通过电子税务局（或前往办税服务厅）提交《适用15%加计抵减政策的声明》。

案例6-22

某现代服务业纳税人从6月开始适用加计抵减政策：6—8月抵减前的应纳税额分别为0、80万元、90万元，6—8月计提加计抵减额分别为0、80万元、90万元，则加计抵减情况如表6-2所示。

表6-2 加计抵减情况

月份	抵减前的应纳税额	期初余额 1	本期发生额 2	本期调减额 3	本期可抵减额 4=1+2-3	本期实际抵减额 5	期末余额 6=4-5
6	0		100		100		100
7	80	100	20		120	80	40
8	90	40	30	20	50	50	0

财政部会计司关于《关于深化增值税改革有关政策的公告》适用《增值税会计处理规定》有关问题的解读如下：生产、生活性服务业纳税人取得资产或接受劳务时，应当按照《增值税会计处理规定》的相关规定对增值税相关业务进行会计处理；实际缴纳增值税时，按应纳税额借记“应交税费——未交增值税”等科目，按实际纳税金额贷记“银行存款”科目，按加计抵减的金额贷记“其他收益”科目。

根据财政部会计司的解读，可做如下账务处理：

6 月，抵减前的应纳税额等于零，当期可抵减加计抵减额全部结转下期抵减；不做账务处理。

7 月，抵减前的应纳税额 80 万元，小于当期可抵减加计抵减额 120 万元，以当期可抵减加计抵减额 80 万元抵减应纳税额至零。未抵减完的当期可抵减加计抵减额，结转下期继续抵减。

借：应交税费——未交增值税　　80

　　贷：其他收益（当期可抵减加计抵减额）　　80

8 月，抵减前的应纳税额 90 万元，大于当期可抵减加计抵减额 50 万元，当期可抵减加计抵减额全额从抵减前的应纳税额中抵减。

借：应交税费——未交增值税　　90

　　贷：银行存款　　40

　　　　其他收益（当期可抵减加计抵减额）　　50

注意：

（1）增值税一般纳税人有简易计税方法的应纳税额，不可以从加计抵减额中抵减。加计抵减额只可以抵减一般计税方法下的应纳税额。

（2）在计算四项服务销售额占比时，一般纳税人在属于小规模纳税人期间的销售额也需要参与计算。

（3）在计算四项服务销售额占比时，纳税人选择适用简易计税方法计税的销售额应包括在内。

（十八）期末留抵税额退税

1. 期末留抵税额退税制度

根据《财政部 税务总局 海关总署关于深化增值税改革有关政策的公告》（财政部 税务总局 海关总署公告 2019 年第 39 号）第八条规定：自 2019 年 4 月 1 日起，试行增值税期末留抵税额退税制度。

（1）同时符合以下条件的纳税人，可以向主管税务机关申请退还增量留抵税额：

1）自 2019 年 4 月税款所属期起，连续 6 个月（按季纳税的，连续两个季度）增量留抵税额均大于零，且第 6 个月增量留抵税额不低于 50 万元；

2）纳税信用等级为 A 级或者 B 级；

3）申请退税前 36 个月未发生骗取留抵退税、出口退税或虚开增值税专用发票情形的；

4）申请退税前 36 个月未因偷税被税务机关处罚两次及以上的；

5）自2019年4月1日起未享受即征即退、先征后返（退）政策的。

（2）增量留抵税额，是指与2019年3月底相比新增加的期末留抵税额。

（3）纳税人当期允许退还的增量留抵税额，按照以下公式计算：

允许退还的增量留抵税额＝增量留抵税额×进项构成比例×60%

式中，进项构成比例为2019年4月至申请退税前一税款所属期内已抵扣的增值税专用发票（含税控机动车销售统一发票）、海关进口增值税专用缴款书、解缴税款完税凭证注明的增值税额占同期全部已抵扣进项税额的比重。

（4）纳税人取得退还的留抵税额后，应相应调减当期留抵税额。按照第八条规定再次满足退税条件的，可以继续向主管税务机关申请退还留抵税额，但第八条第1项第（1）点规定的连续期间，不得重复计算。

案例6－23

某纳税人增量留抵税额情况如表6－3所示。

表6－3　某纳税人增量留抵税额　　单位：万元

时间	2019年4月	2019年5月	2019年6月	2019年7月	2019年8月	2019年9月	2019年10月	2019年11月
数额	6	－0.1	29	40	60	80	90	99
时间	2019年12月	2020年1月	2020年2月	2020年3月	2020年4月	2020年5月	2020年6月	2020年7月
数额	－20	29	1	29	40	60	49	60

结论：4—9月不符合，6—11月符合，12月申请退税，当期取得退还的留抵税额后，应相应调减当期留抵税额，2020年2—7月再次符合条件，2020年8月可再次申请退税。

2019年12月，该纳税人申请退税，2019年6月至申请退税前一税款所属期2019年11月内已抵扣的增值税专用发票（含税控机动车销售统一发票）、海关进口增值税专用缴款书、解缴税款完税凭证注明的增值税额占同期全部已抵扣进项税额的比重为90%。

允许退还的增量留抵税额＝增量留抵税额×进项构成比例×60%
＝99×90%×60%＝53.46(万元)

2019年12月，收到税务机关准予留抵退税的《税务事项通知书》，应相应调减当期留抵税额。2020年1月，填写2019年12月增值税纳税申报表附列资料（二）第22行“上期留抵税额退税”。会计处理如下（单位：万元）：

借：银行存款　　53.46
　贷：应交税费——应交增值税（进项税额转出）　　53.46

2. 部分先进制造业纳税人退还增量留抵税额有关政策

根据《财政部 税务总局关于明确部分先进制造业增值税期末留抵退税政策的公告》（财政部 税务总局公告 2019 年第 84 号）规定：

（1）自 2019 年 6 月 1 日起，同时符合以下条件的部分先进制造业纳税人，可以自 2019 年 7 月及以后纳税申报期向主管税务机关申请退还增量留抵税额：

1）增量留抵税额大于零；

2）纳税信用等级为 A 级或者 B 级；

3）申请退税前 36 个月未发生骗取留抵退税、出口退税或虚开增值税专用发票情形；

4）申请退税前 36 个月未因偷税被税务机关处罚两次及以上；

5）自 2019 年 4 月 1 日起未享受即征即退、先征后返（退）政策。

（2）部分先进制造业纳税人，是指按照《国民经济行业分类》，生产并销售非金属矿物制品、通用设备、专用设备及计算机、通信和其他电子设备销售额占全部销售额的比重超过 50%的纳税人。

上述销售额比重根据纳税人申请退税前连续 12 个月的销售额计算确定；申请退税前经营期不满 12 个月但满 3 个月的，按照实际经营期的销售额计算确定。

（3）增量留抵税额，是指与 2019 年 3 月 31 日相比新增加的期末留抵税额。

（4）部分先进制造业纳税人当期允许退还的增量留抵税额，按照以下公式计算：

允许退还的增量留抵税额＝增量留抵税额×进项构成比例

式中，进项构成比例为 2019 年 4 月至申请退税前一税款所属期内已抵扣的增值税专用发票（含税控机动车销售统一发票）、海关进口增值税专用缴款书、解缴税款完税凭证注明的增值税额占同期全部已抵扣进项税额的比重。

（5）部分先进制造业纳税人申请退还增量留抵税额的其他规定，按照《财政部 税务总局 海关总署关于深化增值税改革有关政策的公告》（财政部 税务总局 海关总署公告 2019 年第 39 号，以下称 39 号公告）执行。

（6）除部分先进制造业纳税人以外的其他纳税人申请退还增量留抵税额的规定，继续按照 39 号公告执行。

（7）符合 39 号公告和本公告规定的纳税人向其主管税务机关提交留抵退税申请。对符合留抵退税条件的，税务机关在完成退税审核后，开具税收收入退还书，直接送交同级国库办理退库。税务机关按期将退税清单送交同级财政部门。各部门应加强配合，密切协作，确保留抵退税工作稳妥有序。

3. 办理增值税期末留抵税额退税有关事项

根据《国家税务总局关于办理增值税期末留抵税额退税有关事项的公告》（国家税务总局公告2019年第20号）规定：

（1）纳税人申请办理留抵退税，应于符合留抵退税条件的次月起，在增值税纳税申报期（以下称申报期）内，完成本期增值税纳税申报后，通过电子税务局或办税服务厅提交《退（抵）税申请表》。

（2）纳税人出口货物劳务、发生跨境应税行为，适用免抵退税办法的，可以在同一申报期内，既申报免抵退税又申请办理留抵退税。

（3）申请办理留抵退税的纳税人，出口货物劳务、跨境应税行为适用免抵退税办法的，应当按期申报免抵退税。当期可申报免抵退税的出口销售额为零的，应办理免抵退税零申报。

（4）纳税人既申报免抵退税又申请办理留抵退税的，税务机关应先办理免抵退税。办理免抵退税后，纳税人仍符合留抵退税条件的，再办理留抵退税。

（5）税务机关按照“窗口受理、内部流转、限时办结、窗口出件”的原则办理留抵退税。

税务机关对纳税人是否符合留抵退税条件、当期允许退还的增量留抵税额等进行审核确认，并将审核结果告知纳税人。

（6）纳税人符合留抵退税条件且不存在本公告第十二条所列情形的，税务机关应自受理留抵退税申请之日起10个工作日内完成审核，并向纳税人出具准予留抵退税的《税务事项通知书》。

纳税人发生该公告第九条第二项所列情形的，上述10个工作日，自免抵退税应退税额核准之日起计算。

（7）纳税人在办理留抵退税期间发生下列情形的，按照以下规定确定允许退还的增量留抵税额：

1）因纳税申报、稽查查补和评估调整等原因，造成期末留抵税额发生变化的，按最近一期《增值税纳税申报表（一般纳税人适用）》期末留抵税额确定允许退还的增量留抵税额。

2）纳税人在同一申报期既申报免抵退税又申请办理留抵退税的，或者在纳税人申请办理留抵退税时存在尚未经税务机关核准的免抵退税应退税额的，应待税务机关核准免抵退税应退税额后，按最近一期《增值税纳税申报表（一般纳税人适用）》期末留抵税额，扣减税务机关核准的免抵退税应退税额后的余额确定允许退还的增量留抵税额。

税务机关核准的免抵退税应退税额，是指税务机关当期已核准，但纳税人尚未在《增值税纳税申报表（一般纳税人适用）》第15栏“免、抵、退应退税额”中填报的免抵退税应退税额。

3）纳税人既有增值税欠税，又有期末留抵税额的，按最近一期《增值税纳税申报表（一般纳税人适用）》期末留抵税额，抵减增值税欠税后的余额确定允许退还的增量留抵税额。

(8) 在纳税人办理增值税纳税申报和免抵退税申报后、税务机关核准其免抵退税应退税额前，核准其前期留抵退税的，以最近一期《增值税纳税申报表（一般纳税人适用）》期末留抵税额，扣减税务机关核准的留抵退税额后的余额，计算当期免抵退税应退税额和免抵税额。

税务机关核准的留抵退税额，是指税务机关当期已核准，但纳税人尚未在《增值税纳税申报表附列资料（二）（本期进项税额明细）》第22栏“上期留抵税额退税”填报的留抵退税额。

(9) 纳税人不符合留抵退税条件的，不予留抵退税。税务机关应自受理留抵退税申请之日起10个工作日内完成审核，并向纳税人出具不予留抵退税的《税务事项通知书》。

(10) 税务机关在办理留抵退税期间，发现符合留抵退税条件的纳税人存在以下情形，暂停为其办理留抵退税：

1）存在增值税涉税风险疑点的；

2）被税务稽查立案且未结案的；

3）增值税申报比对异常未处理的；

4）取得增值税异常扣税凭证未处理的；

5）国家税务总局规定的其他情形。

(11) 该公告第十二条列举的增值税涉税风险疑点等情形已排除，且相关事项处理完毕后，按以下规定办理：

1）纳税人仍符合留抵退税条件的，税务机关继续为其办理留抵退税，并自增值税涉税风险疑点等情形排除且相关事项处理完毕之日起5个工作日内完成审核，向纳税人出具准予留抵退税的《税务事项通知书》。

2）纳税人不再符合留抵退税条件的，不予留抵退税。税务机关应自增值税涉税风险疑点等情形排除且相关事项处理完毕之日起5个工作日内完成审核，向纳税人出具不予留抵退税的《税务事项通知书》。

税务机关对发现的增值税涉税风险疑点进行排查的具体处理时间，由各省（自治区、直辖市和计划单列市）税务局确定。

(12) 税务机关对增值税涉税风险疑点进行排查时，发现纳税人涉嫌骗取出口退税、虚开增值税专用发票等增值税重大税收违法行为的，终止为其办理留抵退税，并自作出终止办理留抵退税决定之日起5个工作日内，向纳税人出具终止办理留抵退税的《税务事项通知书》。

税务机关对纳税人涉嫌增值税重大税收违法行为核查处理完毕后，纳税人仍符合留抵退税条件的，可按照本公告的规定重新申请办理留抵退税。

(13) 纳税人应在收到税务机关准予留抵退税的《税务事项通知书》当期，以税务机关核准的允许退还的增量留抵税额冲减期末留抵税额，并在办理增值税纳税申报时，相应填写《增值税纳税申报表附列资料（二）（本期进项税额明细）》第22栏“上期留抵税额退税”。

(14) 纳税人以虚增进项、虚假申报或其他欺骗手段骗取留抵退税的，由税务机关追缴其骗取的退税款，并按照《中华人民共和国税收征收管理法》等有关规定处理。

案例6-24

增值税一般纳税人甲公司，2019年4—9月符合留抵退税条件，但12月申报期才申请退还留抵税额，在此期间由于纳税申报、稽查查补和评估调整等原因，9月期末留抵税额发生变化，按最近一期即2019年11月《增值税纳税申报表（一般纳税人适用）》期末留抵税额确定允许退还的增量留抵税额。

案例6-25

生产型出口企业甲公司2019年3月期末留抵税额为0，9月期末留抵税额为100万元，免抵退税应退税额为20万元，4—9月符合留抵退税条件，进项构成比例为90%，10月申报期既申报免抵退税又申请办理留抵退税，10月期末留抵税额为120万元，11月4日，免抵退税应退税额20万元经税务机关核准。

$$
\begin{aligned}
\text{允许退还的增量留抵税额} &= \text{增量留抵税额} \times \text{进项构成比例} \times 60\% \\
&= 100 \times 90\% \times 60\% = 54(\text{万元})
\end{aligned}
$$

11月4日，税务机关核准免抵退税应退税额15.6万元，自免抵退税应退税额核准之日起10个工作日内完成留抵退税审核，应按最近一期《增值税纳税申报表（一般纳税人适用）》期末留抵税额即10月期末留抵税额120万元，扣减税务机关核准的免抵退税应退税额20万元后的余额100万元确定允许退还的增量留抵税额，为54万元。

假设10月期末留抵税额为60万元，最近一期《增值税纳税申报表（一般纳税人适用）》期末留抵税额即10月期末留抵税额60万元，扣减税务机关核准的免抵退税应退税额20万元后的余额40万元确定允许退还的增量留抵税额，为40万元。

案例6-26

增值税一般纳税人甲公司，2019年2月之前有增值税欠税70万元，2019年3月期末留抵税额为10万元，9月期末留抵税额110万元，4—9月符合留抵退税条件，进项构成比例为90%，该公司10月申报期申请退还留抵税额：

允许退还的增量留抵税额＝增量留抵税额×进项构成比例×60%
＝100×90%×60%＝54（万元）

纳税人既有增值税欠税，又有期末留抵税额的，按最近一期《增值税纳税申报表（一般纳税人适用）》期末留抵税额110万元，抵减增值税欠税70万元后的余额确定允许退还的增量留抵税额，为40万元。

案例6-27

生产型出口企业甲公司，4—9月符合留抵退税条件，申报期10月22日申请退还留抵税额54万元，11月2日税务机关完成审核，并向纳税人出具准予留抵退税的《税务事项通知书》。11月7日公司办理了10月的纳税申报和免抵退税申报。10月留抵税额为60万元。

在纳税人办理增值税纳税申报和免抵退税申报后、税务机关核准其免抵退税应退税额前，核准其前期留抵退税54万元，以最近一期《增值税纳税申报表（一般纳税人适用）》期末留抵税额60万元，扣减税务机关核准的留抵退税额54万元后的余额6万元，计算当期免抵退税应退税额和免抵税额。

根据《国家税务总局关于取消增值税扣税凭证认证确认期限等增值税征管问题的公告》（国家税务总局公告2019年第45号）规定：

（1）纳税人适用增值税留抵退税政策，有纳税信用级别条件要求的，以纳税人向主管税务机关申请办理增值税留抵退税提交《退（抵）税申请表》时的纳税信用级别确定。

（2）按照《财政部 税务总局 海关总署关于深化增值税改革有关政策的公告》（2019年第39号）和《财政部 税务总局关于明确部分先进制造业增值税期末留抵

退税政策的公告》（2019年第84号）的规定，在计算允许退还的增量留抵税额的进项构成比例时，纳税人在2019年4月至申请退税前一税款所属期内按规定转出的进项税额，无需从已抵扣的增值税专用发票、机动车销售统一发票、海关进口增值税专用缴款书、解缴税款完税凭证注明的增值税额中扣减。

案例6-28

2020年4月，某纳税人纳税信用级别被评定为B级，而此前该纳税人纳税信用级别为M级。2020年5月，该纳税人向主管税务机关申请留抵退税并提交《退（抵）税申请表》时，已满足纳税信用级别为A级或者B级的条件，因此，如纳税人符合其他留抵退税条件，税务机关应按规定为其办理留抵退税。（总局解读案例）

《财政部 税务总局关于支持新型冠状病毒感染的肺炎疫情防控有关税收政策的公告》（财政部 税务总局2020年第8号）规定：疫情防控重点保障物资生产企业可以按月向主管税务机关申请全额退还增值税增量留抵税额。本公告所称增量留抵税额，是指与2019年12月底相比新增加的期末留抵税额。本公告第一条、第二条所称疫情防控重点保障物资生产企业名单，由省级及以上发展改革部门、工业和信息化部门确定。

《国家税务总局关于支持新型冠状病毒感染的肺炎疫情防控有关税收征收管理事项的公告》（国家税务总局公告2020年第4号）规定：疫情防控重点保障物资生产企业按照《财政部 税务总局关于支持新型冠状病毒感染的肺炎疫情防控有关税收政策的公告》（2020年第8号）第二条规定，适用增值税增量留抵退税政策的，应当在增值税纳税申报期内，完成本期增值税纳税申报后，向主管税务机关申请退还增量留抵税额。

八、发票开具的基本要求

（一）发票票面各项目的一般填写要求

1. “购买方”栏填开要求

开具增值税专用发票的，需将购买方的4项信息（“名称”“纳税人识别号”“地址、电话”“开户行及账号”）全部填写完整。

（1）名称。《国家税务总局关于进一步加强普通发票管理工作的通知》（国税发〔2008〕80号）第八条第二款规定，在日常检查中发现纳税人使用不符合规定发票特别是没有填开付款方全称的发票，不得允许纳税人用于税前扣除、抵扣税款、出口退税和财务报销。对应开不开发票、虚开发票、制售假发票、非法代开发票，以及非法取得发票等违法行为，应严格按照《发票管理办法》的规定处罚；有偷逃骗税行为的，依照《税收征收管理法》的有关规定处罚；情节严重触犯刑律的，移送司法机关依法处理。

(2) 纳税人识别号。《国家税务总局关于增值税发票开具有关问题的公告》（国家税务总局公告 2017 年第 16 号）第一条规定，自 2017 年 7 月 1 日起，购买方为企业的，索取增值税普通发票时，应向销售方提供纳税人识别号或统一社会信用代码；销售方为其开具增值税普通发票时，应在“购买方纳税人识别号”栏填写购买方的纳税人识别号或统一社会信用代码。不符合规定的发票，不得作为税收凭证。本公告所称企业，包括公司、非公司制企业法人、企业分支机构、个人独资企业、合伙企业和其他企业。

2017 年 7 月 6 日国家税务总局货物和劳务税司有关负责人就增值税发票开具有关问题答问中有：国家税务总局公告 2017 年第 16 号文件仅适用于通过增值税税控开票系统开具的增值税普通发票，对于使用印有企业名称发票的行业，如电商、成品油经销等，可暂不填写购买方纳税人识别号，仍按照企业现有方式开具发票。另外，国家税务总局公告 2018 年第 1 号文件规定，自 2018 年 3 月 1 日起，所有成品油发票均须通过增值税发票管理新系统中成品油发票开具模块开具。

(3) 地址、电话，开户行及账号。若为增值税专用发票，“地址、电话”以及“开户行及账号”两栏信息必须准确完整。若为增值税专用发票以外的发票，“地址、电话”以及“开户行及账号”两栏要求不高，可以不填写，但是如果填写必须填写准确。

企业经营地址和注册地址不一致的，开具增值税专用发票时应按照税务登记证（统一社会信用代码证）上的地址开具。

2. “货物或应税劳务、服务名称”栏填开要求

(1) “货物或应税劳务、服务名称”栏，名称要和实际一致，并准确选择税收编码。《国家税务总局关于增值税发票管理若干事项的公告》（国家税务总局公告 2017 年第 45 号）规定，自 2018 年 1 月 1 日起，纳税人通过增值税发票管理新系统开具增值税发票（包括增值税专用发票、增值税普通发票、增值税电子普通发票）时，商品和服务税收分类编码对应的简称会自动显示并打印在发票票面“货物或应税劳务、服务名称”或“项目”栏次中。

例如，纳税人销售黄金项链，在开具增值税发票时输入的商品名称为“黄金项链”，选择的商品和服务税收分类编码为“金银珠宝首饰”。该分类编码对应的简称为“珠宝首饰”，则增值税发票票面上会显示并打印“*珠宝首饰*黄金项链”。如

果纳税人错误选择其他分类编码，发票票面上将会出现类似“＊钢材＊黄金项链”或“＊电子计算机＊黄金项链”的明显错误。

税务机关将对纳税人的以下两种情况进行监控和追查：一是是否按照商品税收分类编码开具发票；二是是否正确、规范地选择对应的税收分类编码开具发票。若纳税人未正确、规范地开具带税收分类编码的发票，税务机关将按发票有关规定进行处罚。

上述规定仅针对纳税人通过增值税发票管理新系统开具增值税发票（包括增值税专用发票、增值税普通发票、增值税电子普通发票）。税务机关通过代开发票系统开具的增值税发票，目前没有编码对应的简称，不影响正常使用。

（2）发票还可以写“办公用品”“礼品”吗?《发票管理办法》规定，销售方开具发票时，应如实开具与实际经营业务相符的发票。购买方取得发票时，不得要求变更品名和金额。但是目前发现部分销售方允许购买方通过其销售平台，自行选择需要开具发票的商品服务名称等内容，并按照购买方的要求开具与实际经营业务不符的发票。《国家税务总局关于增值税发票开具有关问题的公告》（国家税务总局公告 2017 年第 16 号）第二条再次明确规定，销售方开具增值税发票时，发票内容应按照实际销售情况如实开具，不得根据购买方要求填开与实际交易不符的内容。销售方开具发票时，通过销售平台系统与增值税发票税控系统后台对接，导入相关信息开票的，系统导入的开票数据内容应与实际交易相符，如不相符应及时修改完善销售平台系统。

国家税务总局公告 2017 年第 16 号文件针对的是笼统开票行为，比如“办公用品一批”“材料一批”这样的笼统开具行为，但并不是说“办公用品”发票就一定不能再开具了。《商品和服务税收分类与编码》中有一个明细类别是“纸制文具及用品”，因此，发票名称写“＊纸制文具及用品＊某种办公用品名称”是符合规范的。

《商品和服务税收分类与编码》中并没有“礼品”这个类别，企业销售什么必须开具什么，不能笼统写为“礼品”。例如礼品是红酒、茶叶、笔等，就如实开具。

发票应按编码开具，较笼统的项目需要按下一级明细开具，具体明细到什么程度，允许企业视核算或管理要求而定，并取决于消费者需要。

无论是从内控管理还是税务管理角度来理解，不管金额大小，办公用品、礼品均应该开具清单。数量少就直接在发票上列明具体品名，如笔记本、文件夹、订书机、红酒、茶叶等；数量多就附清单，增值税专用发票的清单必须从税控系统出具。

（3）一定要准确选择编码，因为发票编码选错了，极有可能被处罚甚至引来税务稽查。对未按规定规范使用税收分类编码的纳税人，主管税务机关将依照法律法规予以处理。根据《发票管理办法》第二十二条和《增值税专用发票使用规定》第十一条的规定，纳税人不选择商品和服务税收分类与编码的，属于发票栏目填写不全，主管税务机关将依照《发票管理办法》第三十五条第一款处理，由税务机关责令改正，可以处1万元以下罚款，并公开处罚情况。纳税人开具增值税发票时，发票内容应按照实际销售情况选择正确的编码如实开具。对经税务机关通过编码智能匹配助手和人工复核后发现纳税人选择的编码不符合规定的，主管税务机关将责令纳税人限期改正。逾期不更正的，视为恶意选择编码。纳税人恶意选择编码的，属于开具与实际经营业务情况不符的发票，主管税务机关将依照《发票管理办法》第三十七条第一款处理，没收违法所得，虚开金额在1万元以下的，可以并处5万元以下罚款；虚开金额超过1万元的，并处5万元以上50万元以下罚款；构成犯罪的，依法追究刑事责任。

3. “金额”和“价税合计”栏填开要求

纳税人开具增值税发票时，“金额”栏应填写不含税金额。纳税人在开具增值税发票时，如不能准确换算为不含税金额，可选择“含税金额”选项填入收取的含税收入，开票系统会自动换算为不含税金额。“价税合计”栏由系统自动算出，不能人工修改，金额应等于含税收入。

4. 其他栏次填开要求

“规格型号”“单位”“数量”“单价”栏可按实际业务填写，无此项目可不填。“收款人”“复核”栏可按实际需要填写，“开票人”栏为必填项，“销售方（章）”栏应加盖发票专用章。不动产发票、成品油发票等有特殊要求的发票，“单位”栏要符合规定。

《国家税务总局关于全面推开营业税改征增值税试点有关税收征收管理事项的公告》（国家税务总局公告2016年第23号）规定，销售不动产，纳税人自行开具或者税务机关代开增值税发票时，应在发票“货物或应税劳务、服务名称”栏填写不动产名称及房屋产权证书号码（无房屋产权证书的可不填写），“单位”栏填写面积单位，备注栏注明不动产的详细地址。

《国家税务总局关于成品油消费税征收管理有关问题的公告》（国家税务总局公告2018年第1号）规定，开具成品油发票（见图6-9）时，应遵守以下规则：

（1）正确选择商品和服务税收分类编码。

（2）发票“单位”栏应选择“吨”或“升”，蓝字发票的“数量”栏为必填项且不为“0”。

（3）开具成品油专用发票后，发生销货退回、开票有误以及销售折让等情形的，应按规定开具红字成品油专用发票。销货退回、开票有误等原因涉及销售数量的，应在《开具红字增值税专用发票信息表》中填写相应数量，销售折让的不填写数量。

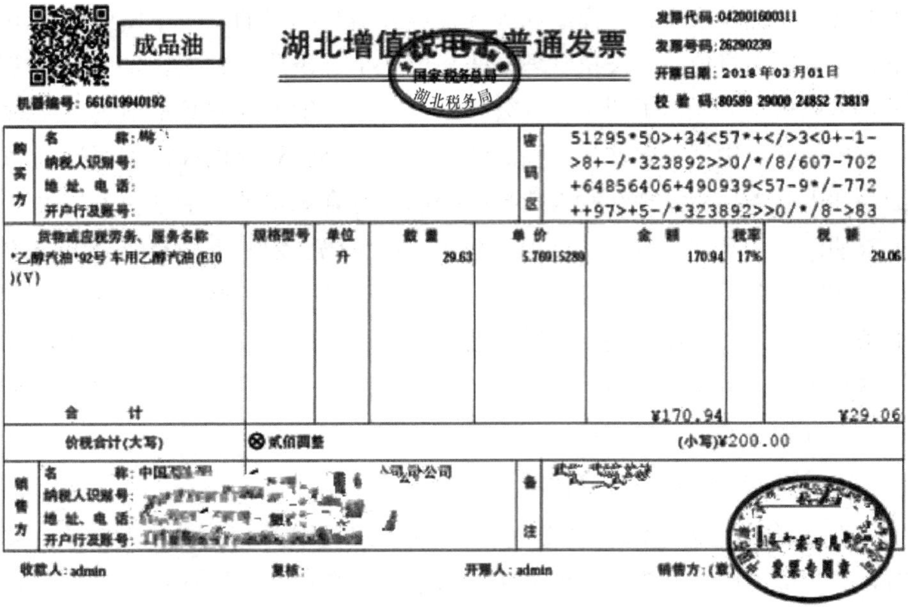

成品油　湖北增值税电子普通发票

机器编号：661619940192

发票代码：042001600311
发票号码：26290239
开票日期：2018 年03 月01日
校 验 码：80589 29000 24852 73819

购买方	名称：梅[redacted] 纳税人识别号： 地址、电话： 开户行及账号：	密码区	51295*50>+34<57*+</>3<0+-1- >8+-/*323892>>0/*/8/607-702 +64856406+490939<57-9*/-772 ++97>+5-/*323892>>0/*/8->83

货物或应税劳务、服务名称	规格型号	单位	数量	单价	金额	税率	税额
*乙醇汽油*92号 车用乙醇汽油(E10)(Ⅴ)		升	29.63	5.76915289	170.94	17%	29.06
合计					¥170.94		¥29.06
价税合计（大写）	⊗贰佰圆整				（小写）¥200.00		

销售方	名称：中国[redacted]有限公司 纳税人识别号：[redacted] 地址、电话：[redacted] 开户行及账号：[redacted]	备注	

收款人：admin　复核：　开票人：admin　销售方：（章）

图 6-9　成品油电子发票

《国家税务总局关于稀土企业等汉字防伪项目企业开具增值税发票有关问题的公告》（国家税务总局公告 2019 年第 13 号）第二条对稀土企业的发票开具规定如下：

从事稀土产品生产、商贸流通的增值税纳税人（以下简称“稀土企业”）销售稀土产品或提供稀土应税劳务、服务的，应当通过升级后的增值税发票管理系统开具稀土专用发票；销售非稀土产品或提供非稀土应税劳务、服务的，不得开具稀土专用发票。

（1）本公告所称稀土产品包括稀土矿产品、稀土冶炼分离产品、稀土金属及合金、稀土产品加工费。《稀土产品目录》详见附件（略）。

（2）稀土专用发票开具不得使用增值税发票管理系统“销售货物或者提供应税劳务、服务清单”填开功能。稀土专用发票“货物或应税劳务、服务名称”栏应当通过增值税发票管理系统中的稀土产品目录选择，“单位”栏选择“公斤”或“吨”，“数量”栏按照折氧化物计量填写。增值税发票管理系统在发票左上角自动打印“XT”字样。

（3）稀土企业销售稀土矿产品、稀土冶炼分离产品、稀土金属及合金，提供稀土加工应税劳务、服务的，应当按照《稀土产品目录》的分类分别开具发票。

（二）几种特殊发票票面各项目的特殊填写要求

1. 二手车销售统一发票

《国家税务总局关于统一二手车销售发票式样问题的通知》（国税函〔2005〕693

号）第一条规定，二手车经销企业、经纪机构和拍卖企业，在销售、中介和拍卖二手车收取款项时，必须开具二手车销售统一发票。

《国家税务总局关于统一二手车销售发票式样问题的通知》（国税函〔2005〕693号）第二条规定，二手车销售统一发票由以下用票人开具：

（1）从事二手车交易的市场，包括二手车经纪机构和消费者个人之间二手车交易需要开具发票的，由二手车交易市场统一开具。

（2）从事二手车交易活动的经销企业，包括从事二手车交易的汽车生产和销售企业。

（3）从事二手车拍卖活动的拍卖公司。

《国家税务总局关于增值税发票管理若干事项的公告》（国家税务总局公告2017年第45号）第三条规定，自2018年4月1日起，二手车交易市场、二手车经销企业、经纪机构和拍卖企业应当通过增值税发票管理新系统开具二手车销售统一发票。二手车销售统一发票“车价合计”栏次仅注明车辆价款。二手车交易市场、二手车经销企业、经纪机构和拍卖企业在办理过户手续过程中收取的其他费用，应当单独开具增值税发票。通过增值税发票管理新系统开具的二手车销售统一发票与现行二手车销售统一发票票样保持一致。发票代码编码规则调整为：第1位为0，第2～5位代表省、自治区、直辖市和计划单列市，第6～7位代表年度，第8～10位代表批次，第11～12位为17。发票号码为8位，按年度、分批次编制。单位和个人可以登录全国增值税发票查验平台（https://inv-veri.chinatax.gov.cn）对增值税发票管理新系统开具的二手车销售统一发票信息进行查验。

2. 机动车销售统一发票

《国家税务总局关于调整机动车销售统一发票票面内容的公告》（国家税务总局公告2014年第27号）第一条规定，机动车销售统一发票票面调整内容及填用如下：

（1）将原“身份证号码/组织机构代码”栏调整为“纳税人识别号”；“纳税人识别号”栏内打印购买方纳税人识别号，如购买方需要抵扣增值税税款，该栏必须填写，其他情况可为空。

（2）将原“购货单位（人）”栏调整为“购买方名称及身份证号码/组织机构代码”栏；“身份证号码/组织机构代码”应换行打印在“购买方名称”的下方。

（3）增加“完税凭证号码”栏；“完税凭证号码”栏内打印代开机动车销售统一发票时对应开具的增值税完税证号码，自开机动车销售统一发票时此栏为空。

（4）纳税人销售免征增值税的机动车，通过机动车销售统一发票税控系统开具时应在机动车销售统一发票“增值税税率或征收率”栏选填“0”，机动车销售统一发票“增值税税率或征收率”栏自动打印显示“***”，“增值税税额”栏自动打印显示“******”；机动车销售统一发票票面“不含税价”栏和“价税合计”栏填写金额相等。

（5）根据纳税人开票需要，增加“厂牌型号”栏宽度、压缩“车辆类型”栏宽度，并相应调整“购买方名称及身份证号码/组织机构代码”“吨位”栏宽度，机动车销售统一发票联次、规格及票面所有栏次高度不变。

3. 通行费电子票据

《交通运输部 财政部 国家税务总局 国家档案局关于收费公路通行费电子票据开具汇总等有关事项的公告》（交通运输部公告2020年第24号）第二条规定了通行费电子票据分类：

（1）收费公路通行费增值税电子普通发票（以下简称通行费电子发票）。通行费电子发票包括左上角标识“通行费”字样且税率栏次显示适用税率或征收率的通行费电子发票（以下简称征税发票）以及左上角无“通行费”字样，且税率栏次显示“不征税”的通行费电子发票（以下简称不征税发票）。客户通行经营性收费公路，由经营管理者开具征税发票，可按规定用于增值税进项抵扣；客户采取充值方式预存通行费，可由ETC客户服务机构开具不征税发票，不可用于增值税进项抵扣。

（2）收费公路通行费财政票据（电子）（以下简称通行费财政电子票据）。客户通行政府还贷公路，由经营管理者开具财政部门统一监制的通行费财政电子票据。通行费财政电子票据先行选择部分地区进行试点。试点期间，非试点地区暂时开具不征税发票。试点完成后，在全国范围内全面实行通行费财政电子票据。

通行费电子发票、通行费财政电子票据统称为通行费电子票据。针对收费公路分段建设、经营管理者多元等特性，为便利通行费电子票据财务处理，根据客户需求，通行费电子票据服务平台（以下简称服务平台）可按一次或多次行程为单位，在汇总通行费电子发票和通行费财政电子票据信息基础上，统一生成收费公路通行费电子票据汇总单（以下简称电子汇总单），作为已开具通行费电子票据的汇总信息证明材料。电子汇总单的汇总信息发生变更的，应重新开具电子汇总单，原电子汇总单自动作废失效，电子汇总单可通过服务平台查询。

（三）增值税专用发票的开具要求

《增值税专用发票使用规定》第十一条规定，专用发票应按下列要求开具：

（1）项目齐全，与实际交易相符；

（2）字迹清楚，不得压线、错格；

（3）发票联和抵扣联加盖发票专用章；

(4) 按照增值税纳税义务的发生时间开具。

对不符合上列要求的专用发票，购买方有权拒收。

九、发票开具的特殊要求和疑难问题

(一) 汇总开具专用发票

汇总开具发票的，要审核是否附有销货清单。专用发票销货清单必须从开票新系统开具；普通发票销货清单暂时没有强制要求必须从开票新系统开具，附有购物清单或小票也是可以的。

《国家税务总局关于修订〈增值税专用发票使用规定〉的通知》(国税发〔2006〕156号) 第十二条规定，一般纳税人销售货物或者提供应税劳务可汇总开具专用发票。汇总开具专用发票的，同时使用防伪税控系统开具《销售货物或者提供应税劳务清单》，并加盖发票专用章。

《国家税务总局货物和劳务税司关于做好增值税发票使用宣传辅导有关工作的通知》(税总货便函〔2017〕127号) 第十三条规定，一般纳税人销售货物、提供加工修理修配劳务和发生应税行为可汇总开具增值税专用发票。汇总开具增值税专用发票的，同时使用新系统开具《销售货物或者提供应税劳务清单》，并加盖发票专用章。

2017年7月6日国家税务总局货物和劳务税司有关负责人就增值税发票开具有关问题答问中有：如果购买的商品种类较多能否汇总开具增值税普通发票？如果购买的商品种类较多，销售方可以汇总开具增值税普通发票。购买方可凭汇总开具的增值税普通发票以及购物清单或小票作为税收凭证。

【相关链接】

《国家税务总局关于机动车电子信息采集和最低计税价格核定有关事项的公告》(国家税务总局公告2013年第36号) 规定：

(1) 自2013年8月1日起，国内机动车生产企业和国外机动车进口企业（不含进口自用，以下统称机动车生产企业）销售本企业生产（改装）或进口的车辆配置序列号不同或者价格不同的机动车，开具增值税专用发票或增值税普通发票（以下称增值税发票）时，在发票（包括《销售货物或提供应税劳务清单》）“货物或应税名称”栏中应当分别开具，不应在同一行中混开。

(2) 自2014年1月1日起，机动车生产企业销售本企业生产（改装）或进口的机动车，使用增值税防伪税控系统开具增值税发票后应导出发票信息，通过“合格证信息管理系统——车辆票据关联子系统”将发票信息与所售机动车的合格证电子信息或进口机动车车辆电子信息（以下简称合格证电子信息）进行关联。

已关联发票信息的合格证电子信息，将通过“合格证信息管理系统”自动上传至国家税务总局，国家税务总局实时采集每台应税车辆价格（增值税含税价格）信息。机动车生产企业未关联发票信息的合格证电子信息，自2014年1月1日起，将不能上传至国家税务总局。

（二）商业折扣、现金折扣和销售折让

在对企业进行纳税检查中，某些企业采取商业折扣方式销售货物、提供应税服务开具的专用发票，虽然销售额和折扣额在同一张发票上分别注明，但是折扣额却是在专用发票的“备注”栏里注明的，这并不符合有关专用发票开具的规定。

《国家税务总局关于印发〈增值税若干具体问题的规定〉的通知》（国税发〔1993〕154号）第二条第（二）项规定，纳税人采取折扣方式销售货物，如果销售额和折扣额在同一张发票上分别注明的，可按折扣后的销售额征收增值税。如果将折扣额另开发票，不论其在财务上如何处理，均不得从销售额中减除折扣额。

《国家税务总局关于折扣额抵减增值税应税销售额问题的通知》（国税函〔2010〕56号）规定，纳税人采取折扣方式销售货物，销售额和折扣额在同一张发票上分别注明是指销售额和折扣额在同一张发票上的“金额”栏分别注明，可按折扣后的销售额征收增值税。未在同一张发票“金额”栏注明折扣额，而仅在发票的“备注”栏注明折扣额的，折扣额不得从销售额中减除。

《营业税改征增值税试点实施办法》（财税〔2016〕36号文件印发）第四十三条规定，纳税人发生应税行为，将价款和折扣额在同一张发票上分别注明的，以折扣后的价款为销售额；未在同一张发票上分别注明的，以价款为销售额，不得扣减折扣额。

商业折扣、现金折扣、销售折让三者有所不同。

商业折扣，是指企业在销售货物或提供应税行为时，因购货方购买数量较多等原因，而按照一定折扣率（或折扣额）折扣后的优惠价格进行销售。因为折扣是与销售货物或提供应税行为同时发生，若将销售额和折扣额在同一张发票上分别注明，可直接按照折扣后的金额作为销售额计提销项税额；若折扣额另开发票，不论会计如何处理，均不得从销售额中扣除折扣额。因为商业折扣与实现销售同

时发生，买卖双方均按折扣后的价格成交，所以会计上对其不需单独作账务处理，又因为发票价格就是扣除折扣后的实际售价，所以可按发票上的金额计算销项税额。

现金折扣，是企业在销售货物或提供应税行为后，为了鼓励购货方及早偿还货款而给予付款方的折扣优惠。企业为了鼓励客户提前付款，一般规定付款方在不同期限内付款可享受不同比例的折扣，付款时间越早，折扣越大。所以，现金折扣发生在销售货物或提供应税行为之后，实质上是一种企业为了尽快收款而发生的融资性质的财务费用，折扣额相当于为收款而支付的利息，因此，现金折扣额应计入财务费用，不得抵减销售额和销项税额。

销售折让，是指企业在销售货物或提供应税行为后，由于货物或行为品种、质量等本身的原因而给予付款方在销售总额上一定的减让。销售折让与现金折扣虽然都是发生在销售货物或提供应税行为之后，但实质上销售折让会使原销售总额减少，所以销售折让要冲减当期销售额和销项税额。纳税人销售货物或提供应税行为，开具增值税专用发票后，提供应税服务中止、折让、开票有误等情形，应当按照国家税务总局的规定开具红字增值税专用发票。未按照规定开具红字增值税专用发票的，不得扣减销项税额或者销售额。商业折扣、现金折扣和销售折让的区别如表 6－4 所示。

表 6－4 商业折扣、现金折扣和销售折让的区别

销售方式	折扣折让时间	计税依据	开票方式
商业折扣	同时	直接按扣减折扣后的销售额计税	销售额和折扣额在同一张发票上分别注明，可直接将折扣后的金额作为销售额计提销项税额
现金折扣	先后（提前知道折扣率）	全额计税，折扣不扣减销售额和税额	全额开票，折扣不开票，计入财务费用
销售折让	先后（实际折让时才知道折让额）	先全额计税，实际折让时冲减销售额和税额	全额开票，折扣开红字发票，冲销销售额和税额

案例 6－29

甲公司为客户乙商场提供设计服务，设计服务收入 106 万元（含增值税）。甲公司规定，服务收入一次在 100 万元以上的业务可获得 10%的商业折扣，甲公司向乙商场开具增值税专用发票，并在发票上同时注明了销售额和折扣额。甲公司应作财税处理如下：

发票第一行："金额"栏填1 000 000，"税额"栏填60 000；第二行："金额"栏填−100 000，"税额"栏填−6 000，折扣额编码与第一行相同。

销售额=1 060 000×(1−10%)÷(1+6%)=900 000(元)

销项税额=900 000×6%=54 000(元)

借：应收账款	954 000
贷：主营业务收入	900 000
应交税费——应交增值税（销项税额）	54 000

案例6-30

甲公司销售某品牌电脑，该品牌电脑的销售价格为4 000元/台（不含增值税）。甲公司规定付款条件为"2/10，1/20，n/30"。甲公司销售给乙商场该品牌电脑100台，乙商场已于8天内付款。甲公司财税处理如下：

销售实现时，全额开具发票，"金额"栏填400 000，"税额"栏填52 000。

借：应收账款	452 000
贷：主营业务收入	400 000
应交税费——应交增值税（销项税额）	52 000

销货后第8天收到货款时：

折扣额=452 000×2%=9 040(元)

计入财务费用，不需要发票，以合同、收据等作为扣除凭证进行所得税税前扣除。

借：银行存款	442 960
财务费用	9 040
贷：应收账款	452 000

案例6-31

甲公司为客户乙商场提供设计服务，设计服务收入106万元（含增值税），乙商场尚未付款。几天后乙商场发现甲公司的设计不完全符合要求，要求甲公司降价。甲公司给予10.6万元的销售折让，开具红字增值税专用发票。甲公司应作账务处理如下：

提供设计服务时：

销项税额＝1 060 000÷(1＋6%)×6%＝60 000(元)

全额开具发票，“金额”栏填1 000 000，“税额”栏填60 000。

借：应收账款　　1 060 000
　贷：主营业务收入　　1 000 000
　　　应交税费——应交增值税（销项税额）　　60 000

甲公司给予10.6万元的销售折让，开具红字发票，“金额”栏填－100 000，“税额”栏填－6 000。

借：应收账款　　－106 000
　贷：主营业务收入　　－100 000
　　　应交税费——应交增值税（销项税额）　　－6 000

(三) 捆绑销售、买一赠一

捆绑销售、买一赠一，是指企业为了促进销售，而将本企业两种以上的商品一同销售，或者销售一件大商品赠送一件小商品，又或者购买商品达到一定金额时赠送一定的商品等。其增值税账务处理是一样的。

案例6－32

甲商场规定购买一套价值800元（含税）的西服，赠送一条价值80元（含税）的领带。某批发商购买了100套价值800元的西服，同时获赠了100条价值80元的领带。假设100套西服和100条领带的成本分别为50 000元、5 000元。

《国家税务总局关于确认企业所得税收入若干问题的通知》(国税函〔2008〕875号）第三条规定，企业以买一赠一等方式组合销售本企业商品的，不属于捐赠，应将总的销售金额按各项商品的公允价值的比例来分摊确认各项的销售收入。

《增值税暂行条例实施细则》规定，将自产、委托加工或购买的货物无偿赠送他人，应视同销售计算增值税销项税额。买一赠一与无偿赠送虽然都是赠送行为，但二者之间存在本质区别。

(1) 法律意义上的无偿赠送是指出于感情或其他原因而做出的无私慷慨行为。而销售货物后赠送货物的行为是有偿购物在先、赠送于后的有偿赠送行为，是商场为了刺激消费而采取的促销手段。

(2) 对于赠送财产的质量，根据《中华人民共和国合同法》的规定，无偿赠送的财产有瑕疵，赠送人不承担责任。而顾客接受赠送的商品如果出现质量问题，商场必须承担相应的责任。因此，购物赠送的货物不是无偿赠送，不能视同销售计算增值税。可见，买一赠一在企业所得税和增值税处理上都不属于视同销售。

所赠送领带的价值是通过出售商品西服实现的，因此，领带属于“捆绑销售”或者叫作买一赠一，不属于视同销售范畴，因此仅应该按照实际收款金额 80 000 元计算销售收入计提销项税额。

买一赠一实际上就是实物折扣。《国家税务总局关于折扣额抵减增值税应税销售额问题的通知》（国税函〔2010〕56 号）规定，纳税人采取折扣方式销售货物，销售额和折扣额在同一张发票上分别注明是指销售额和折扣额在同一张发票上的“金额”栏分别注明的，可按折扣后的销售额征收增值税；未在同一张发票“金额”栏注明折扣额，而仅在发票的“备注”栏注明折扣额的，折扣额不得从销售额中减除。因此，甲商场在开具发票时，应将销售额和折扣额在同一张发票上分别注明，有两种开票方式。

第一种开票方式：应先按照销售 100 件西服计 80 000 元和 100 条领带计 8 000 元分别填列两栏，然后在下一栏按照领带销售额开具折扣额 8 000 元（负数），最后的销售金额和税额合计 80 000 元。

第二种开票方式：销售 100 件西服计 80 000 元和西服折扣额分别填列两栏，100 条领带计 8 000 元和领带折扣额分别填列两栏，西服折扣额和领带折扣额按照西服和领带的公允价值比例分摊总折扣额 8 000 元，最后的销售金额和税额合计 80 000 元。

第二种方式最好，第一种方式一般税务机关也都认可，除这两种方式之外的其他开票方式都是不符合税法的。

企业应当做出的账务处理为：

西服销售额＝80 000×80 000÷88 000/1.13＝64 360.42(元)

领带销售额＝80 000×8 000÷88 000/1.13＝6 436.04(元)

增值税销项税额＝80 000/1.13×13%＝9 203.54(元)

借：银行存款	80 000
贷：主营业务收入——西服	64 360.42
——领带	6 436.04
应交税费——应交增值税（销项税额）	9 203.54
借：主营业务成本——西服	50 000
——领带	5 000
贷：库存商品——西服	50 000
——领带	5 000

【温馨提醒】

买一赠一方式销售货物的，所赠送的商品，单独开具发票的，或者在“备注”栏注明赠送赠品的，甚至不开具发票直接作出库处理（借：销售费用等科目，贷：库存商品）的，都属于未按税法规定开具发票，需要缴纳增值税。也有的企业将赠送的商品做在内账上，则被税务机关按照隐藏销售收入来处理。

（四）赊销和分期收款销售方式下如何开具增值税专用发票?

根据《增值税暂行条例》第十九条、《增值税暂行条例实施细则》第三十八条、《国家税务总局关于修订〈增值税专用发票使用规定〉的通知》（国税发〔2006〕156号）第十一条的规定，采用分期收款方式销售货物，纳税义务发生时间为书面合同约定的收款日期的当天，无书面合同的或者书面合同没有约定收款日期的，为货物发出的当天，发票应在发生纳税义务时开具。若先开具发票的，纳税义务发生时间为开具发票的当天。

在销售一般货物的情况下，在规定的开票时间，按照相应的数量、单价、金额开具发票即可。在实际纳税咨询中，纳税人咨询最多的是分期收款销售设备如何开具发票。下面举例说明。

案例 6－33

甲公司和乙公司均为增值税一般纳税人。7 月份甲公司以分期收款方式向乙公司销售设备一台，合同约定设备价款 100 万元、增值税 16 万元；乙公司收到设备后付款 30%，安装调试合格后再支付 60%，剩余 10%在 1 年质保期结束后支付。甲公司按照约定收款时间确认收入时，增值税专用发票的“数量”“单价”栏应如何填开?

此笔业务增值税专用发票的填开方法为：“单价”栏按照设备的实际销售价格开具，“数量”栏按合同约定的当期收款数额占设备总价款的比例开具，最好在“备注”栏说明是分期付款的设备。

（五）与承租单位共用水电，如何给承租单位开具增值税专用发票?

案例 6－34

甲公司和乙公司均为增值税一般纳税人。乙公司在甲公司租赁了一间厂房，双方签订的租赁合同规定：水电费由甲公司代收代交，乙公司每月最后一天支付给甲公司水电费。甲公司支付水电费，取得自来水公司按3%的征收率开具的增值税专用发票和电力公司按13%的税率开具的增值税专用发票。乙公司支付水电费时要求甲公司开具增值税专用发票，那么，甲公司不是自来水公司，也不是电力公司，可以开具增值税专用发票给乙公司吗？不能开怎么办？能开又怎么开才符合规定呢？

有人认为，根据《财政部 国家税务总局关于部分货物适用增值税低税率和简易办法征收增值税政策的通知》（财税〔2009〕9号）及《财政部 国家税务总局关于简并增值税征收率政策的通知》（财税〔2014〕57号）的规定，一般纳税人销售自产的自来水，可选择按照简易办法依照3%的征收率计算缴纳增值税。由此得出结论：甲公司可以给乙公司按照简易办法开具3%的征收率的增值税专用发票。

其实这个结论是不正确的，因为按简易办法征收仅适用于自来水公司销售的自产自来水（注意“自产”两个字），而甲公司属于转售自来水，因而不适用简易办法。甲公司应当按照自来水的适用税率9%开具增值税专用发票给乙公司，乙公司可以凭专用发票抵扣进项税额。对于电费，甲公司可以按照13%的适用税率开具增值税专用发票给乙公司，乙公司可以凭专用发票抵扣进项税额。若乙公司不是一般纳税人，则可以开具增值税普通发票。

（六）物业管理服务中收取的自来水水费如何开具发票?

提供物业管理服务的纳税人，向服务接受方收取的自来水水费，有特殊规定。《国家税务总局关于物业管理服务中收取的自来水水费增值税问题的公告》（国家税务总局公告2016年第54号）规定，提供物业管理服务的纳税人，向服务接受方收取的自来水水费，以扣除其对外支付的自来水水费后的余额为销售额，按照简易计税方法依3%的征收率计算缴纳增值税。

不少纳税人都有这样的疑问：若物业管理服务中收取的自来水水费是平价收取的，按照这个规定，销售额就是0，如何开具发票，如何进行会计处理呢?

《国家税务总局关于全面推开营业税改征增值税试点有关税收征收管理事项的公告》（国家税务总局公告2016年第23号）第四条第（二）项规定，按照现行政策规定适用差额征税办法缴纳增值税，且不得全额开具增值税发票的（财政部、国家税务总局另有规定的除外），纳税人自行开具或者税务机关代开增值税发票时，通过新系统中差额征税开票功能，录入含税销售额（或含税评估额）和扣除额，系统自动计算税额和不含税金额，“备注”栏自动打印“差额征税”字样，发票开具不应与其他项目混开。

根据上述规定：

(1) 提供物业管理服务的纳税人，向服务接受方收取的自来水水费，不通过新系统中差额征税开票功能开具增值税发票。

(2) 提供物业管理服务的一般纳税人，向服务接受方收取的自来水水费，可按照简易计税方法依3%的征收率全额开具增值税专用发票。

(3) 提供物业管理服务的小规模纳税人，向服务接受方收取的自来水水费，可按照简易计税方法依3%的征收率全额开具增值税普通发票，也可向主管税务机关申请全额开具增值税专用发票。

案例6-35

甲公司是一家物业管理公司，一般纳税人，12月支付自来水公司自来水费价款合计103万元，取得自来水公司开具的增值税专用发票，发票上注明税额3万元。因未实行“一户一表”，甲公司将该自来水费用按照各业主房间建筑面积分摊，共收取业主自来水费103万元。不考虑其他纳税事项。

采取差额征税并简易计税的处理方式，解决了转售自来水税率差对于物业管理纳税人造成的税负增加问题，这种方式下物业管理公司不能抵扣自来水的进项税额。

甲公司的账务处理为（单位：万元）：

(1) 支付自来水公司水费时，取得自来水公司开具的增值税专用发票。

借：主营业务成本	100	
应交税费——应交增值税（进项税额）	3	
贷：银行存款		103
借：主营业务成本	3	
贷：应交税费——应交增值税（进项税额转出）		3

(2) 收取业主自来水费时，依3%的征收率全额开具增值税专用发票。

简易计税方式下应交增值税＝103÷(1＋3%)×3%＝3(万元)

借：现金或银行存款	103	
贷：主营业务收入		100
应交税费——简易计税		3
借：应交税费——简易计税	3	
贷：主营业务成本		3

甲公司应纳增值税额＝3－3＝(103－103)÷(1＋3%)×3%＝0

国家税务总局公告2016年第54号文件中并未规定扣除部分不得开具增值税专用发票，应不属于国家税务总局公告2016年第23号规定的“按照现行政策规定适用差额征税办法缴纳增值税，且不得全额开具增值税发票”的情形，不需要采取“差额开票”功能，业主可抵扣进项税额3万元。

（七）挂靠经营如何开具发票？

在交通运输、建筑施工行业，挂靠经营方式非常普遍，挂靠经营由谁开具发票，受票方能否抵扣进项税额，一直是困扰纳税人和税务机关的一个问题，也常常因此而产生税企争议。在纳税咨询和纳税审查中，经常遇到像案例6－36一样的情况。

案例6－36

甲运输公司既有自有运输车辆，又有挂靠经营车辆。甲公司挂靠车辆为乙公司运送货物，运输合同是甲公司和乙公司签订的，发票由甲公司向乙公司开具，发票上的运输方和合同承运方一致，款项也由乙公司支付给承运方甲公司。但主管税务机关认为，运输业务是挂靠在甲公司名下的个体运输户李某运输的，甲公司存在为他人代开货运专用发票行为，属于虚开增值税专用发票，受票方乙公司不能抵扣进项税额。主管税务机关的观点是否正确？

根据《营业税改征增值税试点实施办法》的规定，单位以承包、承租、挂靠方式经营的，承包人、承租人、挂靠人（以下统称承包人）以发包人、出租人、被挂靠人（以下统称发包人）名义对外经营并由发包人承担相关法律责任的，以该发包人为纳税人。否则，以承包人为纳税人。

《国家税务总局关于纳税人对外开具增值税专用发票有关问题的公告》（国家税务总局公告2014年第39号）规定，自2014年8月1日起，纳税人通过虚增增值税进项税额偷逃税款，但对外开具增值税专用发票同时符合以下情形的，不属于对外虚开增值税专用发票：（1）纳税人向受票方纳税人销售了货物，或者提供了增值税应税劳务、应税服务；（2）纳税人向受票方纳税人收取了所销售货物、所提供应税劳务或者应税服务的款项，或者取得了索取销售款项的凭据；（3）纳税人按规定向受票方纳税人开具的增值税专用发票相关内容，与所销售货物、所提供应税劳务或者应税服务相符，且该增值税专用发票是纳税人合法取得并以自己名义开具的。受票方纳税人取得的符合上述情形的增值税专用发票，可以作为增值税扣税凭证抵扣进项税额。

对于挂靠经营如何适用国家税务总局公告2014年第39号文件，需要视不同情况分别确定。第一，如果挂靠方以被挂靠方名义，向受票方纳税人销售货物、提供增值税应税劳务或者应税服务，应以被挂靠方为纳税人。被挂靠方作为货物的销售方或者应税劳务、应税服务的提供方，按照相关规定向受票方开具增值税专用发票，属于国家税务总局公告2014年第39号文件规定的情形。第二，如果挂靠方以自己名义向受票方纳税人销售货物、提供增值税应税劳务或者应税服务，被挂靠方与此项业务无关，则应以挂靠方为纳税人。这种情况下，被挂靠方向受票方纳税人就该项业务开具增值税专用发票，不在国家税务总局公告2014年第39号文件规定之列。

从上述规定可以看出，以被挂靠方名义对外经营并由被挂靠方承担相关法律责任的，以被挂靠方为纳税人，因此被挂靠方应向受票方开具发票，受票方可以作为扣税凭证；若以挂靠方自己名义开展业务，或者虽以被挂靠方名义对外经营但被挂靠方并不承担相关法律责任的，均以挂靠方为纳税人，因此挂靠方应向受票方开具发票，这时若由被挂靠方开具发票则属于虚开行为。

本案例中，业务真实，合同签订、发票开具和付款对象相一致，甲公司不属于虚开增值税专用发票，乙公司可以抵扣进项税额。若挂靠人李某以自己名义向受票方乙公司提供运输服务，运输合同是受票方乙公司和挂靠人李某签订的，则挂靠人李某为纳税人，应由李某开具发票。这时若由被挂靠人甲公司开具，则属于虚开增值税专用发票行为，受票方属于恶意接受虚开增值税专用发票行为，不得抵扣进项税额。

《国家税务总局关于进一步明确营改增有关征管问题的公告》（国家税务总局公告2017年第11号）第二条规定，建筑企业与发包方签订建筑合同后，以内部授权或者三方协议等方式，授权集团内其他纳税人（以下称第三方）为发包方提供建筑服务，并由第三方直接与发包方结算工程款的，由第三方缴纳增值税并向发包方开具增值税发票，与发包方签订建筑合同的建筑企业不缴纳增值税。发包方可凭实际提供建筑服务的纳税人开具的增值税专用发票抵扣进项税额。

本条款在一定意义上改变了集团内建筑企业“挂靠”业务的纳税人确认问题。举例来说，因为子公司资质不够，由集团公司与发包方签订建筑合同，以内部授权或者三方协议等方式，授权子公司实际为发包方提供建筑服务并结算工程款。借用集团公司资质的子公司可以作为增值税纳税人，子公司可以自己向发包方开具增值税发票，集团公司不需要开发票缴纳增值税；发包方也可以取得子公司开具的增值税专用发票抵扣进项税额。

特别需要注意本条款适用范围，只有归属于同一个集团内的建筑企业才能适用。不属于统一集团内的挂靠行为仍然根据《营业税改征增值税试点实施办法》一般规定确定纳税人。

【相关链接】

最高人民法院研究室《关于如何认定以“挂靠”有关公司名义实施经营活动并让有关公司为自己虚开增值税专用发票行为的性质》征求意见的复函

法研〔2015〕58号

公安部经济犯罪侦查局：

贵局《关于如何认定以“挂靠”有关公司名义实施经营活动并让有关公司为自己虚开增值税专用发票行为的性质的函》（公经财税〔2015〕40号）收悉，经研究，现提出如下意见：

一、挂靠方以挂靠形式向受票方实际销售货物，被挂靠方向受票方开具增值税专用发票的，不属于《中华人民共和国刑法》第二百零五条规定的“虚开增值税专用发票”。

主要考虑：

（1）由挂靠方适用被挂靠方的经营资格进行经营活动，并向挂靠方支付挂靠费的经营方式在实践中客观存在，且带有一定普遍性。相关法律并未明确禁止以挂靠形式从事经营活动。

（2）虚开增值税专用发票罪是行政犯，对相关入罪要件的判断，应当依据、参照相关行政法规、部门规章等，而根据《国家税务总局关于纳税人对外开具增值税专用发票有关问题的公告》（国家税务总局公告2014年第39号），挂靠方以挂靠形式向受票方实际销售货物，被挂靠方向受票方开具增值税专用发票的，不属于虚开。

二、行为人利用他人的名义从事经营活动，并以他人名义开具增值税专用发票的，即便行为人与该他人之间不存在挂靠关系，但如行为人进行了实际的经营活动，主观上并无骗取抵扣税款的故意，客观上也未造成国家增值税款损失的，不宜认定为《中华人民共和国刑法》第二百零五条规定的“虚开增值税专用发票”；符合逃税罪等其他犯罪构成条件的，可以其他犯罪论处。

主要考虑：

（1）虚开增值税发票罪的危害实质在于通过虚开行为骗取抵扣税款，对于有实际交易存在的代开行为，如行为人主观上并无骗取扣税款的故意，客观上未造成国家增值税款损失的，不宜以虚开增值税专用发票罪论处。虚开增值税专用发票罪的法定最高刑为无期徒刑，系严重犯罪，如将该罪理解为行为犯，只要虚开增值税专用发票，侵犯增值税专用发票管理秩序的，即构成犯罪并要判处重刑，也不符合罪刑责相适应原则。

（2）1996年10月17日《关于适用〈全国人民代表大会常务委员会关于惩治虚

开、伪造和非法出售增值税专用发票犯罪的决定〉的若干问题的解释》虽然未被废止，但该解释制定于1997年刑法施行前，根据我院《关于认真学习宣传贯彻修订的〈中华人民共和国刑法〉的通知》（法发〔1997〕3号）第五条规定，修订的刑法实施后，对已明令废止的全国人大常委会有关决定和补充规定，最高人民法院原作出的有关司法解释不再适用，但是如果修订的刑法有关条文实质内容没有变化的，人民法院在刑事审判工作中，在没有新的司法解释前，可参照执行。其他对于与修订的刑法规定相抵触的司法解释，不再适用，应当根据现行《中华人民共和国刑法》第二百零五条关于虚开增值税专用发票罪的规定，合理选择该解释中可以继续参照适用的条文。其中，该解释中关于进行了实际经营活动，但让他人为自己代开增值税专用发票也属于虚开的规定，与虚开增值税专用发票罪的规定不符，不应继续适用；如继续适用该解释的上述规定，则对于挂靠代开案件也要以犯罪论处，显然有失妥当。

(3)《刑事审判参考》曾刊登"芦才兴虚开抵扣税款发票案"。该案例提出，虚开可以用于抵扣税款的发票冲减营业额偷逃税款的行为。主观上明知所虚开的运输发票均不用于抵扣税款，客观上使用虚开发票冲减营业额的方法偷逃应纳税款，其行为不符合虚开用于抵扣税款发票罪的构成要件，属于偷税行为。2001年福建高院请示的泉州市松苑绵涤实业有限公司等虚开增值税专用发票案，被告单位不以抵扣税款为目的，而是为了显示公司实力以达到在与外商谈判中处于有利地位的目的而虚开增值税发票。我院答复认为该公司的行为不构成犯罪。

以上意见供参考。

二〇一五年六月十一日

(八) 纳税人用加油卡加油可否要求加油站直接开具专用发票?

根据《成品油零售加油站增值税征收管理办法》（国家税务总局令〔2002〕2号）第十二条规定，发售加油卡、加油凭证销售成品油的纳税人（以下简称预售单位）在售卖加油卡、加油凭证时，应按预收账款方法作相关账务处理，不征收增值税。预售单位在发售加油卡或加油凭证时可开具普通发票，如购油单位要求开具增值税专用发票，待用户凭卡或加油凭证加油后，根据加油卡或加油凭证回笼记录，向购油单位开具增值税专用发票。接受加油卡或加油凭证销售成品油的单位与预售单位结算油款时，接受加油卡或加油凭证销售成品油的单位根据实际结算的油款向预售单位开具增值税专用发票。

因此，加油站在售卖加油卡时，企业可以要求其提前开具普通发票，但不能提前开具增值税专用发票。只有待企业凭卡或加油凭证加油后，根据加油卡或加油凭证回笼记录，才能要求加油站开具增值税专用发票。

（九）纳税人提供会议服务如何开具发票？

《财政部 国家税务总局关于明确金融、房地产开发、教育辅助服务等增值税政策的通知》（财税〔2016〕140 号）第十条规定，宾馆、旅馆、旅社、度假村和其他经营性住宿场所提供会议场地及配套服务的活动，按照“会议展览服务”缴纳增值税。

关于配套服务的理解各地口径可能不同，如河北税务局规定试点纳税人提供会议服务，且同时提供住宿、餐饮、娱乐、旅游等服务的，在开具增值税专用发票时不得将上述服务项目统一开具为“会议费”，应按照《商品和服务税收分类与编码（试行）》规定的商品和服务编码，在同一张发票上据实分项开具，并在“备注”栏中注明会议名称和参会人数。湖北税务局规定酒店业纳税人对提供会议服务中包含的餐饮服务、住宿服务收入，可一并按会议服务核算计税，开具增值税发票。

（十）开具专票，可否一票多率，多业务合并开具？

《营业税改征增值税试点实施办法》（财税〔2016〕36 号文件印发）第三十九条规定，纳税人兼营销售货物、劳务、服务、无形资产或者不动产，适用不同税率或者征收率的，应当分别核算适用不同税率或者征收率的销售额；未分别核算的，从高适用税率。不同的征税项目（房费、餐费需要单独列明）及不同税率项目应分别开具，但可以在同一张发票上开具；免税项目与应税项目不能开在同一张发票上。

同一张发票可以开出不同税率/征收率发票，“餐费”的进项税额需要转出。

（十一）为客户开具增值税专用发票时，对付款方式有什么要求？

2016 年 5 月 19 日国家税务总局视频会政策问题解答中有：纳税人取得服务品名为住宿费的增值税专用发票，但住宿费是以个人账户支付的，这种情况能否允许抵扣进项税？是不是需要以单位对公账户转账付款才允许抵扣？

其实，现行政策在住宿费的进项税抵扣方面，从未作出类似的限制性规定，纳税人无论通过私人账户还是对公账户支付住宿费，只要其购买的住宿服务符合现行规定，都可以抵扣进项税。需要补充说明的是，不仅是住宿费，对纳税人购进的其他任何货物、服务，也都没有因付款账户不同而对进项税抵扣作出限制性的规定。

（十二）增值税一般纳税人提供货物运输服务开具发票的特殊规定

《国家税务总局关于停止使用货物运输业增值税专用发票有关问题的公告》（国

家税务总局公告2015年第99号）规定：

（1）增值税一般纳税人提供货物运输服务，使用增值税专用发票和增值税普通发票，开具发票时应将起运地、到达地、车种车号以及运输货物信息等内容填写在发票“备注”栏中，如内容较多可另附清单。

（2）为避免浪费，方便纳税人发票使用衔接，货物运输业增值税专用发票最迟可使用至2016年6月30日，7月1日起停止使用。

（3）铁路运输企业受托代征的印花税款信息，可填写在发票“备注”栏中。中国铁路总公司及其所属运输企业（含分支机构）提供货物运输服务，可自2015年11月1日起使用增值税专用发票和增值税普通发票，所开具的铁路货票、运费杂费收据可作为发票清单使用。

（十三）二手车可以索取增值税专用发票吗?

在二手车市场购入一辆二手车，符合抵扣的条件，且已经开具了二手车发票，可以再索取增值税专用发票吗?

《商务部办公厅关于促进二手车便利交易 加快活跃二手车市场的通知》（商建字〔2016〕8号）规定，各省、自治区、直辖市商务、发展改革、工业和信息化、公安、财政、环境保护、交通运输、税务、工商、银监、保监主管部门要完善二手车税收征管。通过二手车交易市场、二手车经销企业、拍卖企业或经纪机构进行二手车交易的，应在以上市场、企业所在地或销售方所在地开具二手车销售统一发票。现行政策允许开具且购买方索取增值税专用发票的，销售二手车的一般纳税人可开具增值税专用发票，小规模纳税人可由主管税务机关代开增值税专用发票。税务机关要加强对二手车交易的税收征管。

十、增值税专用发票限额管理

《国家税务总局关于在全国开展营业税改征增值税试点有关征收管理问题的公告》（国家税务总局公告2013年第39号）规定，增值税专用发票（增值税税控系统）实行最高开票限额管理。最高开票限额，是指单份专用发票或货物运输业增值税专用发票开具的销售额合计数不得达到的上限额度。最高开票限额由一般纳税人申请，区县税务机关依法审批。一般纳税人申请最高开票限额时，需填报《增值税专用发票最高开票限额申请单》。主管税务机关受理纳税人申请以后，根据需要进行实地查验。实地查验的范围和方法由各省税务机关确定。税务机关应根据纳税人实际生产经营和销售情况进行审批，保证纳税人生产经营的正常需要。

《国家税务总局关于进一步做好纳税人增值税发票领用等工作的通知》（税总函

〔2019〕64 号）规定，各级税务机关不得简单按照纳税人所有制性质、所处行业、所在区域等因素，对纳税人领用发票进行不合理限制。要根据纳税人税收风险程度、纳税信用级别和实际经营情况，合理确定发票领用数量和最高开票限额，及时做好发票发放工作，保障纳税人正常生产经营。纳税人因实际经营情况发生变化提出增加发票领用数量和最高开票限额，经依法依规审核未发现异常的，主管税务机关要及时为纳税人办理“增版”“增量”。对纳税人增值税异常扣税凭证要依法依规进行认定和处理，除存在购销严重背离、虚假纳税申报、税务约谈两次无故不到等涉嫌虚开发票的情形外，不得限制纳税人开具发票。对于已经由税务机关按照政策规定和流程解除非正常户的纳税人，主管税务机关应当在 2 个工作日内恢复其税控系统开票功能，保障纳税人正常开具发票。

十一、增值税专用发票的领购

《增值税专用发票使用规定》（国税发〔2006〕156 号）第八条规定，一般纳税人有下列情形之一的，不得领购开具专用发票。

（1）会计核算不健全，不能向税务机关准确提供增值税销项税额、进项税额、应纳税额数据及其他有关增值税税务资料的。上列其他有关增值税税务资料的内容，由省、自治区、直辖市和计划单列市税务局确定。

（2）有《税收征收管理法》规定的税收违法行为，拒不接受税务机关处理的。

（3）有下列行为之一，经税务机关责令限期改正而仍未改正的：

1）虚开增值税专用发票；

2）私自印制专用发票；

3）向税务机关以外的单位和个人买取专用发票；

4）借用他人专用发票；

5）未按规定开具专用发票；

6）未按规定保管专用发票和专用设备；

7）未按规定申请办理防伪税控系统变更发行；

8）未按规定接受税务机关检查。

有上列情形的，如已领购专用发票，主管税务机关应暂扣其结存的专用发票和税控专用设备。

税务机关核定的增值税专用发票领购数量不能满足日常经营需要时，可向主管税务机关申请进行增次增量。

《国家税务总局关于进一步做好纳税人增值税发票领用等工作的通知》（税总函〔2019〕64 号）规定，对于税收风险程度较低的纳税人，按需供应发票；对于税收风险程度中等的纳税人，正常供应发票，加强事中事后监管；对于税收风险程度较高的纳税人，严格控制其发票领用数量和最高开票限额，并加强事中事后监管。国家税务总局各省、自治区、直辖市和计划单列市税务局（以下简称“各省区市税务局”）应积极探索依托信息技术手段，通过科学设置预警监控指标，有效识别纳税人税收风险程度，并且据此开展发票领用分类分级管理工作。

对于纳税信用A级的纳税人，按需供应发票，可以一次领取不超过3个月的发票用量。纳税信用B级的纳税人可以一次领取不超过2个月的发票用量。以上两类纳税人生产经营情况发生变化需要调整发票用量的，按照规定及时办理。

进一步扩大发票网上申领适用范围，已经实现办税人员实名信息采集和验证的纳税人，可以自愿选择使用网上申领方式领用发票。在全面推行发票网上申领的同时，各级税务机关要注重做好发票领用风险防控和发票物流配送衔接，确保发票网上申领简便易用、风险可控、安全可靠。

十二、不得开具增值税专用发票的情形

（一）基本规定

(1)《增值税暂行条例》规定，属于下列情形之一的，不得开具增值税专用发票。

1）向消费者个人销售服务、无形资产或者不动产。

2）适用免征增值税规定的应税行为。

(2)《国家税务总局货物和劳务税司关于做好增值税发票使用宣传辅导有关工作的通知》（税总货便函〔2017〕127号）第十一条规定，属于下列情形之一的，不得开具增值税专用发票。

1）向消费者个人销售货物、提供应税劳务或者发生应税行为的。

2）销售货物、提供应税劳务或者发生应税行为适用增值税免税规定的，法律、法规及国家税务总局另有规定的除外。

3）部分适用增值税简易征收政策规定的。

①增值税一般纳税人的单采血浆站销售非临床用人体血液选择简易计税的。

②纳税人销售旧货，按简易办法依3%征收率减按2%征收增值税的。

③纳税人销售自己使用过的固定资产，适用按简易办法依3%征收率减按2%征收增值税政策的。纳税人销售自己使用过的固定资产，适用简易办法依照3%征收率减按2%征收增值税政策的，可以放弃减税，按照简易办法依照3%征收率缴纳增值税，并可以开具增值税专用发票。

4）法律、法规及国家税务总局规定的其他情形。

（二）向其他个人销售自行开发的房地产项目

《房地产开发企业销售自行开发的房地产项目增值税征收管理暂行办法》（国家税务总局公告 2016 年第 18 号）规定，一般纳税人向其他个人销售自行开发的房地产项目，不得开具增值税专用发票。

（三）金融商品转让

《关于全面推开营业税改征增值税试点的通知》（财税〔2016〕36 号）规定，金融商品转让，不得开具增值税专用发票。

（四）免税业务

《国家税务总局关于加强免征增值税货物专用发票管理的通知》（国税函〔2005〕780 号）规定，增值税一般纳税人销售免税货物，一律不得开具专用发票，但国有粮食购销企业销售免税粮食除外。

【温馨提醒】

一般来说，销售免税货物不得开具专用发票，但是粮食购销企业存在特殊情况。

《国家税务总局关于国有粮食购销企业开具粮食销售发票有关问题的通知》（国税明电〔1999〕10 号）规定，自 1999 年 8 月 1 日起，凡国有粮食购销企业销售粮食，暂一律开具增值税专用发票。国有粮食购销企业开具增值税专用发票时，应当比照非免税货物开具增值税专用发票，企业记账销售额为“价税合计”数。属于一般纳税人的生产、经营单位从国有粮食购销企业购进的免税粮食，可依照国有粮食购销企业开具的增值税专用发票注明的税额抵扣进项税额。

《国家税务总局关于政府储备食用植物油销售业务开具增值税专用发票问题的通知》（国税函〔2002〕531 号）规定，自 2002 年 6 月 1 日起，对中国储备粮管理总公司及各分公司所属的政府储备食用植物油承储企业，按照国家指令计划销售的政府储备食用植物油，可比照《国家税务总局关于国有粮食购销企业开具粮食销售发票有关问题的通知》（国税明电〔1999〕10 号）及《国家税务总局关于加强国有粮食购销企业增值税管理有关问题的通知》（国税函〔1999〕560 号）的有关规定执行，允许其开具增值税专用发票并纳入增值税防伪税控系统管理。

一般纳税人取得粮食企业开具的增值税专用发票，符合规定的，也可以抵扣进项税额。

《关于农村电网维护费征免增值税问题的通知》（国税函〔2009〕591 号）规定，对其他单位收取的农村电网维护费免征增值税，不得开具增值税专用发票。

《关于有机肥产品免征增值税的通知》（财税〔2008〕56 号）规定，纳税人销售免税的有机肥产品，应按规定开具普通发票，不得开具增值税专用发票。

《关于免征滴灌带和滴灌管产品增值税的通知》（财税〔2007〕83 号）规定，纳税人销售免税的滴灌带和滴灌管产品，应一律开具普通发票，不得开具增值税专用发票。

《关于饲料级磷酸二氢钙产品增值税政策问题的通知》（国税函〔2007〕10 号）规定，纳税人销售饲料级磷酸二氢钙产品，不得开具增值税专用发票；凡开具专用发票的，不得享受免征增值税政策，应照章全额缴纳增值税。

《财政部 税务总局关于明确国有农用地出租等增值税政策的公告》（财政部 税务总局公告 2020 年第 2 号）规定，纳税人将国有农用地出租给农业生产者用于农业生产，免征增值税。

《财政部 税务总局关于支持货物期货市场对外开放增值税政策的公告》（财政部 税务总局公告 2020 年第 12 号）规定，自 2018 年 11 月 30 日至 2023 年 11 月 29 日，对经国务院批准对外开放的货物期货品种保税交割业务，暂免征收增值税。

《财政部 税务总局关于支持新型冠状病毒感染的肺炎疫情防控有关政策的公告》（财政部 税务总局公告 2020 年第 8 号）第三条规定，对纳税人运输疫情防控重点保障物资取得的收入，免征增值税。疫情防控重点保障物资的具体范围，由国家发展改革委、工业和信息化部确定。

《财政部 税务总局关于支持新型冠状病毒感染的肺炎疫情防控有关政策的公告》（财政部 税务总局公告 2020 年第 8 号）第五条规定，对纳税人提供公共交通运输服务、生活服务，以及为居民提供必需生活物资快递收派服务取得的收入，免征增值税。

《财政部 税务总局关于支持新型冠状病毒感染的肺炎疫情防控有关捐赠税收政策的公告》（财政部 税务总局公告 2020 年第 9 号）第三条规定，单位和个体工商户将自产、委托加工或购买的货物，通过公益性社会组织和县级以上人民政府及其部门等国家机关，或者直接向承担疫情防治任务的医院，无偿捐赠用于应对新型冠状病毒感染的肺炎疫情的，免征增值税、消费税、城市维护建设税、教育费附加、地方教育附加。

《国家税务总局关于支持新型冠状病毒感染的肺炎疫情防控有关税收征收管理事项的公告》（国家税务总局公告 2020 年第 4 号）第三条规定，纳税人按照 8 号公告和 9 号公告有关规定适用免征增值税政策的，不得开具增值税专用发票；已开具增值税专用发票的，应当开具对应红字发票或者作废原发票，再按规定适用免征增值税政策并开具普通发票。

纳税人在疫情防控期间已经开具增值税专用发票，按照本公告规定应当开具对应红字发票而未及时开具的，可以先适用免征增值税政策，对应红字发票应当于相关免征增值税政策执行到期后 1 个月内完成开具。

（五）差额征税

《关于在境外提供建筑服务等有关问题的公告》（国家税务总局公告 2016 年第 69 号）规定：

（1）境外单位通过教育部考试中心及其直属单位在境内开展考试，教育部考试中心及其直属单位应以取得的考试费收入扣除支付给境外单位考试费后的余额为销售额，按提供"教育辅助服务"缴纳增值税；就代为收取并支付给境外单位的考试费统一扣缴增值税。教育部考试中心及其直属单位代为收取并支付给境外单位的考试费，不得开具增值税专用发票，可以开具增值税普通发票。

（2）纳税人提供签证代理服务，以取得的全部价款和价外费用，扣除向服务接受方收取并代为支付给外交部和外国驻华使（领）馆的签证费、认证费后的余额为销售额。向服务接受方收取并代为支付的签证费、认证费，不得开具增值税专用发票，可以开具增值税普通发票。

（3）纳税人代理进口按规定免征进口增值税的货物，其销售额不包括向委托方收取并代为支付的货款。向委托方收取并代为支付的款项，不得开具增值税专用发票，可以开具增值税普通发票。

《关于进一步明确全面推开营改增试点有关劳务派遣服务、收费公路通行费抵扣等政策的通知》（财税〔2016〕47 号）规定：

（1）提供劳务派遣服务，选择差额纳税的纳税人，向用工单位收取用于支付给劳务派遣员工工资、福利和为其办理社会保险及住房公积金的费用，不得开具增值税专用发票，可以开具普通发票。

（2）提供人力资源外包服务的纳税人，按照经纪代理服务缴纳增值税，其销售额不包括受客户单位委托代为向客户单位员工发放的工资和代理缴纳的社会保险、住房公积金。向委托方收取并代为发放的工资和代理缴纳的社会保险、住房公积金，不得开具增值税专用发票，可以开具普通发票。

《关于全面推开营业税改征增值税试点的通知》（财税〔2016〕36 号）规定：

（1）试点纳税人提供经纪代理服务，以取得的全部价款和价外费用，扣除向委托方收取并代为支付的政府性基金或者行政事业性收费后的余额为销售额。向委托方收取的政府性基金或者行政事业性收费，不得开具增值税专用发票。

（2）试点纳税人提供旅游服务，可以选择以取得的全部价款和价外费用，扣除向旅游服务购买方收取并支付给其他单位或者个人的住宿费、餐饮费、交通费、签证费、门票费和支付给其他接团旅游企业的旅游费用后的余额为销售额。选择该办法计算销售额的试点纳税人，向旅游服务购买方收取并支付的上述费用，不得开具增值税专用发票，可以开具普通发票。

（3）试点纳税人提供知识产权代理服务、货物运输代理服务和代理报关服务，以其取得的全部价款和价外费用，扣除向委托方收取并代为支付的政府性基金或者行政事业性收费后的余额为销售额。向委托方收取的政府性基金或者行政事业性收费，不得开具增值税专用发票。

（六）融资性售后回租服务向承租方收取的有形动产价款本金

《营业税改征增值税试点有关事项的规定》（财税〔2016〕36 号文件印发）规定，试点纳税人提供有形动产融资性售后回租服务，向承租方收取的有形动产价款本金，不得开具增值税专用发票，可以开具普通发票。

（七）预付卡

《关于营改增试点若干征管问题的公告》（国家税务总局公告 2016 年第 53 号）规定：

（1）单用途卡发卡企业或者售卡企业（以下统称售卡方）销售单用途卡，或者接受单用途卡持卡人充值取得的预收资金，不缴纳增值税。售卡方可按照“未发生销售行为的不征税项目”规定，向购卡人、充值人开具增值税普通发票，不得开具增值税专用发票。销售方与售卡方不是同一个纳税人的，销售方在收到售卡方结算的销售款时，应向售卡方开具增值税普通发票，并在“备注”栏注明“收到预付卡结算款”，不得开具增值税专用发票。

（2）支付机构销售多用途卡取得的等值人民币资金，或者接受多用途卡持卡人充值取得的充值资金，不缴纳增值税。支付机构可按照“未发生销售行为的不征税项目”的规定，向购卡人、充值人开具增值税普通发票，不得开具增值税专用发票。特约商户收到支付机构结算的销售款时，应向支付机构开具增值税普通发票，并在“备注”栏注明“收到预付卡结算款”，不得开具增值税专用发票。

（八）跨境应税行为免税收入

《营业税改征增值税跨境应税行为增值税免税管理办法（试行）》（国家税务总局公告 2016 年第 29 号）规定，纳税人发生跨境应税行为免征增值税的，应单独核算跨境应税行为的销售额，准确计算不得抵扣的进项税额，其免税收入不得开具增值税专用发票。

（九）销售自己使用过的固定资产

《国家税务总局关于简并增值税征收率有关问题的公告》（国家税务总局公告 2014 年第 36 号）、《国家税务总局关于一般纳税人销售自己使用过的固定资产增值税有关问题的公告》（国家税务总局公告 2012 年第 1 号）规定，增值税一般纳税人销售自己使用过的固定资产，属于以下两种情形的，可按简易办法适用 3%减按 2%征收增值税，同时不得开具增值税专用发票。

（1）纳税人购进或者自制固定资产时为小规模纳税人，认定为一般纳税人后销售该固定资产。

（2）增值税一般纳税人发生按简易办法征收增值税应税行为，销售其按照规定不得抵扣且未抵扣进项税额的固定资产。

（十）零税率应税服务

《适用增值税零税率应税服务退（免）税管理办法》（国家税务总局公告 2014 年第 11 号）规定，实行增值税退（免）税办法的增值税零税率应税服务不得开具增值税专用发票。

（十一）钻石出口

《钻石交易增值税征收管理办法》（国税发〔2006〕131 号）规定，钻石出口不得开具增值税专用发票。

（十二）商业企业一般纳税人零售消费品

《国家税务总局关于修订〈增值税专用发票使用规定〉的通知》（国税发〔2006〕156 号）第十条规定，商业企业一般纳税人零售的烟、酒、食品、服装、鞋帽（不包括劳保专用部分）、化妆品等消费品不得开具专用发票。

（十三）除特殊规定外，其他个人不能自行开具或代开增值税专用发票

《国家税务总局关于实施第二批便民办税缴费新举措的通知》（税总函〔2019〕243 号）第一条规定：全面推行小规模纳税人自行开具增值税专用发票。税务总局进一步扩大小规模纳税人自行开具增值税专用发票范围，小规模纳税人（其他个人除外）发生增值税应税行为、需要开具增值税专用发票的，可以自愿使用增值税发票管理系统自行开具。

《国家税务总局关于增值税发票管理等有关事项的公告》（国家税务总局公告 2019 年第 33 号）第五条规定：自 2020 年 2 月 1 日起，增值税小规模纳税人（其他

个人除外）发生增值税应税行为，需要开具增值税专用发票的，可以自愿使用增值税发票管理系统自行开具。选择自行开具增值税专用发票的小规模纳税人，税务机关不再为其代开增值税专用发票。

增值税小规模纳税人应当就开具增值税专用发票的销售额计算增值税应纳税额，并在规定的纳税申报期内向主管税务机关申报缴纳。在填写增值税纳税申报表时，应当将当期开具增值税专用发票的销售额，按照3%和5%的征收率，分别填写在《增值税纳税申报表》（小规模纳税人适用）第2栏和第5栏“税务机关代开的增值税专用发票不含税销售额”的“本期数”相应栏次中。

违反规定开具专用发票的，则对其开具的销售额依照增值税适用税率全额征收增值税，不得抵扣进项税额，并按照《发票管理办法》及其实施细则的有关规定予以处罚。

【特殊规定】

《国家税务总局关于营业税改征增值税委托地税局代征税款和代开增值税发票的通知》（税总函〔2016〕145号）第二条第（四）项规定，增值税小规模纳税人销售其取得的不动产以及其他个人出租不动产，购买方或承租方不属于其他个人的，纳税人缴纳增值税后可以向税务局申请代开增值税专用发票。不能自开增值税普通发票的小规模纳税人销售其取得的不动产，以及其他个人出租不动产，可以向税务局申请代开增值税普通发票。税务局代开发票部门通过增值税发票管理新系统代开增值税发票，系统自动在发票上打印“代开”字样。

十三、纳税人作废增值税专用发票重新开具的处理

（一）作废增值税专用发票的情形、方法、条件

《国家税务总局关于修订〈增值税专用发票使用规定〉的通知》（国税发〔2006〕156号）第十三条规定，一般纳税人在开具专用发票当月，发生销货退回、开票有误等情形，收到退回的发票联、抵扣联符合作废条件的，按作废处理；开具时发现有误的，可即时作废。作废专用发票须在防伪税控系统中将相应的数据电文按“作废”处理，在纸质专用发票（含未打印的专用发票）各联次上注明“作废”字样，全联次留存。

《国家税务总局关于修订〈增值税专用发票使用规定〉的通知》（国税发〔2006〕

156 号）第二十条规定，同时具有下列情形的，为本规定所称作废条件。（1）收到退回的发票联、抵扣联时间未超过销售方开票当月；（2）销售方未抄税并且未记账；（3）购买方未认证或者认证结果为“纳税人识别号认证不符”“专用发票代码、号码认证不符”。作废发票，三个条件必须同时满足，缺一不可。

（二）避免或减少作废发票的方法

避免或减少作废发票有下列方法：

（1）系统开具的发票都是顺号的，开具发票时必须将系统发票代码、号码与纸质发票代码、号码核对一致。

（2）要真实地填写专用发票中的相关项目，并与实际交易相符，不得开具品名、数量、金额与实际销售货物不符的发票。

（3）开具发票要准确、完整，特别是购买方名称，税号，地址、电话，开户银行及账号，货物名称，数量，单价，金额，税率，税额等，一定要检查无误后再打印。部分纳税人在开票时商品编码、商品种类选择错误，导致发票出现税率错误、品目错误等情况，进而引起购货方拒收发票、发票无法抵扣等问题。开票时先确认是否有适用的税率（征收率），如果系统提供的税率不正确，应及时修改正确的税率或者到税务柜台进行设备升级，以保证正确开票。

（4）格式调整准确，打印发票字迹要清楚，不得压线、错格，要确保打印格式精准，不得将二维码或密码区与表样原有内容重叠，否则将影响发票的使用，产生无效票。

（5）销售方要严格按照专用发票开具时限开具发票，并及时将发票安全地交给购买方。

（6）牢记不得开具增值税专用发票的情形。

（7）发现开票信息错误后，纳税人应将发票所有联次全部作废，重新开具，同时及时查找原因，纠正错误，避免再犯同样的错误。

十四、纳税人开具红字增值税专用发票的处理

（一）红字增值税发票开具的情形及方法

《国家税务总局关于红字增值税发票开具有关问题的公告》（国家税务总局公告 2016 年第 47 号）规定：

（1）增值税一般纳税人开具增值税专用发票后，发生销货退回、开票有误、应税服务中止等情形但不符合发票作废条件，或者因销货部分退回及发生销售折让，

需要开具红字专用发票的，按以下方法处理：

1）购买方取得专用发票已用于申报抵扣的，购买方可在增值税发票管理新系统中填开并上传《开具红字增值税专用发票信息表》（以下简称《信息表》，详见表 6－5），在填开《信息表》时不填写相对应的蓝字专用发票信息，应暂依《信息表》所列增值税税额从当期进项税额中转出，待取得销售方开具的红字专用发票后，与《信息表》一并作为记账凭证。

表 6－5 开具红字增值税专用发票信息表

填开日期：　　年　月　日

<table>
<tr><td rowspan="2">销售方</td><td>名　称</td><td></td><td rowspan="2">购买方</td><td>名　称</td><td colspan="2"></td></tr>
<tr><td>纳税人识别号</td><td></td><td>纳税人识别号</td><td colspan="2"></td></tr>
<tr><td rowspan="10">开具红字专用发票内容</td><td>货物（劳务服务）名称</td><td>数量</td><td>单价</td><td>金额</td><td>税率</td><td>税额</td></tr>
<tr><td></td><td></td><td></td><td></td><td></td><td></td></tr>
<tr><td></td><td></td><td></td><td></td><td></td><td></td></tr>
<tr><td></td><td></td><td></td><td></td><td></td><td></td></tr>
<tr><td></td><td></td><td></td><td></td><td></td><td></td></tr>
<tr><td></td><td></td><td></td><td></td><td></td><td></td></tr>
<tr><td></td><td></td><td></td><td></td><td></td><td></td></tr>
<tr><td></td><td></td><td></td><td></td><td></td><td></td></tr>
<tr><td></td><td></td><td></td><td></td><td></td><td></td></tr>
<tr><td>合计</td><td>—</td><td>—</td><td></td><td>—</td><td></td></tr>
<tr><td>说明</td><td colspan="6">一、购买方□
对应蓝字专用发票抵扣增值税销项税额情况：
1. 已抵扣□
2. 未抵扣□
对应蓝字专用发票的代码：______ 号码：______
二、销售方□
对应蓝字专用发票的代码：______号码：______</td></tr>
<tr><td>红字专用发票信息表编号</td><td colspan="6"></td></tr>
</table>

购买方取得专用发票未用于申报抵扣但发票联或抵扣联无法退回的，购买方填开《信息表》时应填写相对应的蓝字专用发票信息。

销售方开具专用发票尚未交付购买方，以及购买方未用于申报抵扣并将发票联及抵扣联退回的，销售方可在新系统中填开并上传《信息表》。销售方填开《信息表》时应填写相对应的蓝字专用发票信息。

2）主管税务机关通过网络接收纳税人上传的《信息表》，系统自动校验通过后，生成带有“红字发票信息表编号”的《信息表》，并将信息同步至纳税人端系统中。

3）销售方凭税务机关系统校验通过的《信息表》开具红字专用发票，在新系统中以销项负数开具。红字专用发票应与《信息表》一一对应。

4）纳税人也可凭《信息表》电子信息或纸质资料到税务机关对《信息表》内容进行系统校验。

（2）税务机关为小规模纳税人代开专用发票，需要开具红字专用发票的，按照一般纳税人开具红字专用发票的方法处理。

（3）纳税人需要开具红字增值税普通发票的，可以在所对应的蓝字发票金额范围内开具多份红字发票。红字机动车销售统一发票需与原蓝字机动车销售统一发票一一对应。

《国家税务总局关于纳税人折扣折让行为开具红字增值税专用发票问题的通知》（国税函〔2006〕1279号）规定，纳税人销售货物并向购买方开具增值税专用发票后，由于购货方在一定时期内累计购买货物达到一定数量，或者由于市场价格下降等原因，销货方给予购货方相应的价格优惠或补偿等折扣、折让行为，销货方可按现行《增值税专用发票使用规定》的有关规定开具红字增值税专用发票。

【温馨提醒】

（1）负数增值税普通发票（含农产品收购发票与农产品销售发票）与负数机动车销售统一发票的开具方法相同。

当企业所开发票有误或者由于商品质量等问题导致购货方需要退货，但蓝字普通发票已抄税不能作废时，可开具负数普通发票来冲抵。

负数普通发票的填开方法与红字专用发票不同，不受信息表管理的限制。在开具负数普通发票前，指定其对应的正数普通发票的代码和号码即可开具。

在打印负数普通发票时，系统自动将对应的正数发票的代码和号码打印在负数发票的“备注”栏内。

（2）一般纳税人取得的红字增值税专用发票不需要认证。

（二）红字增值税专用发票填开的税务风险

纳税人应当根据实际生产经营的需要按照税法规定开具红字增值税专用发票，

对已开具的红字增值税专用发票，纳税人要保留购销双方的合同或协议、出库单、退库单、验收单、运费发票等证明资料，以备税务机关的检查。

纳税人若想通过开具红字增值税专用发票来达到逃避缴税、延迟纳税、调节税额等非法目的，将面临很大的税务风险。税务机关会通过系统的后台数字分析发现问题，实施重点检查。对超过一定比例的红字增值税专用发票，税务机关会重点监控。各地税务机关会根据各地管理需要不同，制定红字增值税专用发票金额占蓝字增值税专用发票金额的比例，用于加强对红字增值税专用发票的管理。

例如，几个企业之间频繁互开发票，同时又频繁用红字增值税专用发票冲抵，税务机关就会质疑企业红字增值税专用发票业务的真实性。该企业如果经查没有真实的销售与退货行为，就属于虚开增值税专用发票，这是严重的发票违法行为。

十五、纳税人丢失增值税发票的处理

《中华人民共和国发票管理办法实施细则》（国家税务总局令第 37 号，简称《发票管理办法实施细则》）第三十一条规定，使用发票的单位和个人应当妥善保管发票。发生发票丢失情形时，应当于发现丢失当日书面报告税务机关。

《发票管理办法》三十六条规定，跨规定的使用区域携带、邮寄、运输空白发票，以及携带、邮寄或者运输空白发票出入境的，由税务机关责令改正，可以处 1 万元以下的罚款；情节严重的，处 1 万元以上 3 万元以下的罚款；有违法所得的，予以没收。

丢失发票或者擅自损毁发票的，依照以上规定处罚。

根据上述规定，纳税人应在发现发票丢失当日书面报告税务机关，接受罚款。

（一）一般纳税人丢失增值税专用发票的处理

根据《国家税务总局关于增值税发票综合服务平台等事项的公告》（国家税务总局公告 2020 年第 1 号）规定：纳税人同时丢失已开具增值税专用发票或机动车销售统一发票的发票联和抵扣联，可凭加盖销售方发票专用章的相应发票记账联复印件，作为增值税进项税额的抵扣凭证、退税凭证或记账凭证。

纳税人丢失已开具增值税专用发票或机动车销售统一发票的抵扣联，可凭相应发票的发票联复印件，作为增值税进项税额的抵扣凭证或退税凭证；纳税人丢失已开具增值税专用发票或机动车销售统一发票的发票联，可凭相应发票的抵扣联复印件，作为记账凭证。

为贯彻落实党中央、国务院关于减证便民、优化服务的部署要求，税务部门不断提升信息管税能力和水平，已经实现了增值税专用发票及机动车销售统一发票报税信息的共享共用。纳税人丢失发票的发票联、抵扣联后，已无需前往税务机关申请开具《丢失增值税专用发票已报税证明单》，可凭相应发票的其他基本联次复印件，作为增值税进项税额的抵扣凭证、退税凭证或记账凭证。

（二）一般纳税人丢失海关进口增值税专用缴款书的处理

根据《国家税务总局关于调整增值税扣税凭证抵扣期限有关问题的通知》（国税函〔2009〕第 617 号）第四条规定，增值税一般纳税人丢失海关进口增值税专用缴款书，应在规定期限内（2017 年 1 月 1 日以后开具的，取消认证确认、稽核比对、申报抵扣的期限）凭报关地海关出具的相关已完税证明，向主管税务机关提出抵扣申请。主管税务机关受理申请后，应当进行审核，并将纳税人提供的海关进口增值税专用缴款书电子数据纳入稽核系统进行比对。稽核比对无误后，方可允许计算进项税额抵扣。

（三）纳税人丢失普通发票的处理

根据《发票管理办法》第三十六条、《发票管理办法实施细则》第三十一条的相关规定，丢失普通发票的纳税人应于丢失当日书面报告主管税务机关，然后接受主管税务机关责令限改并处 1 万元以下的罚款；情节严重的，处 1 万元以上 3 万元以下的罚款。

普通发票一旦丢失，纳税人则无法凭借普通发票进行账务处理，而只能使用收据、复印件等其他证明材料入账（实际工作中，很多地市税务机关不允许使用发票复印件入账），这样将使财务工作显得很不规范，而且与之相关的成本费用在企业所得税汇算清缴时也不允许税前扣除。

增值税专用发票的发票联和抵扣联丢失还有办法补救，但是，对于普通发票丢失的情况怎样处理，目前税法还没有明确的规定（有些地区的税务机关作出了相应的规定，可以按照当地税务机关规定办理）。因此，纳税人一定要高度重视普通发票的保管。

除了报告、登报、罚款外，各地的执行口径有区别，以下地方政策供参考。

《河北省国家税务局关于印发〈增值税普通发票管理办法（试行）〉的通知》（冀国税发〔2007〕156 号）第十七条规定，对丢失已开具的增值税普通发票，购买方可凭销售方主管税务机关开具的《丢失增值税普通发票已报税证明单》和记账联复印件到购买方主管税务机关验证相符后，凭记账联复印件及《验证结果通知书》作为记账凭证。

《四川省国家税务局关于普通发票管理中若干具体问题的公告》（四川省国家税

务局公告 2012 年第 11 号）第四条关于丢失发票作废申明规定，该省税务系统管辖的纳税人发生发票遗失和被盗等丢失情形时，必须选择在市州级以上（含市州级）正式发行的报纸上刊登作废声明，并在向主管税务机关书面报告后的 7 个工作日内，向主管税务机关补充提供已登报申明作废的证明等资料。

《陕西省国家税务局关于发布〈陕西省国家税务局普通发票管理规定〉的公告》（陕西省国家税务局公告 2014 年第 17 号）规定，对丢失已开具发票的纳税人，向主管税务机关备案后，视情节给予相应处罚。开具红字增值税专用发票对已丢失发票进行冲销，在红字增值税专用发票票面注明已丢失发票的发票代码和号码，再重新补开发票。对丢失已接收发票的纳税人，经主管税务机关核实后，根据需要向纳税人出具丢失证明，纳税人持此证明向对方单位重新索取发票。

《山东省国家税务局关于发布〈山东省国家税务局普通发票监控管理办法〉的公告》（山东省国家税务局公告 2014 年第 7 号）第十九条规定，已开具发票的发票联遗失的，应按以下规定处理：

（1）开票方丢失发票联的，应于发现丢失当日书面报告主管税务机关，在县级以上报刊登报声明作废、接受行政处罚后，作废该份发票或开具相应红字增值税专用发票，并重新开具发票给受票方。

（2）受票方丢失发票联的，可持县级以上报刊刊登的作废声明和主管税务机关的行政处罚决定书，向开票方请求重新开具发票。开票方据此开具红字增值税专用发票后，为其重新开具发票。

（四）纳税人丢失机动车销售发票的处理

《国家税务总局关于消费者丢失机动车销售发票处理问题的批复》（国税函〔2006〕227 号）规定，鉴于车主申报缴纳车辆购置税时需要报送机动车销售统一发票报税联，办理机动车登记时需要报送机动车销售统一发票注册登记联，因此，当消费者丢失机动车销售发票后，可采取重新补开机动车销售发票的方法来解决。具体程序为：

（1）丢失机动车销售发票的消费者到机动车销售单位取得销售统一发票存根联复印件（加盖销售单位发票专用章或财务专用章）；

（2）到机动车销售方所在地主管税务机关盖章确认并登记备案；

（3）由机动车销售单位重新开具与原销售发票存根联内容一致的机动车销售发票，消费者凭重新开具的机动车销售发票办理相关手续。

根据 2019 年 11 月 1 日起实施的《全国税务机关纳税服务规范》（3.0 版）“发票遗失、损毁报告”规范，丢失机动车销售发票的消费者，办理发票挂失损毁报告时，不再需要提供加盖销售单位发票专用章的机动车销售统一发票存根联复印件。

办理发票挂失损毁报告需要提交《发票挂失损毁报告表》1份。

虽然《国家税务总局关于消费者丢失机动车销售发票处理问题的批复》（国税函〔2006〕227号）目前仍未作废，但税务机关可以根据新上线的发票管理系统获取相关信息，所以不再要求消费者提供加盖销售单位发票专用章的机动车销售统一发票存根联复印件。

【相关链接】

国家税务总局关于应用机动车销售统一发票电子信息办理车辆购置税业务的公告

国家税务总局公告2020年第3号

一、试点地区自2020年2月1日起、其他地区自2020年6月1日起，纳税人购置应税车辆办理车辆购置税纳税申报时，以发票电子信息中的不含税价作为申报计税价格。纳税人依据相关规定提供其他有效价格凭证的情形除外。

应税车辆存在多条发票电子信息或者没有发票电子信息的，纳税人应当持机动车销售统一发票、购车合同及其他能够反映真实交易的材料到税务机关办理车辆购置税纳税申报，按照购置应税车辆实际支付给销售方的全部价款（不包括增值税税款）申报纳税。

发票电子信息与纳税人提供的机动车销售统一发票的内容不一致、纳税人提供的机动车销售统一发票已经作废或者开具了红字发票的，纳税人应换取合规的发票后申报纳税。

二、试点地区自2020年2月1日起、其他地区自2020年6月1日起，纳税人购置并已完税的应税车辆，纳税人申请车辆购置税退税时，税务机关核对纳税人提供的退车发票与发票电子信息无误后，按规定办理退税；核对不一致的，纳税人换取合规的发票后，依法办理退税申报；没有发票电子信息的，销售方向税务机关传输有效发票电子信息后，纳税人依法办理退税申报。

三、试点地区纳税人2020年2月1日后办理于2020年1月31日前购置应税车辆的车辆购置税纳税申报、其他地区纳税人2020年6月1日后办理于2020年5月31日前购置应税车辆的车辆购置税纳税申报，税务机关能够调取发票电子信息的，按照本公告第一条流程办理；税务机关无法调取发票电子信息的，按原流程办理。

四、纳税人对所提交材料的真实性和合法性承担法律责任。

五、本公告所述购置日期以机动车销售统一发票上注明的日期为准。

十六、农产品扣税凭证的审核

（一）农产品扣税凭证抵扣、增值税纳税申报表填写的七大影响

《财政部 税务总局 海关总署关于深化增值税改革有关政策的公告》（财政部 税务总局 海关总署公告 2019 年第 39 号）、《国家税务总局关于调整增值税纳税申报有关事项的公告》（增值税纳税申报表公告 2019 年第 15 号）、《财政部 税务总局关于调整增值税税率的通知》（财税〔2018〕32 号）、《财政部 税务总局关于简并增值税税率有关政策的通知》（财税〔2017〕37 号）对农产品抵扣政策、增值税纳税申报表填写产生了重大影响。现将这七大影响总结如下：

（1）一般情况下，纳税人购进农产品，取得一般纳税人开具的增值税专用发票或海关进口增值税专用缴款书的，以增值税专用发票或海关进口增值税专用缴款书上注明的增值税额为进项税额。填写《增值税纳税申报表附列资料（二）》（本期进项税额明细）1～3 栏次。

（2）一般情况下，从按照简易计税方法依照 3%征收率计算缴纳增值税的小规模纳税人取得增值税专用发票的，以增值税专用发票上注明的金额和 9%的扣除率计算进项税额。填写《增值税纳税申报表附列资料（二）》（本期进项税额明细）第 6 栏“农产品收购发票或者销售发票”。

税额＝增值税专用发票上注明的金额×9%

【特别提醒】

小规模纳税人开具 3%的普通发票不能抵扣，而只有开具 3%的专用发票，才可以按 9%计算抵扣。

尚存疑惑的是，从按照简易计税方法依照 3%征收率计算缴纳增值税的小规模纳税人取得增值税专用发票的，以增值税专用发票上注明的金额和 9%的扣除率计算进项税额，而不是按照专用发票注明的增值税额抵扣进项税额，那么这种专用发票是否要求认证呢？详见后文。

（3）一般情况下，取得（开具）农产品销售发票或收购发票的，以农产品销售发票或收购发票上注明的农产品买价和 9%的扣除率计算进项税额。填写《增值税纳税申报表附列资料（二）》（本期进项税额明细）第 6 栏“农产品收购发票或者销售发票”。

税额＝农产品销售发票或者收购发票上注明的农产品买价×9%

这里的销售发票，是指农业生产者销售自产农产品适用免征增值税政策而开具的普通发票。

农业生产者包括从事农业生产的单位和个人。

《财政部 国家税务总局关于农民专业合作社有关税收政策的通知》（财税〔2008〕81号）规定，对农民专业合作社销售本社成员生产的农业产品，视同农业生产者销售自产农业产品免征增值税。

《国家税务总局关于纳税人采取“公司＋农户”经营模式销售畜禽有关增值税问题的公告》（国家税务总局公告2013年第8号）规定，自2013年4月1日起，纳税人采取“公司＋农户”经营模式从事畜禽饲养，即公司与农户签订委托养殖合同，向农户提供畜禽苗、饲料、兽药及疫苗等（所有权属于公司），农户饲养畜禽苗至成品后交付公司回收，公司将回收的成品畜禽用于销售。在上述经营模式下，纳税人回收再销售畜禽，属于农业生产者销售自产农产品，应根据《增值税暂行条例》的有关规定免征增值税。

这里的农业生产者包括小规模纳税人和一般纳税人，小规模纳税人销售自产农产品适用免征增值税政策而开具的普通发票可以计算抵扣进项税额，销售非自产农产品按3%征收率开具的普通发票不能抵扣进项税额。

（4）纳税人从批发、零售环节购进适用免征增值税政策的蔬菜、部分鲜活肉蛋而取得的普通发票，不得作为计算抵扣进项税额的凭证。

批发、零售环节纳税人放弃免税政策而开具增值税专用发票的，纳税人取得符合规定的专用发票可以作为计算抵扣进项税额的凭证。

（5）纳税人购进用于生产销售或委托加工13%税率货物的农产品，按照10%的扣除率计算进项税额。即不按上面第（1）至第（3）点凭票抵扣。

如何填写纳税申报表？《国家税务总局关于调整增值税纳税申报有关事项的公告》（增值税纳税申报表公告2019年第15号）规定：

1）《增值税纳税申报表附列资料（二）》（本期进项税额明细）中第8a栏“加计扣除农产品进项税额”：填写纳税人将购进的农产品用于生产销售或委托受托加工13%税率货物时加计扣除的农产品进项税额。该栏不填写“份数”“金额”。

2）未纳入农产品增值税进项税额核定扣除试点范围的纳税人，在购进农业生产者自产农产品或者从小规模纳税人处购进农产品的当期，凭取得（开具）的农产品销售发票、收购发票和增值税专用发票按照9%扣除率计算当期可抵扣的进项税额，填入《增值税纳税申报表附列资料（二）》（本期进项税额明细）第6栏“农产品收购发票或者销售发票”栏。如纳税人购买的农产品（包括购买时取得增值税专用发票、海关进口增值税专用缴款书、农产品收购发票或者销售发票等情形）用于生产销售或委托受托加工 13%税率货物，于生产领用当期按 10%扣除率与 9%之间的差额计算当期可加计扣除的农产品进项税额，填入《增值税纳税申报表附列资料（二）》（本期进项税额明细）第 8a 栏“加计扣除农产品进项税额”“税额”栏。

$$\text{加计扣除农产品进项税额}=\frac{\text{当期生产领用农产品}}{\text{已按 9\%税率(扣除率)抵扣税额}}\div 9\%\times(10\%-9\%)$$

(6) 纳税人购进农产品既用于生产销售或委托受托加工 13%税率货物又用于生产销售其他货物服务的，应当分别核算用于生产销售或委托受托加工 13%税率货物和其他货物服务的农产品进项税额。未分别核算的，统一以增值税专用发票或海关进口增值税专用缴款书上注明的增值税额为进项税额，或者以农产品收购发票或销售发票上注明的农产品买价和 9%的扣除率计算进项税额。

(7) 纳税人购进农产品进项税额已实行核定扣除的，仍按照《财政部 国家税务总局关于在部分行业试行农产品增值税进项税额核定扣除办法的通知》（财税〔2012〕38 号）、《财政部 国家税务总局关于扩大农产品增值税进项税额核定扣除试点行业范围的通知》（财税〔2013〕57 号）执行。其中，《农产品增值税进项税额核定扣除试点实施办法》（财税〔2012〕38 号印发）第四条第（二）项规定的扣除率调整为 9%；第（三）项规定的扣除率调整为按本条第（一）项、第（二）项规定执行。

填写《增值税纳税申报表附列资料（二）》（本期进项税额明细）第 6 栏“农产品收购发票或者销售发票”，不填写“份数”“金额”。

执行核定扣除的试点纳税人，购进农产品取得的农产品增值税专用发票和海关进口增值税专用缴款书，无需认证，统一按规定计算当期允许抵扣的农产品增值税进项税额填在第 6 栏，不在附表二第 1～3 栏次填写；自行开具的农产品收购发票和取得的农产品销售发票，按规定计算当期允许抵扣的农产品增值税进项税额填在第 6 栏。账务处理是按照发票总额（含税）计入成本科目。农产品增值税进项税额核定扣除计算、账务处理及申报，不是凭票扣除，不属于本书内容，感兴趣的读者可以关注笔者的微信公众号获取相关知识。

总结扣税凭证抵扣情况（不含销售及加工 13%抵扣的情况）如表 6－6 所示。

表 6-6　扣税凭证抵扣情况（不含销售及加工 13%抵扣的情况）

取得发票	抵扣与否
9%专用发票	票面税额抵扣
9%普通发票	不能抵扣
自产农产品免税普通发票	票面买价×9%抵扣
批发零售环节免税普通发票	不能抵扣
3%专用发票	票面金额×9%抵扣
3%普通发票	不能抵扣
购买方自开免税农产品收购发票	票面买价×9%抵扣
海关进口增值税专用缴款书	票面税额抵扣
国有粮食购销企业免税粮食按照不免税方式开具专票	票面税额抵扣

总结各种情形下的抵扣方法如表 6-7 所示。

表 6-7　各种情形下的抵扣方法简表

情形	抵扣方法
用于除生产销售或委托受托加工 13%税率的货物以外的其他货物服务	增值税专用发票或海关进口缴款书上注明的金额×9% 农产品普通发票或收购发票上注明的买价×9%
用于生产销售或委托受托加工 13%税率的货物	购入时： 增值税专用发票或海关进口缴款书上注明的金额×9% 农产品普通发票或收购发票上注明的买价×9% 领用时：再加计扣除 1%
购进农产品未分别核算用于生产销售 13%税率货物和其他货物服务的农产品进项税额情况	3%增值税专用发票上注明的金额×3% 海关进口缴款书或 9%增值税专用发票上注明的金额×9% 农产品普通发票或收购发票上注明的买价×9% 特别提醒：海关进口缴款书上注明的金额是指海关进口缴款书上的完税价格

（二）农产品扣税凭证抵扣及增值税纳税申报表填写案例

农产品扣税凭证抵扣及增值税纳税申报表填写如表 6-8 所示。

表 6-8　《增值税纳税申报表附列资料（二）》（本期进项税额明细）

农产品各栏次填写内容

栏次	填写内容
1～3 栏	1. 增值税专用发票（均不包含从小规模纳税人处购进农产品时取得的专用发票）； 2. 从小规模纳税人处购进农产品时取得的专用发票（购进农产品未分别核算用于生产销售 13%税率货物和其他货物服务的农产品进项税额情况）。

续表

栏次	填写内容
第 6 栏"农产品收购发票或者销售发票"	1. 纳税人本期购进农业生产者自产农产品取得（开具）的农产品销售发票或收购发票； 2. 从小规模纳税人处购进农产品时取得的增值税专用发票（不包括购进农产品未分别核算用于生产销售 13%税率货物和其他货物服务的农产品进项税额情况）； "税额"栏＝农产品销售发票或者收购发票上注明的农产品买价×9%＋增值税专用发票上注明的金额×9% 3. 执行农产品增值税进项税额核定扣除办法的，填写当期允许抵扣的农产品增值税进项税额，不填写"份数""金额"。
第 8a 栏"加计扣除农产品进项税额"	填写纳税人将购进的农产品用于生产销售或委托受托加工 13%税率货物时，为维持原农产品扣除力度不变加计扣除的农产品进项税额。该栏不填写"份数""金额"。 加计扣除农产品进项税额＝当期生产领用农产品已按 9%税率（扣除率）抵扣税额÷9%×(10%－9%)

案例 6－37

丰收餐饮公司为一般纳税人，未纳入农产品增值税进项税额核定扣除试点范围，2019 年 7 月发生下列业务：

从 10 位农民手中购买农民自产的大米，自行开具 10 份农产品收购发票 100 万元；从甲公司（自产农产品一般纳税人）购进小米 100 万元，取得 1 份免税农产品的增值税普通发票；从乙公司（小规模纳税人）购进红豆 10.3 万元（含税），取得 1 份 3%的增值税普通发票；从丙公司（小规模纳税人）购进绿豆 20.6 万元（含税），取得 1 份 3%的增值税专用发票；从丁公司（一般纳税人）购进红枣，取得 1 份 9%增值税专用发票 109 万元（含税）；从戊公司（批发、零售企业，适用免征增值税政策）购进蔬菜、鲜活肉蛋 200 万元，取得增值税普通发票。

(1) 从农民手中购买自产农产品自行开具农产品收购发票，可以按 10%抵扣进项税额＝农产品销售发票或者收购发票上注明的农产品买价×9%＝100×9%＝9（万元）。填写《增值税纳税申报表附列资料（二）》(本期进项税额明细）第 6 栏"农产品收购发票或者销售发票"，份数栏：10，金额栏：1 000 000，税额栏：90 000。

(2) 从甲公司取得的是免税农产品的增值税普通发票，可以按 9%抵扣进项税额＝100×9%＝9（万元）。填写《增值税纳税申报表附列资料（二）》(本期进项税额明细）第 6 栏"农产品收购发票或者销售发票"，份数栏：1，金额栏：1 000 000，税额栏：90 000。

（3）从乙公司取得的3%的增值税普通发票，不得抵扣进项税额。不填写《增值税纳税申报表附列资料（二）》（本期进项税额明细）。

（4）从丙公司取得3%的增值税专用发票，可抵扣进项税额＝增值税专用发票上注明的金额×10%＝20×9%＝1.8（万元）。填写《增值税纳税申报表附列资料（二）》（本期进项税额明细）第6栏“农产品收购发票或者销售发票”，份数栏：1，金额栏：200 000，税额栏：18 000。

（5）从丁公司取得9%的增值税专用发票，可抵扣进项税额为增值税专用发票上注明的增值税额9万元。填写《增值税纳税申报表附列资料（二）》（本期进项税额明细）第2栏“其中：本期认证相符且本期认证抵扣”，份数栏：1，金额栏：1 000 000，税额栏：90 000。

（6）纳税人从戊公司取得的批发、零售环节的免税增值税普通发票，不得作为计算抵扣进项税额的凭证。不填写《增值税纳税申报表附列资料（二）》（本期进项税额明细）。

假设公司没有其他进项，总共抵扣进项税额28.8万元，则填写好的申报表如表6-9所示。

表6-9　增值税纳税申报表附列资料（二）

（本期进项税额明细）

2019年7月1日至2019年7月31日

纳税人名称：（公章）丰收餐饮公司　　　　金额单位：元至角分

一、申报抵扣的进项税额				
项目	栏次	份数	金额	税额
（一）认证相符的增值税专用发票	1=2+3	1	1 000 000	90 000
其中：本期认证相符且本期申报抵扣	2	1	1 000 000	90 000
前期认证相符且本期申报抵扣	3			
（二）其他扣税凭证	4=5+6+7+8a+8b	12	2 200 000	198 000
其中：海关进口增值税专用缴款书	5			
农产品收购发票或者销售发票	6	12	2 200 000	198 000
代扣代缴税收缴款凭证	7		—	
加计扣除农产品进项税额	8a	—	—	
其他	8b			
（三）本期用于购建不动产的扣税凭证	9			
（四）本期用于抵扣的旅客运输服务扣税凭证	10			
（五）外贸企业进项税额抵扣证明	11	—	—	
当期申报抵扣进项税额合计	12=1+4+11	13	3 200 000	288 000

注：本表以下栏次与本案例无关，略。

案例 6-38

丰收食品公司为一般纳税人，购进农产品均用于生产销售或委托受托加工 13% 税率食品，未纳入农产品增值税进项税额核定扣除试点范围，2019 年 7 月发生下列业务：

从 10 位农民手中购买农民自产的大米，自行开具 10 份农产品收购发票 100 万元；从甲公司（自产农产品一般纳税人）购进小米 100 万元，取得 1 份免税农产品的增值税普通发票；从乙公司（小规模纳税人）购进红豆 10.3 万元（含税），取得 1 份 3%的增值税普通发票；从丙公司（小规模纳税人）购进绿豆 20.6 万元（含税），取得 1 份 3%的增值税专用发票；从丁公司（一般纳税人）购进红枣，取得 1 份 9%的增值税专用发票 109 万元（含税）；从戊公司（批发、零售企业，适用免征增值税政策）购进蔬菜、鲜活肉蛋 200 万元，取得增值税普通发票。

为了举例方便，购进业务与上例相同，则纳税申报表相应栏次填写也相同。接下来我们再看加计扣除农产品进项税额计算和填列。

假设上述购进货物各领用了一半，则

$$\begin{aligned}\text{加计扣除农产品进项税额}&=\frac{\text{当期生产领用农产品已按}}{9\%\text{税率(扣除率)抵扣税额}}\div 9\%\times(10\%-9\%)\\&=28.8\times 0.5\div 9\%\times 1\%=1.6(\text{万元})\end{aligned}$$

假设公司没有其他进项，总共抵扣进项税额 30.4 万元，则填写好的申报表如表 6-10 所示。

表 6-10　增值税纳税申报表附列资料（二）

（本期进项税额明细）

2019 年 7 月 1 日至 2019 年 7 月 31 日

纳税人名称：（公章）丰收餐饮公司　　　　金额单位：元至角分

一、申报抵扣的进项税额				
项目	栏次	份数	金额	税额
（一）认证相符的增值税专用发票	1=2+3	1	1 000 000	90 000
其中：本期认证相符且本期申报抵扣	2	1	1 000 000	90 000
前期认证相符且本期申报抵扣	3			
（二）其他扣税凭证	4=5+6+7+8a+8b	12	2 200 000	214 000
其中：海关进口增值税专用缴款书	5			
农产品收购发票或者销售发票	6	12	2 200 000	198 000
代扣代缴税收缴款凭证	7		—	

续表

项目	栏次	份数	金额	税额
加计扣除农产品进项税额	8a	—	—	16 000
其他	8b			
（三）本期用于购建不动产的扣税凭证	9			
（四）本期用于抵扣的旅客运输服务扣税凭证	10			
（五）外贸企业进项税额抵扣证明	11	—	—	
当期申报抵扣进项税额合计	12＝1＋4＋11	13	3 200 000	304 000

注：本表以下栏次与本案例无关，略。

（三）关于农产品扣税凭证的几点困惑与思考

根据《增值税纳税申报表附列资料（二）》填报说明（一），“认证相符的增值税专用发票”不包括从小规模纳税人处购进农产品时取得的专用发票，但购进农产品未分别核算用于生产销售13％税率货物和其他货物服务的农产品进项税额的情况除外。

结合《财政部 税务总局 海关总署关于深化增值税改革有关政策的公告》（财政部 税务总局 海关总署公告2019年第39号）、《财政部 税务总局关于简并增值税税率有关政策的通知》（财税〔2017〕37号）的规定，纳税人购进农产品既用于生产销售或委托受托加工13％税率货物又用于生产销售其他货物服务的，应当分别核算用于生产销售或委托受托加工13％税率货物和其他货物服务的农产品进项税额。未分别核算的，统一以增值税专用发票或海关进口增值税专用缴款书上注明的增值税额为进项税额，或者以农产品收购发票或销售发票上注明的农产品买价和9％的扣除率计算进项税额。

这是否意味着，“未分别核算的”，小规模纳税人开具的专票就需要在“认证相符的增值税专用发票”栏填列，按照发票上的税额抵扣，而不是按照增值税专用发票上注明的金额×9％计算抵扣？

若是如此，明显不合理。不加计扣除的企业都能按增值税专用发票上注明的金额×9％计算抵扣，为什么“未分别核算的”就不能按增值税专用发票上注明的金额×9％计算抵扣呢？

笔者认为，不论是用于生产销售或委托受托加工13％税率货物还是生产销售其他货物服务，不论是否分别核算，取得小规模纳税人开具的专用发票都能抵扣的进项税额是：增值税专用发票上注明的金额×9％。只不过若能单独核算用于生产销售或委托受托加工13%税率货物的，还可以加计扣除。但目前仅从文件来看，未分别核算的就是不能按增值税专用发票上注明的金额×9%计算抵扣，而要按专用发票票面税额抵扣。

另外，取得小规模纳税人开具的专用发票认证还是不认证？认证税额与抵扣税额不一致，申报会不会有些麻烦？对此有下列三种操作方法：

（1）认证了选择不抵扣，填在《增值税纳税申报表附列资料（二）》第26栏“本期认证相符且本期未申报抵扣”；

（2）认证了选择抵扣，填在《增值税纳税申报表附列资料（二）》第23栏将进项税额做转出处理；

（3）选择不认证。

实际操作中选择哪种方法，请关注主管税务机关的口径，比如，福建省税务局明确规定，购进农产品取得3%增值税专用发票，先认证，后转出，再抵9%。具体如下：

（1）简并税率后，生产销售9%税率商品的一般纳税人取得小规模纳税人到税务机关代开的适用征收率3%的增值税专用发票是否还需要进行认证？

答：财税〔2017〕37号文件中没有规定必须进行认证，但为防范税收管理风险，建议纳税人将发票认证后再做进项税额转出处理。

（2）如果我们取得这样的发票，已经认证，那应该如何填写《增值税纳税申报表附列资料（二）》？

答：在此可将3%的进项税额填报《增值税纳税申报表附列资料（二）》第23栏做进项税额转出处理，并在第6栏填报本期允许抵扣的进项税额（=票面金额×9%）。

（四）农产品购销业务发票详细要求

不少省市都出台了关于农产品购销业务增值税的政策，对农产品收购发票作出了详细要求。纳税人需要关注当地的政策，按规定开具发票，比如《国家税务总局福建省税务局关于发布〈福建省增值税普通发票（收购）使用规定〉的公告》（国家税务总局福建省税务局公告2018年第8号）就作出了非常详细的规定，虽然是福建省文件，但是该文件很有参考意义。

【延伸阅读】

福建省增值税普通发票（收购）使用规定

第一条　为加强增值税征收管理，规范增值税普通发票（收购）（以下简称“收购发票”）使用行为，根据《中华人民共和国增值税暂行条例》《中华人民共和国发票管理办法》及其实施细则和《国家税务总局关于全面推行增值税发票系统升级版有关问题的公告》（国家税务总局公告2015年第19号），制定本规定。

第二条　收购发票，是收购单位向其他个人购买货物、支付款项时开具的发票，是其成本列支并可按照增值税有关规定据以抵扣增值税进项税额的凭证。收购发票包括五联版的纸质增值税普通发票（收购）和增值税电子普通发票（收购）两种形式。

第三条　收购单位应通过增值税发票管理系统使用收购发票。使用，包括领用、开具、核算等事项。

第四条　纸质增值税普通发票（收购）的基本联次为五联：记账联、发票联、自由联三联。记账联，作为销售方核算销售收入的记账凭证；发票联，作为收购单位核算采购成本和增值税进项税额的记账凭证，自由联的第一联为抵扣联，作为收购单位据以抵扣增值税进项税额留存备查的凭证；自由联的第二、三联由纳税人自行决定用途。增值税电子普通发票（收购），纳税人可按业务需要分别打印作为记账联、发票联、抵扣联等凭证使用。

第五条　对首次申请领用收购发票的收购单位，主管税务机关应自其领用之日起半年内安排专人上门辅导收购发票使用规定以及发票违规违法的法律责任等，以防范税收风险。

第六条　领用收购发票一般以1个月的使用量为限，使用期限最长不超过3个月。对于非季节性收购原因连续3个月实际使用数量低于核定领用数量，或者属于本地的固定收购对象已经纳入税务登记管理的，应当予以核减。

第七条　对申请领用收购发票的收购单位，主管税务机关应每半年开展一次实地查验，包括纳税人基本情况、业务真实性、发票使用和纳税义务履行情况，综合判断纳税人税收风险等级，动态调整收购发票每次供应量和最高开票限额。

第八条　除另有规定外，收购发票仅限于福建省（不含厦门）范围内使用。严禁跨规定的区域使用收购发票。

第九条　收购发票应按下列要求开具：

（一）项目齐全，与实际经营业务相符。

（二）“销售方”的“名称”栏填写销售方的姓名，仅限于未领取营业执照或未办理税务登记的自然人，由收购单位确认并承担责任；“纳税人识别号”栏填写销售方的身份证（或其他有效证件）号码；“地址、电话”栏和“开户行及账号”栏如实填写。

（三）“开具日期”栏填写增值税纳税义务的发生时间。

（四）“货物或应税劳务、服务名称”栏填写收购的货物名称，属于农业产品的，仅限于种植业、养殖业、林业、牧业、水产业生产的各种植物、动物的初级产品。

农业产品的征税范围按财政部、国家税务总局的规定确定。选择相应的商品和服务税收分类与编码。

（五）“单价”栏填写收购货物价格，不包含收购单位另行发生并支付的运输费、装卸费、中介费等杂费。

（六）按销售方逐笔开具，当日同一销售方可汇总开具，不得按多个销售方汇总开具；同一销售方单笔收购金额 5 千元或当月累计收购金额 2 万元以上的，应将销售方身份证影印件存档并列入固定收购对象名册。不符合上列任一有关要求开具收购发票的，属于不按规定开具。

第十条 收购单位应按规定留存备查与收购业务相关的原始凭证和记录，如：运费单据、计量记录、验收单、入库单、付款凭证等，并与收购发票内容对应。单笔收购金额 2 万元以上的，应有金融结算原始凭证和记录；属于送货上门的，应有销售方签字确认的书面声明，收购金额填写实际收购价格，同时附销售方提供的行驶证、驾驶证复印件（由驾驶员签字标注起运地、时间、载重量、联系电话等）。

第十一条 收购发票应在开具时间所属月份进行核算。属于税法规定可以作为增值税扣税凭证的，应在开具时间的次月申报期内向主管税务机关申报抵扣，否则不得计算抵扣进项税额。

第十二条 收购发票的其他管理事项，依照现行发票管理法规执行。国家税务总局另有规定的，从其规定。违反本规定的，按照《中华人民共和国发票管理办法》有关规定处理。《福建省国家税务局关于发布〈福建省国家税务局增值税普通发票（收购）使用规定〉的公告》（福建省国家税务局公告 2017 年第 4 号）同时废止。

十七、不可忽视的发票专用章

（一）关于发票盖章的政策规定

（1）《发票管理办法实施细则》第二十八条规定，单位和个人在开具发票时，必须做到按照号码顺序填开，填写项目齐全，内容真实，字迹清楚，全部联次一次打印，内容完全一致，并在发票联和抵扣联加盖发票专用章。

（2）《国家税务总局关于营业税改征增值税委托地税局代征税款和代开增值税发票的通知》（税总函〔2016〕145 号）第二条第（四）项规定，税务局代开发票部门应在代开增值税发票的“备注”栏上，加盖税务代开发票专用章。

（3）《国家税务总局关于印发〈税务机关代开增值税专用发票管理办法（试行）〉的通知》（国税发〔2004〕153 号）第十一条规定，增值税纳税人应在代开专用发票

“备注”栏上，加盖本单位发票专用章。

（4）《增值税专用发票使用规定》（国税发〔2006〕156号）第十一条规定，专用发票发票联和抵扣联加盖发票专用章。

（5）《国家税务总局关于修订〈增值税专用发票使用规定〉的通知》（国税发〔2006〕156号）第十二条规定，一般纳税人销售货物或者提供应税劳务可汇总开具专用发票。汇总开具专用发票的，同时使用防伪税控系统开具《销售货物或者提供应税劳务清单》，并加盖发票专用章。

（二）关于发票盖章的常见问题

（1）发票可以盖财务专用章或公章吗？

答：不可以。根据《发票管理办法》第二十二条的规定，发票应当加盖发票专用章。

（2）发票既盖了财务专用章或公章，又盖了发票专用章，是否可以？

答：不可以，发票上只需盖发票专用章。

（3）发票上盖了发票专用章，但是盖得不清晰，怎么办？

答：某些税务机关明确规定，可以在旁边补盖一个清晰的章，或者将发票作废或冲红。建议大家还是遵循谨慎性原则换票。

（4）发票上的发票专用章盖反了（字朝下），发票还有效吗？

答：发票有效。

（5）发票若未按规定加盖发票专用章，会有什么影响？

答：根据《发票管理办法》第三十五条的规定，未加盖发票专用章的，由税务机关责令改正，可以处1万元以下的罚款；有违法所得的予以没收。

及时采取补救措施：补盖。

（6）发票的记账联要不要盖章？

答：根据《发票管理办法实施细则》第二十八条规定，单位和个人在开具发票时，必须做到按照号码顺序填开，填写项目齐全，内容真实，字迹清楚，全部联次一次打印，内容完全一致，并在发票联和抵扣联加盖发票专用章。因此，发票的记账联无需盖章。

（7）盖的发票专用章名称和销售方名称不一致，该发票是否一定有问题？

答：不一定。如果是经税务机关委托代征税款的单位，其为代征税款的商户代开的普通发票，应加盖受托代征单位的发票专用章，此时发票专用章名称与实际销售方（商户）名称不一致是正常的。

（8）代开的发票如何盖章？

答：增值税纳税人应在代开增值税专用发票的“备注”栏上，加盖本单位的发票专用章（为其他个人代开的特殊情况除外）。税务机关在代开增值税普通发票以及为其他个人代开增值税专用发票的“备注”栏上，加盖税务机关代开发票专用章。

一张发票上不同时加盖两个发票专用章。

(9) 发票上的发票专用章盖错了，如何处理？

答：发票应作废或冲红。

(10) 电子发票上需要加盖发票专用章吗？

答：电子发票上有企业电子签章，不需要另外再加盖发票专用章。

(11) 机动车销售统一发票对盖章有什么特殊规定？

答：根据《国家税务总局关于使用新版机动车销售统一发票有关问题的通知》(国税函〔2006〕479 号）的规定，凡从事机动车零售业务的单位和个人，从 2006 年 8 月 1 日起，在销售机动车（不包括销售旧机动车）收取款项时，必须开具税务机关统一印制的新版机动车销售统一发票，并在发票联加盖发票专用章，抵扣联和报税联不得加盖印章。因此，防伪税控系统开具的机动车销售统一发票的抵扣联和报税联不得加盖印章，其他联次可以加盖发票专用章。

如果机动车销售统一发票的抵扣联和报税联加盖了印章，真的不能抵扣进项税额吗？

国税函〔2006〕479 号关于盖章的规定在新发票管理办法出台后应属当然无效。(当然无效是法律术语，意即肯定无效。)

《发票管理办法》第二十二条规定开具发票应加盖发票专用章，而《发票管理办法实施细则》第二十八条对《发票管理办法》第二十二条的加盖发票专用章作出了明确规定：发票联和抵扣联必须加盖发票专用章。可是作为下位文件的国税函〔2006〕479 号竟然不准许盖章，这时按照下位法不得与上位法相抵触的原则，自然下位的国税函〔2006〕479 号里关于发票盖章的规定无效了。

抵扣联和报税联加盖印章，当然可以抵扣。

那么，企业机动车销售统一发票抵扣联没盖章，能否抵扣呢？

这确实是等于没有遵守《发票管理办法》关于盖章的规定。但是，不能对企业进行处罚。行政法上有公信原则，即因为信赖有权威的政府部门发布的公示文件，由此做出的相应行为，在法律上应当受到保护。

十八、不可忽视的发票“备注”栏

未按规定填写“备注”栏信息的增值税发票将不能作为有效税收凭证，发票“备注”栏不可忽视。

（一）提供建筑服务

《国家税务总局关于全面推开营业税改征增值税试点有关税收征收管理事项的公告》（国家税务总局公告2016年第23号）第四条第（三）项规定，提供建筑服务，纳税人自行开具或者税务机关代开增值税发票时，应在发票的“备注”栏注明建筑服务发生地县（市、区）名称及项目名称。

（二）销售不动产

《国家税务总局关于全面推开营业税改征增值税试点有关税收征收管理事项的公告》（国家税务总局公告2016年第23号）第四条第（四）项规定，销售不动产，纳税人自行开具或者税务机关代开增值税发票时，应在发票“货物或应税劳务、服务名称”栏填写不动产名称及房屋产权证书号码（无房屋产权证书的可不填写），“单位”栏填写面积单位，“备注”栏注明不动产的详细地址。

（三）出租不动产

《国家税务总局关于全面推开营业税改征增值税试点有关税收征收管理事项的公告》（国家税务总局公告2016年第23号）第四条第（五）项规定，出租不动产，纳税人自行开具或者税务机关代开增值税发票时，应在“备注”栏注明不动产的详细地址。

《国家税务总局关于全面推开营业税改征增值税试点有关税收征收管理事项的公告》（国家税务总局公告2016年第23号）第四条第（八）项规定，税务机关为跨县（市、区）提供不动产经营租赁服务、建筑服务的小规模纳税人（不包括其他个人）代开增值税发票时，在发票“备注”栏中自动打印“YD”字样。

案例6－39

某个体户出租住房取得含税租金1万元。

《国家税务总局关于全面推开营业税改征增值税试点有关税收征收管理事项的公告》（国家税务总局公告2016年第23号）第四条第（六）项规定，个人出租住房适用优惠政策减按1.5％征收，纳税人自行开具或者税务机关代开增值税发票时，通过新系统中征收率减按1.5％征收开票功能，录入含税销售额，系统自动计算税额和不含税金额，发票开具不应与其他应税行为混开。

$$增值税额=10\,000/(1+5\%)\times1.5\%=142.86(元)$$

$$不含税金额=10\,000-142.86=9\,857.14(元)$$

个体户出租住房税务机关代开的增值税专用发票如图 6－10 所示。

代开　1100134160　北京增值税专用发票　№ 87654321

此联不作报销、扣税凭证使用　开票日期：2018年9月1日

购买方	名　　称：北京元明商贸有限公司 纳税人识别号：110108769730000 地址、电话：北京市海淀区翠微路乙2号 010-66083006 开户行及账号：中国建设银行 6601 5519 0084 2233 000				密码区	60040186+982<79+7+><2 7<0377>+7<8*2>>53010- /2<8<68*<45*-/8>41716 80/250<7989*7>50+>>54		加密版本：11 1100094140 87654321
货物或应税劳务、服务名称	规格型号	单位	数量	单价	金额	税率	税额	
*经营租赁*出租住房(2018年9月份租金)					9857.14	***	142.86	
合　　计					¥9857.14		¥142.86	
价税合计（大写）	⊗ 壹万圆整				（小写）¥10000.00			
销售方	名　　称：北京市××区税务局 纳税人识别号：11010700DK04191 地址、电话：北京市朝阳区杨庄路甲1号 开户行及账号：(161) 京国银11010781				备注	李四 110103198006063200 北京市朝阳区杨庄路新添家园5号楼4层402		

收款人：张三　复核：张三　开票人：张三　销售方：（章）

第一联：记账联　销售方记账凭证

税总函〔2013〕××号××××公司

图 6－10　个体户出租住房税务机关代开的增值税专用发票

注：税务机关代开发票，目前尚无名称栏显示编码简称要求。但有部分税务机关代开发票已经可以显示编码简称。

(四) 代收车船税

《国家税务总局关于保险机构代收车船税开具增值税发票问题的公告》（国家税务总局公告 2016 年 51 号）规定，保险机构作为车船税扣缴义务人，在代收车船税并开具增值税发票时，应在增值税发票“备注”栏中注明代收车船税税款信息。具体包括：保险单号、税款所属期（详细至月）、代收车船税金额、滞纳金金额、金额合计等。该增值税发票可作为纳税人缴纳车船税及滞纳金的会计核算原始凭证。

案例 6－40

纳税人接受的保险服务价税合计为 700 元，但委托支付车船税 360 元，则 360 元出现在发票的“备注”栏，纳税人入账金额是 1 060 元（700＋360）。该增值税发票可以作为 1 060 元支出的入账凭证。

(五) 个人保险代理人汇总代开增值税发票

《国家税务总局关于个人保险代理人税收征管有关问题的公告》（国家税务总局公告 2016 年第 45 号）规定，主管税务机关为个人保险代理人汇总代开增值税发票时，应在“备注”栏内注明“个人保险代理人汇总代开”字样。

（六）差额征税

《国家税务总局关于全面推开营业税改征增值税试点有关税收征收管理事项的公告》（国家税务总局公告2016年第23号）第四条第（二）项规定，按照现行政策规定适用差额征税办法缴纳增值税，且不得全额开具增值税发票的（财政部、税务总局另有规定的除外），纳税人自行开具或者税务机关代开增值税发票时，通过新系统中差额征税开票功能，录入含税销售额（或含税评估额）和扣除额，系统自动计算税额和不含税金额，“备注”栏自动打印“差额征税”字样，发票开具不应与其他应税行为混开。

如果是通过办税大厅差额征税全额代开方式的，“备注”栏不会打印“差额征税”字样。

（七）转让或出租土地使用权

《财政部 国家税务总局关于进一步明确全面推开营改增试点有关劳务派遣服务、收费公路通行费抵扣等政策的通知》（财税〔2016〕47号）规定，纳税人以经营租赁方式将土地出租给他人使用，按照不动产经营租赁服务缴纳增值税。

没有规定转让土地也按照转让不动产缴纳增值税。转让土地使用权应当按照销售无形资产——自然资源使用权（土地使用权）缴纳增值税，税率为10%，征收率为3%。

转让或出租土地使用权是否应该参照不动产开票进行详细地址备注虽然没有规定，但考虑到“备注”栏的性质，建议纳税人可以参照执行。

（八）单用途商业预付卡

《国家税务总局关于营改增试点若干征管问题的公告》（国家税务总局公告2016年第53号）第三条第四项规定，销售方与售卡方不是同一个纳税人的，销售方在收到售卡方结算的销售款时，应向售卡方开具增值税普通发票，并在“备注”栏注明“收到预付卡结算款”，不得开具增值税专用发票。

（九）支付机构预付卡（通称多用途卡）

《国家税务总局关于营改增试点若干征管问题的公告》（国家税务总局公告2016年第53号）第四条第四项规定，特约商户收到支付机构结算的销售款时，应向支付机构开具增值税普通发票，并在“备注”栏注明“收到预付卡结算款”，不得开具增值税专用发票。

(十) 货物运输服务

《国家税务总局关于停止使用货物运输业增值税专用发票有关问题的公告》(国家税务总局公告 2015 年第 99 号) 第一条规定，增值税一般纳税人提供货物运输服务，使用增值税专用发票和增值税普通发票，开具发票时应将起运地、到达地、车种车号以及运输货物信息等内容填写在发票“备注”栏中，如内容较多可另附清单。

《国家税务总局关于停止使用货物运输业增值税专用发票有关问题的公告》(国家税务总局公告 2015 年第 99 号) 第三条规定，铁路运输企业受托代征的印花税款信息，可填写在发票“备注”栏中。中国铁路总公司及其所属运输企业（含分支机构）提供货物运输服务，可自 2015 年 11 月 1 日起使用增值税专用发票和增值税普通发票，所开具的铁路货票、运费杂费收据可作为发票清单使用。

(十一)“代办退税专用”的增值税专用发票

《国家税务总局关于调整完善外贸综合服务企业办理出口货物退（免）税有关事项的公告》(国家税务总局公告 2017 年第 35 号) 第六条规定，自 2017 年 11 月 1 日起，生产企业代办退税的出口货物，应先按出口货物离岸价和增值税适用税率计算销项税额并按规定申报缴纳增值税，同时向综合服务企业开具“备注”栏内注明“代办退税专用”的增值税专用发票（以下称代办退税专用发票）作为外贸综合服务业代办退税的凭证。出口货物离岸价以人民币以外的货币结算的，其人民币折合率可以选择销售额发生的当天或者当月 1 日的人民币汇率中间价。代办退税专用发票上的“金额”栏次须按照换算成人民币金额的出口货物离岸价填写。

【温馨提醒】

新增了“代办退税专用”增值税专用发票的类型。要求生产企业向综合服务企业开具的增值税专用发票“备注”栏内注明“代办退税专用”，作为外贸综合服务企业代办退税的凭证，不得作为增值税扣税凭证，在发票开具方面要求生产企业“按出口货物离岸价和增值税适用税率计算销项税额并按规定申报缴纳增值税”。这一方面避免了生产企业向外贸综合服务企业开具发票的“销售”形式掩盖了代理服务的实质；另一方面通过对这类特殊增值税专用发票的管理也方便了退税管理。

(十二) 税务机关代开增值税发票

《国家税务总局关于营业税改征增值税委托地税局代征税款和代开增值税发票的

通知》（税总函〔2016〕145 号）第二条第（四）项规定，增值税小规模纳税人销售其取得的不动产以及其他个人出租不动产，购买方或承租方不属于其他个人的，纳税人缴纳增值税后可以向税务局申请代开增值税专用发票。不能自开增值税普通发票的小规模纳税人销售其取得的不动产，以及其他个人出租不动产，可以向税务局申请代开增值税普通发票。税务局代开发票部门通过增值税发票管理新系统代开增值税发票，系统自动在发票上打印“代开”字样。

税务局代开发票部门为纳税人代开的增值税发票，统一使用六联增值税专用发票和五联增值税普通发票。第四联由代开发票岗位留存，以备发票扫描补录；第五联交征收岗位留存，用于代开发票与征收税款的定期核对；其他联次交纳税人。

代开发票岗位应按下列要求填写增值税发票：

（1）“税率”栏填写增值税征收率。免税、其他个人出租其取得的不动产适用优惠政策减按 1.5%征收、差额征税的，“税率”栏自动打印“ *** ”；

（2）销售方“名称”栏填写代开税务局名称；

（3）销售方“纳税人识别号”栏填写代开发票地税局代码；

（4）销售方“开户行及账号”栏填写税收完税凭证字轨及号码（免税代开增值税普通发票可不填写）；

（5）“备注”栏填写销售或出租不动产纳税人的名称、纳税人识别号（或者组织机构代码）、不动产的详细地址；

（6）差额征税代开发票，通过系统中差额征税开票功能，录入含税销售额（或含税评估额）和扣除额，系统自动计算税额和金额，“备注”栏自动打印“差额征税”字样；

（7）纳税人销售其取得的不动产代开发票，“货物或应税劳务、服务名称”栏填写不动产名称及房屋产权证书号码，“单位”栏填写面积单位；

（8）按照核定计税价格征税的，“金额”栏填写不含税计税价格，“备注”栏注明“核定计税价格，实际成交含税金额×××元”。

其他项目按照增值税发票填开的有关规定填写。

税务局代开发票部门应在代开增值税发票的“备注”栏上，加盖税务代开发票专用章。

《国家税务总局关于印发〈税务机关代开增值税专用发票管理办法（试行）〉的通知》（国税发〔2004〕153 号）第十条规定，代开发票岗位应按下列要求填写专用发票的有关项目。

（1）“单价”栏和“金额”栏分别填写不含增值税税额的单价和销售额；

（2）“税率”栏填写增值税征收率；

（3）“销货单位”栏填写代开税务机关的统一代码和代开税务机关名称；

（4）销售方“开户银行及账号”栏内填写税收完税凭证号码；

（5）“备注”栏内注明增值税纳税人的名称和纳税人识别号。

其他项目按照专用发票填开的有关规定填写。

《国家税务总局关于印发〈税务机关代开增值税专用发票管理办法（试行）〉的通知》（国税发〔2004〕153号）第十一条规定，增值税纳税人应在代开专用发票“备注”栏上，加盖本单位发票专用章。

（十三）互联网物流平台企业代开增值税专用发票

《国家税务总局关于开展互联网物流平台企业代开增值税专用发票试点工作的通知》（税总函〔2017〕579号）第三条第（三）项规定，试点企业使用自有专用发票开票系统，按照3%的征收率代开专用发票，并在发票“备注”栏注明会员的纳税人名称和统一社会信用代码（或税务登记证号码或组织机构代码）。

（十四）分包款扣除取得发票要求

《纳税人跨县（市、区）提供建筑服务增值税征收管理暂行办法》（国家税务总局公告2016年第17号）第六条规定，纳税人按照规定从取得的全部价款和价外费用中扣除支付的分包款，应当取得符合法律、行政法规和国家税务总局规定的合法有效凭证，否则不得扣除。上述凭证是指：……从分包方取得的2016年5月1日后开具的，“备注”栏注明建筑服务发生地所在县（市、区）、项目名称的增值税发票……

《国家税务总局关于国内旅客运输服务进项税抵扣等增值税征管问题的公告》（国家税务总局公告2019年第31号）第七条规定：纳税人提供建筑服务，按照规定允许从其取得的全部价款和价外费用中扣除的分包款，是指支付给分包方的全部价款和价外费用。

（十五）自然人申请代开发票要求

新个人所得税法施行以后，各地税务机关对自然人申请代开发票备注栏填写要求作出了规定，比如：

《国家税务总局广西壮族自治区税务局关于自然人申请代开发票个人所得税有关问题的公告》（国家税务总局广西壮族自治区税务局公告2019年第4号）第一条规定：自然人申请代开发票应税所得项目属于劳务报酬所得、稿酬所得和特许权使用费所得的，其个人所得税由扣缴义务人依照《个人所得税扣缴申报管理办法（试行）》（国家税务总局公告2018年第61号公布）规定预扣预缴（或代扣代缴）和办理全员全额扣缴申报。代开发票单位在开具发票时，应在发票备注栏内统一注明

“个人所得税由支付方依法预扣预缴（或代扣代缴）”。

《江苏省税务局关于自然人申请代开发票个人所得税有关问题的公告》（江苏省税务局公告2019年1号）第一条规定：自然人取得劳务报酬所得、稿酬所得和特许权使用费所得申请代开发票的，在代开发票环节不再征收个人所得税。代开发票单位（包括税务机关和接受税务机关委托代开发票的单位）在发票备注栏内统一注明“个人所得税由支付人依法扣缴”。

十九、差额征税与开具发票

（一）差额征税的应税行为

该部分主要参考河北、新疆、广州等省市税务局就部分差额征税但可全额开票的答疑整理。实际上这些规定也符合税法政策和本书的观点，但在实际执行中需要注意各地口径存在的差异。需要注意的是，部分地区不允许使用差额征税开票功能开票。

1. 一般计税方法差额征税

（1）金融商品转让。

销售额＝卖出价－买入价

不得开具增值税专用发票，可以开具增值税普通发票。

（2）经纪代理服务。

销售额＝取得的全部价款和价外费用－向委托方收取并代为支付的政府性基金或者行政事业性收费

作为差额扣除的部分（即向委托方收取的政府性基金或者行政事业性收费）不得开具专用发票，可以开具普通发票。其余部分可以开具专用发票。

其他各行业发生的代为收取的符合规定条件的政府性基金或者行政事业性收费，以及以委托方名义开具发票代委托方收取的款项，不计入价外费用范畴。

（3）融资租赁业务。

销售额＝取得的全部价款和价外费用－支付的借款利息(包括外汇借款和人民币借款利息)、发行债券利息和车辆购置税

可全额开具专用发票，无需扣除上述利息、车辆购置税。

（4）融资性售后回租服务。

销售额＝取得的全部价款和价外费用(不含本金)－对外支付的借款利息(包括外汇借款和人民币借款利息)、发行债券利息

可就取得的全部价款和价外费用（不含本金）开具专用发票。但 2016 年 5 月 1 日以后，融资性售后回租属于贷款服务，纳税人接受的贷款服务，其进项税额不得抵扣。

（5）原有形动产融资性售后回租服务。根据 2016 年 4 月 30 日前签订的有形动产融资性售后回租合同，在合同到期前提供的有形动产融资性售后回租服务，可以选择以下方法之一计算销售额。

$$\text{销售额}=\text{收取的全部价款和价外费用}-\text{向承租方收取的价款本金及对外支付的借款利息（包括外汇借款和人民币借款利息）、发行债券利息}$$

向承租方收取的有形动产价款本金，不得开具专用发票，可以开具普通发票。其余部分可以开具专用发票。

$$\text{销售额}=\text{收取的全部价款和价外费用}-\text{支付的借款利息（包括外汇借款和人民币借款利息）、发行债券利息}$$

（6）航空运输企业。

$$\text{销售额}=\text{收取的全部价款和价外费用}-\text{代收的机场建设费和代售其他航空运输企业客票而代收转付的价款}$$

纳税人接受旅客运输服务，其进项税额不得抵扣。

（7）客运场站服务。

$$\text{销售额}=\text{收取的全部价款和价外费用}-\text{支付给承运方的运费}$$

纳税人接受旅客运输服务，其进项税额不得抵扣。

（8）旅游服务。

$$\text{销售额}=\text{收取的全部价款和价外费用}-\text{向旅游服务购买方收取并支付给其他单位或者个人的住宿费、餐饮费、交通费、签证费、门票费和支付给其他接团旅游企业的旅游费用}$$

选择上述办法计算销售额的试点纳税人，差额扣除部分（即向旅游服务购买方收取并支付的上述费用）不得开具专用发票，可以开具普通发票。其余部分可以开具专用发票。

提供旅游服务未选择差额征税的，可以就取得的全部价款和价外费用开具专用发票，其进项税额凭合法扣税凭证扣除。

（9）房地产开发企业中的一般纳税人销售其开发的房地产项目适用一般计税方法的。

$$\text{销售额}=\begin{matrix}\text{收取的全部价款}\\\text{和价外费用}\end{matrix}-\begin{matrix}\text{受让土地时向政府部门}\\\text{支付的土地价款}\end{matrix}$$

可以全额开具专用发票。

（10）电信企业为公益性机构接受捐款。

销售额＝收取的全部价款和价外费用－支付给公益性机构的捐款

其差额扣除部分（即接受的捐款）不得开具专用发票，可以开具普通发票。其余部分可以开具专用发票。

（11）劳务派遣选择简易计税方法依5%的征收率差额计算缴纳增值税。劳务派遣选择简易计税方法依5%的征收率差额计算缴纳增值税，即以取得的全部价款和价外费用，扣除代用工单位支付给劳务派遣员工的工资、福利和为其办理社会保险及住房公积金后的余额为销售额，按照简易计税方法依5%的征收率计算缴纳增值税。

其向用工单位收取用于支付给劳务派遣员工工资、福利和为其办理社会保险及住房公积金的费用，不得开具增值税专用发票，可以开具普通发票；差额部分，仍可开具专用发票。

（12）纳税人提供人力资源外包服务，按照经纪代理服务缴纳增值税，其销售额不包括受客户单位委托代为向客户单位员工发放的工资和代理缴纳的社会保险、住房公积金。

向委托方收取并代为发放的工资和代理缴纳的社会保险、住房公积金，不得开具增值税专用发票，可以开具普通发票；差额部分，仍可开具专用发票。

2. 简易计税差额征税

（1）试点纳税人提供建筑服务适用简易计税方法的，以取得的全部价款和价外费用扣除支付的分包款后的余额为销售额。可以全额开具专用发票。

（2）试点纳税人中的小规模纳税人跨县（市）提供建筑服务，应以取得的全部价款和价外费用扣除支付的分包款后的余额为销售额，按照3%的征收率计算应纳税额。可以全额开具专用发票。

（3）小规模纳税人销售其取得（不含自建）的不动产（不含个体工商户销售购买的住房和其他个人销售不动产），应以取得的全部价款和价外费用减去该项不动产购置原价或者取得不动产时的作价后的余额为销售额，按照5%的征收率计算应纳税额。纳税人应按照上述计税方法在不动产所在地预缴税款后，向机构所在地主管税务机关进行纳税申报。可以申请代开全额专用发票。

（4）其他个人销售其取得（不含自建）的不动产（不含其购买的住房），应以取得的全部价款和价外费用减去该项不动产购置原价或者取得不动产时的作价后的余

额为销售额，按照5%的征收率计算应纳税额。购买人非其他个人，可以申请代开全额专用发票

（5）个人将购买2年以上（含2年）的非普通住房对外销售的，以销售收入减去购买住房价款后的差额按照5%的征收率缴纳增值税；上述政策仅适用于北京市、上海市、广州市和深圳市。购买人非其他个人，可以申请代开全额专用发票。

（6）小规模纳税人提供劳务派遣服务，可以按照《财政部 国家税务总局关于全面推开营业税改征增值税试点的通知》（财税〔2016〕36号）的有关规定，以取得的全部价款和价外费用为销售额，按照简易计税方法依3%的征收率计算缴纳增值税；也可以选择差额纳税，以取得的全部价款和价外费用，扣除代用工单位支付给劳务派遣员工的工资、福利和为其办理社会保险及住房公积金后的余额为销售额，按照简易计税方法依5%的征收率计算缴纳增值税。全额征税可以代开全额专用发票；差额征税可以就差额开具专用发票。

（二）应税行为差额扣除需取得的合法凭证

（1）根据《财政部 国家税务总局关于全面推开营业税改征增值税试点的通知》（财税〔2016〕36号）的规定，试点纳税人按照规定从全部价款和价外费用中扣除的价款，应当取得符合法律、行政法规和国家税务总局规定的有效凭证。否则，不得扣除。

上述凭证是指：

1）支付给境内单位或者个人的款项，以发票为合法有效凭证。

2）支付给境外单位或者个人的款项，以该单位或者个人的签收单据为合法有效凭证。税务机关对签收单据有疑义的，可以要求其提供境外公证机构的确认证明。

3）缴纳的税款，以完税凭证为合法有效凭证。

4）扣除的政府性基金、行政事业性收费或者向政府支付的土地价款，以省级以上（含省级）财政部门监（印）制的财政票据为合法有效凭证。

5）国家税务总局规定的其他凭证。

纳税人取得的上述凭证属于增值税扣税凭证的，其进项税额不得从销项税额中抵扣。

（2）根据《国家税务总局关于在境外提供建筑服务等有关问题的公告》（国家税务总局公告2016年第69号）第九条的规定，纳税人提供旅游服务，将火车票、飞机票等交通费发票原件交付给旅游服务购买方而无法收回的，以交通费发票复印件作为差额扣除凭证。

（3）《国家税务总局关于纳税人转让不动产缴纳增值税差额扣除有关问题的公告》（国家税务总局公告2016年第73号）规定：

1）纳税人转让不动产，按照有关规定差额缴纳增值税的，如因丢失等原因无法提供取得不动产时的发票，可向税务机关提供其他能证明契税计税金额的完税凭证等资料，进行差额扣除。

2）纳税人以契税计税金额进行差额扣除的，按照下列公式计算增值税应纳税额。

①2016 年 4 月 30 日及以前缴纳契税的：

$$\text{增值税应纳税额}=\left[\text{全部交易价格（含增值税）}-\text{契税计税金额（含营业税）}\right]\div(1+5\%)\times5\%$$

②2016 年 5 月 1 日及以后缴纳契税的：

$$\text{增值税应纳税额}=\left[\text{全部交易价格（含增值税）}\div(1+5\%)-\text{契税计税金额（不含增值税）}\right]\times5\%$$

3）纳税人同时保留取得不动产时的发票和其他能证明契税计税金额的完税凭证等资料的，应当凭发票进行差额扣除。

（三）会计处理

（1）一般纳税人按照一般计税方法差额征税的会计处理为：

应交税费——应交增值税（销项税额抵减）

（2）一般纳税人按照简易计税方法差额征税的会计处理为：

应交税费——简易计税

（3）小规模纳税人按照简易计税方法差额征税的会计处理为：

应交税费——应交增值税

（四）开具发票

《国家税务总局关于全面推开营业税改征增值税试点有关税收征收管理事项的公告》（国家税务总局公告 2016 年第 23 号）第四条第（二）项规定，按照现行政策规定适用差额征税办法缴纳增值税，且不得全额开具增值税发票的（财政部、税务总局另有规定的除外），纳税人自行开具或者税务机关代开增值税发票时，通过新系统中差额征税开票功能，录入含税销售额（或含税评估额）和扣除额，系统自动计算税额和不含税金额，“备注”栏自动打印“差额征税”字样，发票开具不应与其他项目混开。

由此可见，只有财政部、国家税务总局明确规定“适用差额征税办法缴纳增值税，且不得全额开具增值税发票的”，才需要通过新系统差额征税开票功能开具增值税发票。

经纪代理服务、有形动产融资性售后回租服务、旅游服务、劳务派遣服务、人力资源外包服务、电信企业为公益性机构接受捐款等差额征税项目，可以使用差额征税开票功能开票。需要注意各地口径存在差异，部分地区不允许使用差额征税开票功能开票。

可以使用差额征税开票功能开票的项目，原则上可以有3种符合税法规定的开具发票的方法：

一是通过增值税发票管理新系统中差额征税开票功能开具增值税专用发票；

二是通过增值税发票管理新系统就差额扣除后余额部分和差额扣除部分分别开具增值税专用发票和增值税普通发票，开具增值税普通发票时税率选择为0（部分税务局口径）；

三是通过增值税发票管理新系统全额开具增值税普通发票。

建筑业、房地产差额征税项目不适用新系统差额征税开票功能开票。

案例 6-41

乙公司为一般纳税人，提供劳务派遣服务，选择简易计税方法，适用差额征税，年含税销售额为100万元，向用工单位收取用于支付给劳务派遣员工工资、福利和为其办理社会保险及住房公积金的费用为80万元，征收率5%。

选择差额纳税的纳税人，向用工单位收取用于支付给劳务派遣员工工资、福利和为其办理社会保险及住房公积金的费用，不得开具增值税专用发票，可以开具普通发票。

实务中采取“差额征税”开票功能进行开票，通过新系统中差额征税开票功能，录入含税销售额1 000 000元和扣除额800 000元，系统自动计算税额和不含税金额，“备注”栏自动打印“差额征税”字样，发票开具不应与其他应税行为混开。

税额栏为：

$$(1\,000\,000-800\,000)\times5\%\div(1+5\%)=9\,523.81(\text{元})$$

金额栏为：

$$1\,000\,000-9\,523.81=990\,476.19(\text{元})$$

税率栏为：*** 。

这样采取“差额征税”开票功能，既能满足开票价税合计金额100万元的需求，又能满足只就20万元金额开具专用发票的需求，也就不需要一项业务开两份发票：一份开票额80万元的普通发票、一份开票额20万元的专用发票。

乙公司账务处理如下：

确认收入时：

借：银行存款　　1 000 000.00

　贷：主营业务收入　　952 380.95

　　　应交税费——简易计税　　47 619.05

劳务派遣员工工资、福利和为其办理社会保险及住房公积金可以从销售额中扣除。

借：主营业务成本　　761 904.76

　　应交税费——简易计税　　38 095.24

　贷：银行存款　　800 000.00

二十、代开发票

（一）代开增值税发票的种类

（1）税务机关使用新系统代开增值税专用发票和增值税普通发票。代开增值税专用发票使用六联票，代开增值税普通发票使用五联票。

税务机关代开发票部门通过新系统代开增值税发票，系统自动在发票上打印“代开”字样。

（2）国家税务总局确定的可予代开增值税专用发票的纳税人，发生增值税应税行为，可以申请代开增值税专用发票。

（3）有下列情形之一的，可以向税务机关申请代开增值税普通发票：

1）被税务机关依法收缴发票或者停止发售发票的纳税人，取得经营收入需要开具增值税普通发票的；

2）正在申请办理税务登记的单位和个人，对其自领取营业执照之日起至取得税务登记证件期间发生的业务收入需要开具增值税普通发票的；

3）应办理税务登记而未办理的单位和个人，主管税务机关应当依法予以处理，并在补办税务登记手续后，对其自领取营业执照之日起至取得税务登记证件期间发生的业务收入需要开具增值税普通发票的；

4）依法不需要办理税务登记的单位和个人，临时取得收入，需要开具增值税普通发票的。

（二）差额征税开票功能代开增值税发票

按照现行政策规定适用差额征税办法缴纳增值税，且不得全额开具增值税发票的（财政部、国家税务总局另有规定的除外），纳税人自行开具或者税务机关代开增值税发票时，通过新系统中差额征税开票功能，录入含税销售额（或含税评估额）和扣除额，系统自动计算税额和不含税金额，“备注”栏自动打印“差额征税”字样，发票开具不应与其他项目混开。

差额征税计算公式如下：

税额＝(含税销售额－扣除额)×税率或征收率÷(1＋税率或征收率)

不含税金额＝含税销售额－税额

（三）代开增值税发票各栏次的填写及注意事项

税务机关代开发票岗位应按下列要求填开增值税发票：

(1)“单价”和“金额”栏分别填写不含增值税额的单价和销售额。

(2)“税率”栏填写增值税征收率。免税、差额征税以及其他个人出租其取得的不动产适用优惠政策减按 1.5%征收的，“税率”栏自动打印“***”。

(3) 销售方“名称”栏填写代开税务机关名称。

(4) 销售方“纳税人识别号”栏填写代开税务机关的统一代码。

(5) 销售方“开户行及账号”栏填写税收完税凭证字轨及号码或系统税票号码（免税代开增值税普通发票可不填写）。

(6) 差额征税代开发票，通过系统中差额征税开票功能，录入含税销售额（或含税评估额）和扣除额，系统自动计算税额和金额，“备注”栏自动打印“差额征税”字样。

(7) 纳税人销售其取得的不动产代开发票，“货物或应税劳务、服务名称”栏填写不动产名称及房屋产权证书号码，“单位”栏填写面积单位。

(8) 按照核定计税价格征税的，“金额”栏填写不含税计税价格，“备注”栏注明“核定计税价格，实际成交含税金额×××元”。

(9) 其他项目按照增值税发票填开的有关规定填写。

(10) 代开发票部门应在代开增值税发票的“备注”栏上，加盖税务机关代开发票专用章。

(11)“备注”栏。

1)“备注”栏内注明纳税人名称和纳税人识别号；

2) 税务机关为跨县（市、区）提供不动产经营租赁服务、建筑服务的小规模纳税人（不包括其他个人）代开增值税发票时，在发票“备注”栏中自动打印“YD”字样；

3) 税务机关为纳税人代开建筑服务发票时，应在发票的“备注”栏注明建筑服务发生地县（市、区）名称及项目名称；

4）税务机关为个人保险代理人汇总代开增值税发票时，应在“备注”栏内注明“个人保险代理人汇总代开”字样；

5）税务机关为出售或出租不动产代开发票时，应在“备注”栏注明不动产的详细地址。

（12）代开增值税普通发票的，购买方为自然人或符合下列四项条件之一的单位（机构），纳税人识别号可不填写：

1）我国在境外设立的组织机构；

2）非常设组织机构；

3）组织机构的内设机构；

4）军队、武警部队的序列单位等。

（13）税务机关代开发票，目前尚无名称栏显示编码简称要求。

（14）其他项目按照增值税发票填开的有关规定填写。

案例 6－42

某个人销售商品房含税销售额为 80 万元，核定计税价格为 100 万元，征收率为 5%。

增值税额＝1 000 000×5%/(1＋5%)＝47 619.05(元)

不含税金额＝1 000 000－47 619.05＝952 380.95(元)

个人销售商品房税务机关代开增值税专用发票如图 6－11 所示。

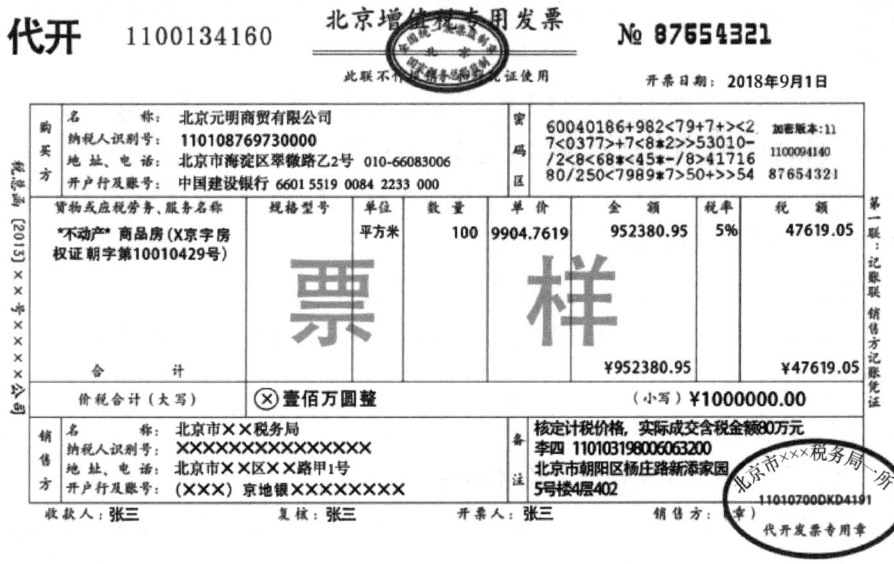

代开　1100134160　北京增值税专用发票　№ 87654321

此联不作报销、扣税凭证使用　开票日期：2018年9月1日

购买方　名称：北京元明商贸有限公司
纳税人识别号：110108769730000
地址、电话：北京市海淀区翠微路乙2号 010-66083006
开户行及账号：中国建设银行 6601 5519 0084 2233 000

密码区　60040186+982<79+7+><2 7<0377>+7<8*2>>53010- /2<8<68*<45*-/8>41716 80/250<7989*7>50+>>54　加密版本：11 1100094140 87654321

货物或应税劳务、服务名称	规格型号	单位	数量	单价	金额	税率	税额
不动产 商品房（X京字房权证朝字第10010429号）		平方米	100	9904.7619	952380.95	5%	47619.05
合计					¥952380.95		¥47619.05
价税合计（大写）	⊗壹佰万圆整				（小写）¥1000000.00		

销售方　名称：北京市××税务局
纳税人识别号：×××××××××××××××
地址、电话：北京市××区××路甲1号
开户行及账号：（×××）京地银××××××××

备注　核定计税价格，实际成交含税金额80万元
李四 110103198006063200
北京市朝阳区杨庄路新添家园5号楼4层402

收款人：张三　复核：张三　开票人：张三　销售方：（章）

北京市×××税务局一所 11010700DKD4191 代开发票专用章

税总函〔2013〕××号××××公司

第一联：记账联 销售方记账凭证

图 6－11　个人销售商品房税务机关代开增值税专用发票

填写代开增值税发票时的注意事项如下：

(1) 其他项目按照增值税发票填开的有关规定填写；

(2) 税务局代开发票部门应在代开增值税发票的“备注”栏上，加盖税务代开发票专用章；

(3) 单价、数量、金额项目，填写其中任意两个数值，开票系统会自动计算第三项的数值；

(4) 特殊情况，可以不填写单价和数量，只填写金额即可开票；

(5) 增值税专用发票和增值税普通发票填开界面中各项信息可输入最大字符数有限制；

(6) 税务机关代开发票，目前尚无名称栏显示编码简称要求，实际上，部分税务机关代开发票已经可以显示编码简称。

(四) 小规模纳税人跨县（市、区）提供建筑服务实际预缴税款可能会不等于发票票面注明的税款

《纳税人跨县（市、区）提供建筑服务增值税征收管理暂行办法》规定：

(1) 小规模纳税人跨县（市、区）提供建筑服务，以取得的全部价款和价外费用扣除支付的分包款后的余额，按照3%的征收率计算应预缴税款。

(2) 小规模纳税人跨县（市、区）提供建筑服务，不能自行开具增值税发票的，可向建筑服务发生地主管税务机关按照其取得的全部价款和价外费用申请代开增值税发票。

案例 6-43

某小规模纳税人跨县（市、区）提供建筑服务，取得的全部价款和价外费用为100万元，分包款为40万元。

在项目所在地预缴税款＝(1 000 000－400 000)×3%÷(1＋3%)＝17 475.73(元)

该小规模纳税人可以自行在企业所在地按照其取得的全部价款和价外费用100万元开具专用发票，不能自行开具增值税发票的，可向项目所在地主管税务机关按照其取得的全部价款和价外费用100万元申请代开增值税发票。

专用发票注明的税款＝1 000 000×3%÷(1＋3%)＝29 126.21(元)

(五) 销售和出租不动产、建筑服务代开增值税发票规定

按照《纳税人跨县（市、区）提供建筑服务增值税征收管理暂行办法》的有关

规定，小规模纳税人跨县（市、区）提供建筑服务，不能自行开具增值税发票的，可向建筑服务发生地主管税务机关按照其取得的全部价款和价外费用申请代开增值税发票。

税务部门为提供建筑服务的纳税人代开发票时，应在发票的“备注”栏注明建筑服务发生地县（市、区）名称及项目名称。

按照《纳税人提供不动产经营租赁服务增值税征收管理暂行办法》的有关规定，小规模纳税人中的单位和个体工商户出租不动产，不能自行开具增值税发票的，可向不动产所在地主管税务机关申请代开增值税发票。

国税和地税合并前，按照《营改增委托地税机关代征税款和代开增值税发票的公告》《国家税务总局关于营业税改征增值税委托地税局代征税款和代开增值税发票的通知》的有关规定，为保证营改增工作平稳顺利，方便纳税人办税，明确部分业务由地税机关负责代开增值税发票。小规模纳税人销售取得的不动产以及其他个人出租不动产，购买方或承租方不属于其他个人，纳税人缴纳增值税后，可以申请地税局代开增值税专用发票。不能自开增值税普通发票的小规模纳税人销售取得的不动产，以及其他个人出租不动产，可以申请地税局代开增值税普通发票。增值税小规模纳税人销售其取得的不动产以及其他个人出租不动产由地税部门代开发票，国税部门不得代开。国税和地税合并后，自然由税务部门代开发票。

（六）委托代征税款并代开发票

营改增前，部分地区税务局委托住建部门、房管部门、街道办事处等政府部门代征营业税并代开营业税发票。为保障营改增平稳顺利实施，明确具备增值税发票安全保管条件，税务机关可通过连通的网络有效监控代征税款及代开发票的政府部门等单位，县（区）以上税务局评估后认为风险可控的，可以同意有关单位代征税款并代开增值税发票。

（七）代开专用发票的重要原则——“先税后票”

“先税后票”是代开专用发票的重要原则，即小规模纳税人缴纳税款后税务机关才能为其代开专用发票，并且缴纳税款金额应与代开专用发票注明的税款金额相等。税务机关要加强内部管理，完善代开发票制度，采取信息化监测与人工核对相结合的方式，防范不征税代开增值税专用发票，以及少征税多开票等风险。

（八）月销售额不超过 10 万元（按季纳税 30 万元）的增值税小规模纳税人代开增值税专用发票税款有关问题

小规模纳税人月销售额未超过 10 万元（按季纳税 30 万元）的，当期因开具增值税专用发票已经缴纳的税款，在增值税专用发票全部联次追回或者按规定开具红字专用发票后，可以向主管税务机关申请退还。

（九）保险业个人佣金汇总代开增值税发票

《国家税务总局关于个人保险代理人税收征管有关问题的公告》（国家税务总局公告2016年第45号）规定：

（1）个人保险代理人为保险企业提供保险代理服务应当缴纳的增值税和城市维护建设税、教育费附加、地方教育附加，税务机关可以根据《国家税务总局关于发布〈委托代征管理办法〉的公告》（国家税务总局公告2013年第24号）的有关规定，委托保险企业代征。个人保险代理人为保险企业提供保险代理服务应当缴纳的个人所得税，由保险企业按照现行规定依法代扣代缴。

（2）个人保险代理人以其取得的佣金、奖励和劳务费等相关收入（以下简称佣金收入，不含增值税）减去地方税费附加及展业成本，按照规定计算个人所得税。展业成本，为佣金收入减去地方税费附加余额的40%。

（3）接受税务机关委托代征税款的保险企业，向个人保险代理人支付佣金费用后，可代个人保险代理人统一向主管税务机关申请汇总代开增值税普通发票或增值税专用发票。

（4）保险企业代个人保险代理人申请汇总代开增值税发票时，应向主管税务机关出具个人保险代理人的姓名、身份证号码、联系方式、付款时间、付款金额、代征税款的详细清单。

保险企业应将个人保险代理人的详细信息，作为代开增值税发票的清单，随发票入账。

（5）主管税务机关为个人保险代理人汇总代开增值税发票时，应在“备注”栏内注明“个人保险代理人汇总代开”字样。

（6）本公告所称个人保险代理人，是指根据保险企业的委托，在保险企业授权范围内代为办理保险业务的自然人，不包括个体工商户。

（7）证券经纪人、信用卡和旅游等行业的个人代理人比照上述规定执行。信用卡、旅游等行业的个人代理人计算个人所得税时，不执行本公告第二条有关展业成本的规定。

个人保险代理人和证券经纪人其他个人所得税问题，按照《国家税务总局关于保险营销员取得佣金收入征免个人所得税问题的通知》（国税函〔2006〕454号）、《国家税务总局关于证券经纪人佣金收入征收个人所得税问题的公告》（国家税务总局公告2012年第45号）执行。

（十）货物运输业小规模纳税人申请代开增值税专用发票

《货物运输业小规模纳税人申请代开增值税专用发票管理办法》（国家税务总局公告 2017 年第 55 号发布，根据国家税务总局公告 2018 年第 31 号、2019 年第 45 号修正）规定：

（1）为进一步优化纳税服务，简化办税流程，方便货物运输业小规模纳税人代开增值税专用发票，根据《中华人民共和国税收征收管理法》及其实施细则、《中华人民共和国发票管理办法》及其实施细则等规定，制定本办法。

（2）同时具备以下条件的增值税纳税人（以下简称纳税人）适用本办法：

1）在中华人民共和国境内（以下简称境内）提供公路或内河货物运输服务，并办理了税务登记（包括临时税务登记）。

2）提供公路货物运输服务的（以 4.5 吨及以下普通货运车辆从事普通道路货物运输经营的除外），取得《中华人民共和国道路运输经营许可证》和《中华人民共和国道路运输证》；提供内河货物运输服务的，取得《国内水路运输经营许可证》和《船舶营业运输证》。

3）在税务登记地主管税务机关按增值税小规模纳税人管理。

（3）纳税人在境内提供公路或内河货物运输服务，需要开具增值税专用发票的，可在税务登记地、货物起运地、货物到达地或运输业务承揽地（含互联网物流平台所在地）中任何一地，就近向税务机关（以下称代开单位）申请代开增值税专用发票。

（4）纳税人应将营运资质和营运机动车、船舶信息向主管税务机关进行备案。

（5）完成上述备案后，纳税人可向代开单位申请代开增值税专用发票，并向代开单位提供以下资料：

1）《货物运输业代开增值税专用发票缴纳税款申报单》（以下简称《申报单》）。

2）加载统一社会信用代码的营业执照（或税务登记证或组织机构代码证）复印件。

3）经办人身份证件及复印件。

（6）纳税人申请代开增值税专用发票时，应按机动车号牌或船舶登记号码分别填写《申报单》，挂车应单独填写《申报单》。《申报单》中填写的运输工具相关信息，必须与其向主管税务机关备案的信息一致。

（7）纳税人对申请代开增值税专用发票时提交资料的真实性和合法性承担责任。

（8）代开单位对纳税人提交资料的完整性和一致性进行核对。资料不符合要求的，应一次性告知纳税人补正资料；符合要求的，按规定代开增值税专用发票。

(9) 纳税人申请代开增值税专用发票时，应按照所代开增值税专用发票上注明的税额向代开单位全额缴纳增值税。

(10) 纳税人代开专用发票后，如发生服务中止、折让、开票有误等情形，需要作废增值税专用发票、开具增值税红字专用发票、重新代开增值税专用发票、办理退税等事宜的，应由原代开单位按照现行规定予以受理。

(11) 纳税人在非税务登记地申请代开增值税专用发票，不改变主管税务机关对其实施税收管理。

(12) 纳税人应按照主管税务机关核定的纳税期限，按期计算增值税应纳税额，抵减其申请代开增值税专用发票缴纳的增值税后，向主管税务机关申报缴纳增值税。

(13) 纳税人代开增值税专用发票对应的销售额，一并计入该纳税人月（季、年）度销售额，作为主管税务机关对其实施税收管理的标准和依据。

(14) 增值税发票管理新系统定期将纳税人异地代开发票、税款缴纳等数据信息清分至主管税务机关。主管税务机关应加强数据比对分析，对纳税人申请代开增值税专用发票金额明显超出其实际运输能力的，主管税务机关可暂停其在非税务登记地代开增值税专用发票并及时约谈纳税人。经约谈排除疑点的，纳税人可继续在非税务登记地申请代开增值税专用发票。

(15) 各省、自治区、直辖市和计划单列市税务局可根据本办法制定具体实施办法。

(16) 本办法未明确事项，按现行增值税专用发票使用规定及税务机关代开增值税专用发票有关规定执行。

(17) 本办法自 2018 年 1 月 1 日起施行。《国家税务总局关于在全国开展营业税改征增值税试点有关征收管理问题的公告》（国家税务总局公告 2013 年第 39 号）第一条第（一）项和附件 1 同时废止。

(十一) 网络平台道路货物运输企业代开增值税专用发票

根据《国家税务总局关于开展网络平台道路货物运输企业代开增值税专用发票试点工作的通知》（税总函（2019）405 号）规定：

1. 试点内容

经国家税务总局各省、自治区、直辖市和计划单列市税务局（以下称各省税务局）批准，纳入试点的网络平台道路货物运输企业（以下称试点企业）可以为同时符合以下条件的货物运输业小规模纳税人（以下称会员）代开增值税专用发票，并代办相关涉税事项。

（1）在中华人民共和国境内提供公路货物运输服务，取得《中华人民共和国道路运输经营许可证》和《中华人民共和国道路运输证》。以4.5吨及以下普通货运车辆从事普通道路货物运输经营的，无须取得《中华人民共和国道路运输经营许可证》和《中华人民共和国道路运输证》。

（2）以自己的名义对外经营，并办理了税务登记（包括临时税务登记）。

（3）未做增值税专用发票票种核定。

（4）注册为该平台会员。

2. 试点企业的条件

试点企业应当同时符合以下条件：

（1）按照《交通运输部 国家税务总局关于印发〈网络平台道路货物运输经营管理暂行办法〉的通知》（交运规〔2019〕12号）规定，取得经营范围中注明“网络货运”的《道路运输经营许可证》。

（2）具备与开展业务相适应的相关线上服务能力，包括信息数据交互及处理能力，物流信息全程跟踪、记录、存储、分析能力，实现交易、运输、结算等各环节全过程透明化动态管理，对实际承运驾驶员和车辆的运输轨迹实时展示，并记录含有时间和地理位置信息的实时运输轨迹数据。

（3）与省级交通运输主管部门建立的网络货运信息监测系统实现有效对接，按照要求完成数据上传。

（4）对会员相关资质进行审查，保证提供运输服务的实际承运车辆具备合法有效的营运证，驾驶员具有合法有效的从业资格证。

试点企业代开增值税专用发票不得收取任何费用，否则将取消其试点企业资格。

3. 专用发票的开具

试点企业按照以下规定为会员代开增值税专用发票：

（1）仅限于为会员通过本平台承揽的货物运输服务代开增值税专用发票。

（2）应与会员签订委托代开增值税专用发票协议。协议范本由各省税务局制定。

（3）使用自有增值税发票税控开票软件，按照3%的征收率代开增值税专用发票，并在发票备注栏注明会员的纳税人名称、纳税人识别号、起运地、到达地、车种车号以及运输货物信息。如内容较多可另附清单。

（4）代开增值税专用发票的相关栏次内容，应与会员通过本平台承揽的运输服务，以及本平台记录的物流信息保持一致。平台记录的交易、资金、物流等相关信息应统一存储，以备核查。

（5）试点企业接受会员提供的货物运输服务，不得为会员代开专用发票。试点企业可以按照《货物运输业小规模纳税人申请代开增值税专用发票管理办法》(国家税务总局公告 2017 年第 55 号发布）的相关规定，代会员向试点企业主管税务机关申请代开专用发票。

4. 涉税事项的办理

(1) 试点企业代开增值税专用发票应当缴纳的增值税，由试点企业按月代会员向试点企业主管税务机关申报缴纳，并将完税凭证转交给会员。

(2) 试点企业办理增值税纳税申报时，代开增值税专用发票对应的收入不属于试点企业的增值税应税收入，无须申报。试点企业应按月将代开增值税专用发票和代缴税款情况向主管税务机关报备，具体报备的有关事项由各省税务局确定。

(3) 会员应按照其主管税务机关核定的纳税期限，按规定计算增值税应纳税额，抵减已由试点企业代为缴纳的增值税后，向主管税务机关申报纳税。

5. 工作要求

(1) 各地税务机关应高度重视网络平台道路货物运输企业代开专用发票试点工作，总结前期开展互联网物流平台企业代开专用发票试点工作的经验，严格按照税务总局部署落实好相关工作。

(2) 各省税务局负责组织实施网络平台道路货物运输企业代开专用发票试点工作，按照纳税人自愿的原则确定试点企业。开展试点工作需要纳税人周知的其他事项，由各省税务局负责办理。

(3) 各地税务机关应积极推动试点工作开展，加强试点企业的管理，分析试点企业运行数据。发现试点企业虚构业务、虚开发票等违法违规行为的，应立即取消其试点资格并依法处理。

(4) 各地税务机关应与当地道路货运行业主管部门对接，充分利用和挖掘内外部大数据资源，深入开展物流行业经济分析和税收风险管理工作，及时总结试点经验，提升试点成效。试点过程中发现的情况和问题，及时上报国家税务总局（货物和劳务税司)。

(十二) 个人转让住房增值税政策及代开发票

《财政部 国家税务总局关于全面推开营业税改征增值税试点的通知》(财税〔2016〕36 号）关于个人转让其购买的住房的规定如下：

(1) 个人将购买不足 2 年的住房对外销售的，按照 5%的征收率全额缴纳增值税；个人将购买 2 年以上（含 2 年）的住房对外销售的，免征增值税。上述政策适用于北京市、上海市、广州市和深圳市之外的地区。

（2）个人将购买不足 2 年的住房对外销售的，按照 5%的征收率全额缴纳增值税；个人将购买 2 年以上（含 2 年）的非普通住房对外销售的，以销售收入减去购买住房价款后的差额按照 5%的征收率缴纳增值税；个人将购买 2 年以上（含 2 年）的普通住房对外销售的，免征增值税。上述政策仅适用于北京市、上海市、广州市和深圳市。

各种情况下的个人转让住房增值税政策及代开发票，详见本书附录“三、个人转让住房增值税政策及代开发票”。

二十一、合同流、资金流、业务流与发票流

增值税实务中所说的“三流”，是指业务流（货物流、服务流）、资金流、发票流。也有人说是“四流”，是指合同流、业务流（货物流、服务流）、资金流、发票流。

在实际工作中，有“三流合一”（“三流一致”）、“四流合一”（“四流一致”），意思基本都是一样的，四流是把合同也考虑进去了。

（一）“三流合一”或“四流合一”的相关规定

（1）《国家税务总局关于纳税人取得虚开的增值税专用发票处理问题的通知》（国税发〔1997〕134 号）规定，在货物交易中，购货方从销售方取得第三方开具的专用发票，或者从销货地以外的地区取得专用发票，向税务机关申报抵扣税款或者申请出口退税的，应当按偷税、骗取出口退税处理，依照《税收征收管理法》及有关规定追缴税款，处以偷税、骗税数额 5 倍以下的罚款。

（2）《国家税务总局关于加强增值税征收管理若干问题的通知》（国税发〔1995〕192 号）规定，纳税人购进货物或应税劳务，支付运输费用，所支付款项的单位必须与开具抵扣凭证的销货单位、提供劳务的单位一致，才能够申报抵扣进项税额，否则不予抵扣。

（3）《国家税务总局关于纳税人对外开具增值税专用发票有关问题的公告》（国家税务总局公告 2014 年第 39 号）规定，纳税人通过虚增增值税进项税额偷逃税款，但对外开具增值税专用发票同时符合以下情形的，不属于对外虚开增值税专用发票。

1）纳税人向受票方纳税人销售了货物，或者提供了增值税应税劳务、应税服务；

2）纳税人向受票方纳税人收取了所销售货物、所提供应税劳务或者应税服务的款项，或者取得了索取销售款项的凭据；

3）纳税人按规定向受票方纳税人开具的增值税专用发票相关内容，与所销售货

物、所提供应税劳务或者应税服务相符，且该增值税专用发票是纳税人合法取得并以自己名义开具的。

受票方纳税人取得的符合上述情形的增值税专用发票，可以作为增值税扣税凭证抵扣进项税额。

本公告自 2014 年 8 月 1 日起施行。此前未处理的事项，按照本公告规定执行。

案例 6 - 44

合同、票、物、款不一致，不能抵扣进项税额。

甲公司向 A 公司购进货物，而甲公司取得的增值税专用发票却是由 B 公司开具的。甲公司取得的增值税专用发票抵扣了进项税额。

乙公司向 A 公司购买货物，取得 A 公司开具的增值税专用发票，但因为 A，B 公司为同一个老板，乙公司将该笔货款支付给了 B 公司。乙公司取得的增值税专用发票抵扣了进项税额。

请问甲、乙公司存在何种税务风险?

《国家税务总局关于纳税人取得虚开的增值税专用发票处理问题的通知》（国税发〔1997〕134 号）规定，在货物交易中，购货方从销售方取得第三方开具的专用发票，或者从销货地以外的地区取得专用发票，向税务机关申报抵扣税款或者申请出口退税的，应当按偷税、骗取出口退税处理，依照《税收征收管理法》及有关规定追缴税款，处以偷税、骗税数额 5 倍以下的罚款。

《国家税务总局关于加强增值税征收管理若干问题的通知》（国税发〔1995〕192 号）规定，纳税人购进货物或应税劳务，支付运输费用，所支付款项的单位，必须与开具抵扣凭证的销货单位、提供劳务的单位一致，才能够申报抵扣进项税额，否则不予抵扣。

《发票管理办法》第二十二条规定，开具发票应当按照规定的时限、顺序、栏目全部联次一次性如实开具，并加盖发票专用章。任何单位和个人不得有下列虚开发票行为：

（1）为他人、为自己开具与实际经营业务情况不符的发票；

（2）让他人为自己开具与实际经营业务情况不符的发票；

（3）介绍他人开具与实际经营业务情况不符的发票。

由以上文件可知，甲公司的行为为国税发〔1997〕134 号文件规定的取得虚开的增值税专用发票，因此，不能将抬头为销货方以外的其他单位的专用发票税额作抵扣处理，当月发票已经认证的要作进项税额转出，已经申报抵扣的增值税进项税额应补缴增值税。

乙公司将货款支付给 B 公司，与开具增值税专用发票的销售单位 A 公司不一致，违反了国税发〔1995〕192号文件规定，因此不能抵扣进项税额。

在执法实践中，对票、货、款不一致的情形能否抵扣进项税额的界定有三种情形：

一是X公司与Y公司签订了商品交易合同，X公司给Y公司供货并开具增值税专用发票，但由于Z公司与Y公司存在债权债务关系，Y公司委托Z公司向X公司支付货款，Y公司免除Z公司相应金额的债务。X公司、Y公司、Z公司签订委托支付书。这种情形目前某些税务人员并不认可。

二是X公司与Y公司签订了商品交易合同，X公司给Y公司供货，但是X公司并没有给Y公司开具增值税专用发票，而是向Y公司提供了销货单位为Z公司的专用发票。这种情形下，不管X公司与Z公司之间是否存在关联关系（哪怕两个公司是一个老板），Y公司取得的专用发票都不得抵扣进项税额，而且相应的成本费用在企业所得税税前都不得扣除，因为这种情形属于虚开发票。

三是X公司与Y公司签订了商品交易合同，X公司给Y公司供货并开具增值税专用发票，由于X公司与Z公司为关联企业（比如两个公司是一个老板）或者X公司与Z公司存在债权债务关系，Y公司将货款支付给了Z公司。X公司、Y公司、Z公司签订委托收款书。这种情形目前某些税务人员也不认可。

案例6-45

虚构资金流，不能抵扣进项税额。

某公司大量使用银行承兑汇票进行业务结算。在纳税检查中，税务机关对该公司应收票据科目进行检查时，发现了两份汇票号码相同的银行承兑汇票复印件，一份显示向甲公司付款，一份显示向乙公司付款。继续检查，发现该公司还有几份银行承兑汇票复印件存在重复支付问题。

另外，还发现该公司使用两份金额分别为30万元和50万元的承兑汇票支付丙公司20万元和丁公司60万元的情况，丙公司与丁公司非关联单位，明显为虚构资金流。

请问该公司存在何种税务风险？

《国家税务总局关于加强增值税征收管理若干问题的通知》（国税发〔1995〕192号）第一条第三项规定，纳税人购进货物或应税劳务，支付运输费用，所支付款项的单位，必须与开具抵扣凭证的销货单位、提供劳务的单位一致，才能够申报抵扣进项税额，否则不予抵扣。

《国家税务总局关于纳税人虚开增值税专用发票征补税款问题的公告》（国家税务总局公告2012年第33号）规定，纳税人虚开增值税专用发票，未就其虚开金额申报并缴纳增值税的，应按照其虚开金额补缴增值税；已就其虚开金额申报并缴纳增值税的，不再按照其虚开金额补缴增值税。税务机关对纳税人虚开增值税专用发票的行为，应按《税收征收管理法》及《发票管理办法》的有关规定给予处罚。纳税人取得虚开的增值税专用发票，不得作为增值税合法有效的扣税凭证抵扣其进项税额。

银行承兑汇票仅以复印件入账，这就为某些企业虚构资金流提供了便利。该公司正是利用这一点反复使用同一份承兑汇票虚构资金流以掩饰接受虚开发票的行为，达到抵扣进项税额的目的。另外，两份金额分别为30万元和50万元的承兑汇票支付丙公司20万元和丁公司60万元，显然也是使用承兑汇票虚构资金流以掩饰接受虚开发票的行为。

该公司取得的虚开代开的增值税专用发票，不得作为增值税合法的抵扣凭证抵扣进项税额。

为应付税务部门检查，一些财务人员利用银行承兑汇票去虚构资金流，掩盖虚开发票真相，企图蒙混过关。其主要方式有四种：

（1）利用真银行承兑汇票虚构资金流。受票方为了掩饰其虚抵进项发票的真相，向银行申请开具银行承兑汇票，注明受票人为增值税专用发票开票方，虚假制造资金流向，然后再授意专用发票开票方背书给第三方、第四方等，最后返回受票方或下属机构。

（2）利用银行承兑汇票退回虚构资金流。受票方为虚构资金流，申请开具银行承兑汇票后，将汇票复印件作为入账依据，然后将原件以“申请未用”的名义退还银行，取消此项承兑汇票业务。

（3）利用虚假背书入账。受票方与开票方勾结，在受票方持有的其他银行承兑汇票复印件上作虚假背书，制造已将银行承兑汇票背书给开票方的假象。而实际上，银行承兑汇票的持有人仍是受票方，汇票所有权并没有转让，而是利用虚假背书虚构资金流。

（4）利用虚假银行承兑汇票入账。银行承兑汇票票面内容可机打、可手写，各专业银行没有统一的规定。企业对银行承兑汇票复印件任意修改复印，虚构资金流。

（二）“三流合一”或“四流合一”的误读

为客户开具住宿费增值税专用发票时对付款方式有什么要求？有人认为必须单位对公账户转账付款，才符合“三流一致”，否则不能抵扣。很明显，这是对政策的误读。

2016年5月19日国家税务总局视频会政策问题解答中有人提问：纳税人取得

服务品名为住宿费的增值税专用发票，但住宿费是以个人账户支付的，这种情况能否允许抵扣进项税？是不是需要以单位对公账户转账付款才允许抵扣？

其实，现行政策在住宿费的进项税抵扣方面，从未作出类似的限制性规定，纳税人无论通过私人账户还是对公账户支付住宿费，只要其购买的住宿服务符合现行规定，都可以抵扣进项税。而且，需要补充说明的是，不仅是住宿费，对纳税人购进的其他任何货物、服务，也都没有因付款账户不同而对进项税抵扣作出限制性规定。

湖北省税务局也早就明确提出，对付款方式没有要求，现金、信用卡、银行转账等方式均可，信用卡、银行转账可以是住店个人的或者第三方的。

（三）三方抵账协议、委托收款协议、委托付款协议的风险

案例 6-46

2014 年，吉林省大安市东方风电公司违反规定抵扣税款，受到大安市国税局稽查局的查处，被依法追缴税款及滞纳金 462.66 万元。

大安市国税局稽查局 3 名稽查员到大安市东方风电公司开展专项检查时，发现该公司银行存款和应付账款均较上年大幅增加。既然资金状况较好，为何不及时支付货款？带着疑问，稽查人员以调查核实其资金往来情况为突破口，展开了对该公司的深入检查。

稽查人员获取了该公司购进货物取得相关增值税专用发票的信息，发现该公司可能存在取得收款方与开票方不一致的进项增值税专用发票的问题。为此，稽查人员对有关账户和相关凭证一一展开分析。通过比对，他们发现，该公司 2012 年从大安风电设备有限公司购进风电叶片后，只将货款的一小部分直接支付给开票方大安风电设备有限公司，其余款项未支付，而应付账款却挂在非开票单位天津某风电叶片工程有限公司账上。

稽查人员约谈了该公司相关业务的经办人员。经过耐心的税法宣传教育，相关人员交代了这些增值税专用发票的来龙去脉。原来，2012 年 2 月 27 日，大安市东方风电公司、大安风电设备有限公司和天津某风电叶片工程有限公司 3 家企业签订了《三方抵款协议》。根据《三方抵款协议》，大安市东方风电公司向天津某风电叶片工程有限公司支付风电叶片货款 2 376.03 万元。余款 450.75 万元直接支付给大安风电设备有限公司。大安市东方风电公司财务人员解释，由于平时对税收政策学习不够，对政策理解出现了偏差，以为既然签订了《三方抵款协议》，即使支付货款的单位与开具增值税专用发票的销货单位不一致，也可以申报抵税。该财务人员主动向税务人员承认错误，愿意接受税务机关的处理。

同时，稽查人员分别从开票、受票单位的资金运作情况展开协查取证，并向开

票单位所在地税务机关发出协查函，通过货款取得与支付情况进行比对，核实实际交易记录，确认了该公司违规抵扣进项税额造成少缴税款的事实。

资料来源：刘忠月，张立东．理解政策有误 违规抵扣被查．中国税务报，2014-10-08.

三方抵账协议、委托收款协议、委托付款协议存在被税务机关以发票流、资金流不一致而不允许抵扣的税务风险。笔者观点，不能机械地去理解发票流、资金流是否一致，应从实质上去把握才更合理。对“四流合一”应该从业务实质上去把握，而不能拘泥于形式。

(四) 不符合“三流合一”或“四流合一”，但税法明确允许抵扣的特殊情形

(1)《财政部 国家税务总局关于增值税、营业税若干政策规定的通知》(财税字〔1994〕26 号) 规定，代购货物行为，凡同时具备以下条件的，不征收增值税；不同时具备以下条件的，无论会计制度规定如何核算，均征收增值税。(1) 受托方不垫付资金；(2) 销货方将发票开具给委托方，并由受托方将该项发票转交给委托方；(3) 受托方按销售方实际收取的销售额和增值税额（如系代理进口货物则为海关代征的增值税额）与委托方结算货款，并另外收取手续费。

(2)《国家税务总局关于纳税人以资金结算网络方式收取货款增值税纳税地点问题的通知》(国税函〔2002〕802 号) 规定，纳税人以总机构的名义在各地开立账户，通过资金结算网络在各地向购货方收取销货款，由总机构直接向购货方开具发票的行为，不具备《国家税务总局关于企业所属机构间移送货物征收增值税问题的通知》规定的受货机构向购货方开具发票、向购货方收取货款两种情形之一，其取得的应税收入应当在总机构所在地缴纳增值税。

(3)《国家税务总局关于诺基亚公司实行统一结算方式增值税进项税额抵扣问题的批复》(国税函〔2006〕1211 号) 规定，对诺基亚各分公司购买货物从供应商取得的增值税专用发票，由总公司统一支付货款，造成购进货物的实际付款单位与发票上注明的购货单位名称不一致的，不属于《国家税务总局关于加强增值税征收管理若干问题的通知》(国税发〔1995〕192 号) 第一条第（三）款有关规定的情形，允许其抵扣增值税进项税额。

(4)《国家税务总局关于进一步明确营改增有关征管问题的公告》(国家税务总局公告 2017 年第 11 号) 规定，建筑企业与发包方签订建筑合同后，以内部授权或者三方协议等方式，授权集团内其他纳税人（以下称第三方）为发包方提供建筑服务，并由第三方直接与发包方结算工程款的，由第三方缴纳增值税并向发包方开具

增值税发票，与发包方签订建筑合同的建筑企业不缴纳增值税。发包方可凭实际提供建筑服务的纳税人开具的增值税专用发票抵扣进项税额。

（五）“三流合一”或“四流合一”与虚开发票的关系

虚开发票的本质是发票票面披露的信息和真实的交易情况不相符，即使“四流合一”，发票与实际交易的数量不符、品名不符等情况也属于虚开发票。在“四流合一”的情况下，交易各方也可能通过构造虚假交易来达到虚开发票的目的。

“四流合一”不代表不存在虚开发票，“四流不一致”也可能不是虚开发票。那么为什么多年来“四流合一”会成为税务机关特别是稽查人员的一项检查利器，许多企业将其视为不可逾越的“雷区”呢？其中的一个主要原因是惯性思维。

国税发〔1995〕192号文件的要求符合当时的贸易状况，20世纪90年代，我国市场经济还不发达，专业分工还不细，资金结算方式比较单一，绝大多数的交易都是“直接交钱、直接交货”。但现在，我国市场化水平迅猛提高，社会分工细化程度今非昔比，交易模式日新月异，而相应法规条款还没有修改。对“四流合一”应该从业务实质上去把握，而不能拘泥于形式。

案例 6-47

北京甲贸易公司接到来自天津乙公司的货物订单，货物由天津丙厂家直接发货给天津乙公司，北京甲贸易公司向天津乙公司开具了增值税专用发票，货物流表面上与发票流、合同流、资金流不一致。在不考虑运输成本的情况下，货物应该先从天津丙厂家运到北京甲贸易公司，再由北京甲贸易公司发往天津乙公司。实务中，出于节约运输成本的考虑，天津丙厂家直接发货给天津乙公司，本质上货物仍是由北京甲贸易公司销售并发出的，实质上“四流一致”，因而不属于虚开增值税专用发票。

案例 6-48

A企业销售货物给B企业，货款为10万元。B企业想多抵扣增值税进项税额，要求A企业开具30万元的增值税专用发票，A企业应B企业要求开具了一份30万元的增值税专用发票。A企业和B企业签订了虚假的经济合同，B企业向A企业支付货款30万元后，A企业扣除货款10万元以及多开金额部分相应比例的开票手续费后，将剩余款项返还给B企业负责人，该部分回流资金属于虚假的货款。虽然A企业、B企业表面上“四流一致”，但实质上“四流不一致”，A企业、B企业均属于虚开增值税专用发票。

(六)“三流合一”或“四流合一”今后有可能会取消

2016 年 10 月 14 日，国家税务总局针对旅行社企业在营改增过程中反映出来的问题进行调研，并由国家税务总局货物和劳务税司组织了旅行社行业营改增座谈会。座谈会上，国家税务总局货物和劳务税司增值税处就旅行社行业在营改增过程中集中反映的问题进行了答复。关于三流问题的答复如下：

“三流合一”是国税发〔1995〕192 号文件中提到的，那个文件的其他条款全都废止了，就留了这一条。到现在已有 20 多年，现在形势的发展无论是支付手段，还是发票监管，都是电子抵账，已经很强大了。当时都是手开票，用手写的专用发票，该情况下税务局需要看是否“三流合一”，但是现在该条款管的范围还仅限于货物和运输服务。营改增的服务领域不适用该条规定。关于该条款国家税务总局会再评估，如果觉得它的存在已经没有意义，今后有可能会取消。

(七)现阶段为纳税人规避税务风险所提的几点建议

(1)《国家税务总局关于公布全文失效废止和部分条款废止的税收规范性文件目录的公告》(国家税务总局公告 2016 年第 34 号)对税收规范性文件进行了清理并重点清理了不利于稳增长、促改革、调结构、惠民生的税收规范性文件。这次清理废止失效了 120 部规范性文件，还对 10 部规范性文件的部分条款进行了废止。但这次清理仍未废止国税发〔1995〕192 号文件第一条第（三）项。是疏忽吗？显然不是。该文件国家税务总局绝对没忘记，因为本次废止了国税发〔1995〕192 号文件第一条第（一）项。

在商业模式日新月异的当下，国税发〔1995〕192 号文件第一条第（三）项是否应该废止或细化呢？目前争议很大，但是在没有被废止前，企业还需慎之又慎。企业作为购买方还需按照规定执行。作为销售方，购买方想通过第三方付款的，明确告知购买方存在进项税额不能抵扣的风险，若因此发生一切后果与销售方无关，销售方若因此受到损失由购买方赔偿。

(2) 在实务中，三方抵款协议、委托付款协议，在合同法上没有问题，而在税法上税务风险究竟有多大，是否符合“三流一致”的要求，税务机关认可与否，能否抵扣进项税额，一直都存在争议。但是从上述税务稽查案例来看，企业最好不要以身犯险，尽量做到资金流和发票流一致。

(3) 税法并没有规定必须通过基本账户收付款，只要使用以企业为账户名称开户的银行账户即可。

(4) 税法并没有规定所有业务必须通过转账付款，没有限制结算方式，更没有禁止现金结算。企业人员因公出差发生的住宿费用可以取得增值税专用发票抵扣进项税额，居然有人认为，员工出差用现金或个人银行卡支付住宿费用属于“三流不一致”，不允许公司抵扣，必须由公司账户付款才可以抵扣，是不对的。

（5）不少建筑企业分公司都有账户，但是很多所谓的“分公司”都没有营业执照，只相当于一个项目部、一个企业部门，并非真正意义上的分公司，不属于独立的增值税纳税人，其账户也属于企业名称的账户，当然可以用该账户付款，符合“三流一致”的要求。但是领取营业执照的分公司则属于独立的增值税纳税人，总公司业务不能由分公司账户收付款。《国家税务总局关于诺基亚公司实行统一结算方式增值税进项税额抵扣问题的批复》（国税函〔2006〕1211 号）的规定仅适用于诺基亚公司，其他公司是否适用要看主管税务机关的口径。

（6）《国家税务总局关于诺基亚公司实行统一结算方式增值税进项税额抵扣问题的批复》（国税函〔2006〕1211 号）规定，对诺基亚各分公司购买货物从供应商取得的增值税专用发票，由总公司统一支付货款，造成购进货物的实际付款单位与发票上注明的购货单位名称不一致的，不属于《国家税务总局关于加强增值税征收管理若干问题的通知》（国税发〔1995〕192 号）第一条第（三）款有关规定的情形，允许其抵扣增值税进项税额。

（7）从政策文件的措辞对比中我们也发现端倪，《增值税暂行条例》第五条规定，纳税人发生应税销售行为，按照销售额和本条例第二条规定的税率计算并向购买方收取的增值税额，为销项税额。财税〔2016〕36 号文附件一第二十二条规定，销项税额，是指纳税人发生应税行为按照销售额和增值税税率计算并收取的增值税额。财税〔2016〕36 号文未说明向购买方收取，而仅仅说明收取。《增值税暂行条例》第六条规定，销售额为纳税人发生应税销售行为收取的全部价款和价外费用，但是不包括收取的销项税额。《增值税暂行条例》不再强调向购买方收取，而仅仅说明收取。

（8）《国家税务总局关于进一步明确营改增有关征管问题的公告》（国家税务总局公告 2017 年第 11 号）第二条规定，建筑企业与发包方签订建筑合同后，以内部授权或者三方协议等方式，授权集团内其他纳税人（以下称第三方）为发包方提供建筑服务，并由第三方直接与发包方结算工程款的，由第三方缴纳增值税并向发包方开具增值税发票，与发包方签订建筑合同的建筑企业不缴纳增值税。发包方可凭实际提供建筑服务的纳税人开具的增值税专用发票抵扣进项税额。需要注意本条款适用范围，只有归属于同一个集团内的建筑企业才能适用。

（9）税务机关的执法风险在于认定纳税人是属于“善意取得增值税专用发票”还是“恶意取得增值税专用发票”，不能机械地执行票、货、款一致的标准，要深入理解文件精神，认真对照认定标准加以认定。在执法过程中，做到有法可依，提高纳税人税法遵从度，降低税收执法风险。

二十二、混合销售、兼营业务与发票开具

（一）混合销售、兼营业务的一般税收政策规定

《增值税暂行条例》第三条规定，纳税人兼营不同税率的项目，应当分别核算不同税率项目的销售额；未分别核算销售额的，从高适用税率。

《营业税改征增值税试点实施办法》（财税〔2016〕36号文件印发）第三十九条规定，纳税人兼营销售货物、劳务、服务、无形资产或者不动产，适用不同税率或者征收率的，应当分别核算适用不同税率或者征收率的销售额；未分别核算的，从高适用税率。

《营业税改征增值税试点实施办法》（财税〔2016〕36号文件印发）第四十条规定，一项销售行为如果既涉及服务又涉及货物，为混合销售。从事货物的生产、批发或者零售的单位和个体工商户的混合销售行为，按照销售货物缴纳增值税；其他单位和个体工商户的混合销售行为，按照销售服务缴纳增值税。本条所称从事货物的生产、批发或者零售的单位和个体工商户，包括以从事货物的生产、批发或者零售为主，兼营销售服务的单位和个体工商户在内。

根据上述规定，混合销售行为成立的行为标准有两点：一是其销售行为必须是一项。二是该项行为必须既涉及服务又涉及货物，其货物是指增值税税法中规定的有形动产，包括电力、热力和气体；服务是指属于营改增范围的交通运输服务、建筑服务、金融保险服务、邮政服务、电信服务、现代服务、生活服务等。

因此，在确定混合销售是否成立时，其行为标准中的上述两点必须是同时存在的。如果一项销售行为只涉及销售服务，不涉及货物，这种行为就不是混合销售行为；反之，如果涉及销售服务和涉及货物的行为，不是存在同一项销售行为之中，这种行为也不是混合销售行为。

案例 6-49

生产货物的单位，在销售货物的同时附带运输，其销售货物及提供运输的行为属于混合销售行为，所收取的货物款项及运输费用应一律按销售货物计算缴纳增值税。

案例 6-50

以餐饮服务为主的纳税人，销售餐饮服务的同时销售烟酒，属于混合销售行为，

烟酒和菜品加上厨师和服务人员的劳动，共同形成了餐饮服务，按餐饮服务缴纳增值税。

案例 6-51

某营改增试点一般纳税人既有不动产销售业务，又有经纪代理业务（两项业务不属于混合销售）。如果该纳税人能够分别核算上述两项应税行为的销售额，则销售不动产适用 10%的增值税税率，提供经纪代理服务适用 6%的增值税税率；如果该纳税人没有分别核算上述两项应税行为的销售额，则销售不动产和提供经纪代理服务均从高适用 10%的增值税税率。

（二）混合销售、兼营业务的特殊税收政策规定

除上述一般规定外，纳税人还需要关注特殊规定。

（1）《国家税务总局关于进一步明确营改增有关征管问题的公告》（国家税务总局公告 2017 年第 11 号）第一条规定，纳税人销售活动板房、机器设备、钢结构件等自产货物的同时提供建筑、安装服务，不属于《营业税改征增值税试点实施办法》（财税〔2016〕36 号文件印发）第四十条规定的混合销售，应分别核算货物和建筑服务的销售额，分别适用不同的税率或者征收率。

（2）《国家税务总局关于明确中外合作办学等若干增值税征管问题的公告》（国家税务总局公告 2018 年第 42 号）第六条规定，一般纳税人销售自产机器设备的同时提供安装服务，应分别核算机器设备和安装服务的销售额，安装服务可以按照甲供工程选择适用简易计税方法计税。

一般纳税人销售外购机器设备的同时提供安装服务，如果已经按照兼营的有关规定，分别核算机器设备和安装服务的销售额，安装服务可以按照甲供工程选择适用简易计税方法计税。

纳税人对安装运行后的机器设备提供的维护保养服务，按照“其他现代服务”缴纳增值税。

（三）混合销售、兼营业务的准确判断

综上所述，经营行为（前后无关联性）自然属于兼营业务，由此总结经营行为（前后有关联性）——混合销售与兼营业务的几种类型如表 6-11 所示。

表 6-11　混合销售与兼营业务的几种类型

经营行为（前后有关联性）	应税行为	征税方式
自产货物＋建筑、安装服务	兼营行为	分别纳税
其中：自产机器设备＋安装服务	兼营行为	分别纳税（安装可3%简易计税）
自产货物＋非建筑、安装服务	混合销售	从主业纳税
外购货物（不含机器设备）＋服务	混合销售	从主业纳税
外购机器设备＋安装服务	混合销售（未分别核算机器设备和安装服务的销售额）	从主业纳税
	兼营行为（分别核算机器设备和安装服务的销售额）	分别纳税（安装可按3%征收率简易计税）

（四）混合销售、兼营业务的常见代表业务举例

案例 6-52

某公司负责替客户安装设备，客户提供设备，安装公司收取安装费。此时安装公司只就安装收入缴纳增值税。

案例 6-53

某公司负责为客户 A 安装设备，并收取安装费；另向客户 B 销售设备，并收取设备费。该专业设备公司属于兼营行为，其设备费和安装费应分别核算缴纳增值税。

案例 6-54

某公司在销售货物的同时附带运输服务。其销售货物及提供运输服务的行为属于混合销售行为，所收取的货物款项及运输费用应一律按公司主业计算缴纳增值税。

案例 6-55

某公司销售自产设备，同时负责安装设备，不属于混合销售行为，应分别核算货物和安装服务的销售额，分别缴纳增值税，提供的安装服务可以选择适用简易计税方法计税。

案例 6－56

某公司销售外购设备，并提供安装设备服务，收取设备费和安装费。该公司若未分别核算销售设备和提供安装服务的销售额，属于混合销售行为，其安装费和设备费应打包一起按公司主业缴纳增值税；若分别核算销售设备和提供安装服务的销售额，属于兼营行为，其设备费和安装费应分别核算缴纳增值税，提供的安装服务可以选择适用简易计税方法计税。

案例 6－57

某公司销售外购门窗，并提供安装服务，收取门窗费和安装费，属于混合销售行为，按公司主业缴纳增值税。

（五）混合销售、兼营业务开具发票方法

混合销售：销售服务、销售货物是一项整体销售行为。为了体现是一项整体销售行为，同时发生的销售服务、销售货物，应按主业税率在同一份发票上开具。

兼营业务：销售服务、销售货物两项经营活动间并无直接的联系和从属关系，需要在合同签订、发票开具、财税处理等环节体现分别核算，以免出现多缴税款的税务风险。应按照各自的业务名称和各自的税率分别开具发票。分别开具发票并非指开具两份以上的发票，除特殊规定外，可以分别按不同业务名称开在一份发票的不同行次上。

由此可见，只要学会了准确区分混合销售和兼营业务，也就自然学会了怎样开具发票。

二十三、价外费用与发票开具

销售方销售货物或者应税劳务、提供应税服务同时收取手续费、贴现息等费用，销售方因客户没有按照合同约定按时付款而收取逾期付款利息，这些费用如何开具发票呢？购货方取得的“货物或应税劳务、服务名称”为手续费、贴现息、逾期付款利息等名称的专用发票是否可以抵扣呢？这个问题困扰着许多财务人员。

（一）价外费用相关税法政策

（1）《增值税暂行条例》第六条规定，销售额为纳税人发生应税销售行为收取的

全部价款和价外费用，但是不包括收取的销项税额。

(2)《增值税暂行条例实施细则》第十二条规定，价外费用包括价外向购买方收取的手续费、补贴、基金、集资费、返还利润、奖励费、违约金、滞纳金、延期付款利息、赔偿金、代收款项、代垫款项、包装费、包装物租金、储备费、优质费、运输装卸费以及其他各种性质的价外收费。但下列项目不包括在内。

1）受托加工应征消费税的消费品所代收代缴的消费税。

2）同时符合以下条件的代垫运输费用：

①承运部门的运输费用发票开具给购买方的；

②纳税人将该项发票转交给购买方的。

3）同时符合以下条件代为收取的政府性基金或者行政事业性收费：

①由国务院或者财政部批准设立的政府性基金，由国务院或者省级人民政府及其财政、价格主管部门批准设立的行政事业性收费；

②收取时开具省级以上财政部门印制的财政票据；

③所收款项全额上缴财政。

4）销售货物的同时代办保险等而向购买方收取的保险费，以及向购买方收取的代购买方缴纳的车辆购置税、车辆牌照费。

(3)《营业税改征增值税试点实施办法》(财税〔2016〕36 号文件印发) 第三十七条规定，销售额，是指纳税人发生应税行为取得的全部价款和价外费用，财政部和国家税务总局另有规定的除外。

价外费用，是指价外收取的各种性质的收费，但不包括以下项目：

1）代为收取并符合《营业税改征增值税试点实施办法》第十条规定的政府性基金或者行政事业性收费。

2）以委托方名义开具发票代委托方收取的款项。

(二) 准确判断是否为价外费用

作为价外费用，必须同时符合三个条件：

(1) 合同履行。

(2) 销售方收取。

(3) 价外费用已经实际收到。合同约定但未实际收到，未开票则不缴税；未实际收到，开票了则缴税。

条件 (1)、(2) 核心在“价”，有了“价”，才可能有价外费用。合同未履行，没有“价”，不属于价外费用；购买方收取的，没有“价”，不属于价外费用。

（三）价外费用的代表性业务举例

案例6－58

签订购销合同的双方，如合同未履行，收到违约金的一方作为营业外收入，并入当期应纳税所得额，计算缴纳所得税。因为未发生经营活动，不属于价外费用，不需要开具发票。

案例6－59

签订购销合同的双方，合同未履行，如因销售方不能按期交货等（不包括质量问题）原因造成违约，购买方收到的违约金，作为营业外收入，并入当期应纳税所得额，计算缴纳所得税。因为未实际发生销售商品、提供服务等经营活动，所以不属于价外费用，不需要开具发票。

案例6－60

签订购销合同的双方，如因销售方质量问题造成违约，购买方收到的违约金目前存在争议，有两种观点：(1) 属于销售折让的范畴，购买方收到的违约金应作进项转出处理，销售方开具红字增值税发票。(2) 不属于销售折让，购买方收到的违约金，不属于价外费用，不属于缴纳增值税的范围，不需要开具发票，但是要在企业所得税税前扣除应具备必要的证据材料以证明该经济行为的真实性，具体证据材料包括：法院判决书或调解书，仲裁机构的裁定书，双方签订的合同、协议，收款方开具的收据等。

案例6－61

合同已履行，因购买方违约而付给销售方的违约金，则该违约金应属于价外费用，要随同价款一起计征流转税。此时，销售方收到的违约金应出具发票。

（四）价外费用怎样开具发票？

作为纳税人销售货物或者应税劳务、发生应税行为向购买方收取的价外费用，可与销售货物或者应税劳务、发生应税行为合并开具增值税专用发票，但需要在不同栏次中注明；也可单独开具增值税专用发票，货物名称一栏可填写为手续费、贴现息、逾期付款利息等价外费用名称。

不作为纳税人销售货物或者应税劳务、发生应税行为向购买方收取的价外费用，不得开具增值税发票，比如销售货物的同时代办保险等而向购买方收取的保险费，不属于增值税应税范围，也不属于增值税价外费用，不得开具增值税发票。

案例 6-62

房地产企业同自然人丙签署商品房销售协议，丙缴纳 2 万元定金，约定一周内付完全款。丙未能履行合约，房地产企业将定金没收作为违约金。

纳税人因转让房地产收取的违约金、滞纳金、赔偿金、分期付款（延期付款）利息以及其他各种性质的经济收益，应当确认为房地产转让收入。因房地产购买方违约，导致房地产未能转让，转让方收取的该项违约金不作为与转让房地产有关的经济利益，不确认为房地产转让收入，不需要开具发票。

二十四、押金、保证金与发票开具

（一）有关押金的税收政策

（1）《国家税务总局关于印发〈增值税若干具体问题的规定〉的通知》（国税发〔1993〕154 号）规定，纳税人为销售货物而出租出借包装物收取的押金，单独记账核算的，不并入销售额征税；但对因逾期未收回包装物不再退还的押金，应按所包装货物的适用税率计算销项税额。

（2）《国家税务总局关于取消包装物押金逾期期限审批后有关问题的通知》（国税函〔2004〕827 号）规定，自 2004 年 7 月 1 日起，纳税人为销售货物出租出借包装物而收取的押金，无论包装物周转使用期限长短，超过一年（含一年）以上仍不退还的均并入销售额征税。

（3）《国家税务总局关于加强增值税征收管理若干问题的通知》（国税发〔1995〕192 号）规定，从 1995 年 6 月 1 日起，对除售出啤酒、黄酒外的其他酒类产品而收取的包装物押金，无论是否返还以及会计上如何核算，均应并入当期销售额征收增值税。

（4）《财政部 国家税务总局关于酒类产品包装物押金征税案例的通知》（财税字〔1995〕53 号）规定，从 1995 年 6 月 1 日起，对酒类产品生产企业销售酒类产品而收取的包装物押金，无论如何核算均需并入酒类产品销售额中，依酒类产品的适用税率征收消费税。

（二）有关保证金的税收政策

（1）《国家税务总局关于对福建雪津啤酒有限公司收取经营保证金征收增值税问题的批复》（国税函〔2004〕416号）规定，根据《增值税暂行条例》及实施细则有关价外费用的规定，福建雪津啤酒有限公司收取未退还的经营保证金，属于经销商因违约而承担的违约金，应当征收增值税；对其已退还的经营保证金，不属于价外费用，不征收增值税。

（2）《电力产品增值税征收管理办法》（国家税务总局令2004年第10号）第三条规定，电力产品增值税的计税销售额为纳税人销售电力产品向购买方收取的全部价款和价外费用，但不包括收取的销项税额。价外费用是指纳税人销售电力产品在目录电价或上网电价之外向购买方收取的各种性质的费用。供电企业收取的电费保证金，凡逾期（超过合同约定时间）未退还的，一律并入价外费用缴纳增值税。

（3）《国家税务总局关于在境外提供建筑服务等有关问题的公告》（国家税务总局公告2016年第69号）第四条规定，纳税人提供建筑服务，被工程发包方从应支付的工程款中扣押的质押金、保证金，未开具发票的，以纳税人实际收到质押金、保证金的当天为纳税义务发生时间。

（三）押金与保证金何时开具发票？

通过上述规定，我们一般认为押金、保证金不属于价外费用，因为押金、保证金比较特殊，是需要归还的，但是一旦逾期则需要缴纳增值税。

上述政策是关于包装物押金的增值税政策规定，对于其他押金的处理，税法并未明确规定，比如出租房屋的押金与保证金。

企业向租户出租房屋时，除收取租金外，通常会在租赁期开始时向租户收取保证金与押金，用于保证租户在租赁期间履行合同规定的义务或者在租户无法支付租金时用押金与保证金冲抵租金。

出租不动产收取的押金与保证金是否属于增值税的价外费用，目前政策尚不明确。参考现行包装物押金的增值税规定，在收取时无需缴纳增值税，而在实际充抵租金，或者超过一定期限不再退回时才缴纳增值税。

对于类似出租房屋的押金处理的应对措施为：企业应当关注增值税后续相关政策。在没有明确规定押金与保证金的纳税时点的情况下，应当与主管税务机关提前沟通。

收取保证金与扣留质保金不同，扣留质保金，销售方一般需要开具发票、缴税，但也有特殊情况，比如建筑服务质保金，实际收到时开具发票、缴税；没收到，不开具发票，不缴税。

二十五、增值税简易征收的各种情形与发票开具

有关征收率的基本规定看上去并不难，但是简易征收的特定情形就比较复杂了。增值税简易征收所涉及的疑难问题主要包括：简易征收类别、应税行为、发票类型、计税公式等重点疑难问题，为方便读者掌握理解，本书汇总整理了“增值税简易计税方法、发票类型及计税公式汇总表”（见本书附录“四、增值税简易计税方法发票类型及计税公式汇总表”）。

【温馨提醒】

（1）增值税一般纳税人按简易征收办法征税后，为生产销售简易征收货物而购进的进项税额不得抵扣，例如对属于一般纳税人的自来水公司而言，销售自来水依照3%征收率按简易征收办法征收增值税，不得抵扣其购进相应物品取得的增值税扣税凭证上注明的增值税税款。

（2）一般纳税人选择3%征收率按简易征收办法计算缴纳增值税后，36个月内不得变更计税方法。

二十六、纳税人销售自己使用过的固定资产、旧货、其他物品的税务处理与发票开具

对于纳税人销售自己使用过的固定资产、旧货、其他物品等，又有多种情形，其税务处理、发票开具类型和计税公式等问题比较复杂，在实务中容易混淆，此处整理为销售自己使用过的固定资产、旧货、其他物品的税务处理与发票开具表以供大家参考（见表6-12）。

表6-12　销售自己使用过的固定资产、旧货、其他物品的税务处理与发票开具

纳税人	销售情形	税务处理	发票类型	计税公式
一般纳税人	1. 纳税人购进或者自制固定资产时为小规模纳税人，登记为一般纳税人后销售该固定资产。 2. 增值税一般纳税人发生按简易办法征收增值税的应税行为，销售其按照规定不得抵扣且未抵扣进项税额的固定资产。	按照简易办法依照3%征收率减按2%征收增值税	只能开具增值税普通发票（税率栏按3%）	增值税额＝售价÷（1+3%）×2%

续表

纳税人	销售情形	税务处理	发票类型	计税公式
一般纳税人	2009年1月1日前购进或者自制的固定资产。	按照简易办法依照3%征收率减按2%征收增值税	只能开具增值税普通发票（税率栏按3%）	增值税额＝售价÷（1＋3%）×2%
	2009年1月1日后购进或者自制的固定资产（国家税务总局公告2012年1号规定的情形除外）。	按照适用税率征收增值税	可以开具增值税专用发票（税率栏按适用税率）	增值税额＝售价÷（1＋13%）×13%（适用税率一般为16%）
	销售自己使用过的除固定资产以外的其他物品。	按照适用税率征收增值税		
	1. 销售旧货； 2. 营改增试点纳税人销售使用过的固定资产。 一般纳税人销售自己使用过的、纳入营改增试点之日前取得的固定资产，按照现行旧货相关增值税政策执行。 使用过的固定资产，是指纳税人符合《营业税改征增值税试点实施办法》第二十八条规定，并根据财务会计制度已经计提折旧的固定资产。	按照简易办法依照3%征收率减按2%征收增值税	只能开具增值税普通发票(税率栏按3%)	增值税额＝售价÷（1＋3%）×2%
小规模纳税人（除其他个人外）	1. 销售旧货； 2. 销售自己使用过的固定资产（不区分购进年限）。	按2%征收率征收增值税	只能开具增值税普通发票，不得代开增值税专用发票	增值税额＝售价÷（1＋3%）×2%
	销售自己使用过的除固定资产以外的其他物品。	按3%征收率征收增值税	可以代开增值税专用发票	增值税额＝售价÷（1＋3%）×3%

注：旧货是指进入二次流通的具有部分使用价值的货物（含旧机动车、旧摩托车和旧游艇），但不包括使用过的物品。

纳税人销售自己使用过的固定资产，适用简易办法依照3%征收率减按2%征收增值税政策的，可以放弃减税，按照简易办法依照3%征收率缴纳增值税，并可以开具增值税专用发票。

二十七、平销返利及其发票开具

（一）平销返利的税收政策规定

平销返利的税收政策，还是营改增之前的政策，我们必须结合营改增政策进行理解。

《国家税务总局关于商业企业向货物供应方收取的部分费用征收流转税问题的通知》（国税发〔2004〕136 号）规定：

（1）商业企业向供货方收取的部分收入，按照以下原则征收增值税或营业税：

1）对商业企业向供货方收取的与商品销售量、销售额无必然联系，且商业企业向供货方提供一定劳务的收入，例如进场费、广告促销费、上架费、展示费、管理费等，不属于平销返利，不冲减当期增值税进项税金，应按营业税的适用税目税率征收营业税。

2）对商业企业向供货方收取的与商品销售量、销售额挂钩（如以一定比例、金额、数量计算）的各种返还收入，均应按照平销返利行为的有关规定冲减当期增值税进项税金，不征收营业税。

（2）商业企业向供货方收取的各种收入，一律不得开具增值税专用发票。

（3）应冲减进项税金的计算公式调整为：

$$\text{当期应冲减进项税金}=\text{当期取得的返还资金}\div\left(1+\text{所购货物适用增值税税率}\right)\times\text{所购货物适用增值税税率}$$

（二）平销返利的税务处理及开票方法

国税发〔2004〕136 号文是营改增之前的政策，随着营改增政策的实施，类似条款自动失效，我们应该根据最新政策去理解。

（1）对商业企业向供货方收取的与商品销售量、销售额挂钩（如以一定比例、金额、数量计算）的各种返还收入，均应按照平销返利行为的有关规定冲减当期增值税进项税额。商业企业不必开具任何发票，由生产企业按照销售折让开具增值税专用发票。一种是在销售时发生的返还费用，将销售额和返还费用（折让额）开在同一张发票上；一种是在开具发票后发生的返还费用，按《增值税专用发票使用规定》开具红字增值税专用发票。

案例 6－63

商业企业甲为一般纳税人，生产企业乙是其常年货物供应商。2019 年 7 月甲企业共向乙企业购货 11.3 万元，甲企业按货物销售额的 10%与乙企业结算返利，甲企业收到 1.13 万元的现金返利。甲企业向乙企业开具名称为“促销费”的增值税普通发票 1.13 万元，乙企业将此发票作为扣税凭证计入“销售费用——促销费”。

显然，甲企业错开发票，从而缴错了税，本应该冲减增值税进项税额（税率 13%）却错缴了增值税（6%）。乙企业作为“销售费用——促销费”的扣税凭证属于不符合税法规定的发票，企业所得税税前不得扣除，需要纳税调整。若是乙企业按照税法规定开具红字增值税专用发票，不但在企业所得税税前可以冲减收入，而且在增值税税前可以冲减销项税额（税率13%）。

先要搞清楚业务实质，到底是属于增值税应税项目还是进项税额转出的情形，再根据税法规定看到底应该谁给谁开具发票，开具什么样的发票。只有根据税法规定开具和取得发票进行税务处理才是没有税务风险的。

本案例中，应由乙企业向甲企业开具红字专用发票，乙企业可以冲减收入1万元和销项税额0.13万元。

商业企业甲的会计处理为：

借：库存现金/银行存款　　11 300

贷：主营业务成本　　10 000

应交税费——应交增值税（进项税额转出）　　1 300

若收到返利时，商品尚未售出，则冲减库存商品：

借：库存现金/银行存款　　11 300

贷：库存商品　　10 000

应交税费——应交增值税（进项税额转出）　　1 300

生产企业乙的会计处理为：

借：库存现金/银行存款　　—11 300

贷：主营业务收入　　—10 000

应交税费——应交增值税（销项税额）　　—1 300

（2）对商业企业向供货方收取的与商品销售量、销售额无必然联系，且商业企业向供货方提供一定劳务的收入，例如进场费、广告促销费、上架费、展示费、管理费等，不属于平销返利，不冲减当期增值税进项税额，应按增值税的适用税目税率征收增值税。因此由商业企业开具应税服务发票。

案例6-64

甲公司在销售过程中向供应商收取与销售额挂钩的广告促销费，全部作为广告服务收入按6%的税率开具增值税发票缴纳了增值税。后被税务稽查，稽查局认为，与销售额挂钩的广告营销费用应当按照平销返利行为的有关规定冲减当期增值税进项税额。甲公司被追缴相应的增值税及附加税费。

广告公司因按甲公司的要求对其经营的商品进行宣传展示而提供的相关服务属于广告服务，但甲公司在广告发布后另外向供应商收取与销售额挂钩的广告促销费不属于广告服务，不能按广告服务收入缴纳增值税，而应当作平销返利行为依照所购货物适用增值税税率冲减当期增值税进项税额。

二十八、单用途商业预付卡（即单用途卡）与支付机构预付卡（即多用途卡）业务中的发票开具

（一）单用途商业预付卡业务中的发票开具

《单用途商业预付卡管理办法（试行）》（商务部令2012年第9号）规定了关于单用途商业预付卡行业的分类（见表6-13）。

表6-13　单用途商业预付卡行业分类表

零售业	综合零售	百货、超市、杂货店、便利店
	专门零售	食品、饮料、烟草制品、纺织、服装、日用品、文化体育用品及器材、医药及医疗器材、汽车及零配件、摩托车及零配件、机动车燃料、家用电器及电子产品、五金、家具、室内装饰材料
	无店铺及其他零售业	互联网零售、邮购、电视零售、旧货零售、生活用燃料零售
住宿和餐饮业	住宿业	旅游饭店、一般饭店
	餐饮业	正餐服务、快餐服务、饮料和冷饮服务、餐饮配送服务
居民服务业	居民服务业	家庭服务、洗染服务、理发及美容服务、洗浴服务、保健服务、婚姻服务
	修理业	汽车摩托车修理与维护、计算机和办公设备维修、家用电器维修、其他日用产品修理业
	其他服务业	清洁服务

《国家税务总局关于营改增试点若干征管问题的公告》（国家税务总局公告2016年第53号）第三条规定，单用途商业预付卡（以下简称单用途卡）业务按照以下规定执行。

（1）单用途卡发卡企业或者售卡企业（以下统称售卡方）销售单用途卡，或者接受单用途卡持卡人充值取得的预收资金，不缴纳增值税。售卡方可按照本公告第九条的规定，向购卡人、充值人开具增值税普通发票，不得开具增值税专用发票。

单用途卡，是指发卡企业按照国家有关规定发行的，仅限于在本企业、本企业所属集团或者同一品牌特许经营体系内兑付货物或者服务的预付凭证。

发卡企业，是指按照国家有关规定发行单用途卡的企业。售卡企业，是指集团发卡企业或者品牌发卡企业指定的，承担单用途卡销售、充值、挂失、换卡、退卡等相关业务的本集团或同一品牌特许经营体系内的企业。

（2）售卡方因发行或者销售单用途卡并办理相关资金收付结算业务取得的手续

费、结算费、服务费、管理费等收入，应按照现行规定缴纳增值税。

(3) 持卡人使用单用途卡购买货物或服务时，货物或者服务的销售方应按照现行规定缴纳增值税，且不得向持卡人开具增值税发票。

(4) 销售方与售卡方不是同一个纳税人的，销售方在收到售卡方结算的销售款时，应向售卡方开具增值税普通发票，并在“备注”栏注明“收到预付卡结算款”，不得开具增值税专用发票。

售卡方从销售方取得的增值税普通发票，作为其销售单用途卡或接受单用途卡充值取得预收资金不缴纳增值税的凭证，留存备查。

根据上述规定，单用途商业预付卡主要有以下两种业务模式：

第一种：售卡方与销售方不是同一纳税人。其流程如图6-12所示。

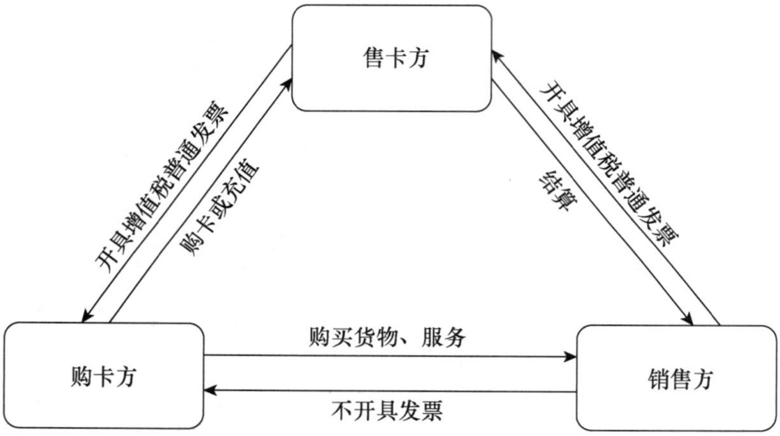

图6-12　售卡方与销售方不是同一纳税人的流程图

在此种情况下，各方发票及财税处理如下。

(1) 售卡方发票及财税处理。

1) 售卡方销售单用途卡，或者接受单用途卡持卡人充值取得的预收资金，不缴纳增值税，售卡方可按照规定，向购卡人、充值人开具增值税普通发票，不得开具增值税专用发票。

发票编码选择“未发生销售行为的不征税项目”下设的601“预付卡销售和充值”，发票税率栏填写“不征税”。不符合收入确认条件，不征收企业所得税。账务处理为：

借：银行存款

　贷：其他应付款——预付卡

2) 售卡方与销售方结算销售款时，应向销售方索取“备注”栏注明“收到预付卡结算款”的增值税普通发票，不得索取增值税专用发票。售卡方从销售方取得的增值税普通发票，作为其销售单用途卡或接受单用途卡充值取得预收资金不缴纳增值税的凭证，留存备查。取得的增值税普通发票不是成本、费用的凭证。账务处理为：

借：其他应付款——预付卡

　贷：银行存款

3）售卡方因发行或者销售单用途卡并办理相关资金收付结算业务取得的手续费、结算费、服务费、管理费等收入，应按照“企业管理服务”“经纪代理服务”适用税率6%或征收率3%等缴纳增值税，可以按规定开具增值税普通发票或增值税专用发票；符合收入确认条件，征收企业所得税。售卡方从销售方取得的手续费收入可以直接从预付卡资金中坐扣，也可以直接取得手续费收入。账务处理为：

借：其他应付款——预付卡/银行存款

　贷：主营业务收入

　　应交税费——应交增值税（销项税额）（一般纳税人）

　　　　——应交增值税（小规模纳税人）

（2）持卡方发票及财税处理。

1）持卡方购买单用途卡或充值，取得售卡方开具的增值税普通发票（项目名称注明“预付卡销售和充值”，发票税率栏填写“不征税”），不能要求对方开具增值税专用发票。账务处理为：

借：其他应收款——预付卡

　贷：银行存款

2）持卡人使用单用途卡购买货物或服务，无法取得发票，持卡人取得购买货物或服务的清单，作为原始凭证附件，按照购买货物或服务用途进行账务处理。

借：库存商品、应付职工薪酬、管理费用等科目

　贷：其他应收款——预付卡

按照规定，持卡人购买单用途卡或充值、购买货物及服务时，都无法取得增值税专用发票，无法抵扣进项税额。

持卡方企业所得税应如何扣除？可凭购卡或充值时取得的增值税普通发票（项目名称注明“预付卡销售和充值”，发票税率栏填写“不征税”）以及取得购买货物或服务的清单作为企业所得税税前扣除凭证，具体以主管税务机关意见为准。

纳税人也可以用“预付账款”“应付账款”核算。

（3）销售方发票及财税处理。

1）持卡人使用单用途卡购买货物或服务时，货物或者服务的销售方应按照现行规定缴纳增值税，且不得向持卡人开具增值税发票。销售方需确认销售商品或服务收入并结转成本。账务处理为：

借：应收账款——预付卡

　贷：主营业务收入

　　应交税费——应交增值税（销项税额）（一般纳税人）

　　　　——应交增值税（小规模纳税人）

2）销售方在收到售卡方结算的销售款时，应向售卡方开具增值税普通发票，并在“备注”栏注明“收到预付卡结算款”，不得开具增值税专用发票。账务处理为：

借：银行存款

　贷：应收账款——预付卡

3）向售卡方支付的销售单用途卡并办理相关资金收付结算业务相关的手续费、结算费、服务费、管理费等费用，取得售卡方按规定开具的增值税普通发票和增值税专用发票，计入相关成本费用科目，取得增值税专用发票符合条件的可抵扣进项税额。账务处理为：

借：销售费用

　应交税费——应交增值税（进项税额）

　贷：银行存款/应收账款——预付卡

纳税人也可以用“预收账款”核算。

第二种：售卡方与销售方为同一纳税人。其流程如图 6－13 所示。

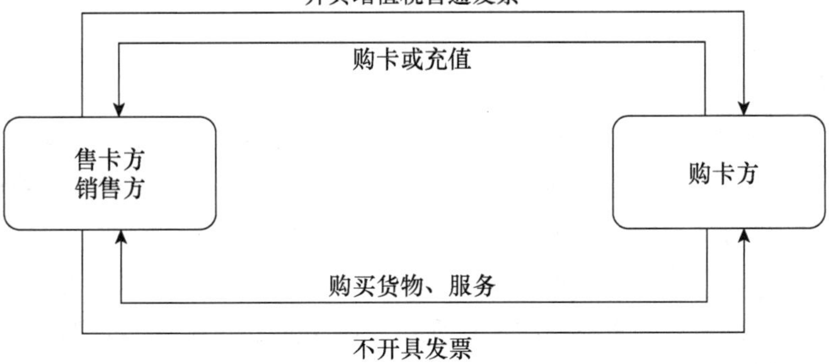

图 6－13　售卡方与销售方为同一纳税人的流程图

在此种情况下，各方发票及财税处理如下。

（1）售卡方发票及财税处理。

1）售卡方销售单用途卡，或者接受单用途卡持卡人充值取得的预收资金，不缴纳增值税，售卡方可按照规定，向购卡人、充值人开具增值税普通发票，不得开具增值税专用发票。发票编码选择“未发生销售行为的不征税项目”下设的 601“预付卡销售和充值”，发票税率栏填写“不征税”。不符合收入确认条件，不征收企业所得税。账务处理为：

借：银行存款

　　贷：应收账款——预付卡

2）持卡人使用单用途卡购买货物或服务时，货物或者服务的销售方应按照现行规定缴纳增值税，且不得向持卡人开具增值税发票。销售方需确认销售商品或服务收入并结转成本。账务处理为：

借：应收账款——预付卡

　　贷：主营业务收入

　　　　应交税费——应交增值税（销项税额）（一般纳税人）

　　　　　　　　——应交增值税（小规模纳税人）

可见，售卡方与销售方为同一纳税人的情形下，不涉及售卡方与销售方之间资金结算、发票开具及支付手续费等业务，其他发票开具和财税处理与售卡方与销售方不是同一纳税人的情况相同。纳税人也可以用“预收账款”核算。

（2）持卡方发票及财税处理。

1）持卡方购买单用途卡或充值，取得售卡方开具的增值税普通发票（项目名称注明“预付卡销售和充值”，发票税率栏填写“不征税”），不能要求对方开具增值税专用发票。账务处理为：

借：其他应收款——预付卡

　　贷：银行存款

2）持卡人使用单用途卡购买货物或服务，无法取得发票，持卡人取得购买货物或服务的清单，作为原始凭证附件，按照购买货物或服务用途进行账务处理。

借：库存商品、应付职工薪酬、管理费用等科目

　　贷：其他应收款——预付卡

按照规定，持卡人购买单用途卡或充值、购买货物及服务时，都无法取得增值税专用发票，无法抵扣进项税额。

可见，售卡方与销售方为同一纳税人的情形下，发票开具和财税处理与售卡方与销售方不是同一纳税人的情况相同。

纳税人也可以用“预付账款”“应付账款”核算。

案例 6-65

以常见的超市售卖购物卡、顾客持卡消费为例，说明此类业务的发票及财税处理。假设A超市和甲公司均为一般纳税人。

（1）A超市向甲公司销售购物卡11 300元。A超市开具增值税普通发票，项目名称选择“未发生销售行为的不征税项目”中的601“预付卡销售和充值”编码，发票税率栏填写“不征税”，尚未销售货物，A超市不缴纳增值税。

A超市销售购物卡时会计处理为：

借：银行存款　　11 300

　贷：预收账款——预付卡　　11 300

甲公司购买购物卡时会计处理为：

借：预付账款——预付卡　　11 300

　贷：银行存款　　11 300

（2）甲公司持卡向A超市购买货物1 130元。此时，A超市销售货物但不再开具发票给甲公司。会计处理为：

借：预收账款——预付卡　　1 130

　贷：主营业务收入　　1 000

　　应交税费——应交增值税（销项税额）　　130

结转成本分录略。

甲公司可凭购卡时取得的增值税普通发票复印件及超市小票入账，无法取得增值税专用发票抵扣进项税额。会计处理为：

借：管理费用、库存商品等科目　　1 130

　贷：预付账款——预付卡　　1 130

（二）支付机构预付卡业务中的发票开具

《国家税务总局关于营改增试点若干征管问题的公告》（国家税务总局公告2016年第53号）第四条规定，支付机构预付卡（以下称多用途卡）业务按照以下规定执行。

（1）支付机构销售多用途卡取得的等值人民币资金，或者接受多用途卡持卡人充值取得的充值资金，不缴纳增值税。支付机构可按照本公告第九条的规定，向购卡人、充值人开具增值税普通发票，不得开具增值税专用发票。

支付机构，是指取得中国人民银行核发的《支付业务许可证》，获准办理预付卡发行与受理业务的发卡机构和获准办理预付卡受理业务的受理机构。

多用途卡，是指发卡机构以特定载体和形式发行的、可在发卡机构之外购买货物或服务的预付价值。

（2）支付机构因发行或者受理多用途卡并办理相关资金收付结算业务取得的手续费、结算费、服务费、管理费等收入，应按照现行规定缴纳增值税。

（3）持卡人使用多用途卡，向与支付机构签署合作协议的特约商户购买货物或服务，特约商户应按照现行规定缴纳增值税，且不得向持卡人开具增值税发票。

（4）特约商户收到支付机构结算的销售款时，应向支付机构开具增值税普通发票，并在“备注”栏注明“收到预付卡结算款”，不得开具增值税专用发票。

支付机构从特约商户取得的增值税普通发票，作为其销售多用途卡或接受多用途卡充值取得预收资金不缴纳增值税的凭证，留存备查。

多用途卡的业务流程如图 6－14 所示。

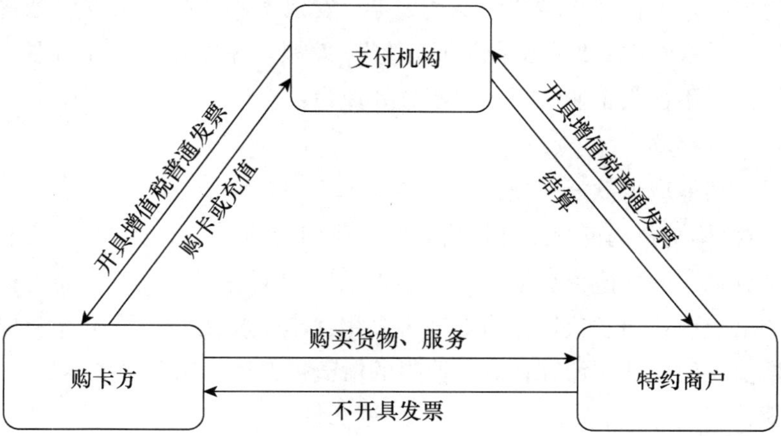

图 6－14　支付机构预付卡业务流程图

购卡方也可能与持卡方不是同一方。其业务流程如图 6－15 所示。

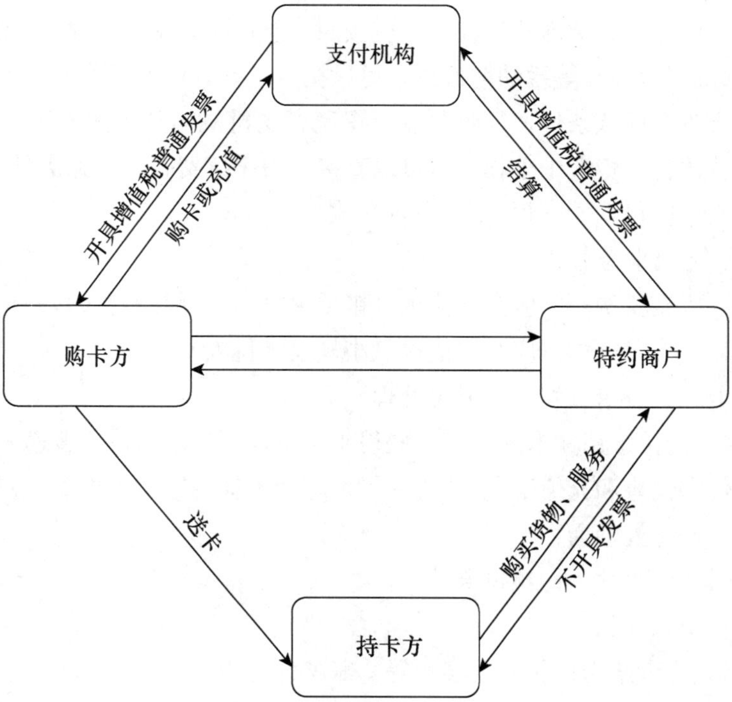

图 6－15　购卡方与持卡方不是同一方的业务流程图

各方发票及财税处理如下。

（1）支付机构发票及财税处理。

1）支付机构销售多用途卡取得的等值人民币资金，或者接受多用途卡持卡人充值取得的充值资金，不缴纳增值税。支付机构可按照规定，向购卡人、充值人开具增值税普通发票，不得开具增值税专用发票。发票编码选择“未发生销售行为的不征税项目”下设的601“预付卡销售和充值”，发票税率栏填写“不征税”。不符合收入确认条件，不征收企业所得税。账务处理为：

借：银行存款

　贷：其他应付款——预付卡

2）支付机构与特约商户结算销售款时，应向特约商户索取“备注”栏注明“收到预付卡结算款”的增值税普通发票，不得索取增值税专用发票。支付机构从特约商户取得的增值税普通发票，作为其销售多用途卡或接受多用途卡充值取得预收资金不缴纳增值税的凭证，留存备查。取得的增值税普通发票不是成本、费用的凭证。账务处理为：

借：其他应付款——预付卡

　贷：银行存款

3）支付机构因发行或者受理多用途卡并办理相关资金收付结算业务取得的手续费、结算费、服务费、管理费等收入，应按照“企业管理服务”“经纪代理服务”适用税率6%或征收率3%等缴纳增值税，可以按规定开具增值税普通发票或增值税专用发票；符合收入确认条件，征收企业所得税。支付机构从销售方取得的手续费收入可以直接从预付卡资金中坐扣，也可以直接取得手续费收入。账务处理为：

借：其他应付款——预付卡/银行存款

　贷：主营业务收入

　　应交税费——应交增值税（销项税额）（一般纳税人）

　　　　　　——应交增值税（小规模纳税人）

（2）购卡方、持卡方发票及财税处理。

1）购卡方购买多用途卡或充值，取得支付机构开具的增值税普通发票（项目名称注明“预付卡销售和充值”，发票税率栏填写“不征税”），不能要求对方开具增值税专用发票。账务处理为：

借：其他应收款——预付卡

　贷：银行存款

2）购卡人将卡赠送给员工、客户等，账务处理为：

借：应付职工薪酬、营业外支出等科目

　贷：其他应收款——预付卡

3）持卡人取得购卡人的卡，账务处理为：

借：其他应收款——预付卡

　贷：营业外收入等科目

4）持卡人使用多用途卡购买货物或服务，无法取得发票，持卡人取得购买货物或服务的清单，作为原始凭证附件，按照购买货物或服务用途进行账务处理。

借：库存商品、应付职工薪酬、管理费用等科目

　贷：其他应收款——预付卡

按照规定，购卡人或持卡人（二者可能是同一人，也可能不是同一人）购买多用途卡或充值、购买货物及服务时，都无法取得增值税专用发票，无法抵扣进项税额。

纳税人也可以用“预付账款”“应付账款”核算。

（3）特约商户发票及财税处理。

1）持卡人使用多用途卡，向与支付机构签署合作协议的特约商户购买货物或服务，特约商户应按照现行规定缴纳增值税，且不得向持卡人开具增值税发票。特约商户需确认销售商品或服务收入并结转成本。账务处理为：

借：应收账款——预付卡

　贷：主营业务收入

　　应交税费——应交增值税（销项税额）（一般纳税人）

　　　　——应交增值税（小规模纳税人）

2）特约商户收到支付机构结算的销售款时，应向支付机构开具增值税普通发票，并在“备注”栏注明“收到预付卡结算款”，不得开具增值税专用发票。账务处理为：

借：银行存款

　贷：应收账款——预付卡

3）向支付机构支付的销售多用途卡并办理相关资金收付结算业务相关的手续费、结算费、服务费、管理费等费用，取得支付机构按规定开具的增值税普通发票和专用发票，计入相关成本费用科目，取得专用发票符合条件的可抵扣进项税额。账务处理为：

借：销售费用

　应交税费——应交增值税（进项税额）

　贷：银行存款/应收账款——预付卡

纳税人也可以用“预收账款”核算。

二十九、增值税税控系统专用设备和技术维护费用抵减增值税税额的发票处理

《财政部 国家税务总局关于增值税税控系统专用设备和技术维护费用抵减增值税税额有关政策的通知》（财税〔2012〕15号）规定：

（1）增值税纳税人2011年12月1日（含，下同）以后初次购买增值税税控系统专用设备（包括分开票机）支付的费用，可凭购买增值税税控系统专用设备取得的增值税专用发票，在增值税应纳税额中全额抵减（抵减额为价税合计额），不足抵减的可结转下期继续抵减。增值税纳税人非初次购买增值税税控系统专用设备支付的费用，由其自行负担，不得在增值税应纳税额中抵减。

增值税税控系统包括：增值税防伪税控系统、货物运输业增值税专用发票税控系统、机动车销售统一发票税控系统和公路、内河货物运输业发票税控系统。

增值税防伪税控系统的专用设备包括金税卡、IC卡、读卡器或金税盘和报税盘；货物运输业增值税专用发票税控系统专用设备包括税控盘和报税盘；机动车销售统一发票税控系统和公路、内河货物运输业发票税控系统专用设备包括税控盘和传输盘。

【温馨提醒】

（1）货物运输业增值税专用发票税控系统和公路、内河货物运输业发票税控系统已退出历史舞台。

（2）《国家税务总局关于停止发售金税卡IC卡等税控专用设备有关问题的公告》（国家税务总局公告2014年第44号）规定，自2014年8月1日起，增值税防伪税控系统服务单位只允许发售金税盘、报税盘，停止发售金税卡、IC卡等税控专用设备。原使用金税卡、IC卡的纳税人可以继续使用金税卡、IC卡等税控专用设备。

（3）购买税控设备包括总分机，总分机一并购买，初次购进分开票机支付的费用也可进行全额抵减。

（2）增值税纳税人2011年12月1日以后缴纳的技术维护费（不含补缴的2011年11月30日以前的技术维护费）可凭技术维护服务单位开具的技术维护费发票，在增值税应纳税额中全额抵减，不足抵减的可结转下期继续抵减。技术维护费按照价格主管部门核定的标准执行。

（3）增值税一般纳税人支付的增值税税控系统专用设备和技术维护费用在增值

税应纳税额中全额抵减的，其增值税专用发票不作为增值税抵扣凭证，其进项税额不得从销项税额中抵扣。

【温馨提醒】

(1) 纳税人（含小规模）购置升级版的税控设备，必须取得增值税专用发票，才可以全额抵减增值税税额；取得增值税普通发票不可以抵减。

纳税人（含小规模）支付税控系统的技术维护费，取得发票为增值税普通发票，可以全额抵减增值税税额。

(2) 购置增值税税控系统专用设备取得的增值税专用发票可以全额抵减增值税税额，取得的专用发票是否需认证？

根据规定，购买税控系统专用设备取得的增值税专用发票由于并不直接起抵扣进项税额的作用，未明确是否需经认证。因此，对于其是否还需要经税务机关认证，各地的规定并不相同。执行中以主管税务机关口径为准，以下地方政策供参考。

《深圳市国家税务局关于增值税税控系统专用设备和技术维护费用抵减增值税税额有关问题的公告》（深圳市国家税务局公告 2012 年第 6 号）第一条规定，增值税纳税人初次购买专用设备，取得填开日期在 2011 年 12 月 1 日（含，下同）以后的增值税专用发票（退票重开的增值税专用发票除外），可在增值税应纳税额中全额抵减。专用设备费用的增值税专用发票不需认证。本公告下发前已认证抵扣初次购买专用设备税款的纳税人，应在申报全额抵减专用设备费用的当期，同时对该专用设备的税额作进项转出。

《四川省国家税务局关于增值税防伪税控系统专用设备和技术维护费抵减增值税税额有关问题的公告》（四川省国家税务局公告 2012 年第 3 号）第一条规定，增值税一般纳税人初次购买税控系统专用设备取得的增值税专用发票，经主管税务机关认证后方可作为抵减增值税应纳税额的有效凭证。逾期未认证的增值税专用发票经主管税务机关核实确属未抵减增值税应纳税额的，也准予作为抵减增值税应纳税额的有效凭证。

《山东省国家税务局关于明确增值税税控系统专用设备和技术维护费用抵减增值税税额有关问题的通知》（鲁国税函〔2012〕61 号）第二条规定，2011 年 12 月 1 日以后纳税人首次购买增值税税控系统专用设备所发生的费用，在申报抵减应缴纳增值税税款时，主管税务机关应查验其专用发票抵扣联原件，对已认证抵扣增值税的，则需从价税合计额中予以扣除。

(3) 一般纳税人购买增值税税控系统专用设备的费用及支付的技术服务费取得增值税专用发票，已经抵扣了进项税额，想改为抵减增值税税额该如何处理？

先在《增值税纳税申报表（适用于增值税一般纳税人）》第14栏“进项税额转出”填写已抵扣的税额，另《增值税纳税申报表附列资料（二）》（本期进项税额明细）中的第23栏“其他应作进项税额转出的情形”反映除上述进项税额转出情形外，其他应在本期转出的进项税额。

同时在申报表第23栏“应纳税额减征额”填写抵减的数额。

（4）购买增值税税控系统专用设备的费用及支付的技术服务费抵减税额有没有期限？要在多久之内全部抵减完？

暂时没有期限规定。但部分地区税务局要求12个月内抵减。

《增值税会计处理规定》（财会〔2016〕22号）第二条第（九）项规定，按现行增值税制度规定，企业初次购买增值税税控系统专用设备支付的费用以及缴纳的技术维护费允许在增值税应纳税额中全额抵减的，按规定抵减的增值税应纳税额，借记“应交税费——应交增值税（减免税款）”科目（小规模纳税人应借记“应交税费——应交增值税”科目），贷记“管理费用”等科目。

案例 6-66

20×8年1月，甲公司首次购入增值税税控系统专用设备，支付价款200元，取得增值税专用发票，同时支付当年增值税税控系统专用设备技术维护费280元，取得增值税普通发票。当月两项合计抵减当月增值税应纳税额480元。

首次购入增值税税控系统专用设备和支付税控系统专用设备技术维护费的账务处理为：

借：管理费用　　480

　　贷：银行存款　　480

抵减当月增值税应纳税额的账务处理为：

借：应交税费——应交增值税（减免税款）　　480

　　贷：管理费用　　480

增值税一般纳税人将抵减金额填入《增值税纳税申报表（适用于增值税一般纳税人）》第23栏“应纳税额减征额”。当本期减征额小于或等于第19栏“应纳税额”与第21栏“简易征收办法计算的应纳税额”之和时，按本期减征额实际填写；当本期减征额大于第19栏“应纳税额”与第21栏“简易征收办法计算的应纳税额”之和时，按本期第19栏与第21栏之和填写，本期减征额不足抵减部分结转下期继续抵减。

三十、签订合同必须重视与发票相关的条款

（一）合同条款中的发票税务风险

案例 6－67

某公司合同条款摘录如下：

第一条　租赁房屋基本情况

1.1　房屋（2016 年 4 月 30 日前取得）坐落于北京市，建筑面积 15 000 平方米。

1.2　房屋权属状况：甲方是房屋的所有权人，对该房屋享有合法的出租权利。

1.3　租赁用途：办公、存货。

第二条　租赁期限

2.1　房屋租赁期自______年______月______日至______年______月______日。

第三条　租金、租赁押金、物业管理费、其他杂费

…………

3.6　出租人须在承租人付款之日起 7 日内，向承租人开具等额、合法、有效的增值税专用发票（仓储服务 6%）。

第四条　租赁房屋交付

…………

第五条　租赁房屋维修及交还

…………

第六条　甲方的权利和义务

…………

对以上合同分析如下：

（1）租赁服务、仓储服务是两种不同的服务。

仓储服务是指利用仓库、货场或其他场所代客贮放、保管货物的业务活动，而租赁服务分为经营租赁服务和融资租赁服务两种，其中经营租赁服务是指在约定时间内将有形动产或不动产转让他人使用且租赁物所有权不变更的业务活动。

（2）租赁不动产可选择按照征收率 5%正确缴纳增值税，却选择仓储服务税率 6%错误缴纳增值税，出租方多缴纳增值税。

根据财税〔2016〕36 号文的规定，不动产经营租赁一般按照 10%计算缴纳增值税，但于 2016 年 4 月 30 日前取得的不动产经营租赁，可以选择按照征收率 5%缴

纳增值税。仓储服务一般按照 6%计算缴纳增值税，但一般纳税人提供仓储服务，可以选择简易计税方法缴税，征收率为 3%。

（3）出租方不合规开票，有可能被认定为虚开；承租方取得不合规的发票，不能做进项税额抵扣和企业所得税税前扣除。

发票开具要与真实的经济业务相一致。该公司业务实质为租赁不动产，但开具了仓储服务发票，发票内容与经济业务实质相背离，有可能被认定为虚开增值税发票。不管最后是否被认定为虚开增值税发票，承租方都属于取得不合规的发票，不能抵扣进项税额和做企业所得税税前扣除。

（二）与发票相关的合同条款解析

企业在签订经济合同时往往只关注双方的权利、义务及法律风险，很少关注涉税条款的描述，特别是发票条款。有的企业合同中根本没有发票条款，或者只有一句“应按照国家政策规定开具发票”之类的话。经济合同中常见这样的条款：“双方的纳税义务按照有关法律、法规的规定办理。”殊不知这只是一句废话，负责起草合同的律师或企业的有关购销部门往往并不了解税法是如何规定的。

合同管理是企业完善的内部管理体系中的重要一环，是发票税务风险管理中的重要环节。合同条款的具体内容将直接影响纳税人的发票开具、税负承担及税款缴纳。纳税人在签订经济合同时，需要关注相关合同条款的拟定，以享受减税，避免争议。

纳税人与税务机关的许多纳税争议均源于经济合同中涉税条款的不明确。税收政策多如牛毛，如果经济合同中没有针对性的约定条款，一旦被税务机关认定为错误，纳税人的合法权益将得不到保护。

1. 企业名称和相关信息的准确性

发票接受方需要把公司名称、纳税人识别号（统一社会信用代码）、地址、电话、开户行、账号信息主动提供给开票方，方便开票方按照税法规定开具增值税专用发票。拟定合同时，双方应更重视企业名称和相关信息的准确性。

2. 根据交易的实质来描述合同标的

合同对标的的描述是判断纳税义务的最主要依据。合同对应税行为内容的描述可能会成为判断纳税义务发生时间、适用税率、计税方法的重要依据。

企业应清楚地根据交易的实质来描述合同标的，同时还要熟悉《销售服务、无形资产、不动产注释》，关注自身经营范围，在拟定合同时，考虑对标的的内容的描述。

特别是销售服务本身不像实物买卖一样有看得见、摸得着的合同标的，且缺乏第三方认证（如技术部门对技术合同的等级认证），因此容易引发征纳双方的争议。为降低征纳双方的争议风险，相关合同条款内容的书写就显得尤为重要。合同内容应在尊重事实的前提下，尽可能将销售服务的方式、服务的内容及服务的地点等规定清楚。

3. 价格条款

价格条款也与发票开具密切相关。

（1）为了避免双方争议，合同价款是否为含税价要明确。

（2）特殊情况下价款或报酬确定方法的规定。《中华人民共和国合同法》（简称《合同法》）第六十一条规定，合同生效后当事人就质量、价款或者报酬、履行地点等内容没有约定或者约定不明确的，可以协议补充；不能达成补充协议的，按照合同有关条款或者交易习惯确定。

《合同法》第六十二条第二款规定，价款或者报酬不明确的，按照订立合同时履行地的市场价格履行；依法应当执行政府定价或者政府指导价的，按照规定执行。

《合同法》第六十三条规定，执行政府定价或者政府指导价的，在合同约定的交付期限内政府价格调整时，按照交付时的价格计价。逾期交付标的物的，遇价格上涨时，按照原价执行；价格下降时，按照新价格执行。逾期提取标的物或者逾期付款的，遇价格上涨时，按照新价格执行；遇价格下降时，按照原价格执行。这条规定也称为价格罚则。

《合同法》的规定对确定计税价格的作用如下：

1）当合同对价格没有约定或约定不明从而导致计税依据无法确定时，应当同意纳税人按照《合同法》规定的确定方法来明确合同价格或报酬。

2）当纳税人已经按照《合同法》的规定确认了合同标的物价格或报酬后，虽然可能低于其他企业货物或者应税劳务的价格，也可能低于税务机关按税法规定方法核定的价格，但由于其价格确定是有法律依据的，特别是在执行价格罚则的情况下，即使价格明显偏低，也应当认为其是具有合法依据的。

（3）对涉及兼营不同应税行为的合同，应分别注明不同业务的价款，避免被认定为未分别核算而从高适用税率。

（4）对涉及混合销售行为的合同，按照主业税率缴纳增值税，也是签订一份合同，不能将货物和服务分别签订合同分别按不同税率纳税，否则有多缴税或者少缴税被税务处罚的风险。

（5）对收取的价外费用也要在合同中明确约定。

案例6-68

材料销售方指定承运人将材料运输到购买方企业车间，运输费用由销售方代垫代付，承运人将运输费用开具增值税专用发票给购买方企业，则必须在购销合同中约定：“销售方委托承运人运输，运输费用由购买方企业承担，销售方代垫代付运输费用给承运方，承运方开具增值税专用发票给购买方企业。”否则，购买方企业取得的承运方开具的增值税专用发票不得抵扣。

4. 代扣代缴费用的约定

对于甲方代扣代缴的项目部现场发生的水、电、气等能源消耗支出，签订合同时应约定甲方转售水、电、气等费用并开具增值税专用发票给总包方。

5. 发票条款要特别重视

（1）在企业采用增值税一般计税方法下，明确约定将需要提供增值税专用发票作为一个义务条款，而不是仅仅约定取得符合税法规定的发票。若未明确约定，对方可能提供增值税普通发票，这样不能抵扣进项税额。若企业本身不能抵扣进项税额，可以只约定取得符合税法规定的发票。

（2）明确约定履约期限、结算方式和付款时间，这是判断纳税义务发生时间（即什么时间开票）的重要依据。不同的结算方式和付款时间对应不同的纳税义务发生时间，也对应不同的开具增值税专用发票的时间，因此，在合同中要明确约定结算方式和付款时间，并明确开票方提供发票的时间，便于及时取得增值税专用发票抵扣税款，更好地保证企业自身利益。

案例6-69

以建筑工程合同为例，可以明确约定总包方给甲方开具工程款发票后，甲方在一定期限内付款（最好是开票与收款在同月完成），以降低总包方的资金压力。在明确合同约定的工程款收取时间时，应考虑未来能否按约定履行的可能性，可在合同中加入因甲方拖欠工程款而造成损失支付违约金、赔偿款的条款。

案例6-70

以分包合同为例，一般来说，发票开具时间（纳税义务发生时间）与付款时间要保持一致，合同条款应明确约定由对方提供等额、合法、有效的增值税专用发票，在对方提供相应的请款申请、增值税专用发票后再行付款，也可约定提前开具发票等条款，发票提供时间越早越有利于总包方的进项税额抵扣。另外，合同条款设计至少需要保证分包合同条款与总包合同条款相匹配。当然，这是站在对总包方有利的角度应当尽力争取的合同条款。具体条款约定需要双方共同确定。

案例 6－71

以采购合同为例，供货方应在采购方付款后的 2 日内向采购方开具和提交增值税专用发票；在分次收付款过程中的任何结算时点，供货方开具并提交采购方的增值税专用发票的价税合计金额不得低于采购方已经支付的价税合计款项。

（3）明确约定发票票面开具内容及税率。发票开具内容必须与合同一致，不能开具与合同内容不一致的发票。增值税有多种税率和征收率，开票方在开具发票时，可能为了减轻自己的税负，或者因为对税法不熟悉，开具税率错误的发票。除了不能抵扣进项税额以外，也会导致对方不能准确核算销项税额。

（4）明确约定开具发票的正确方法。比如，纳税人提供技术转让、技术开发和与之相关的技术咨询、技术服务等免征增值税项目时，根据关于发票开具的规定，与技术转让、技术开发相关的技术咨询、技术服务的价款同技术转让或者技术开发的价款应当在同一张发票上开具。

纳税人发生应税行为，将价款和折扣额在同一张发票上分别注明的，以折扣后的价款为销售额；未在同一张发票上分别注明的，以价款为销售额，不得扣减折扣额。

纳税人发生应税行为，开具增值税专用发票后，发生开票有误或者销售折让、中止、退回等情形的，应当按照国家税务总局的规定开具红字增值税专用发票。

一般纳税人销售货物或者提供应税劳务可汇总开具增值税专用发票。汇总开具增值税专用发票的，同时使用防伪税控系统开具《销售货物或者提供应税劳务清单》，并加盖发票专用章。

纳税人销售货物并向购买方开具增值税专用发票后，由于购货方在一定时期内累计购买货物达到一定数量，或者由于市场价格下降等原因，销货方给予购货方相应的价格优惠或补偿等折扣、折让行为，销货方可按现行《增值税专用发票使用规定》的有关规定开具红字增值税专用发票。

（5）明确约定发票不符合税法规定应承担赔偿责任。明确约定发票出现税务问题时，开票方应承担赔偿责任，包括但不限于税款、滞纳金、罚款及其相关的损失。

（6）明确约定企业因发票问题被税务调查，开票方有义务配合企业做好调查、解释和说明工作。

（7）明确约定收到发票后付款还是付款后提供发票，以避免产生经济纠纷。

（8）明确开票方私自作废发票要赔偿。

案例6-72

与发票相关合同条款示范

一、合同签订方的企业信息

甲方：（须填写营业执照登记的单位全称）

注册地址：（以营业执照为准）　　　　邮编：

通信地址：（以实际办公地址为准）　　　　邮编：

法定代表人：　　　　职务：

纳税人身份：（一般纳税人、小规模纳税人或其他，本项是必填项，不能擅自删除）

纳税人识别号（统一社会信用代码）：

开户银行名称：

开户银行账号：（必须是在主管税务机关备案的账号）

乙方：（须填写营业执照登记的单位全称）

注册地址：（以营业执照为准）　　　　邮编：

通信地址：（以实际办公地址为准）　　　　邮编：

法定代表人：　　　　职务：

纳税人身份：（一般纳税人、小规模纳税人或其他，本项是必填项，不能擅自删除）

纳税人识别号（统一社会信用代码）；

开户银行名称：

开户银行账号：（必须是在主管税务机关备案的账号）

二、合同金额及税额条款

合同金额为人民币：　　　　元，上述金额为含税价格。其中：

1. 货物，含税价款为　　　　元，不含税金额为　　　　元，税率为　　　　%，税款为　　　　元。

2. 劳务，含税价款为　　　　元，不含税金额为　　　　元，税率为　　　　%，税款为　　　　元。

3. 服务，含税价款为　　　　元，不含税金额为　　　　元，税率为　　　　%，税款为　　　　元。

也可以用表格表示（见表6-14）。

表 6-14

产品名称	规格型号	产地	单位	数量	不含税单价（元）	税率	增值税税额（元）	价税合计（元）
合计								

三、价外费用合同条款

乙方在合同金额（含增值税）以外向甲方收取的任何费用，包括但不限于手续费、补贴、基金、集资费、返还利润、奖励费、违约金、滞纳金、延期付款利息、赔偿金、代收款项、代垫款项、包装费、包装物租金、储备费、优质费、运输装卸费以及其他各种性质的价外收费，属于税法规定的价外费用（含增值税）的，需依法开具增值税专用发票。

四、发票开具要求及责任条款

（一）每批货物经甲方验收合格后　　　日内，乙方应按甲方要求出具合法有效的增值税（专用/普通）发票。（若由于条件限制必须与小规模纳税人签订合同时，也应当要求小规模纳税人提供由税务机关代开的增值税专用发票。）乙方应在开具发票之后　　　个工作日内将发票送达甲方，甲方签收发票的日期为发票的送达日期。

（二）在甲方向乙方支付合同价款前，乙方应向甲方开具增值税专用发票，乙方未开具专用发票或开具的发票不合格的，甲方有权迟延支付应付款项，且不承担任何违约责任，乙方的各项合同义务仍按合同约定履行。

不合格发票包括但不限于以下情形：开具虚假、作废等无效发票或者违反国家法律法规开具、提供发票的；开具发票种类错误；开具发票税率错误；开具发票内容与合同约定不符；发票票面信息错误；因乙方迟延送达、开具错误等原因造成发票无法认证等。

（三）乙方提供的发票为增值税专用发票的，乙方还应遵守如下条款：

1. 乙方提供增值税专用发票必须交甲方办理发票交接手续，无甲方经办人员签认，视为乙方未提供增值税专用发票，如发生增值税专用发票丢失，由乙方承担责任。

2. 因乙方迟延送达、开具错误等可能导致其提供的增值税专用发票无法通过认证而造成甲方不能抵扣的，甲方有权拒绝接收。

3. 乙方未按合同约定开具增值税专用发票造成无法抵扣的，乙方除应向甲方支付无法抵扣部分的税款金额外，乙方还应向甲方支付违约金　　　元，违约金不足以弥补甲方损失的，乙方应予赔偿，甲方有权终止合同。

4. 乙方开具虚假、作废等无效发票或者违反国家法律法规开具、提供发票的，乙方应自行承担相应法律责任，并应向甲方支付违约金　　　　元；乙方提供履约保证金的，甲方有权扣除乙方全部履约保证金，以上违约金或履约保证金不足以弥补甲方损失的，乙方应予赔偿；乙方重新开具的发票仍与合同约定不符的，乙方除按本项前述约定承担责任外，甲方拒绝接收；乙方无法开具发票的，乙方除按本项前述约定承担责任外，乙方应退还甲方已付款项，赔偿由此给甲方造成的全部损失，甲方有权终止合同。

5. 乙方账户必须是合同约定的在主管税务机关备案的账户。若账户变更应及时通知甲方，并签订合同变更或补充合同；如乙方随意改变账户，甲方将拒付货款，由此引起的延期付款责任及相关的损失由乙方承担。

6. 因乙方自身纳税人身份、纳税方式变化带来的适用增值税税率的变化，造成对甲方的损失应由乙方承担。

7. 如果获得汇总增值税专用发票，则乙方应提供其防伪税控系统开具的《销售货物或者提供应税劳务清单》，并加盖发票专用章。

8. 乙方向甲方开具的增值税专用发票，乙方必须确保发票票面信息全部真实，相关材料品目、价款等内容与本合同相一致。因发票票面信息有误导致发票不能抵扣税款或者被认定为虚开的，乙方需向甲方承担赔偿责任，包括但不限于税款、滞纳金、罚款及相关损失等。

三十一、增值税纳税申报信息票表税比对

《增值税纳税申报比对管理操作规程（试行）》（税总发〔2017〕124号）规定，申报比对管理是指税务机关以信息化为依托，通过优化整合现有征管信息资源，对增值税纳税申报信息进行票表税比对，并对比对结果进行相应处理。主管税务机关应设置申报异常处理岗，主要负责异常比对结果的核实及相关处理工作。

（一）比对信息范围

（1）《增值税纳税申报表》及其附列资料（以下简称申报表）信息。（目前部分省市已在推“一表集成”辅助系统功能，自动归集进销项数据生成《增值税纳税申报表》，将增值税一般纳税人申报表“一主表、三附表”汇总简化为一张“基础数据表”。）

（2）增值税一般纳税人和小规模纳税人开具的增值税发票信息。

(3) 增值税一般纳税人取得的进项抵扣凭证信息。

(4) 纳税人税款入库信息。

(5) 增值税优惠备案信息。

(6) 申报比对所需的其他信息。

(二) 比对内容

比对内容包括表表比对、票表比对和表税比对。表表比对是指申报表表内、表间逻辑关系比对。票表比对是指各类发票、凭证、备案资格等信息与申报表进行比对。表税比对是指纳税人当期申报的应纳税款与当期的实际入库税款进行比对。

(三) 申报比对规则

1. 申报表表内、表间逻辑关系比对

按照国家税务总局制定的申报表填写规则执行。

2. 增值税一般纳税人票表比对规则

(1) 销项比对。当期开具发票(不包含不征税发票)的金额、税额合计数应小于或等于当期申报的销售额、税额合计数。纳税人当期申报免税销售额、即征即退销售额的，应当比对其增值税优惠备案信息，按规定不需要办理备案手续的除外。

(2) 进项比对。

1) 当期已认证或确认的进项增值税专用发票上注明的金额、税额合计数应大于或等于申报表中本期申报抵扣的增值税专用发票进项金额、税额合计数。

2) 经稽核比对相符的海关进口增值税专用缴款书上注明的税额合计数应大于或等于申报表中本期申报抵扣的海关进口增值税专用缴款书的税额。

3) 取得的代扣代缴税收缴款凭证上注明的增值税税额合计数应大于或等于申报表中本期申报抵扣的代扣代缴税收缴款凭证的税额。

4) 取得的《出口货物转内销证明》上注明的进项税额合计数应大于或等于申报表中本期申报抵扣的外贸企业进项税额抵扣证明的税额。

5) 按照政策规定，依据相关凭证注明的金额计算抵扣进项税额的，计算得出的进项税额应大于或等于申报表中本期申报抵扣的相应凭证税额。(附表二第6栏：①本期购进农业生产者自产农产品取得(开具)的农产品销售发票或收购发票，按农产品销售发票或者收购发票上注明的农产品买价×10%；②从小规模纳税人处购进农产品时取得的增值税专用发票，按增值税专用发票上注明的金额×10%；③执行农产品增值税进项税额核定扣除办法的，填写当期允许抵扣的农产品增值税进项

税额。对于该项系统无法进行比对，只能人工比对。附表二第8a栏“加计扣除农产品进项税额”：填写纳税人将购进的农产品用于生产销售或委托受托加工税率13%的货物时，加计扣除2%。该项只能人工比对，因为购进与领用不一定在同一个月份，领用多少需要核实。第8b栏“其他”：反映按规定本期可以申报抵扣的其他扣税凭证情况。纳税人按照规定不得抵扣且未抵扣进项税额的固定资产、无形资产、不动产，发生用途改变，用于允许抵扣进项税额的应税项目，可在用途改变的次月，将按公式计算出的可以抵扣的进项税额填入“税额”栏。对于该项系统无法进行比对，只能人工比对。）

6）红字增值税专用发票信息表中注明的应作转出的进项税额应等于申报表中进项税额转出中的红字增值税专用发票信息表注明的进项税额。（红字增值税专用发票不需要认证。）

7）申报表中进项税额转出金额不应小于零。（防止恶意逃避缴纳税款的纳税人用“负数”转出来增加进项，少缴纳增值税。）

（3）应纳税额减征额比对。当期申报的应纳税额减征额应小于或等于当期符合政策规定的减征税额。

（4）预缴税款比对。申报表中的预缴税额本期发生额应小于或等于实际已预缴的税款。

（5）特殊规则。

1）实行汇总缴纳增值税的总机构和分支机构可以不进行票表比对。

2）按季申报的纳税人应当对其季度数据进行汇总比对。

3. 增值税小规模纳税人票表比对规则

（1）当期开具的增值税专用发票金额应小于或等于申报表填报的增值税专用发票销售额。

（2）当期开具的增值税普通发票金额应小于或等于申报表填报的增值税普通发票销售额。

（3）申报表中的预缴税额应小于或等于实际已预缴的税款。

（4）纳税人当期申报免税销售额的，应当比对其增值税优惠备案信息，按规定不需要办理备案手续的除外。

4. 表税比对规则

纳税人当期申报的应纳税款应小于或等于当期实际入库税款。

5. 申报比对其他规则

（1）国家税务总局可以根据增值税风险管理的需要，对申报表特定项目设置申报比对规则。

（2）各省税务机关可以根据申报比对管理实际，合理设置相关比对项目金额尾差的正负范围。

（3）主管税务机关可以结合申报比对管理实际，将征收方式、发票开具等业务存在特殊情形的纳税人列入白名单管理，并根据实际情况确定所适用的申报比对规则。白名单实行动态管理。

以上第1～3项比对规则为基本规则，第4～5项比对规则为可选规则。各省税务机关可以在上述比对规则的基础上，根据申报管理的需要自主增加比对规则。

（四）申报比对操作流程

申报比对环节可以设置在事中或者事后，由各省税务机关根据申报管理需要确定。主管税务机关通过征管信息系统或网上申报系统进行申报比对，并根据比对结果分别采取以下处理流程。

1. 申报比对相符

申报比对相符后，主管税务机关对纳税人税控设备进行解锁。

2. 申报比对不相符

申报比对不相符的，向纳税人反馈比对不相符的内容，并按照下列流程进行处理：

（1）申报比对不符的，除符合（2）中情形外，暂不对其税控设备进行解锁，并将异常比对结果转交申报异常处理岗。

（2）纳税人仅因为相关资格尚未备案，造成比对不符的，应当对税控设备进行解锁。

（3）异常比对结果经申报异常处理岗核实可以解除异常的，对纳税人税控设备进行解锁；核实后仍不能解除异常的，不得对税控设备解锁，由税源管理部门继续核实处理。

（4）异常比对结果经税源管理部门核实可以解除异常的，对纳税人税控设备进行解锁。核实后发现涉嫌虚开发票等严重涉税违法行为，经稽查部门分析判断认为需要稽查立案的，转交稽查部门处理，经处理可以解除异常的，对纳税人税控设备进行解锁。

（5）异常比对结果的处理期限，由主管税务机关根据实际情况确定。

由于出现信息系统异常等突发情形，影响正常纳税申报秩序时，省税务机关可以采取应急措施，暂停申报比对。在突发情形消除后，可以根据实际情况重新启动申报比对流程。

三十二、正确对待纳税评估、税务预警

（一）什么是纳税评估？

纳税评估是指税务机关运用数据信息对比分析的方法，对纳税人和扣缴义务人（以下简称纳税人）纳税申报（包括减免缓抵退税申请，下同）情况的真实性和准确性作出定性和定量的判断，并采取进一步征管措施的管理行为。

纳税评估的主要工作内容包括：根据宏观税收分析和行业税负监控结果以及相关数据设立评估指标及其预警值；综合运用各类对比分析方法筛选评估对象；对所筛选出的异常情况进行深入分析并作出定性和定量判断；对评估分析中发现的问题分别采取税务约谈、调查核实、处理处罚、提出管理建议、移交稽查部门查处等方法进行处理；维护更新税源管理数据，为税收宏观分析和行业税负监控提供基础信息等。

（二）纳税评估基本程序

纳税评估基本程序如下：

（1）设立评估指标及其预警值；

（2）风险识别，筛选评估对象；

（3）案头审核；

（4）评估结果处理。

1. 设立评估指标及其预警值

纳税评估指标是税务机关筛选评估对象、进行重点分析时所选用的主要指标，分为通用分析指标和特定分析指标两大类，使用时可结合评估工作实际不断细化和完善。

纳税评估分析时，要综合运用各类指标，并参照评估指标预警值进行配比分析。评估指标预警值是税务机关根据宏观税收分析、行业税负监控、纳税人生产经营和财务会计核算情况以及内外部相关信息，运用数学方法测算出的算术平均值、加权平均值及其合理变动范围。测算预警值，应综合考虑地区、规模、类型、生产经营季节、税种等因素，考虑同行业、同规模、同类型纳税人各类相关指标的若干年度的平均水平，以使预警值更加真实、准确和具有可比性。纳税评估指标预警值由各地税务机关根据实际情况自行确定。

2. 风险识别，筛选评估对象

筛选纳税评估对象，要依据税收宏观分析、行业税负监控结果等数据，结合各项评估指标及其预警值和税收管理员掌握的纳税人实际情况，参照纳税人所属行业、经济类型、经营规模、信用等级等因素进行全面、综合的审核对比分析。

在综合审核对比分析中发现有问题或疑点的纳税人要作为重点评估分析对象；重点税源户，特殊行业的重点企业，税负异常变化、长时间零税负和负税负申报、纳税信用等级低下、日常管理和税务检查中发现较多问题的纳税人要列为纳税评估的重点分析对象。

3. 案头审核

纳税评估可根据所辖税源和纳税人的不同情况采取灵活多样的评估分析方法，主要有：

（1）对纳税人申报纳税资料进行案头的初步审核比对，以确定进一步评估分析的方向和重点。

（2）通过各项指标与相关数据的测算，设置相应的预警值，将纳税人的申报数据与预警值相比较。

（3）将纳税人申报数据与财务会计报表数据进行比较、与同行业相关数据或类似行业同期相关数据进行横向比较。

（4）将纳税人申报数据与历史同期相关数据进行纵向比较。

（5）根据不同税种之间的关联性和钩稽关系，参照相关预警值进行税种之间的关联性分析，分析纳税人应纳相关税种的异常变化。

（6）应用税收管理员日常管理中所掌握的情况和积累的经验，将纳税人申报情况与其生产经营实际情况相对照，分析其合理性，以确定纳税人申报纳税中存在的问题及其原因。

（7）通过对纳税人生产经营结构，主要产品能耗、物耗等生产经营要素的当期数据、历史平均数据、同行业平均数据以及其他相关经济指标进行比较，推测纳税人实际纳税能力。

对纳税人申报纳税资料进行审核分析时，要包括以下重点内容：

（1）纳税人是否按照税法规定的程序、手续和时限履行申报纳税的义务，各项纳税申报附送的各类抵扣、列支凭证是否合法、真实、完整；

（2）纳税申报主表、附表及项目、数字之间的逻辑关系是否正确，适用的税目、税率及各项数字计算是否准确，申报数据与税务机关所掌握的相关数据是否相符；

（3）收入、费用、利润及其他有关项目的调整是否符合税法规定，申请减免缓抵退税、亏损结转、获利年度的确定是否符合税法规定并正确履行相关手续；

（4）与上期和同期申报纳税情况有无较大差异；

（5）税务机关和税收管理员认为应进行审核分析的其他内容。

对实行定期定额（定率）征收税款的纳税人以及未达起征点的个体工商户，可参照其生产经营情况，利用相关评估指标定期进行分析，以判断定额（定率）的合理性和是否已经达到起征点并恢复征税。

4. 评估结果处理

（1）对纳税评估中发现的计算和填写错误、政策和程序理解偏差等一般性问题，或存在的疑点问题，经约谈、举证、调查核实等程序认定事实清楚，不具有偷税等违法嫌疑，无需立案查处的，可提请纳税人自行改正。需要纳税人自行补充的纳税资料，以及需要纳税人自行补正申报、补缴税款、调整账目的，税务机关应督促纳税人按照税法规定逐项落实。

对纳税评估中发现的需要提请纳税人进行陈述说明、补充提供举证资料等问题，应由主管税务机关约谈纳税人。税务约谈要经所在税源管理部门批准并事先发出《税务约谈通知书》，提前通知纳税人。税务约谈的对象主要是企业财务会计人员。因评估工作需要，必须约谈企业其他相关人员的，应经税源管理部门批准并通过企业财务部门进行安排。

纳税人因特殊困难不能按时接受税务约谈的，可向税务机关说明情况，经批准后延期进行。纳税人可以委托具有执业资格的税务代理人进行税务约谈。税务代理人代表纳税人进行税务约谈时，应向税务机关提交纳税人委托代理合法证明。

（2）对评估分析和税务约谈中发现的必须到生产经营现场了解情况、审核账目凭证的，应经所在税源管理部门批准，由税收管理员进行实地调查核实。对调查核实的情况，要作认真记录，需要处理处罚的，要严格按照规定的权限和程序执行。

（3）发现纳税人有偷税、逃避追缴欠税、骗取出口退税、抗税或其他需要立案查处的税收违法行为嫌疑的，要移交税务稽查部门处理。

对税源管理部门移交税务稽查部门处理的案件，税务稽查部门要将处理结果定期向税源管理部门反馈。

发现外商投资和外国企业与其关联企业之间的业务往来未按照独立企业业务往来收取或支付价款、费用，需要调查、核实的，应移交上级税务机关国际税收管理部门（或有关部门）处理。

（三）增值税纳税评估方法

1. 税负对比分析法

行业税负反映了行业内企业的总体负担水平。行业中单个企业的税负在一定时期内对行业税负的背离，会造成企业税负与行业税负的差异，而税负对比分析法是税务部门对企业税负背离行业税负进行有效监控的方法之一。它是通过企业税负与行业税负的对比，围绕关联指标对税负异常的企业展开分析，以发现企业税收问题的一种方法。

税负对比分析法的适用范围很广，基本上对所有行业均适用。其计算公式为：

$$\text{税负差异率}=(\text{企业税收负担率}-\text{行业税收负担率})\div\text{行业税收负担率}\times 100\%$$

$$\begin{matrix}\text{增值税税收负担率}\\ \text{（简称税负率）}\end{matrix}=\left(\begin{matrix}\text{本期增值税}\\ \text{应纳税额}\end{matrix}\div\begin{matrix}\text{本期销售}\\ \text{收入}\end{matrix}\right)\times 100\%$$

税负对比分析法属于综合分析法，影响因素较多，涉及税基的多个方面。因此，用该分析方法发现企业税负异常时，应结合其他分析方法进行多角度分析。

需要注意的是：(1) 季节性因素。企业生产经营受季节的影响变化，若本期进入销售淡季，造成应税销售收入降低，同时为销售旺季准备生产，购进货物大幅增加，即造成购销失衡等。(2) 政策性因素。出口企业本期出口销售额占销售总额的比例突然增加，直接免抵税额增加，应纳税额减少，税负降低。(3) 价格因素。受市场竞争影响，企业经营的货物价格本期大幅下降，增值额减少，税负降低。(4) 经营范围发生较大变化等特殊情况。

2. 工业增加值评估

(1) 应纳税额与工业增加值弹性评估模型与评估方法。

1) 应纳税额与工业增加值弹性评估模型：

$$\text{应纳税额与工业增加值弹性系数}=\text{应纳税额增长率}\div\text{工业增加值增长率}$$

式中

$$\text{应纳税额增长率}=(\text{当期应纳税额}-\text{基期应纳税额})\div\text{基期应纳税额}\times 100\%$$

$$\begin{matrix}\text{工业增加值}\\ \text{增长率}\end{matrix}=\left(\begin{matrix}\text{当期工业}\\ \text{增加值}\end{matrix}-\begin{matrix}\text{基期工业}\\ \text{增加值}\end{matrix}\right)\div\begin{matrix}\text{基期工业}\\ \text{增加值}\end{matrix}\times 100\%$$

2) 评估方法。工业增加值是指工资、利润、折旧、税金的合计。一般情况下，应纳税额与工业增加值弹性系数为 1，对弹性系数<1的，可根据行业一定时期的发展状况，确定一定区间作为预警值。弹性系数小于预警值，则企业可能有少缴税金的问题。应通过其他相关纳税评估指标与评估方法，并结合纳税人生产经营的实际情况进一步分析，对其申报真实性进行评估。

(2) 工业增加值税负评估模型与评估方法。

1) 工业增加值税负评估模型：

$$\begin{matrix}\text{工业增加值}\\ \text{税负差异率}\end{matrix}=\left(\begin{matrix}\text{本企业工业}\\ \text{增加值税负}\end{matrix}\div\begin{matrix}\text{同行业工业}\\ \text{增加值税负}\end{matrix}\right)\times 100\%$$

式中

本企业工业增加值税负＝本企业应纳税额÷本企业工业增加值

同行业工业增加值税负＝同行业应纳税额总额÷同行业工业增加值

2）评估方法。该指标用于分析本企业工业增加值税负与同行业工业增加值税负的差异，如低于同行业工业增加值平均税负，则企业可能存在隐瞒收入、少缴税款等问题，需结合其他相关评估指标和方法进一步分析，对其申报真实性进行评估。

3. 投入产出法

投入产出法，就是根据企业评估期实际投入原材料、辅助材料、包装物等的数量，按照确定的投入产出比（定额）测算出企业评估期的产品产量，结合库存产品数量及产品销售量、销售单价测算分析纳税人实际产销量、销售收入，并与纳税人申报信息进行对比分析的方法。

投入产出法主要适用于产品较为单一的工业企业。由于测算、分析侧重的内容和角度不同，不同的行业适用的投入产出测算指标和模型不同，而且投入产出表现形式不同，分析的方法也不尽相同。按其表现形式可分为投入产出比、单位产品定耗的分析；按其侧重面可分为原材料投入产出比、废料的产出及再利用率、单位产品辅助材料（包装物）耗用定额的分析等。

（1）投入产出比模型。

$$测算应税销售收入=\left(\begin{matrix}期初库存\\产品数量\end{matrix}+\begin{matrix}评估期\\产品数量\end{matrix}-\begin{matrix}期末库存\\产品数量\end{matrix}\right)\times\begin{matrix}评估期产品\\销售单价\end{matrix}$$

$$评估期产品数量=当期投入原材料数量\times投入产出比$$

$$问题值=\left(\begin{matrix}测算应税\\销售收入\end{matrix}-\begin{matrix}企业实际申报\\应税销售收入\end{matrix}\right)\times适用税率(征收率)$$

应用中该模型的分析重点是：根据已确定的行业或产品的投入产出比及企业评估期原材料的耗用数量，测算出产品生产数量，与企业账面记载产品产量相比对，同时结合产品库存数量及销售单价等信息进行关联测算，并与企业实际申报的应税销售收入对比，查找企业可能存在的问题。

（2）单位产品定耗模型。

$$测算应税销售收入=\left(\begin{matrix}期初库存\\产品数量\end{matrix}+\begin{matrix}评估期\\产品数量\end{matrix}-\begin{matrix}期末库存\\产品数量\end{matrix}\right)\times\begin{matrix}评估期产品\\销售单价\end{matrix}$$

$$评估期产品数量=\begin{matrix}评估期原材料\\或包装物耗用量\end{matrix}\div\begin{matrix}单位产品耗用原材料\\或包装物定额\end{matrix}$$

$$问题值=\left(\begin{matrix}测算应税\\销售收入\end{matrix}-\begin{matrix}企业实际申报\\应税销售收入\end{matrix}\right)\times适用税率(征收率)$$

该方法是通过单位产品耗用原材料定额指标，评估产品实际产量和销售额，进而评估出纳税人是否存在隐瞒销售收入的问题。单位产品耗用原材料定额可以根据产品配方中的定额直接确定。单位产品定耗既可以是单位产品耗用原材料定额，也可以是单位产品耗用辅助材料和包装物定额等。分析应用时要灵活运用，关联分析，及时查找企业可能存在的线索和问题。

需要注意的是：(1) 测算分析和实地调查相结合。对测算分析结果，必须深入调查，从企业仓库保管、库存明细账目、辅助材料、包装物耗用等多方面印证、分析，查找线索。(2) 模型中指标的计量单位，特殊情况下必须进行单位换算，以免出现错误。(3) 对从事农副产品收购、废旧物资收购等的企业可利用该法关联分析收购发票开具的真实性。

案例 6-73

对某企业进行纳税检查时，检查人员在从账面上没有发现重要线索的情况下，用投入产出比这一方法发现疑点。检查人员先是对企业产品结构构成进行分析，确定产品品种；然后通过与本地区同行业比较，确定每种产品的投入产出比，即投入的原材料与生产出的产成品的比率，从而确定几种主要原材料之间的比率；再将企业当期主要原材料耗用数量乘以产品的投入产出比，求得每种产品的正常产量，确定出一个正常的产量范围。对该企业几种主要原材料之间的比率检查，基本符合同行业标准。然而，在与企业产成品明细账上记录的入库数量核对后发现：该企业应产出甲产品 166 吨（理论值）而账面入库 106 吨；应产出乙产品 122 吨（理论值）而账面入库 88 吨，不在正常范围之内。检查人员最终通过调查落实，查出该企业生产、销售产品 80 吨未入库直接销售，取得产品销售收入 130 万元未入账的事实。

4. 能耗测算法

能耗测算法主要是根据纳税人评估期内水、电、煤、气、油等能源、动力的生产耗用情况，利用单位产品能耗定额测算纳税人实际生产、销售数量，并与纳税人申报信息进行对比、分析的一种方法。其中耗电、耗水等数据可从电力部门、自来水公司等取得核实，较为客观。

该分析方法广泛应用于工业企业。对账务核算不健全、材料耗用情况难以估算，但可从第三方取得客观能耗信息的小规模企业或个体工商户同样适用。

其评估模型为：

$$\text{评估期产品产量}=\text{评估期生产能耗量}\div\text{评估期单位产品能耗定额}$$

$$\begin{array}{c}\text{评估期产品}\\\text{销售数量}\end{array}=\begin{array}{c}\text{评估期期初}\\\text{库存产品数量}\end{array}+\begin{array}{c}\text{评估期}\\\text{产品产量}\end{array}-\begin{array}{c}\text{评估期期末}\\\text{库存产品数量}\end{array}$$

评估期销售收入测算数＝评估期产量×评估期产品销售单价×适用税率(征收率)

$$问题值=\left(\frac{测算应税}{销售收入}-\frac{企业实际申报}{应税销售收入}\right)\times适用税率(征收率)$$

需要注意的是：(1) 正常的企业非生产性（办公照明、空调使用等）用电占比很小，可以忽略不计。但对差异额较大的，应分析是否存在隐瞒产量、少计销售收入的可能，是否存在将电转售给其他企业或用于非应税项目等，少计其他业务收入或多抵进项的情况。对需要由电费推算用电量的，应考虑扣除企业缴纳的基本电费。(2) 应加强同当地电力管理部门、自来水公司等单位的联系，核实企业用电、用水量等数据的真实性。同时，要求纳税人申报纳税时向主管税务机关提供电力、自来水发票复印件，或利用金税工程中供电系统的抄税信息核实。(3) 在实际分析中，应选取企业生产经营中最具客观实在性、企业不易人为改变、不易隐瞒、便于收集、纳税评估可操作性强的指标。对能耗指标的分析应用，应充分考虑企业生产设备、生产工艺、工人熟练程度等因素的影响。指标的运用不可生搬硬套，应因地制宜，根据当地实际选用或增设辅助指标，确定科学、合理的参考系数，多个指标并用，便于发现问题和疑点。

案例6－74

在对某水泥制造企业进行检查时，检查人员通过企业质量控制中心了解水泥生产工艺流程及主要产品的配方，以及水泥生产过程中各阶段的投料数量比率，分析计算原辅材料与产成品的配比关系，没有发现异常。

经有关技术部门统计测算，水泥生产耗用的电力比较稳定，电量消耗的变动幅度不应超过10%，以32.5号普通硅酸盐水泥为例，外购矿石回转窑生产每吨水泥耗电量约为112度。按实际耗电量除以正常电耗测算，该企业账面产成品入库数还不到正常产量的2/3。经外围取证，企业最终交代有账外经营情况，会计承认是通过少计部分材料的手段制造了产出率正常的假象。

5. 工时（工资）耗用法

工时耗用法是指在单位产品耗用生产时间基本确定的前提下，按照纳税人在一定时期耗用工时总量，分析、测算该时期内的产品产量及销售数量或销售额，并与申报信息对比分析的方法。工资耗用是生产耗用工时反映在货币上的金额表现。该方法主要适用于单位产品耗用工时或者工资基本稳定，工时或工资记录完整、核算规范的工业企业。

由于工时在纳税人的账面不反映，不易收集，因此工时往往反映在工资上。这部分工资仅仅指生产一线工人的工资，即生产成本中的直接人工成本部分，相关数据可以在会计核算健全的纳税人账簿、凭证中直接获取。

其评估模型为：

$$\frac{\text{评估期}}{\text{产品产量}}=\frac{\text{评估期生产人员工时总量(工资总额)或}}{\text{某一主要生产环节工时总量(工资总额)}}\div\frac{\text{单位产品耗用}}{\text{工时(或者工资)}}$$

$$\text{测算应税销售收入}=\left(\frac{\text{期初库存}}{\text{产品数量}}+\frac{\text{评估期}}{\text{产品产量}}-\frac{\text{期末库存}}{\text{产品数量}}\right)\times\frac{\text{评估期产品}}{\text{销售单价}}$$

$$\text{问题值}=\left(\frac{\text{测算应税}}{\text{销售收入}}-\frac{\text{企业实际申报}}{\text{应税销售收入}}\right)\times\text{适用税率(征收率)}$$

需要注意的是：(1) 企业的生产工时（工资）标准或者关键生产环节工时（工资）标准应相对稳定，相关数据应易于收集和计算。(2) 参考当地同行业或规模、效益相近的企业的生产工时（工资）标准，便于税企双方工时（工资）标准的共同认可。(3) 生产工时总量（工资总额）的所属期要与生产产品的所属期配比。

6. 设备生产能力法

设备生产能力法是指主要生产设备在原料、动力和人员等正常运转下的产出能力，可分为设计生产能力和实际生产能力。设计生产能力是指按照国家标准生产或引进的设备，经过国家有关部门审验、认可的标准性生产能力。实际生产能力是指设备在实际运转时的生产能力。在一般情况下，设备的实际生产能力与设计生产能力有一定差异。随着各个行业国家标准、强制性国家标准及行业管理标准的出台和完善，设备的实际生产能力越来越接近设计生产能力。

设备生产能力法就是按照纳税人投入生产的单位设备生产能力，测算、分析纳税人的实际生产量，进而核实应税销售收入，并与纳税人申报信息对比、分析，判断是否存在涉税问题的方法。该方法主要适用于一些特定的行业，如造纸、水泥制造、微粉、发电等行业。该方法与其他分析方法结合使用，效果会更好。

其评估模型为：

$$\text{评估期产品产量}=\frac{\text{评估期若干设备的}}{\text{日产量或时产量}}\times\frac{\text{评估期正常}}{\text{工作日或工作时}}$$

$$\text{测算应税销售收入}=\left(\frac{\text{期初库存}}{\text{产品数量}}+\frac{\text{评估期}}{\text{产品产量}}-\frac{\text{期末库存}}{\text{产品数量}}\right)\times\frac{\text{评估期产品}}{\text{销售单价}}$$

$$\text{问题值}=\left(\frac{\text{测算应税}}{\text{销售收入}}-\frac{\text{企业实际申报}}{\text{应税销售收入}}\right)\times\text{适用税率(征收率)}$$

需要注意的是：(1) 设备生产能力可从随机文件中得到。随机文件包括产品说明书、合格证、装箱单等。产品说明书对了解和掌握纳税人的设备生产能力较为重要。(2) 实地查看时要注意正确区分设备的规格、型号、数量和生产能力。(3) 设备生产能力差异一般有幅度，要结合企业实际情况予以掌握。

(四) 发票评估指标

除了上面这些通用增值税评估方法以外，还有很多评估指标，也有专门的发票评估指标。这里只介绍发票评估指标。

发票评估指标主要有：增值税专用发票滞留票分析、增值税专用发票红字发票率分析、增值税专用发票作废发票率分析、增值税专用发票开具情况分析、增值税普通发票开具情况分析、成品油生产经营企业跨省开具增值税专用发票分析、取得成品油下游企业增值税专用发票异常企业分析、货运专用发票抵扣进项占比分析、一般纳税人商贸企业购进货物金额与申报销售收入比对异常分析、农产品开具金额大于申报销售收入异常分析等。

指标异常预警的情况主要有：

(1) 增值税专用发票作废率偏高异常。发票作废率偏高，可能存在虚假作废发票，不计、少计销售收入等现象。

(2) 增值税专用发票长期顶额开具异常。大部分发票顶额开具，发票开具金额满额度高于90%，可能存在虚开发票的现象。

(3) 增值税专用发票用量变动异常。增值税专用发票用量骤增，除正常业务变化外，可能有虚开现象。

(4) 农产品收购凭证抵扣进项占比异常。纳税人可能存在取得虚开、虚假或不合规定的农产品收购凭证抵扣进项税额及虚列费用的问题。

(5) 货运增值税专用发票抵扣进项占比异常。纳税人可能存在取得虚开、虚假或不合规定的运费发票抵扣进项税额及虚列费用的问题。

案例6-75

某公司每个月领用的增值税普通发票由25份逐渐增加至400份，但是发票领用数增加后该公司申报的销售收入与之前相差不大。原来，一到月底，该公司就会通过开票系统将开出的增值税普通发票大量作废，此举显然不符合常规的经营交易。主管税务机关对该公司增值税普通发票开具情况分析提出疑问：为何开了发票又在月底大量作废，而且数量、金额突然剧增？带着疑问，主管税务局随即对该企业开票情况展开全面检查，一起虚开增值税普通发票案件开始浮出水面，最终税警联合，破获此案。

（五）怎样正确理解和应对税负率等指标预警？

经常有企业接到税务预警信息，税务预警指标有很多项，以税负率低预警最有代表性。

《最新行业“预警税负率”，收好了！》之类的网络文章被大量转发传播，很多企业财务人员深受误导，很多不明真相的财务人员提心吊胆，形成了一些错误的认识：低于预警税负率的，要补税罚款，甚至被稽查。其实根本不是这么回事！税务预警的含义被很多文章严重地扭曲了，指标预警变成了一个大热点，甚至很多财务人员都想去进行专门的纳税评估预警指标的学习。作为企业财务人员，对于纳税评估税务预警只需要做简单了解即可。真正避免税务风险的方式，并不是学习评估指标预警的知识，而是学习税收政策。

1. 网上传播的最新行业“预警税负率”有无参考价值？

比如，2018 年 2 月网上大量传播的 2018 年“最新行业预警税负率”很明显是不真实的，2018 年 2 月还得不出真实的“预警税负率”。要想得到真实的增值税“预警税负率”，至少要等到 2019 年 1 月；要想得到真实的企业所得税“预警税负率”，至少要等到 2019 年 6 月 1 日后。

另外，这些所谓的最新，可能是几年前的税负率，被某些别有用心的人修改年份疯狂转发。有的没写年份，只是标注最新，某些财务人员看到的时候，早就被转发上万次了，所以千万别信这些所谓的“最新行业预警税负率”。

对纳税人来说，包括行业预警税负率在内的行业预警指标没有任何指导意义，就是同一行业，在不同地区、不同纳税期间也有差异。不要关注这些预警值，不要被某些别有用心的人迷惑了，要学会思考、学会分析。

2. 税务预警并不代表企业有税收问题

从生活常识我们就可以做出判断，做同样的生意，有人赚钱，有人赔钱，同样是赚钱，利润也不一样，有的薄利多销，有的囤积居奇，税负自然也不一样。你去买东西，也知道货比三家，每一家都销售同一种商品，但由于品牌、质量可能不一样，销售定价可能不一样，进货渠道可能不一样，税负率也会不一样，进而必然会有一个平均值，难道低于平均值的就有问题？显然不是。同属于批发业，批发白菜与批发电脑，税负率能一样吗？

从专业角度看，增值税税负率是增值税纳税评估的主要分析指标，但不同企业之间存在着一定的税负差异，即使是生产相同产品的企业，由于生产经营方式、生产技术水平、市场价格定位、销售策略等因素的不同，税负也可能存在比较大的差异，因而，税负率是否合理需要经过分析才能得出答案。“面黄的未必有病”，也就是说，增值税税负率较低并不能说明企业税收一定存在问题，也可能是其他方面的因素造成的，比如受市场因素影响，存在产品销售价格下降、材料成本上升、销售额下降、库存加大、税收筹划等情况造成增值税税额不同。企业应根据自身实际情况积极与税务机关沟通。另外，对于税收筹划带来税负下降的情况要特别注意，税收筹划是一项专业性很强的工作，要注意税收风险，最好在税收筹划执行前就将税收筹划方案与税务机关沟通，得到税务机关的认可。

其他指标预警与此类似，任何指标的税务预警，只能说明发现了疑点，企业可能存在税务风险，是不是真的存在税务问题，还需进一步的调查核实才能确认。因此，税务预警并不代表企业有税收问题。

3. 没有税务预警并不代表企业没有税收问题

有的企业某段时间没有税务预警，也不代表该企业没有税务问题。有时人为地调剂发票开具、认证抵扣，可以做到某段时间税负率的平稳，但并不代表企业没有问题，有时没有问题就是最大的问题。

有的企业本身就有季节性生产的经营特点，指标平稳，反而说明企业存在税务问题。曾有一家企业税负率非常平稳，反而引起了税务机关的怀疑，后来被税务稽查，发现该企业偷逃几百万元税款。

4. 税务预警了，企业怎么办？

税务预警了，通常要求企业自查。企业需要认真对待，查明原因，这也是一个学习的过程。而不能像某些人想的找熟人托关系去解决，哪怕真的通过关系解除了预警，税务风险仍然存在，不会消失，只是暂时没有被查而已。税务风险将会越积累越大，一旦爆发，就可能到了无法收拾的地步，进而付出更大的代价！也不能像某些人采取随便编造税务事项补缴税款的方式来应付税务机关，根本不去自查企业真正的税务风险点，白白补缴税款，没有什么意义，税务风险点并没有真正消失，也只会越积累越大。

那么，怎样正确面对税务预警呢？当然是认真分析预警原因，查找企业税务问题。

若企业真有问题，要解决问题，积极补税，吸取教训，杜绝以后再出现类似问题。比如，经过自查，发现一份增值税专用发票不符合税法规定，不允许抵扣而企业抵扣了，那就做进项税额转出处理，补缴增值税，并把这种情形记在心里，以后不要再犯同样的错误。若你是爱学习的财务人员，知道自己在进项税额抵扣方面的不足，就可以抓紧补课，提高自己的业务水平，从而为企业避免更大的损失。

若企业确实没有问题，则无需补税，只需收集资料，向税务机关进行合理的解释，取得税务机关的认可，解除预警。比如，企业改变经营策略，采用薄利多销的经营方法，会造成税负率的降低；企业因为某些产品季节性停工，会造成税负率降低；企业因为某些产品更新换代比较快或者产品滞销等市场原因而降价处理，会造成税负率降低；企业因扩大生产经营规模而建造车间、购进大型机器设备，会造成税负率降低，甚至长时间内不用缴增值税；因为原材料大幅涨价，企业购买成本加大，会造成税负率降低；企业销售的产品因为国家政策降低税率、抵扣范围因为国家政策扩大等，会造成税负率降低。这样的原因还有很多，都属于造成税负率降低的合理原因，对此企业只需准备相关资料，向税务机关说明实际情况，即可解除预警。

前面介绍纳税评估流程、纳税评估方法、预警指标，目的是让大家了解税务机关纳税评估的方法，了解税务机关是怎样发现企业税务风险疑点的，了解企业税务预警指标背后的原因，了解在税务预警监控下企业应该更好地去依法纳税，并非让大家去关注这些预警值。另外，如果是税务人员，就需要学习怎样进行纳税评估。不管是企业还是税务机关，都应该正确理解。税务机关需要根据指标预警发现疑点，而纳税人需要做的就是依法纳税！

税务预警只是一种征管手段而已。有问题，解决问题；没问题，无需担心。

5. 若真有一份真实的所谓最新行业预警税负率（当然不可能有），可以通过一些“技巧”迎合这些指标而减少税务风险吗？

这种想法是痴心妄想，没有人能事先知道未来申报期的行业预警税负率，只能知道以前时间的行业预警税负率，因为这是一个变动的值。那么能否用最近的行业预警税负率呢？即虽然这是一个变动值，但是最近的行业预警税负率应该变动不大，接近未来申报期的行业预警税负率。曾有不少企业花大力气专门研究税务预警指标，但是都以失败而告终，这是意料之中的结果！因为税务评估预警指标太多了，常用的也有几十个，是没法人为调剂数据迎合指标的，迎合了这个指标，相关联的另外一个或几个指标又出现异常了，满足了这个，满足不了那个，很多指标都是有关联性的，这叫“按下葫芦浮起瓢”。即使能通过人为调节把所有指标都摆平，那也是暂时的，最终还是徒劳。比如，为了迎合增值税税负率，企业选择性地取得各种增值税专用发票，选择性地认证抵扣，前几个月可能还好调剂，但是到后几个月累积下来各类的发票种类，还要考虑认证期限，调剂起来可能就非常困难了。可能前几个月增值税税负率还正常，比较平稳，随着时间的推移，不同内容及种类（各种原材料、油费、运费、通行费等）的发票占比可能就越来越难保持平稳了，最终无法再进行人为调节，税负率也难以继续保持平稳，还是免不了税务预警，甚至会出现税负率还平稳但因为其他指标异常而预警的情况。

在实际工作中，就有一些会计人员听信网上谣言，发现自己的税负率较低，通过一些所谓的“技巧”去迎合税负率指标，本来这家企业税负率与上年同期相比未出现异常变动，未达到预警值，结果这些会计人员去迎合所谓的行业税负率，虽然税负率提高了，但是与上年同期相比出现异常变动，反而达到了预警值。

总的来说，想降低税务风险，学好政策，提高对政策的理解力和领悟力，提高自身税务实战水平，才是根本方法，而不是去学习、研究税务指标预警，这是犯了方向性错误。

若税务实战水平高，企业财税处理合理合法，则对所有税务预警指标都可以无视，预警了又如何？若企业投机取巧，违反税法规定，税务预警就是头顶上悬着的利剑，随时都会亮剑！

三十三、辅导期纳税人取得发票的特殊处理

（一）辅导期纳税人取得发票抵扣进项税额的特殊规定和财税处理

1. 辅导期纳税人抵扣进项税额的规定

辅导期纳税人取得的增值税专用发票抵扣联（含机动车销售统一发票）、海关进口增值税专用缴款书在交叉稽核比对无误后，方可抵扣进项税额。

主管税务机关定期接收交叉稽核比对结果，通过稽核结果导出工具导出发票明细数据及《稽核结果通知书》并告知辅导期纳税人。

辅导期纳税人根据交叉稽核比对结果相符的增值税抵扣凭证本期数据申报抵扣进项税额，未收到交叉稽核比对结果的增值税抵扣凭证留待下期抵扣。

2. 辅导期纳税人抵扣进项税额的会计处理

辅导期纳税人应当在“应交税费”科目下增设“待抵扣进项税额”明细科目，用于核算尚未交叉稽核比对的增值税抵扣凭证注明或者计算的进项税额。

辅导期纳税人取得增值税抵扣凭证后，借记“应交税费——待抵扣进项税额”科目，贷记相关科目。交叉稽核比对无误后，借记“应交税费——应交增值税（进项税额）”科目，贷记“应交税费——待抵扣进项税额”科目。经核实不得抵扣的进项税额，红字借记“应交税费——待抵扣进项税额”科目，红字贷记相关科目。

（二）辅导期纳税人领购增值税专用发票的特殊规定和财税处理

主管税务机关对辅导期纳税人实行限量限额发售增值税专用发票的政策。

（1）实行纳税辅导期管理的小型商贸批发企业，领购增值税专用发票的最高开票限额不得超过 10 万元；其他一般纳税人增值税专用发票最高开票限额应根据企业

实际经营情况重新核定。

（2）辅导期纳税人专用发票的领购实行按次限量控制，主管税务机关可根据纳税人的经营情况核定每次增值税专用发票的供应数量，但每次发售增值税专用发票的数量不得超过 25 份。

辅导期纳税人领购的增值税专用发票未使用完而再次领购的，主管税务机关发售增值税专用发票的份数不得超过核定的每次领购增值税专用发票份数与未使用完的增值税专用发票份数的差额。

（3）辅导期纳税人一个月内多次领购增值税专用发票的，应从当月第二次领购增值税专用发票起，按照上一次已领购并开具的增值税专用发票销售额的 3%预缴增值税，未预缴增值税的，主管税务机关不得向其发售增值税专用发票。

预缴增值税时，纳税人应提供已领购并开具的增值税专用发票记账联，主管税务机关根据其提供的增值税专用发票记账联计算应预缴的增值税。

企业预缴增值税时，借记“应交税费——预交增值税”科目，贷记“银行存款”科目。月末，企业应将“预交增值税”明细科目余额转入“未交增值税”明细科目，借记“应交税费——未交增值税”科目，贷记“应交税费——预交增值税”科目。

（4）辅导期纳税人按规定预缴的增值税可在本期增值税应纳税额中抵减，抵减后预缴增值税仍有余额的，可抵减下期再次领购增值税专用发票时应当预缴的增值税。

纳税辅导期结束后，纳税人因增购增值税专用发票发生的预缴增值税有余额的，主管税务机关应在纳税辅导期结束后的第一个月内，一次性退还纳税人。

纳税人取得一般纳税人资格后，发生增值税偷税、骗取退税和虚开增值税扣税凭证等行为的，主管税务机关可以按规定对其实行不少于 6 个月的辅导期管理。辅导期纳税人取得的增值税专用发票抵扣联、海关进口增值税专用缴款书在交叉稽核比对无误后，方可抵扣进项税额。

辅导期一般纳税人的特殊账务处理有“待抵扣进项税额”和“增购发票预缴税款”两种情况，除这两种情况外，其他账务处理与正式一般纳税人相同。

案例 6-76

甲公司为辅导期一般纳税人，本期购买一批小型设备，取得增值税专用发票已经认证，不含税价 100 000 元，进项税额 13 000 元，款项以银行存款支付。本期有形动产租赁服务含税收入 226 000 元，已收款。本期因增购发票预缴税款 5 000 元。上期认证发票进项税额 24 000 元本期交叉稽核比对结果相符，已经收到《稽核结果通知书》。本期甲公司账务处理如下：

（1）甲公司有形动产租赁服务。

借：银行存款　226 000
　贷：主营业务收入　200 000
　　　应交税费——应交增值税（销项税额）　26 000

（2）甲公司发票本期已经认证但下期经过交叉稽核比对结果相符才能申报抵扣。

借：固定资产　100 000
　　应交税费——待抵扣进项税额　13 000
　贷：银行存款　113 000

（3）甲公司增购发票预缴税款5 000元。

借：应交税费——预交增值税　5 000
　贷：银行存款　5 000

（4）上期认证发票进项税额24 000元本期交叉稽核比对结果相符，收到《稽核结果通知书》。

借：应交税费——应交增值税（进项税额）　24 000
　贷：应交税费——待抵扣进项税额　24 000

（5）月末，计算本期应交增值税＝本月销项税额26 000－进项税额24 000＝2 000（元）。

借：应交税费——应交增值税（转出未交增值税）　2 000
　贷：应交税费——未交增值税　2 000

（6）月末，结转预缴税款。

借：应交税费——未交增值税　5 000
　贷：应交税费——预交增值税　5 000

此时，“应交税费——未交增值税”科目借方余额为3 000元，即期末多缴税额。

申报时，本月实现增值税2 000元将在填完附表后在增值税纳税申报表主表第24行“应纳税额合计”自动生成，预缴税款5 000元填在增值税纳税申报表主表28行“分次预缴税额”栏，第32行“期末未缴税额（多缴为负数）”为－3 000，与“应交税费——未交增值税”科目借方余额一致。

如果本月销项小于进项，没有增值税应纳税款，这时月末“应交税费——应交增值税”科目余额为留抵税金；与增值税纳税申报表主表第20行“期末留抵税额”金额一致。“应交税费——未交增值税”科目月末借方余额为预交税款5 000元，与增值税纳税申报表主表第32行“期末未缴税额（多缴为负数）”一致。

第七章
关于发票的特殊规定

实际上，绝大多数发票的税收政策规定都是所有行业通用的，本来不需要分行业来讲解发票，但是考虑到部分行业确实存在一些特殊规定，所以本章把部分行业的一些发票特殊规定单独归纳，可能会与前面章节的部分内容略有重复。

本章内容是在《国家税务总局货物和劳务税司关于做好增值税发票使用宣传辅导有关工作的通知》（税总货便函〔2017〕127号）印发的《增值税发票开具指南》第三章“增值税发票开具特殊规定”的基础上根据最新政策补充整理的。本章内容中未单独注明文件依据的开票规定均来自税总货便函〔2017〕127号文。

一、部分货物生产与销售企业开具发票的特殊规定

（一）成品油生产经销企业开具发票规定

《国家税务总局关于成品油消费税征收管理有关问题的公告》（国家税务总局公告2018年第1号）规定：

（1）所有成品油发票均须通过增值税发票管理新系统中成品油发票开具模块开具。

1）成品油发票是指销售汽油、柴油、航空煤油、石脑油、溶剂油、润滑油、燃料油等成品油所开具的增值税专用发票（以下称成品油专用发票）和增值税普通发票。

2）纳税人需要开具成品油发票的，由主管税务机关开通成品油发票开具模块。

3）开具成品油发票时，应遵守以下规则：

①正确选择商品和服务税收分类编码。

②发票“单位”栏应选择“吨”或“升”，蓝字发票的“数量”栏为必填项且不为“0”。

③开具成品油专用发票后，发生销货退回、开票有误以及销售折让等情形的，应按规定开具红字成品油专用发票。

销货退回、开票有误等原因涉及销售数量的，应在《开具红字增值税专用发票信息表》中填写相应数量，销售折让的不填写数量。

④成品油经销企业某一商品和服务税收分类编码的油品可开具成品油发票的总量，应不大于所取得的成品油专用发票、海关进口消费税专用缴款书对应的同一商品和服务税收分类编码的油品总量。

成品油经销企业开具成品油发票前，应登录增值税发票选择确认平台确认已取得的成品油专用发票、海关进口消费税专用缴款书信息，并通过成品油发票开具模块下载上述信息。

【温馨提醒】

（1）成品油发票是通过增值税发票管理新系统开具的发票，包括：增值税专用发票、增值税普通发票、增值税电子普通发票、增值税普通发票（卷式）。

（2）卷票无单位，默认单位为“升”。

（3）发票（增值税专用发票、增值税普通发票、增值税电子普通发票）左上角打印“成品油”字样。

（4）成品油发票不支持销货清单。

（5）成品油生产或经销企业可以对当月开具且没有抄报的成品油增值税普通发票进行作废，不能对增值税专用发票进行作废，只能冲红。

（6）成品油经销企业开具发票时，受成品油库存数量限制，但成品油生产企业不受限制。

（2）外购、进口和委托加工收回的汽油、柴油、石脑油、燃料油、润滑油用于连续生产应税成品油的，应凭通过增值税发票选择确认平台确认的成品油专用发票、海关进口消费税专用缴款书，以及税收缴款书（代扣代收专用）按规定计算扣除已纳消费税税款，其他凭证不得作为消费税扣除凭证。

外购石脑油、燃料油用于生产乙烯、芳烃类化工产品的，应凭取得的成品油专用发票所载明的石脑油、燃料油的数量，按规定计算退还消费税，其他发票或凭证不得作为计算退还消费税的凭证。

（3）自税款所属期2018年3月起，纳税人申报成品油消费税时应填写新的《成品油消费税纳税申报表》及其附列资料。享受成品油消费税减免税优惠政策的纳税人，在纳税申报时应同时填写《国家税务总局关于调整消费税纳税申报有关事项的公告》（国家税务总局公告2015年第32号）公布的《本期减（免）税额明细表》。

纳税人申报的某一类成品油销售数量，应大于或等于开具的同一类成品油发票所载明的数量；申报扣除的成品油数量，应小于或等于取得的扣除凭证载明数量。申报比对相符后，主管税务机关对纳税人的税控设备进行解锁；比对不相符的，待解除异常后方可解锁。

（4）成品油经销企业应于2018年3月10日前（包括3月10日）将截至2018年2月28日的成品油库存情况（不包括未取得增值税专用发票、海关进口消费税专用缴款书的成品油库存）录入增值税发票选择确认平台。

（5）外购用于连续生产的成品油，取得2018年2月28日前（包括2月28日）开具的增值税专用发票且符合扣除规定的，纳税人应于税款所属期2018年4月前申报，计入《本期准予扣除税额计算表》“本期外购入库数量”中，连续生产耗用后，按规定计算扣除已纳消费税税款。

（二）稀土企业开具发票规定

《国家税务总局关于稀土企业等汉字防伪项目企业开具增值税发票有关问题的公告》（国家税务总局公告 2019 年第 13 号）对稀土企业的发票开具规定如下：

（1）自 2019 年 6 月 1 日起，停用增值税防伪税控系统汉字防伪项目。

（2）从事稀土产品生产、商贸流通的增值税纳税人（以下简称“稀土企业”）销售稀土产品或提供稀土应税劳务、服务的，应当通过升级后的增值税发票管理系统开具稀土专用发票；销售非稀土产品或提供非稀土应税劳务、服务的，不得开具稀土专用发票。

1）本公告所称稀土产品包括稀土矿产品、稀土冶炼分离产品、稀土金属及合金、稀土产品加工费。《稀土产品目录》详见附件（略）。

2）稀土专用发票开具不得使用增值税发票管理系统“销售货物或者提供应税劳务、服务清单”填开功能。稀土专用发票“货物或应税劳务、服务名称”栏应当通过增值税发票管理系统中的稀土产品目录选择，“单位”栏选择“公斤”或“吨”，“数量”栏按照折氧化物计量填写。增值税发票管理系统在发票左上角自动打印“XT”字样。

3）稀土企业销售稀土矿产品、稀土冶炼分离产品、稀土金属及合金，提供稀土加工应税劳务、服务的，应当按照《稀土产品目录》的分类分别开具发票。

（3）稀土企业需要开具稀土专用发票的，由主管税务机关开通增值税发票管理系统中的稀土专用发票开具功能，开票软件应当于 2019 年 6 月 1 日前完成升级，税控设备和增值税发票可以继续使用。

（三）二手车销售开具发票规定

《国家税务总局关于增值税发票管理若干事项的公告》（国家税务总局公告 2017 年第 45 号）第三条规定，自 2018 年 4 月 1 日起，二手车交易市场、二手车经销企业、经纪机构和拍卖企业应当通过增值税发票管理新系统开具二手车销售统一发票。

二手车销售统一发票“车价合计”栏次仅注明车辆价款。二手车交易市场、二手车经销企业、经纪机构和拍卖企业在办理过户手续过程中收取的其他费用，应当单独开具增值税发票。

通过增值税发票管理新系统开具的二手车销售统一发票与现行二手车销售统一发票票样保持一致。发票代码编码规则调整为：第 1 位为 0，第 2～5 位代表省、自治区、直辖市和计划单列市，第 6～7 位代表年度，第 8～10 位代表批次，第 11～12 位为 17。发票号码为 8 位，按年度、分批次编制。

单位和个人可以登录全国增值税发票查验平台（https://inv-veri. chinatax.

gov.cn)，对增值税发票管理新系统开具的二手车销售统一发票信息进行查验。

《国家税务总局关于明确二手车经销等若干增值税征管问题的公告》（国家税务总局公告 2020 年第 9 号）第一条规定，自 2020 年 5 月 1 日至 2023 年 12 月 31 日，从事二手车经销业务的纳税人销售其收购的二手车，按以下规定执行：

（1）纳税人减按 0.5%征收率征收增值税，并按下列公式计算销售额：

销售额＝含税销售额/(1＋0.5%)

本公告发布后出台新的增值税征收率变动政策，比照上述公式原理计算销售额。

（2）纳税人应当开具二手车销售统一发票。购买方索取增值税专用发票的，应当再开具征收率为 0.5%的增值税专用发票。

（四）机动车销售开具发票规定

《国家税务总局关于调整机动车销售统一发票票面内容的公告》（国家税务总局公告 2014 年第 27 号）第一条规定，机动车销售统一发票票面调整内容及填用标准如下：

（1）将原“身份证号码/组织机构代码”栏调整为“纳税人识别号”。“纳税人识别号”栏内打印购买方纳税人识别号，如购买方需要抵扣增值税税款，该栏必须填写，其他情况可为空。

（2）将原“购货单位（人）”栏调整为“购买方名称及身份证号码/组织机构代码”栏。“身份证号码/组织机构代码”应换行打印在“购买方名称”的下方。

（3）增加“完税凭证号码”栏。“完税凭证号码”栏内打印代开机动车销售统一发票时对应开具的增值税完税证号码，自开机动车销售统一发票时此栏为空。

（4）纳税人销售免征增值税的机动车，通过机动车销售统一发票税控系统开具时应在机动车销售统一发票“增值税税率或征收率”栏选填“0”，机动车销售统一发票“增值税税率或征收率”栏自动打印显示“***”，“增值税税额”栏自动打印显示“******”；机动车销售统一发票票面“不含税价”栏和“价税合计”栏填写金额相等。

（5）根据纳税人开票需要，增加“厂牌型号”栏宽度、压缩“车辆类型”栏宽度，并相应调整“购买方名称及身份证号码/组织机构代码”“吨位”栏宽度，机动车销售统一发票联次、规格及票面所有栏次高度不变。

二、建筑业开具发票的特殊规定

（一）建筑服务发票开具基本规定

提供建筑服务，纳税人自行开具或者税务机关代开增值税发票时，应在发票的“备注”栏注明建筑服务发生地县（市、区）名称及项目名称。

（二）一般纳税人提供建筑服务发票开具规定

一般纳税人提供建筑服务，应自行开具增值税发票，以取得的全部价款和价外费用全额开具增值税专用发票或增值税普通发票。一般纳税人提供建筑服务选择适用简易计税办法可按3%征收率开具增值税专用发票。

提供建筑服务的一般纳税人按规定适用或选择适用简易计税方法计税的，不再实行备案制。以下证明材料无需向税务机关报送，改为自行留存备查：

（1）为建筑工程老项目提供的建筑服务，留存《建筑工程施工许可证》或建筑工程承包合同；

（2）为甲供工程提供的建筑服务、以清包工方式提供的建筑服务，留存建筑工程承包合同。

案例7-1

A建筑公司为一般纳税人，采用一般计税方法核算。收取B公司工程款109万元，开具增值税专用发票。计算金额（不含税）、税额方法如下：

税额＝1 090 000÷(1＋9%)×9%＝90 000(元)

金额＝1 090 000－90 000＝1 000 000(元)

按照上述金额和税额开具增值税专用发票。B公司取得增值税专用发票后，可以抵扣进项税额90 000元。

A公司开具的增值税专用发票如图7-1所示。

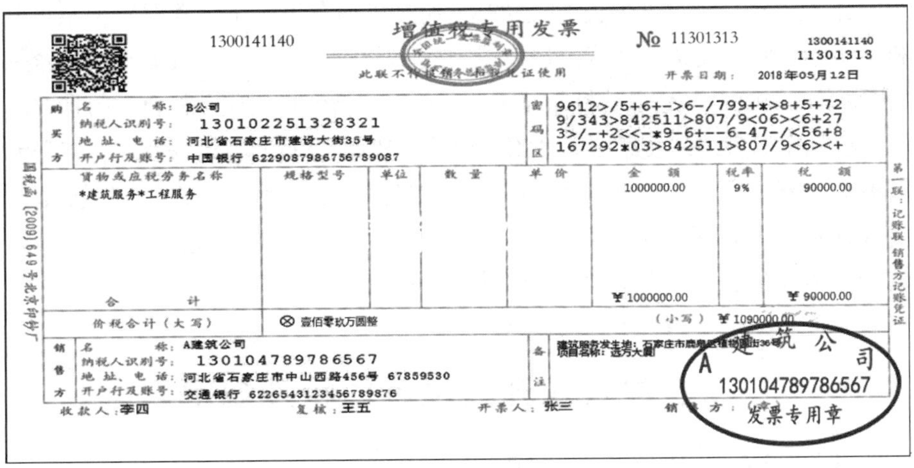

增值税专用发票

1300141140　　№ 11301313　　1300141140 11301313

此联不作报销、扣税凭证使用　　开票日期：2018年05月12日

购买方	名　称：B公司 纳税人识别号：130102251328321 地址、电话：河北省石家庄市建设大街35号 开户行及账号：中国银行 6229087986756789087	密码区	9612>/5+6+->6-/799+*>8+5+72 9/343>842511>807/9<06><6+27 3>/-+2<<-*9-6+--6-47-/<56+8 167292*03>842511>807/9<6><+

货物或应税劳务名称	规格型号	单位	数量	单价	金额	税率	税额
*建筑服务*工程服务					1000000.00	9%	90000.00
合　计					¥1000000.00		¥90000.00
价税合计（大写）	⊗壹佰零玖万圆整				（小写）¥1090000.00		

销售方	名　称：A建筑公司 纳税人识别号：130104789786567 地址、电话：河北省石家庄市中山西路456号 67859530 开户行及账号：交通银行 6226543123456789876	备注	建筑服务发生地：石家庄市鹿泉区…36号 项目名称：选方大厦

收款人：李四　　复核：王五　　开票人：张三　　销售方：（章）

A建筑公司 130104789786567 发票专用章

国税函〔2009〕649号北京印钞厂

第一联：记账联 销售方记账凭证

图7-1　一般纳税人提供建筑服务增值税专用发票

注：备注栏注明建筑服务发生地所在县（市、区）及项目名称。

（三）小规模纳税人提供建筑服务发票开具规定

小规模纳税人提供建筑服务，应以取得的全部价款和价外费用扣除支付的分包款后的余额为销售额，按照3%的征收率计算应纳税额。

小规模纳税人跨县（市、区）提供建筑服务，不能自行开具增值税发票的，可向建筑服务发生地主管税务机关按照其取得的全部价款和价外费用申请代开增值税发票。

（四）建筑服务预收款发票开具规定

《国家税务总局关于增值税发票管理若干事项的公告》（国家税务总局公告2017年第45号）更新了《商品和服务税收分类编码表》，增值税发票管理新系统中“不征税”编码现为12个，其中612为“建筑服务预收款”。

纳税人收取建筑服务预收款时，选择612“建筑服务预收款”编码开具增值税普通发票，这只是暂时没有达到纳税义务发生时间而采取预征增值税的开票方式。

（五）总分包工程项目差额征税及发票开具规定

《财政部 国家税务总局关于全面推开营业税改征增值税试点的通知》（财税〔2016〕36号）规定，纳税人可按照其取得的全部价款和价外费用全额开具发票，适用一般计税方法的应全额向机构所在地主管税务机关申报纳税；适用简易计税方法的可扣除分包款后向机构所在地主管税务机关申报纳税。跨县（市）提供建筑服务的，应向建筑服务发生地主管税务机关预缴税款后，回到机构所在地按上述方法申报纳税。

对纳税人提供适用简易计税方法的建筑业服务，计算销售额时，允许其差额征税但全额开票，即

销售额＝收取的全部价款和价外费用－支付的分包款

无论自行开具发票还是由税务机关代开发票，其开票金额均为其提供建筑服务取得的全部价款和价外费用。

案例7-2

A建筑公司为一般纳税人，采用简易计税方法。收取B公司工程款100万元，开具增值税专用发票；支付C公司分包款20万元。计算金额（不含税）、税额方法如下：

税额＝1 000 000÷(1＋3%)×3%＝29 126.21(元)

金额＝1 000 000－29 126.21＝970 873.79(元)

按照上述金额和税额开具增值税专用发票。B公司取得增值税专用发票后，可以抵扣进项税额29 126.21元。A建筑公司申报按差额计算税额：

(1 000 000－200 000)÷(1＋3%)×3%＝23 300.97(元)

A建筑公司开具100万元的工程款发票。

借：银行存款	1 000 000
贷：主营业务收入	970 873.79
应交税费——简易计税	29 126.21

A建筑公司取得20万元的分包款增值税发票。

借：主营业务成本	194 174.76
应交税费——简易计税	5 825.24
贷：银行存款	200 000

A建筑公司开具的增值税专用发票如图7－2所示。

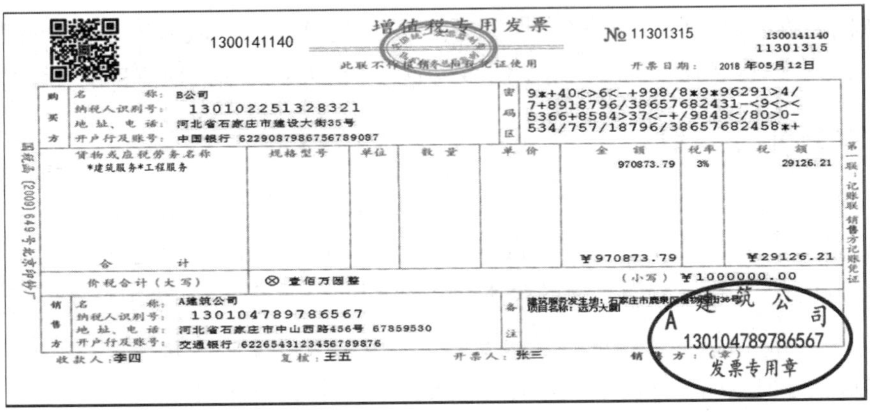

增值税专用发票
1300141140
No 11301315
1300141140
11301315
此联不作报销、扣税凭证使用
开票日期：2018年05月12日
购买方 名称：B公司
纳税人识别号：130102251328321
地址、电话：河北省石家庄市建设大街35号
开户行及账号：中国银行 6229087986756789087
密码区
9*+40<>6<-+998/8*9*96291>4/
7+8918796/38657682431-<9<><
5366+8584>37<-+/9848</80>0-
534/757/18796/38657682458*+

货物或应税劳务名称	规格型号	单位	数量	单价	金额	税率	税额
*建筑服务*工程服务					970873.79	3%	29126.21
合计					¥970873.79		¥29126.21

价税合计（大写）⊗壹佰万圆整（小写）¥1000000.00
销售方 名称：A建筑公司
纳税人识别号：130104789786567
地址、电话：河北省石家庄市中山西路456号 67859530
开户行及账号：交通银行 6226543123456789876
备注：建筑服务发生地：石家庄市鹿泉区……36号
项目名称：远方大厦
收款人：李四 复核：王五 开票人：张三 销售方：（章）
A建筑公司 130104789786567 发票专用章
第一联：记账联 销售方记账凭证
国税函〔2009〕649号北京印钞厂

图7－2 一般纳税人提供总分包工程增值税专用发票

注：备注栏注明建筑服务发生地所在县（市、区）及项目名称。

(六) 纳税人提供建筑服务扣除分包款应取得合法有效凭证的规定

很多人可能都认为，纳税人提供建筑服务可以扣除的分包款仅指建筑服务税目注释范围内的应税服务，其实这是对政策的误读。曾有人咨询：建筑企业选择简易计税的工程项目，在计算缴纳增值税时可以扣除的分包款项包括分包方销售自产货物发票吗?

《国家税务总局关于发布〈纳税人跨县（市、区）提供建筑服务增值税征收管理暂行办法〉的公告》（国家税务总局公告2016年第17号）第六条规定，纳税人从取得的全部价款和价外费用中扣除支付的分包款，应当取得符合法律、行政法规和国家税务总局规定的合法有效凭证，否则不得扣除。

上述凭证是指：(1) 从分包方取得的2016年4月30日前开具的建筑业营业税

发票。上述建筑业营业税发票在 2016 年 6 月 30 日前可作为预缴税款的扣除凭证。(2) 从分包方取得的 2016 年 5 月 1 日后开具的，“备注”栏注明建筑服务发生地所在县（市、区）、项目名称的增值税发票。(3) 国家税务总局规定的其他凭证。

《国家税务总局关于国内旅客运输服务进项税抵扣等增值税征管问题的公告》（国家税务总局公告 2019 年第 31 号）第七条规定，纳税人提供建筑服务，按照规定允许从其取得的全部价款和价外费用中扣除的分包款，是指支付给分包方的全部价款和价外费用。

国家税务总局解读：纳税人提供特定建筑服务，可按照现行政策规定，以取得的全部价款和价外费用扣除支付的分包款后的余额为销售额计税。总包方支付的分包款是打包支出的概念，即其中既包括货物价款，也包括建筑服务价款。因此，该公告明确了纳税人提供建筑服务，按照规定允许从取得的全部价款和价外费用中扣除的分包款，是指支付给分包方的全部价款和价外费用。

《国家税务总局关于进一步明确营改增有关征管问题的公告》（国家税务总局公告 2017 年第 11 号）第一条规定，纳税人销售活动板房、机器设备、钢结构件等自产货物的同时提供建筑、安装服务，不属于《营业税改征增值税试点实施办法》（财税〔2016〕36 号文件印发）第四十条规定的混合销售，应分别核算货物和建筑服务的销售额，分别适用不同的税率或者征收率。

《国家税务总局关于明确中外合作办学等若干增值税征管问题的公告》（国家税务总局公告 2018 年第 42 号）第六条规定，一般纳税人销售自产机器设备的同时提供安装服务，应分别核算机器设备和安装服务的销售额，安装服务可以按照甲供工程选择适用简易计税方法计税。一般纳税人销售外购机器设备的同时提供安装服务，如果已经按照兼营的有关规定，分别核算机器设备和安装服务的销售额，安装服务可以按照甲供工程选择适用简易计税方法计税。

因此，建筑服务分包方销售自产货物并提供建筑、安装服务的，且同一建筑服务分包合同中包含销售自产货物和提供建筑、安装服务的，分包方应分别核算自产货物和建筑、安装服务的销售额，总包方取得分包方销售自产货物的发票可以作为建筑服务分包款扣除额的合法有效凭证。

建筑服务分包方销售自产机器设备的同时提供安装服务，且同一建筑服务分包合同中包含销售自产机器设备和提供安装服务的，分包方应分别核算机器设备和安装服务的销售额，总包方取得分包方销售自产机器设备的发票可以作为建筑服务分包款扣除额的合法有效凭证。

建筑服务分包方销售外购机器设备的同时提供安装服务，且同一建筑服务分包合同中包含销售外购机器设备和提供安装服务的，分包方如果按照兼营的有关规定分别核算机器设备和安装服务的销售额，总包方取得分包方销售外购机器设备的发票可以作为建筑服务分包款扣除额的合法有效凭证。

需要注意分包方销售自产货物的发票可以差额扣除的条件：

（1）在分包合同中分别约定自产货物、自产或外购机器设备、建筑服务销售额。

（2）分别开具货物、机器设备发票和建筑服务发票，货物、机器设备发票和建筑服务发票“备注”栏注明建筑服务发生地所在县（市、区）、项目名称。国家税务总局公告 2016 年第 17 号文并未规定增值税发票必须是建筑服务发票。

案例 7－3

A 建筑公司（一般纳税人）与发包方签订的总包合同金额为 1 000 万元，发包方提供部分材料，A 建筑公司选择简易计税方式。A 建筑公司又将部分工程分包给 B 建筑公司（一般纳税人），与 B 建筑公司签订的分包合同金额为 200 万元。在与 B 建筑公司签订的分包合同中约定：B 建筑公司自产材料 140 万元，建筑服务费用 60 万元。

A 建筑公司根据合同约定全额一次性向发包方开具发票 1 000 万元。当月，B 建筑公司一次性向 A 建筑公司开具两份发票，其中一份发票为 13%税率的材料发票 140 万元，一份发票为 9%税率的建筑服务发票 60 万元，两份发票“备注”栏均注明了建筑服务发生地所在县（市、区）、项目名称。A 建筑公司可以差额扣除分包款项 200 万元，需要缴纳的增值税为：

$$应纳增值税=(1\ 000-200)\div(1+3\%)\times 3\%=23.3(万元)$$

（七）第三方提供建筑服务开具发票的特殊规定

《国家税务总局关于进一步明确营改增有关征管问题的公告》（国家税务总局公告 2017 年第 11 号）第二条规定，建筑企业与发包方签订建筑合同后，以内部授权或者三方协议等方式，授权集团内其他纳税人（以下称第三方）为发包方提供建筑服务，并由第三方直接与发包方结算工程款的，由第三方缴纳增值税并向发包方开具增值税发票，与发包方签订建筑合同的建筑企业不缴纳增值税。发包方可凭实际提供建筑服务的纳税人开具的增值税专用发票抵扣进项税额。

（八）建筑企业违法分包业务能否差额征税与抵扣进项税额的疑难问题分析

如何界定建筑企业违法分包？取得分包方发票能否适用差额征税？取得分包方增值税专用发票能否抵扣进项税额？这是税收实践中颇具争议的问题。

在各项税收法律、法规中，涉及建筑业分包的条款，都没有对分包进行界定。但是在《中华人民共和国建筑法》、《房屋建筑和市政基础设施工程分包管理办法》（建设部第124号令）、《住房和城乡建设部关于印发建筑工程施工发包与承包违法行为认定查处管理办法的通知》（建市规〔2019〕1号）等法律法规中，对分包是有明确的规定和要求的。

《中华人民共和国建筑法》规定，禁止承包单位将其承包的全部建筑工程转包给他人，禁止承包单位将其承包的全部建筑工程肢解以后以分包的名义分别转包给他人。

《房屋建筑和市政基础设施工程施工分包管理办法》明确规定，施工分包是指建筑业企业将其承包的房屋建筑和市政基础设施工程中的专业工程或者劳务作业发包给其他建筑业企业完成的活动。

建筑工程施工分包分为专业工程分包和劳务作业分包。专业工程分包，是指施工总承包企业（以下简称专业分包工程发包人）将其承包工程中的专业工程发包给具有相应资质的其他建筑业企业（以下简称专业分包工程承包人）完成的活动。劳务作业分包，是指施工总承包企业或者专业承包企业（以下简称劳务作业发包人）将其承包工程中的劳务作业发包给劳务分包企业（以下简称劳务作业承包人）完成的活动。

建筑法律法规对分包有明确的规定和要求，分包应当符合以下条件：

一是分包必须取得发包人的同意。除总承包合同中约定的分包外，总承包人将工程分包给其他有资质条件的单位，必须经建设单位认可。专业分包工程发包人和专业分包工程承包人应当依法签订分包合同，并按照合同履行约定的义务。分包合同必须明确约定支付工程款和劳务工资的时间、结算方式以及保证按期支付的相应措施，确保工程款和劳务工资的支付。经建设单位许可的分包合同，一般是由总包方、分包方和建设方三方签订的多方合同。施工总承包合同中未有约定，又未经建设单位认可，专业分包工程发包人将承包工程中的部分专业工程分包给他人的，是违法分包。

二是工程分包只能一次，禁止分包单位将其承包的工程再分包。专业分包工程承包人必须自行完成所承包的工程。劳务作业分包由劳务作业发包人与劳务作业承包人通过劳务合同约定。劳务作业承包人必须自行完成所承包的任务。

三是分包必须是分包给具备相应资质条件的单位。禁止总承包单位将工程分包给不具备相应资质条件的单位。专业分包工程发包人将专业工程或者劳务作业分包给不具备相应资质条件的专业分包工程承包人的，是违法分包。

四是主体工程不得分包。总承包人可以将承包工程中的部分工程发包给具有相应资质条件的分包单位，但建筑工程主体结构的施工必须由总承包单位自行完成，不得将主体工程分包出去。

另外，《房屋建筑和市政基础设施工程施工分包管理办法》还明确规定，严禁个人承揽分包工程业务。

《住房和城乡建设部关于印发建筑工程施工发包与承包违法行为认定查处管理办法的通知》（建市规〔2019〕1 号）第六条规定，存在下列情形之一的，属于违法发包：

（1）建设单位将工程发包给个人的；

（2）建设单位将工程发包给不具有相应资质的单位的；

（3）依法应当招标未招标或未按照法定招标程序发包的；

（4）建设单位设置不合理的招标投标条件，限制、排斥潜在投标人或者投标人的；

（5）建设单位将一个单位工程的施工分解成若干部分发包给不同的施工总承包或专业承包单位的。

关于《中华人民共和国建筑法》中的违法分包能否差额征税及抵扣进项税额的规定，税法也没有明确规定，于是在实务中又产生了争议。有人认为只要是违法的，不管违反的是不是税法，均不得抵扣，但也有人认为，违法分包不是税法所能规范的范围，税法没明确不能抵扣就可以抵扣。本书支持第二种观点。因为税法中关于抵扣和不抵扣的规定，是通过列举来实现的，未在列举之内的就可以抵扣。

《国家税务总局纳税服务司关于下发营改增热点问题答复口径和营改增培训参考材料的函》（税总纳便函〔2016〕71 号）中就相关问题的回答可以印证本书的观点：以建筑业为例，建筑的总包和分包大量存在，大工程多有总包和分包，分包的种类很多，可能有专业分包、劳务分包，甚至多级分包。如果没有差额征税政策，建筑企业的税负就会比较高。

从国家税务总局的口径来判断，多级分包也是可以差额征税的。国家税务总局的口径并没有去纠结多级分包是违法分包的事情，所以本书认为违法分包并没有在相关文件不得抵扣范围之内，是可以抵扣的。当然实际工作中，最好关注主管税务机关的规定。

（九）纳税人挂靠经营，挂靠方与被挂靠方双方的发票及财税处理

建筑业的挂靠已经成为行业的普遍现象。

工程挂靠经营是《中华人民共和国建筑法》明确禁止的违法工程建设行为。工程挂靠经营会产生的法律责任有民事法律责任、行政法律责任、刑事法律责任等。

目前越来越多的大型建筑施工企业已经在转向自营模式，或许转型的前期在企业的人力、资金方面要求较高，但是后期的风险会降低，企业品牌会整体提高，这才是建筑施工企业做强的核心。

符合《国家税务总局关于进一步明确营改增有关征管问题的公告》（国家税务总局公告 2017 年第 11 号）第二条规定的归属于同一个集团内的建筑企业“挂靠”问题，按照正常财税处理方法进行财税处理，在税务处理上没有特殊性，本节不作讲述。

案例 7－4

乙施工队与甲建筑公司签订挂靠协议，以甲建筑公司名义对外经营并由甲建筑公司承担相关法律责任，建筑工程总造价 1 090 万元（含税），材料设备等费用开支 452 万元（含税），人工开支 300 万元，分包 109 万元（含税），建筑公司收取挂靠管理费 106 万元。

（1）甲建筑公司财税处理。

根据税法规定，以甲建筑公司为增值税纳税人，缴纳增值税。要想抵扣进项税额，材料设备等费用开支的增值税专用发票必须开给建筑公司，上述材料设备等款项也必须由建筑公司支付。

1）收到 1 090 万元工程款，开具增值税发票。

不含税金额＝1 090÷(1＋9%)＝1 000(万元)

增值税销项税额＝1 000×9%＝90(万元)

借：银行存款	10 900 000
贷：其他应付款——施工队	10 000 000
应交税费——应交增值税（销项税额）	900 000

2）取得材料设备等增值税专用发票 452 万元，由建筑公司向供应商支付货款。假设税率均为 13%。

不含税金额＝452÷(1＋13%)＝400(万元)

增值税进项税额＝400×13%＝52(万元)

借：其他应付款——施工队	4 000 000
应交税费——应交增值税（进项税额）	520 000
贷：银行存款	4 520 000

3）取得分包商开来的增值税专用发票 109 万元，分包款也由建筑公司直接支付给分包商。

借：其他应付款——施工队　　1 000 000
　　应交税费——应交增值税（进项税额）　　90 000
　贷：银行存款　　1 090 000

4）收取挂靠费用106万元，冲平其他应付款科目，扣下挂靠费后，将余款394万元支付给施工队。

借：其他应付款——施工队　　5 000 000
　贷：银行存款　　3 940 000
　　其他业务收入　　1 060 000

税总纳便函［2016］71号规定发包人向承包人收取的管理费或挂靠费，属于同一纳税人的内部行为，不征增值税。笔者也是此观点，但目前部分税务机关是按照6％来征收增值税的。

（2）乙施工队的财税处理。乙施工队取得的394万元确认为收入，人工费300万元确认为成本费用，利润为94万元。

（3）营改增后，工程款价税分离，相当于工程被降了价，甲建筑公司和乙施工队的利润都会下降。这就涉及双方对挂靠费的约定，从工程造价到报价系统，都要进行调整。由于甲建筑公司的税负直接受进项发票的影响，所以，甲建筑公司必须要把握住挂靠中的主动权，或者约定在实际缴纳的增值税之外，再收取挂靠费用。否则，甲建筑公司将在竞争中吃亏。

（4）资金流上，甲建筑公司不能再像征营业税时那样扣下挂靠费后将工程款全部付给乙施工队，其中有进项税额的支出，要直接付款给开票方。由此，甲建筑公司必须做到两点：

第一，甲建筑公司必须实行集中采购建筑材料和统一的采购合同会签制度，以防止虚假采购行为的发生，从而规避虚开增值税发票的风险。

第二，甲建筑公司必须实行统一的财务收付结算制度，依照采购合同统一付款给供应商。

【温馨提醒】

挂靠引发的发票问题，在施工企业非常严重，原因是挂靠人不会主动考虑被挂靠人的实际利益，他只关注自身利益。挂靠人对发票的取得、真伪持漠视态度，被挂靠人财税风险意识不强将助长发票风险滋生、蔓延。

5％～7％的管理费率能否抵挡住挂靠人不负责任行为带来的涉税风险（假票、买票、虚开普通发票、虚开专用发票）呢？营改增后挂靠行为继续沿用过去采取虚开发票报账以提取利润的方式，则会面临虚开增值税专用发票被追究刑事责任的风险。因为在此类报账形式下，不仅存在着业务虚假的情况，而且存在即使业务真实，也面临增值税专用发票开具“三流”不一致的问题。

建筑企业最好改变经营模式，采用总分包形式将工程分包给有资质的分包人，杜绝任何项目经理挂靠行为。

（十）销售不动产发票开具的基本规定

销售不动产，纳税人自行开具或者税务机关代开增值税发票时，应在发票“货物或应税劳务、服务名称”栏填写不动产名称及房屋产权证书号码（无房屋产权证书的可不填写），“单位”栏填写面积单位，“备注”栏注明不动产的详细地址。

（十一）房地产开发企业销售自行开发的房地产项目发票开具的规定

（1）房地产开发企业中的一般纳税人销售其自行开发的房地产项目（选择简易计税方法的房地产老项目除外），以取得的全部价款和价外费用，扣除受让土地时向政府部门支付的土地价款、在取得土地时向其他单位或个人支付的拆迁补偿费用后的余额为销售额。

房地产开发企业中的一般纳税人销售自行开发的房地产老项目，可以选择适用简易计税方法，以取得的全部价款和价外费用为销售额，不得扣除对应的土地价款。

一般纳税人销售自行开发的房地产项目，自行开具增值税发票。一般纳税人销售自行开发的房地产项目，其2016年4月30日前收取并已向主管地税机关申报缴纳营业税的预收款，未开具营业税发票的，可以开具增值税普通发票，不得开具增值税专用发票，并且无开具增值税普通发票的时间限制。一般纳税人向其他个人销售自行开发的房地产项目，不得开具增值税专用发票。

除国家统一规定外，也需要注意主管税务机关的规定，比如，河北省国税规定：房地产开发企业销售自行开发的房地产项目，在地税机关已申报营业税未开具发票，2017年1月1日以后需要补开发票的，按《国家税务总局关于进一步明确营改增有关征管问题的公告》（国家税务总局公告2017年第11号）第七条的规定开具增值税普通发票。开具普通发票时须在发票“备注”栏注明“已纳营业税，完税凭证号码××××”字样，并将缴纳营业税的完税凭证留存备查。

（2）房地产开发企业中的小规模纳税人，销售自行开发的房地产项目，按照5%的征收率计税。

小规模纳税人销售自行开发的房地产项目，自行开具增值税普通发票。购买方需要增值税专用发票的，小规模纳税人向主管税务机关申请代开。小规模纳税人销售自行开发的房地产项目，其2016年4月30日前收取并已向主管地税机关申报缴纳营业税的预收款，未开具营业税发票的，可以开具增值税普通发票，不得申请代开增值税专用发票，并且无开具增值税普通发票的时间限制。小规模纳税人向其他个人销售自行开发的房地产项目，不得申请代开增值税专用发票。

（十二）房地产开发企业销售自行开发的房地产项目预收款发票开具的规定

《国家税务总局关于发布〈房地产开发企业销售自行开发的房地产项目增值税征收管理暂行办法〉的公告》（国家税务总局公告2016年第18号）规定，一般纳税人采取预收款方式销售自行开发的房地产项目，应在收到预收款时按照3%的预征率预缴增值税。

《国家税务总局关于营改增试点若干征管问题的公告》（国家税务总局公告2016年第53号）第九条第（十一）项将《商品和服务税收分类与编码（试行）》中的分类编码增加了6“未发生销售行为的不征税项目”，用于纳税人收取款项但未发生销售货物、应税劳务、服务、无形资产或不动产的情形。“未发生销售行为的不征税项目”下设602“销售自行开发的房地产项目预收款”。

房地产开发企业销售自行开发的房地产项目预收款，应按规定预缴税款并选择602“销售自行开发的房地产项目预收款”编码开具增值税普通发票，发票税率栏应填写“不征税”，不得开具增值税专用发票。这只是暂时没有达到纳税义务发生时间而采取预征增值税的开票方式。增值税纳税申报表上不需要作为收入申报，但预缴的增值税应填报《增值税预缴税款表》。

除国家统一规定外，也需要注意主管税务机关的规定，比如，河北省国税规定，房地产开发企业销售自行开发的房地产项目预收款需要开具发票的，如规格型号、数量、单价暂无法确定的，规格型号、单位、数量、单价栏可暂不填写，其他项目应填写齐全，商品名称为“房地产项目名称——商品房预收款”，“备注”栏注明预收款性质（如定金、30%首付款等）、预售不动产的详细地址和商品房面积。

案例7-5

房地产开发企业收到购房人的定金、订金、诚意金、意向金，是否视同收到预收款开具增值税普通发票，并按照3%的预征率预缴增值税？

“定金”是一个法律概念，属于一种法律上的担保方式。《中华人民共和国担保法》第八十九条规定，当事人可以约定一方向对方给付定金作为债权的担保。债务人履行债务后，定金应当抵作价款或者收回。给付定金的一方不履行约定的债务的，无权要求返还定金；收受定金的一方不履行约定的债务的，应当双倍返还定金。签订合同时，对定金必须以书面形式进行约定，同时还应约定定金的数额和交付期限。定金数额可以由合同双方当事人自行约定，但是不得超过主合同总价款的20%，超过20%的部分无效。

“订金”在目前我国现行法律中没有明确规定，它不具备“定金”的担保性质。当合同不能履行时，除不可抗力外，应根据双方当事人的过错承担违约责任，一方违约，另一方无权要求其双倍返还，只能得到原额。同时，也没有不得超过主合同总价款20%的比例限制。

“意向金”（诚意金）在我国现行法律中不具有法律约束力，主要是房产中介行业为试探购房人的购买诚意及为了对其有更好的把控而创设出来的概念，在实践中意向金（诚意金）未转定金之前客户可要求返还且无需承担由此产生的不利后果。

综上所述，定金、订金、意向金、诚意金中，只有定金具有法律约束力，而订金、意向金、诚意金都不是法律概念，无论当事人是否违约，支付的款项均需返还。因此，房地产开发企业收到购房人的定金，可视同收到预收款，开具增值税普通发票，并按照3%的预征率预缴增值税；收到订金、意向金、诚意金，不视同收到预收款，不需要开具增值税普通发票，也不需要按照3%的预征率预缴增值税。

但销售行为成立时，订金、意向金、诚意金不再退还，实质上属于房屋价款，需要计算缴纳增值税。销售行为不成立时，如果诚意金、定金退还，不属于纳税人的收入，不需要计算缴纳增值税；如果诚意金、定金不退还，属于纳税人的营业外收入，不属于价外收费，也不需要计算缴纳增值税。

案例7-6

某房地产开发企业预收购房人的房款200万元，开具了税率为9%的增值税普通发票或专用发票，是否按照3%的预征率预缴增值税？

虽然根据《国家税务总局关于发布〈房地产开发企业销售自行开发的房地产项目增值税征收管理暂行办法〉的公告》（国家税务总局公告2016年第18号）的规定，一般纳税人采取预收款方式销售自行开发的房地产项目，应在收到预收款时按照3%的预征率预缴增值税，但是根据《营业税改征增值税试点实施办法》第四十五条的规定，增值税纳税义务、扣缴义务发生时间为：纳税人发生应税行为并收讫销售款项或者取得索取销售款项凭据的当天；先开具发票的，为开具发票的当天。

因此，收取预收款时就开具发票（指税率栏为“9%”“3%”的发票，不包括税率栏为“不征税”的发票）的，纳税义务发生时间为开具发票的当天，企业应该按照适用税率申报缴纳增值税，而不是预缴增值税。

（十三）房地产开发企业差额征税及发票开具的规定

《关于全面推开营业税改征增值税试点有关税收征收管理事项的公告》（国家税务总局公告2016年第23号）第四条第（二）款规定，按照现行政策规定适用差额征税办法缴纳增值税，且不得全额开具增值税发票的（财政部、国家税务总局另有规定的除外），纳税人自行开具或者税务机关代开增值税专用发票时，通过新系统中差额征税开票功能开具增值税发票。

由此可见，只有财政部、国家税务总局明确规定“适用差额征税办法缴纳增值税，且不得全额开具增值税发票的”，才需要通过新系统差额征税开票功能开具增值税发票。现行政策对于房地产开发企业销售额中扣除土地价款，未规定不得全额开具增值税发票。因此适用一般计税方法的增值税一般纳税人，在销售额中扣除土地价款时可以全额开具增值税专用发票。

案例7-7

A房地产公司将一栋楼价税合计1 090万元销售给M公司，并开具增值税专用发票，经过计算这栋楼对应的土地成本为327万元。第一步，计算销项税额。

销项税额＝10 900 000÷(1＋9%)×9%＝900 000(元)

第二步，计算销售额。

销售额＝10 900 000－900 000＝10 000 000(元)

第三步，按照上述销售额和销项税额的数据开具增值税专用发票。

借：银行存款　　10 900 000
　贷：主营业务收入　　10 000 000
　　应交税费——应交增值税（销项税额）　　900 000

M公司取得增值税专用发票后，可以抵扣进项税额900 000元。

营改增抵减的销项税额＝3 270 000÷(1＋9%)×9%＝270 000(元)

借：应交税费——应交增值税（销项税额抵减）　　270 000
　贷：主营业务成本　　270 000

第四步，在《增值税纳税申报表附列资料（一）》第14列“销项（应纳）税额”，填报（10 900 000－3 270 000)÷(1＋9%)×9%＝630 000（元)。

第五步，在《增值税申报表》主表第1行“按适用税率计税销售额”中，填报销售额10 000 000元，并将《增值税纳税申报表附列资料（一）》第14列“销项（应纳）税额”630 000元，填报在《增值税纳税申报表》主表第11行“销项税额”栏次中。

A 房地产公司向 M 公司开具的增值税专用发票如图 7-3 所示。

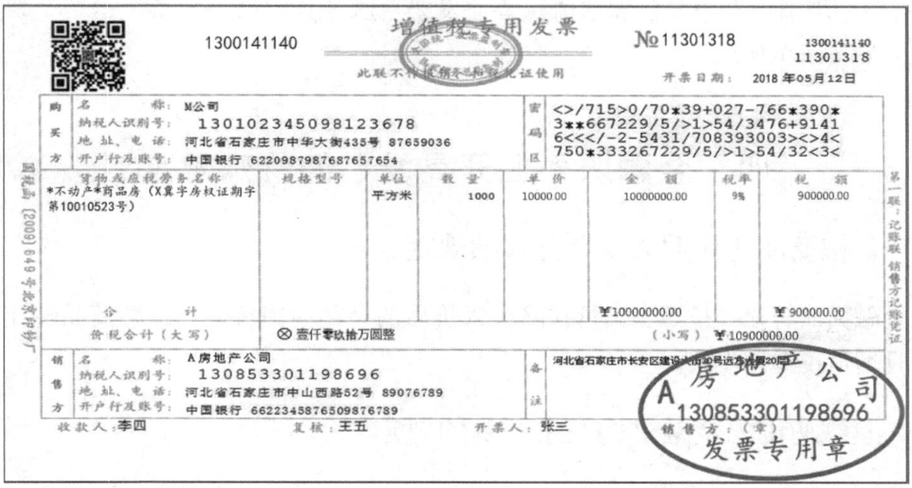

增值税专用发票

1300141140　　№11301318　　1300141140 11301318

此联不作报销、扣税凭证使用　　开票日期：2018 年05月12日

购买方	名　　称：M公司 纳税人识别号：130102345098123678 地 址、电 话：河北省石家庄市中华大街435号 87659036 开户行及账号：中国银行 6220987987687657654				密码区	<>/715>0/70*39+027-766*390* 3**667229/5/>1>54/3476+9141 6<<</-2-5431/708393003><>4< 750*333267229/5/>1>54/32<3<	
货物或应税劳务名称	规格型号	单位	数量	单价	金额	税率	税额
*不动产*商品房（X冀字房权证期字第10010523号）		平方米	1000	10000.00	10000000.00	9%	900000.00
合　　计					¥10000000.00		¥900000.00
价税合计（大写）	⊗壹仟零玖拾万圆整				（小写）¥10900000.00		
销售方	名　　称：A房地产公司 纳税人识别号：130853301198696 地 址、电 话：河北省石家庄市中山西路52号 89076789 开户行及账号：中国银行 6622345876509876789				备注	河北省石家庄市长安区建设大街30号远方大厦20层	

收款人：李四　　复核：王五　　开票人：张三　　销售方：（章）

A房地产公司 130853301198696 发票专用章

第一联：记账联 销售方记账凭证

国税函〔2009〕649号北京印钞厂

图 7-3　房地产开发企业销售不动产增值税专用发票

注："货物或应税劳务、服务名称"栏填写不动产名称及房屋产权证书号码（无房屋产权证书的可不填写）；"单位"栏填写面积单位；"金额"栏填写 10 000 000；"税率"栏填写 9%；"税额"栏填写 900 000；"备注"栏注明不动产详细地址。

资料来源：本案例根据《河北税务：关于适用一般计税方法的房地产开发企业增值税专用发票开具及申报问题》改编。

（十四）建筑、房地产开发企业特殊业务增值税政策及发票开具的总结

建筑业、房地产开发企业除涉及建筑服务、销售不动产以外，还可能涉及不动产出租等业务，这部分业务的增值税政策及开票问题参照本书附录"五、建筑服务、销售不动产、不动产经营租赁增值税政策及发票开具一览表"。

三、交通运输服务业开具发票的特殊规定

（一）货物运输服务发票开具的基本规定

纳税人提供货物运输服务，使用增值税专用发票和增值税普通发票，开具发票时应将起运地、到达地、车种车号以及运输货物信息等内容填写在发票"备注"栏中，如内容较多可另附清单。

（二）铁路运输企业发票开具的规定

铁路运输企业受托代征的印花税款信息，可填写在发票"备注"栏中。中国铁

路总公司及其所属运输企业（含分支机构）提供货物运输服务，可自 2015 年 11 月 1 日起使用增值税专用发票和增值税普通发票，所开具的铁路货票、运费杂费收据可作为发票清单使用。

四、金融服务业开具发票的特殊规定

（一）金融商品转让业务发票开具的规定

金融商品转让，按照卖出价扣除买入价后的余额为销售额。金融商品转让，不得开具增值税专用发票。

（二）汇总纳税的金融机构发票开具的规定

采取汇总纳税的金融机构，省、自治区所辖地市以下分支机构可以使用地市级机构统一领取的增值税专用发票、增值税普通发票、增值税电子普通发票；直辖市、计划单列市所辖区县及以下分支机构可以使用直辖市、计划单列市机构统一领取的增值税专用发票、增值税普通发票、增值税电子普通发票。

（三）保险服务发票开具的规定

（1）保险机构作为车船税扣缴义务人，在代收车船税并开具增值税发票时，应在增值税发票“备注”栏中注明代收车船税税款信息。具体包括：保险单号、税款所属期（详细至月）、代收车船税金额、滞纳金金额、金额合计等。该增值税发票可作为纳税人缴纳车船税及滞纳金的会计核算原始凭证。

（2）为自然人提供的保险服务不得开具增值税专用发票，可以开具增值税普通发票。

（四）个人代理人汇总代开发票的具体规定

（1）接受税务机关委托代征税款的保险企业，向个人保险代理人支付佣金费用后，可代个人保险代理人统一向主管税务机关申请汇总代开增值税普通发票或增值税专用发票。

（2）保险企业代个人保险代理人申请汇总代开增值税发票时，应向主管税务机关出具个人保险代理人的姓名、身份证号码、联系方式、付款时间、付款金额、代征税款的详细清单。

保险企业应将个人保险代理人的详细信息，作为代开增值税发票的清单，随发票入账。

（3）主管税务机关为个人保险代理人汇总代开增值税发票时，应在“备注”栏内注明“个人保险代理人汇总代开”字样。

（4）证券经纪人、信用卡和旅游等行业的个人代理人比照上述规定执行。

（五）保险公司开展共保业务发票开具的规定

《国家税务总局关于土地价款扣除时间等增值税征管问题的公告》（国家税务总局公告2016年第86号）第四条规定，保险公司开展共保业务时，按照以下规定开具增值税发票：

（1）主承保人与投保人签订保险合同并全额收取保费，然后再与其他共保人签订共保协议并支付共保保费的，由主承保人向投保人全额开具发票，其他共保人向主承保人开具发票；

（2）主承保人和其他共保人共同与投保人签订保险合同并分别收取保费的，由主承保人和其他共保人分别就各自获得的保费收入向投保人开具发票。

（六）金融机构开展贴现、转贴现业务发票开具的规定

《关于建筑服务等营改增试点政策的通知》（财税〔2017〕58号）第五条规定，自2018年1月1日起，金融机构开展贴现、转贴现业务，以其实际持有票据期间取得的利息收入作为贷款服务销售额计算缴纳增值税。

《国家税务总局关于跨境应税行为免税备案等增值税问题的公告》（国家税务总局2017年第30号）第四条规定，自2018年1月1日起，金融机构开展贴现、转贴现业务需要就贴现利息开具发票的，由贴现机构按照票据贴现利息全额向贴现人开具增值税普通发票，转贴现机构按照转贴现利息全额向贴现机构开具增值税普通发票。

五、融资租赁业开具发票的特殊规定

（一）融资租赁服务发票开具的规定

融资租赁服务，是指具有融资性质和所有权转移特点的租赁活动，即出租人根据承租人所要求的规格、型号、性能等条件购入有形动产或者不动产租赁给承租人，合同期内租赁物所有权属于出租人，承租人只拥有使用权，合同期满付清租金后，承租人有权按照残值购入租赁物，以拥有其所有权。不论出租人是否将租赁物销售给承租人，均属于融资租赁。

按照标的物的不同，融资租赁服务可分为有形动产融资租赁服务和不动产融资

租赁服务。

融资租赁服务属于租赁服务，按租赁服务开具发票。

（二）融资性售后回租发票开具的规定

融资性售后回租，是指承租方以融资为目的，将资产出售给从事融资性售后回租业务的企业后，从事融资性售后回租业务的企业将该资产出租给承租方的业务活动。

融资性售后回租属于贷款服务。

试点纳税人根据2016年4月30日前签订的有形动产融资性售后回租合同，在合同到期前提供的有形动产融资性售后回租服务，可继续按照有形动产融资租赁服务缴纳增值税。

需要注意的是，不具有融资租赁经营资质的企业不得从事融资租赁业务，不能执行融资租赁和融资性售后回租的相关政策。

有关融资租赁、融资性售后回租增值税政策及发票开具情况如表7-1所示。

表7-1　融资租赁、融资性售后回租增值税政策及发票开具情况一览表

融资租赁	
计税方法	1. 一般计税方法，其中有形动产适用税率13%；不动产适用税率9%。 2. 简易计税方法，征收率为3%。
计税依据	经人民银行、银监会或者商务部批准从事融资租赁业务的试点纳税人，提供融资租赁服务，以取得的全部价款和价外费用，扣除支付的借款利息（包括外汇借款和人民币借款利息）、发行债券利息和车辆购置税后的余额为销售额；不符合条件的试点纳税人以全部价款和价外费用为销售额，按“租赁服务”计征增值税。
有形动产	试点纳税人在本地区试点实施之日前签订的尚未执行完毕的有形动产租赁合同（包括融资租赁和经营租赁）可选择适用简易计税方法，征收率为3%。
	有形动产境外使用，免征增值税。
不动产	2016年4月30日前签订合同，或不动产于2016年4月30日前取得，可以选择适用简易计税方法，征收率为5%。
	2016年4月30日后签订合同，且不动产于2016年4月30日后取得，适用一般计税方法，2018年5月1日起适用税率9%。
融资性售后回租	
计税方法	（1）一般计税方法，适用税率6%； （2）简易计税方法，征收率为3%。

	无论是有形动产还是不动产，经人民银行、银监会或者商务部批准从事融资租赁业务的试点纳税人，提供融资性售后回租服务，以取得的全部价款和价外费用（不含本金），扣除对外支付的借款利息（包括外汇借款和人民币借款利息）、发行债券利息后的余额作为销售额；不符合条件的以全部价款和价外费用（不含本金）为销售额，按“贷款服务”计征增值税。
计税依据	试点纳税人根据2016年4月30日前签订的有形动产融资性售后回租合同，在合同到期前提供的有形动产融资性售后回租服务，可继续按照有形动产融资租赁服务缴纳增值税。继续按照有形动产融资租赁服务缴纳增值税的试点纳税人，经人民银行、银监会或者商务部批准从事融资租赁业务的，根据2016年4月30日前签订的有形动产融资性售后回租合同，在合同到期前提供的有形动产融资性售后回租服务，可以选择以下方法之一计算销售额： 1. 以向承租方收取的全部价款和价外费用，扣除向承租方收取的价款本金，以及对外支付的借款利息（包括外汇借款和人民币借款利息）、发行债券利息后的余额为销售额。 纳税人提供有形动产融资性售后回租服务，计算当期销售额时可以扣除的价款本金，为书面合同约定的当期应当收取的本金。无书面合同或者书面合同没有约定的，为当期实际收取的本金。 试点纳税人提供有形动产融资性售后回租服务，向承租方收取的有形动产价款本金，不得开具增值税专用发票，可以开具增值税普通发票。 2. 以向承租方收取的全部价款和价外费用，扣除支付的借款利息（包括外汇借款和人民币借款利息）、发行债券利息后的余额为销售额。
发票开具	
1. 融资租赁应按全额计算的税额填写增值税专用发票。售后回租可以按照差额征税开票功能开具增值税专用发票（按剔除本金后的全部价款和价外费用计算增值税税额）。无论是融资租赁还是售后回租，增值税专用发票中的税额计算均不用扣除融资利息。 2. 融资租赁业务的承租人取得的增值税专用发票可以作为扣税凭证抵扣销项税额。融资性售后回租业务，承租人支付的进项税额不得抵扣。实务中，由于融资性售后回租的进项税不能抵扣，通常开具增值税普通发票。 3. 融资性售后回租业务按贷款服务缴纳增值税的，其销售额不包括“本金”，承租方与出租方也不应再就本金互相开具发票。	
其他说明	
政策适用范围	经商务部授权的省级商务主管部门和国家经济技术开发区批准的从事融资租赁业务的试点纳税人，2016年5月1日后实收资本达到1.7亿元的，从达到标准的当月起按照“计税依据”规定执行；2016年5月1日后实收资本未达到1.7亿元但注册资本达到1.7亿元的，在2016年7月31日前仍可按照上述规定执行，2016年8月1日后开展的融资租赁业务和融资性售后回租业务不得按照上述规定执行。对于总机构符合资本金要求的融资租赁企业，分支机构可以享受上述优惠政策。

	符合条件的试点纳税人中的一般纳税人，提供有形动产融资租赁服务，对其增值税实际税负超过 3%的部分实行即征即退政策。
	符合条件的试点纳税人中的一般纳税人，提供有形动产融资性售后回租，对其增值税实际税负超过 3%的部分实行增值税即征即退政策。
即征即退	即征即退的计算方式为： （1）增值税实际税负，是指纳税人当期提供应税服务实际缴纳的增值税额占纳税人当期提供应税服务取得的全部价款和价外费用（售后回租不含本金，下同）的比例。 （2）计算公式为： $\text{即征即退税额}=\left(\text{当期融资租赁服务应纳税额}+\text{当期融资性售后回租服务应纳税额}\right)-\left(\text{当期融资租赁服务取得的全部价款和价外费用}+\text{当期融资性售后回租服务取得的全部价款和价外费用}\right)\times 3\%$ $\text{当期融资租赁服务应纳税额}=\text{当期融资租赁服务销项税额}-\text{当期融资租赁服务可抵扣进项税额}$ $\text{当期融资性售后回租服务应纳税额}=\text{当期融资性售后回租销项税额}-\text{当期融资性售后回租可抵扣进项税额}$ $\text{当期融资租赁服务销项税额}=\text{当期融资租赁服务销售额}\times 13\%$ $\text{当期融资性售后回租服务销项税额}=\text{当期融资性售后回租服务销售额}\times 6\%$
非融资租赁企业从事的租赁业务的增值税处理	不具有融资租赁经营资质的企业不得从事融资租赁业务。参考《国家税务总局关于融资租赁业务征收流转税问题的通知》（国税函〔2000〕514 号）的规定，对其他单位或个人开展的形式上类似融资租赁业务，不能执行按差额计算销售额、即征即退等政策，按下列情形分别处理： 1. 租赁期满，租赁标的物所有权转让给承租人的，出租人按销售货物或不动产计算缴纳增值税； 2. 租赁期满，租赁标的物所有权未转让给承租方的，出租人按经营租赁服务计算缴纳增值税。
其他	财税〔2016〕140 号第六条规定，《财政部 国家税务总局关于全面推开营业税改征增值税试点的通知》（财税〔2016〕36 号）所称“人民银行、银监会或者商务部批准”“商务部授权的省级商务主管部门和国家经济技术开发区批准”从事融资租赁业务（含融资性售后回租业务）的试点纳税人（含试点纳税人中的一般纳税人），包括经上述部门备案从事融资租赁业务的试点纳税人。
政策依据	
《财政部 国家税务总局关于全面推开营业税改征增值税试点的通知》（财税〔2016〕36 号）、《国家税务总局关于融资租赁业务征收流转税问题的通知》（国税函〔2000〕514 号）。	

六、部分现代服务业开具发票的特殊规定

（一）不动产租赁业务发票开具的规定

个人出租住房，应按照5%的征收率减按1.5%计算应纳税额。

纳税人自行开具或者税务机关代开增值税发票时，通过新系统中征收率减按1.5%征收开票功能，录入含税销售额，系统自动计算税额和不含税金额，其发票开具不应与其他应税行为混开。

（二）物业管理服务发票开具的规定

提供物业管理服务的纳税人，向服务接受方收取的自来水水费，以扣除其对外支付的自来水水费后的余额为销售额，按照简易计税方法依3%的征收率计算缴纳增值税。

纳税人可以按3%的征收率向服务接受方开具增值税专用发票或增值税普通发票。

（三）劳务派遣服务发票开具的规定

（1）一般纳税人提供劳务派遣服务，可以选择差额纳税，以取得的全部价款和价外费用，扣除代用工单位支付给劳务派遣员工的工资、福利和为其办理社会保险及住房公积金后的余额为销售额，按照简易计税方法依5%的征收率计算缴纳增值税。

（2）小规模纳税人提供劳务派遣服务，可以选择差额纳税，以取得的全部价款和价外费用，扣除代用工单位支付给劳务派遣员工的工资、福利和为其办理社会保险及住房公积金后的余额为销售额，按照简易计税方法依5%的征收率计算缴纳增值税。

纳税人提供劳务派遣服务，选择差额纳税的，向用工单位收取用于支付给劳务派遣员工工资、福利和为其办理社会保险及住房公积金的费用，不得开具增值税专用发票，可以开具增值税普通发票。发票开具规定总结如表7-2所示。

纳税人提供安全保护服务，比照劳务派遣服务政策执行。

表7-2　劳务派遣服务发票开具的规定总结

纳税人类型	计税方式	销售额	税率（征收率）	发票开具
一般纳税人	一般计税	销售额＝全部价款和价外费用÷(1+6%)	6%	纳税人自行开具增值税专用发票或增值税普通发票。

续表

纳税人类型	计税方式	销售额	税率（征收率）	发票开具
一般纳税人	简易计税	销售额=（全部价款和价外费用－代用工单位支付给劳务派遣员工的工资、福利和为其办理的社会保险及住房公积金）÷（1+5%）	5%	纳税人自行开具。向用工单位收取用于支付给劳务派遣员工工资、福利和为其办理社会保险及住房公积金的费用，不得开具增值税专用发票，可以开具增值税普通发票。 有3种符合税法的开具发票的方法： 一是通过增值税发票管理新系统中差额征税开票功能开具增值税专用发票； 二是通过增值税发票管理新系统就差额扣除后余额部分和差额扣除部分分别开具增值税专用发票和增值税普通发票，开具增值税普通发票时税率选择为“0”； 三是通过增值税发票管理新系统全额开具增值税普通发票。
小规模纳税人	简易计税（全额）	以取得的全部价款和价外费用为销售额	3%	纳税人自行开具增值税普通发票或申请代开（不能自行开具增值税普通发票或需要开具增值税专用发票的，可向主管税务机关申请代开）。
	简易计税（差额）	销售额=（全部价款和价外费用－代用工单位支付给劳务派遣员工的工资、福利和为其办理的社会保险及住房公积金）÷（1+5%）	5%	纳税人自行开具增值税普通发票或申请代开（不能自行开具增值税普通发票或需要开具增值税专用发票的，可向主管税务机关申请代开）。向用工单位收取用于支付给劳务派遣员工工资、福利和为其办理社会保险及住房公积金的费用，不得开具增值税专用发票，可以开具增值税普通发票。

（四）人力资源外包服务发票开具的规定

纳税人提供人力资源外包服务，按照经纪代理服务缴纳增值税，其销售额不包括受客户单位委托代为向客户单位员工发放的工资和代理缴纳的社会保险、住房公积金。

纳税人提供人力资源外包服务，向委托方收取并代为发放的工资和代理缴纳的社会保险、住房公积金，不得开具增值税专用发票，可以开具增值税普通发票。

（五）经纪代理服务发票开具的规定

（1）经纪代理服务，以取得的全部价款和价外费用，扣除向委托方收取并代为支付的政府性基金或者行政事业性收费后的余额为销售额。

向委托方收取并代为支付的政府性基金或者行政事业性收费不得开具增值税专

用发票，可以开具增值税普通发票。

（2）纳税人提供签证代理服务，以取得的全部价款和价外费用，扣除向服务接受方收取并代为支付给外交部和外国驻华使（领）馆的签证费、认证费后的余额为销售额。

纳税人向服务接受方收取并代为支付的签证费、认证费，不得开具增值税专用发票，可以开具增值税普通发票。

（3）纳税人代理进口按规定免征进口增值税的货物，其销售额不包括向委托方收取并代为支付的货款。

向委托方收取并代为支付的款项，不得开具增值税专用发票，可以开具增值税普通发票。

（六）旅游服务发票开具的规定

纳税人提供旅游服务，可以选择以取得的全部价款和价外费用，扣除向旅游服务购买方收取并支付给其他单位或者个人的住宿费、餐饮费、交通费、签证费、门票费和支付给其他接团旅游企业的旅游费用后的余额为销售额。

向旅游服务购买方收取并支付的上述费用，不得开具增值税专用发票，可以开具增值税普通发票。

纳税人提供旅游服务，将火车票、飞机票等交通费发票原件交付旅游服务购买方而无法收回的，以交通费发票复印件作为差额扣除凭证。相关规定总结如表7－3所示。

表7－3　旅游服务开具发票的规定总结

纳税人类型	计税方式	销售额	税率（征收率）	发票开具
一般纳税人	一般计税（全额）	销售额＝收取的全部价款和价外费用÷（1＋6%）	6%	纳税人自行开具增值税专用发票或增值税普通发票。
	一般计税（差额）	销售额＝（收取的全部价款和价外费用－向旅游服务购买方收取并支付给其他单位或者个人的住宿费、餐饮费、交通费、签证费、门票费和支付给其他接团旅游企业的旅游费用）÷（1＋6%）		纳税人自行开具。试点纳税人向旅游服务购买方收取并支付给其他单位或者个人的住宿费、餐饮费、交通费、签证费、门票费和支付给其他接团旅游企业的旅游费用，不得开具增值税专用发票，可以开具增值税普通发票。

续表

纳税人类型	计税方式	销售额	税率（征收率）	发票开具
小规模纳税人	简易计税（全额）	销售额＝收取的全部价款和价外费用÷（1＋3％）	3％	纳税人自行开具增值税普通发票或申请代开（不能自行开具增值税普通发票或需要开具增值税专用发票的，可向主管税务机关申请代开）。
	简易计税（差额）	销售额＝（收取的全部价款和价外费用－向旅游服务购买方收取并支付给其他单位或者个人的住宿费、餐饮费、交通费、签证费、门票费和支付给其他接团旅游企业的旅游费用）÷（1＋3％）		纳税人自行开具增值税普通发票或申请代开（不能自行开具增值税普通发票或需要开具增值税专用发票的，可向主管税务机关申请代开）。试点纳税人向旅游服务购买方收取并支付给其他单位或者个人的住宿费、餐饮费、交通费、签证费、门票费和支付给其他接团旅游企业的旅游费用，不得开具增值税专用发票，可以开具增值税普通发票。

（七）通行费电子票据开具的规定

《交通运输部 财政部 国家税务总局 国家档案局关于收费公路通行费电子票据开具汇总等有关事项的公告》（交通运输部公告2020年第24号）第二条规定了通行费电子票据分类：

（1）收费公路通行费增值税电子普通发票（以下简称通行费电子发票）。通行费电子发票包括左上角标识“通行费”字样且税率栏次显示适用税率或征收率的通行费电子发票（以下简称征税发票）以及左上角无“通行费”字样，且税率栏次显示“不征税”的通行费电子发票（以下简称不征税发票）。客户通行经营性收费公路，由经营管理者开具征税发票，可按规定用于增值税进项抵扣；客户采取充值方式预存通行费，可由ETC客户服务机构开具不征税发票，不可用于增值税进项抵扣。

（2）收费公路通行费财政票据（电子）（以下简称通行费财政电子票据）。客户通行政府还贷公路，由经营管理者开具财政部门统一监制的通行费财政电子票据。通行费财政电子票据先行选择部分地区进行试点。试点期间，非试点地区暂时开具不征税发票。试点完成后，在全国范围内全面实行通行费财政电子票据。

通行费电子发票、通行费财政电子票据统称为通行费电子票据。针对收费公路分段建设、经营管理者多元等特性，为便利通行费电子票据财务处理，根据客户需求，通行费电子票据服务平台（以下简称服务平台）可按一次或多次行程为单位，在汇总通行费电子发票和通行费财政电子票据信息基础上，统一生成收费公路通行费电子票据汇总单（以下简称电子汇总单），作为已开具通行费电子票据的汇总信息证明材料。电子汇总单的汇总信息发生变更的，应重新开具电子汇总单，原电子汇总单自动作废失效，电子汇总单可通过服务平台查询。

《交通运输部 财政部 国家税务总局 国家档案局关于收费公路通行费电子票据开具汇总等有关事项的公告》（交通运输部公告 2020 年第 24 号）第五条规定：

（1）ETC 后付费客户索取通行费电子票据的，通过经营性公路的部分，在服务平台取得由经营管理者开具的征税发票；通过政府还贷公路的部分，在服务平台取得由经营管理者开具的通行费财政电子票据。

（2）ETC 预付费客户可以自行选择在充值后索取不征税发票或待实际发生通行交易后索取通行费电子票据。

客户在充值后索取不征税发票的，在服务平台取得由 ETC 客户服务机构全额开具的不征税发票；实际发生通行交易后，ETC 客户服务机构和收费公路经营管理者均不再向其开具通行费电子票据。

客户在充值后未索取不征税发票，在实际发生通行交易后索取电子票据的，参照本条第（1）项 ETC 后付费客户执行。

（3）客户使用 ETC 卡通行收费公路并交纳通行费的，可以在实际发生通行交易后第 7 个自然日起，登录服务平台，选择相应通行记录取得通行费电子票据和电子汇总单；ETC 预付费客户可以在充值后实时登录服务平台，选择相应充值记录取得不征税发票。

（4）服务平台应当将通行费电子票据、电子汇总单以及对应的通行明细记录归档备查。

例如，一位货车 ETC 客户，一个月通行了 20 次高速公路，平均每次长途通行涉及 8 家不同收费公路经营管理单位，根据相关财税电子票据开具规定，最多会开具 160 张电子票据。按照传统财务报销方式，需要将 160 张发票逐张打印后入账报销。按照第 24 号公告规定，为便捷财务处理，ETC 客户在登录电子票据服务平台时，可获得一张电子票据汇总单和一个含有 160 张电子票据的压缩包。其中，电子票据汇总单上详细列明了 20 次通行记录，包括通行时间、出入口信息、通行费金额，以及行程对应的 160 张电子票据编码、详细金额和税额明细。在符合财会〔2020〕6 号文件要求的情况下，ETC 客户可将电子票据汇总单和含有 160 张电子票据的压缩包直接提供给单位财务人员，进行入账报销处理，无须再打印纸质件，实现了“多次通行，一次汇总，电子票据打包下载，无纸化报销归档”。

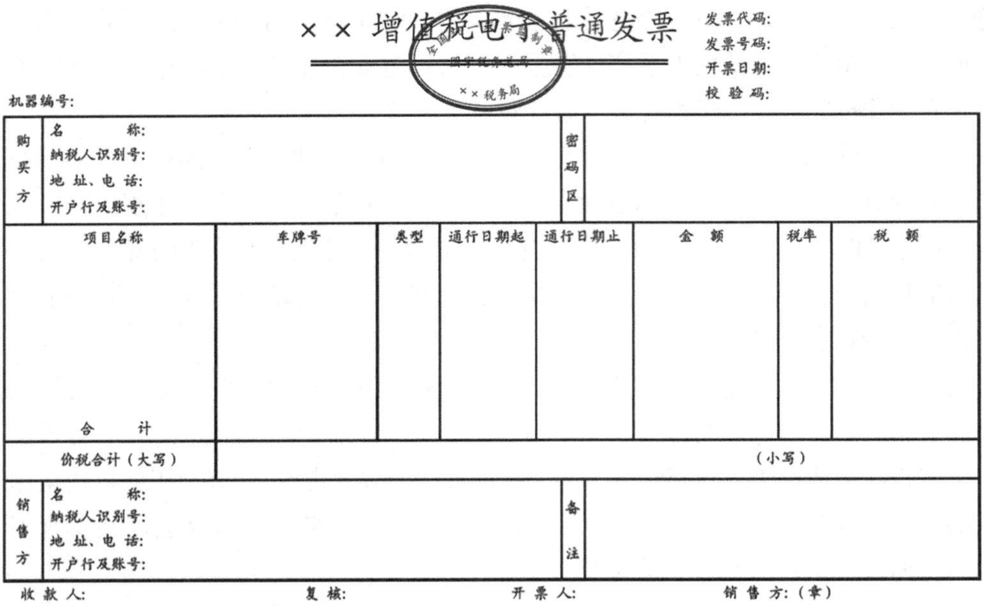

× × 增值税电子普通发票

发票代码：
发票号码：
开票日期：
校 验 码：

机器编号：

购买方	名 称： 纳税人识别号： 地 址、电 话： 开户行及账号：			密码区			
项目名称	车牌号	类型	通行日期起	通行日期止	金 额	税率	税 额
合 计							
价税合计（大写）					（小写）		
销售方	名 称： 纳税人识别号： 地 址、电 话： 开户行及账号：			备注			

收 款 人：　　复 核：　　开 票 人：　　销 售 方：（章）

图 7－4　通行费增值税电子普通发票票样

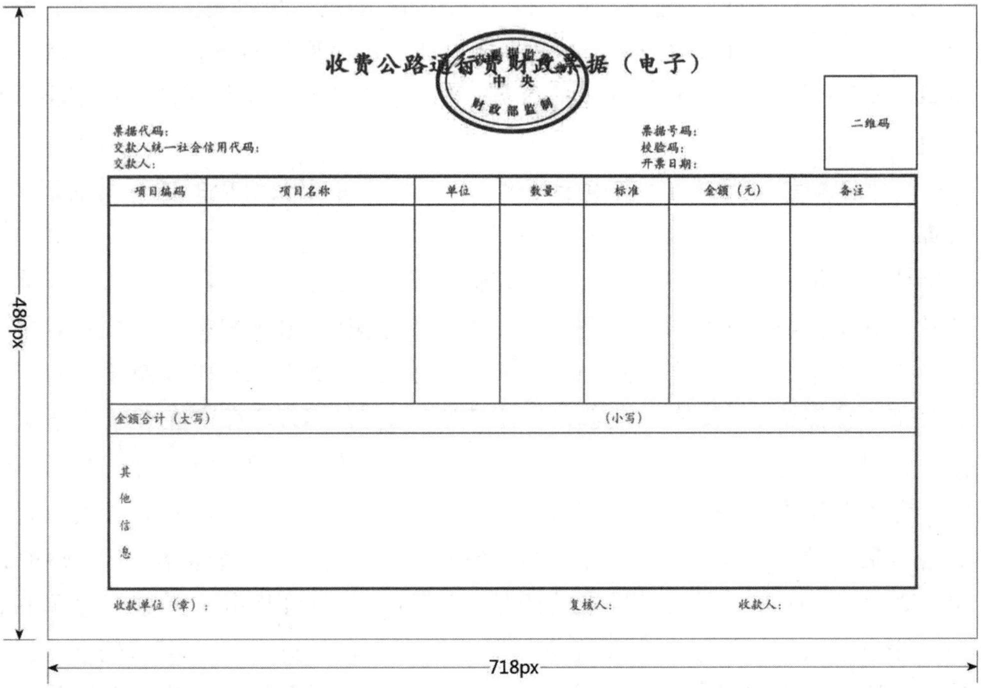

收费公路通行费财政票据（电子）

二维码

票据代码：
交款人统一社会信用代码：
交款人：
票据号码：
校验码：
开票日期：

项目编码	项目名称	单位	数量	标准	金额（元）	备注
金额合计（大写）				（小写）		
其他信息						

收款单位（章）：　　复核人：　　收款人：

图 7－5　收费公路通行费财政票据（电子）

收费公路通行费电子票据汇总单

（按行程索引）

汇总单号：112020050000001　　　　开票申请日期：2020 年 5 月 1 日

车牌号码	京 A12345	交易金额	¥395.50	购买方名称	××公司
行程数量	3	票据数量	7	纳税人识别号	91110000123456789X

行程信息					票据信息					
行程序号	通行日期起止	出入口信息	交易金额	拆分金额	票据序号	票据代码	票据号码	金额（含税）	税率	税额
1	20200501 20200501	京·北京杜家坎 至 冀·河北保定	80.00	38.00	1	011001900112	00771011	76.00	3%	2.22
				42.00	2	13021020	0000212341	42.00	-	-
2	20200504 20200505	赣·昌金路赣湘界金鱼石站 至 赣·瑞寻路筠门岭站	235.50	168.50	3	037001900112	00765342	168.50	不征税	***
				16.00	4	036001900112	03653743	16.00	3%	0.47
				16.00	5	036001900112	01842935	16.00	3%	0.47
				35.00	6	036001700112	08258548	35.00	5%	1.67
3	20200509 20200509	京·北京杜家坎 至 冀·河北保定	80.00	38.00	同1号票据	011001900112	00771011	-	-	-
				42.00	7	13021020	0000212347	42.00	-	-
共 3 段行程			¥395.50		共 7 张票据			¥395.50		¥4.83
金额合计（大写）	⊗叁佰玖拾伍元伍角						（小写）¥395.50			
备注：										

通行费电子票据服务平台网站（https://www.txffp.com）或票根 APP

查验通行费财政电子票据信息请登录全国财政电子票据查验平台（http://pjcy.mof.gov.cn）

查验通行费电子发票信息请登录全国增值税发票查验平台（https://inv-veri.chinatax.gov.cn）

图 7-6　收费公路通行费电子票据汇总单

附　录

一、增值税减免税政策代码目录

序号	收入种类	减免政策大类	减免政策小类	减免性质代码	政策名称	优惠条款	减免项目名称
1	增值税	改善民生	提高居民收入	01010503	《财政部 国家税务总局关于免征部分鲜活肉蛋产品流通环节增值税政策的通知》（财税〔2012〕75号）		鲜活肉蛋产品免征增值税优惠
2	增值税	改善民生	提高居民收入	01010504	《财政部 国家税务总局关于免征蔬菜流通环节增值税有关问题的通知》（财税〔2011〕137号）		蔬菜免征增值税优惠
3	增值税	改善民生	救灾及重建	01011606	《财政部 国家税务总局关于粮食企业增值税征免问题的通知》（财税字〔1999〕198号）	第二条第（二）项	救灾救济粮免征增值税优惠
4	增值税	改善民生	住房	01011701	《财政部 国家税务总局关于全面推开营业税改征增值税试点的通知》（财税〔2016〕36号）	附件3第一条第（十五）款	个人销售自建自用住房免征增值税优惠
5	增值税	改善民生	住房	01011702	《财政部 国家税务总局关于全面推开营业税改征增值税试点的通知》（财税〔2016〕36号）	附件3第一条第（三十四）款	为了配合国家住房制度改革，企业、行政事业单位按房改成本价、标准价出售住房取得的收入免征增值税优惠
6	增值税	改善民生	住房	01011703	《财政部 国家税务总局关于全面推开营业税改征增值税试点的通知》（财税〔2016〕36号）	附件3第五条	个人将购买2年以上（含2年）的住房对外销售免征增值税优惠

续表

序号	收入种类	减免政策大类	减免政策小类	减免性质代码	政策名称	优惠条款	减免项目名称
7	增值税	改善民生	住房	01011705	《财政部 国家税务总局关于全面推开营业税改征增值税试点的通知》（财税〔2016〕36号）	附件2第一条第（九）款第6项	个人出租住房应按照5%的征收率减按1.5%计算应纳增值税
8	增值税	改善民生	住房	01011706	《财政部 税务总局关于公共租赁住房税收优惠政策的公告》（财政部 税务总局公告2019年第61号）	第七条	公共租赁住房经营管理单位出租公共租赁住房免征增值税优惠
9	增值税	改善民生	军转择业	01011806	《财政部 国家税务总局关于全面推开营业税改征增值税试点的通知》（财税〔2016〕36号）	附件3第一条第（三十九）款第2项	随军家属从事个体经营免征增值税优惠
10	增值税	改善民生	军转择业	01011807	《财政部 国家税务总局关于全面推开营业税改征增值税试点的通知》（财税〔2016〕36号）	附件3第一条第（四十）款第1项	军转干部从事个体经营免征增值税优惠
11	增值税	改善民生	军转择业	01011809	《财政部 国家税务总局关于全面推开营业税改征增值税试点的通知》（财税〔2016〕36号）	附件3第一条第（三十九）款第1项	企业安置随军家属免征增值税优惠
12	增值税	改善民生	军转择业	01011810	《财政部 国家税务总局关于全面推开营业税改征增值税试点的通知》（财税〔2016〕36号）	附件3第一条第（四十）款第2项	企业安置军转干部免征增值税优惠
13	增值税	改善民生	军转择业	01011813	《财政部 税务总局 退役军人部关于进一步扶持自主就业退役士兵创业就业有关税收政策的通知》（财税〔2019〕21号）	第一条	退役士兵从事个体经营扣减增值税优惠
14	增值税	改善民生	军转择业	01011814	《财政部 税务总局 退役军人部关于进一步扶持自主就业退役士兵创业就业有关税收政策的通知》（财税〔2019〕21号）	第二条	企业招用退役士兵扣减增值税优惠

续表

序号	收入种类	减免政策大类	减免政策小类	减免性质代码	政策名称	优惠条款	减免项目名称
15	增值税	改善民生	社会保障	01012701	《财政部 国家税务总局关于促进残疾人就业税收优惠政策的通知》（财税〔2007〕92 号）	第一、三条	安置残疾人就业增值税即征即退
16	增值税	改善民生	社会保障	01012707	《中华人民共和国增值税暂行条例》（中华人民共和国国务院令第 538 号）	第十五条第（六）项	残疾人专用物品免征增值税优惠
17	增值税	改善民生	社会保障	01012708	《财政部 国家税务总局关于全面推开营业税改征增值税试点的通知》（财税〔2016〕36 号）	附件 3 第一条第（一）款	托儿所、幼儿园提供的保育和教育服务免征增值税优惠
18	增值税	改善民生	社会保障	01012709	《财政部 国家税务总局关于全面推开营业税改征增值税试点的通知》（财税〔2016〕36 号）	附件 3 第一条第（二）款	养老机构提供的养老服务免征增值税优惠
19	增值税	改善民生	社会保障	01012710	《财政部 国家税务总局关于全面推开营业税改征增值税试点的通知》（财税〔2016〕36 号）	附件 3 第一条第（三）款	残疾人福利机构提供的育养服务免征增值税优惠
20	增值税	改善民生	社会保障	01012711	《财政部 国家税务总局关于全面推开营业税改征增值税试点的通知》（财税〔2016〕36 号）	附件 3 第一条第（四）款	婚姻介绍服务免征增值税优惠
21	增值税	改善民生	社会保障	01012712	《财政部 国家税务总局关于全面推开营业税改征增值税试点的通知》（财税〔2016〕36 号）	附件 3 第一条第（五）款	殡葬服务免征增值税优惠
22	增值税	改善民生	社会保障	01012713	《财政部 国家税务总局关于全面推开营业税改征增值税试点的通知》（财税〔2016〕36 号）	附件 3 第一条第（十九）款第 5 项	住房公积金管理中心用住房公积金在指定的委托银行发放的个人住房贷款取得的利息收入免征增值税优惠

续表

序号	收入种类	减免政策大类	减免政策小类	减免性质代码	政策名称	优惠条款	减免项目名称
23	增值税	改善民生	社会保障	01012714	《财政部 国家税务总局关于全面推开营业税改征增值税试点的通知》(财税〔2016〕36 号)	附件 3 第一条第(三十一)款	家政服务企业由员工制家政服务员提供家政服务取得的收入免征增值税优惠
24	增值税	改善民生	社会保障	01012715	《财政部 国家税务总局关于全面推开营业税改征增值税试点的通知》(财税〔2016〕36 号)	附件 3 第一条第(六)款	残疾人员本人为社会提供的服务免征增值税优惠
25	增值税	改善民生	社会保障	01012716	《财政部 国家税务总局关于促进残疾人就业增值税政策的通知》(财税〔2016〕52 号)	第一、三条	安置残疾人就业增值税即征即退
26	增值税	改善民生	社会保障	01012717	《财政部 国家税务总局关于促进残疾人就业增值税政策的通知》(财税〔2016〕52 号)	第八条	残疾人个人提供劳务免征增值税优惠
27	增值税	改善民生	社会保障	01012718	《财政部 税务总局关于全国社会保障基金有关投资业务税收政策的通知》(财税〔2018〕94 号)	第一条	社保基金会、社保基金投资管理人在运用社保基金投资过程中，提供贷款服务取得的利息收入和金融商品转让收入，免征增值税
28	增值税	改善民生	社会保障	01012719	《财政部 税务总局关于基本养老保险基金有关投资业务税收政策的通知》(财税〔2018〕95 号)	第一条	社保基金会、养老基金投资管理机构运用养老基金投资过程中，提供贷款服务取得的利息收入和金融商品转让收入，免征增值税

续表

序号	收入种类	减免政策大类	减免政策小类	减免性质代码	政策名称	优惠条款	减免项目名称
29	增值税	改善民生	再就业扶持	01013610	《财政部 税务总局 人力资源社会保障部 国务院扶贫办关于进一步支持和促进重点群体创业就业有关税收政策的通知》（财税〔2019〕22 号）	第一条	建档立卡贫困人口从事个体经营扣减增值税
30	增值税	改善民生	再就业扶持	01013611	《财政部 税务总局 人力资源社会保障部 国务院扶贫办关于进一步支持和促进重点群体创业就业有关税收政策的通知》（财税〔2019〕22 号）	第一条	登记失业半年以上人员，零就业家庭、享受城市低保登记失业人员，毕业年度内高校毕业生从事个体经营扣减增值税
31	增值税	改善民生	再就业扶持	01013612	《财政部 税务总局 人力资源社会保障部 国务院扶贫办关于进一步支持和促进重点群体创业就业有关税收政策的通知》（财税〔2019〕22 号）	第二条	企业招用建档立卡贫困人口就业扣减增值税
32	增值税	改善民生	再就业扶持	01013613	《财政部 税务总局 人力资源社会保障部 国务院扶贫办关于进一步支持和促进重点群体创业就业有关税收政策的通知》（财税〔2019〕22 号）	第二条	企业招用登记失业半年以上人员，零就业家庭、享受城市低保登记失业人员，毕业年度内高校毕业生就业扣减增值税
33	增值税	改善民生	其他	01019902	《财政部 国家税务总局关于粮食企业增值税征免问题的通知》（财税字〔1999〕198 号）	第一、五条	粮食免征增值税优惠
34	增值税	改善民生	其他	01019905	《财政部 国家税务总局关于免征储备大豆增值税政策的通知》（财税〔2014〕38 号）		储备大豆免征增值税优惠

续表

序号	收入种类	减免政策大类	减免政策小类	减免性质代码	政策名称	优惠条款	减免项目名称
35	增值税	改善民生	其他	01019906	《财政部 国家税务总局关于粮食企业增值税征免问题的通知》（财税字〔1999〕198号）	第五条	政府储备食用植物油免征增值税优惠
36	增值税	改善民生	其他	01019907	《财政部 国家税务总局关于全面推开营业税改征增值税试点的通知》（财税〔2016〕36号）	附件3第一条第（三十二）款	福利彩票、体育彩票的发行收入免征增值税优惠
37	增值税	改善民生	其他	01019908	《财政部 国家税务总局关于全面推开营业税改征增值税试点的通知》（财税〔2016〕36号）	附件3第一条第（三十六）款	涉及家庭财产分割的个人无偿转让不动产、土地使用权免征增值税优惠
38	增值税	改善民生	其他	01019909	《财政部 国家税务总局关于延长边销茶增值税政策执行期限的通知》（财税〔2016〕73号）		边销茶免征增值税优惠
39	增值税	鼓励高新技术	技术转让	01021203	《财政部 国家税务总局关于全面推开营业税改征增值税试点的通知》（财税〔2016〕36号）	附件3第一条第（二十六）款	技术转让、技术开发免征增值税优惠
40	增值税	鼓励高新技术	科技发展	01021903	《财政部 国家税务总局关于继续执行光伏发电增值税政策的通知》（财税〔2016〕81号）		光伏发电增值税即征即退
41	增值税	鼓励高新技术	科技发展	01021904	《财政部 国家税务总局关于国家大学科技园税收政策的通知》（财税〔2016〕98号）	第一条	国家大学科技园收入免征增值税
42	增值税	鼓励高新技术	科技发展	01021905	《财政部 国家税务总局关于科技企业孵化器税收政策的通知》（财税〔2016〕89号）	第一条	科技企业孵化器收入免征增值税

续表

序号	收入种类	减免政策大类	减免政策小类	减免性质代码	政策名称	优惠条款	减免项目名称
43	增值税	鼓励高新技术	科技发展	01021906	《财政部 税务总局 科技部 教育部关于科技企业孵化器 大学科技园和众创空间税收政策的通知》（财税〔2018〕120 号）	第一条	科技企业孵化器、大学科技园和众创空间孵化服务免征增值税
44	增值税	鼓励高新技术	自主创新	01024103	《财政部 国家税务总局关于软件产品增值税政策的通知》（财税〔2011〕100 号）		软件产品增值税即征即退
45	增值税	促进区域发展	两岸交流	01032103	《财政部 国家税务总局关于全面推开营业税改征增值税试点的通知》（财税〔2016〕36 号）	附件 3 第一条第（十七）款	台湾航运公司、航空公司从事海峡两岸海上直航、空中直航业务在大陆取得的运输收入免征增值税优惠
46	增值税	促进区域发展	西部开发	01033303	《财政部 国家税务总局关于继续执行新疆国际大巴扎项目增值税政策的通知》（财税〔2017〕36 号）		从事与新疆国际大巴扎项目有关的营改增应税业务免征增值税
47	增值税	促进区域发展	其他	01039901	《财政部 海关总署 国家税务总局关于横琴 平潭开发有关增值税和消费税政策的通知》（财税〔2014〕51 号）	第二条	横琴、平潭企业销售货物免征增值税优惠
48	增值税	促进小微企业发展	金融市场	01041501	《财政部 国家税务总局关于全面推开营业税改征增值税试点的通知》（财税〔2016〕36 号）	附件 3 第一条第（二十四）款	符合条件的担保机构从事中小企业信用担保或者再担保业务取得的收入免征增值税优惠
49	增值税	促进小微企业发展	金融市场	01041502	《财政部 税务总局关于支持小微企业融资有关税收政策的通知》（财税〔2017〕77 号）	第一条	小微企业等小额贷款利息免征增值税优惠

续表

序号	收入种类	减免政策大类	减免政策小类	减免性质代码	政策名称	优惠条款	减免项目名称
50	增值税	促进小微企业发展	金融市场	01041503	《财政部 税务总局关于租入固定资产进项税额抵扣等增值税政策的通知》（财税〔2017〕90号）	第六条	小微企业等融资担保、再担保免征增值税优惠
51	增值税	促进小微企业发展	金融市场	01041504	《财政部 税务总局关于金融机构小微企业贷款利息收入免征增值税政策的通知》（财税〔2018〕91号）	第一条	小微企业、个体工商户小额贷款利息免征增值税优惠
52	增值税	促进小微企业发展	未达起征点	01042801	《中华人民共和国增值税暂行条例》（中华人民共和国国务院令第538号）	第十七条	小微企业免征增值税优惠
53	增值税	促进小微企业发展	未达起征点	01042804	《财政部 国家税务总局关于修改〈中华人民共和国增值税暂行条例实施细则〉和〈中华人民共和国营业税暂行条例实施细则〉的决定》（中华人民共和国财政部令第65号）	第一条	小微企业免征增值税优惠
54	增值税	促进小微企业发展	未达起征点	01042805	《财政部 国家税务总局关于全面推开营业税改征增值税试点的通知》（财税〔2016〕36号）	附件1第五十条	小微企业免征增值税优惠
55	增值税	促进小微企业发展	未达起征点	01042806	《财政部 税务总局关于实施小微企业普惠性税收减免政策的通知》（财税〔2019〕13号）		小规模纳税人免征增值税（月销售额2万元～3万元）
56	增值税	促进小微企业发展	未达起征点	01042807	《财政部 税务总局关于实施小微企业普惠性税收减免政策的通知》（财税〔2019〕13号）		小规模纳税人免征增值税（月销售额3万元～10万元）

续表

序号	收入种类	减免政策大类	减免政策小类	减免性质代码	政策名称	优惠条款	减免项目名称
57	增值税	促进小微企业发展	免征增值税和营业税政策	01045301	《财政部 国家税务总局关于暂免征收部分小微企业增值税和营业税的通知》（财税〔2013〕52 号）		小微企业免征增值税优惠（货物及劳务）
58	增值税	促进小微企业发展	免征增值税和营业税政策	01045305	《财政部 国家税务总局关于暂免征收部分小微企业增值税和营业税的通知》（财税〔2013〕52 号）		小微企业免征增值税优惠（服务、不动产和无形资产）
59	增值税	促进小微企业发展	免征增值税和营业税政策	01045306	《财政部 税务总局关于延续小微企业增值税政策的通知》（财税〔2017〕76 号）		小微企业免征增值税优惠（货物和劳务）
60	增值税	促进小微企业发展	免征增值税和营业税政策	01045307	《财政部 税务总局关于延续小微企业增值税政策的通知》（财税〔2017〕76 号）		小微企业免征增值税优惠（服务和无形资产）
61	增值税	转制升级	企业发展	01052402	《财政部 国家税务总局关于中国邮政集团公司邮政速递物流业务重组改制有关税收问题的通知》（财税〔2011〕116 号）	第一条	资产重组免征增值税优惠
62	增值税	转制升级	企业发展	01052403	《财政部 国家税务总局关于中国邮政储蓄银行改制上市有关税收政策的通知》（财税〔2013〕53 号）	第三条	资产重组免征增值税优惠
63	增值税	转制升级	其他	01059901	《财政部 国家税务总局关于中国联合网络通信集团有限公司转让 CDMA 网及其用户资产企业合并资产整合过程中涉及的增值税营业税印花税和土地增值税政策问题的通知》（财税〔2011〕13 号）	第一、二条	资产重组免征增值税优惠

续表

序号	收入种类	减免政策大类	减免政策小类	减免性质代码	政策名称	优惠条款	减免项目名称
64	增值税	节能环保	资源综合利用	01064001	《财政部 国家税务总局关于促进节能服务产业发展增值税营业税和企业所得税政策问题的通知》（财税〔2010〕110号）	第一条第（二）项	合同能源管理项目免征增值税优惠
65	增值税	节能环保	资源综合利用	01064007	《财政部 国家税务总局关于污水处理费有关增值税政策的通知》（财税〔2001〕97号）		污水处理费免征增值税优惠
66	增值税	节能环保	资源综合利用	01064017	《财政部 国家税务总局关于新型墙体材料增值税政策的通知》（财税〔2015〕73号）		新型墙体材料增值税即征即退
67	增值税	节能环保	资源综合利用	01064018	《财政部 国家税务总局关于风力发电增值税政策的通知》（财税〔2015〕74号）		风力发电增值税即征即退
68	增值税	节能环保	资源综合利用	01064019	《财政部 国家税务总局关于印发〈资源综合利用产品和劳务增值税优惠目录〉的通知》（财税〔2015〕78号）		资源综合利用产品及劳务增值税即征即退
69	增值税	节能环保	资源综合利用	01064021	《财政部 税务总局关于延续供热企业增值税 房产税 城镇土地使用税优惠政策的通知》（财税〔2019〕38号）	第一条	供热企业免征增值税优惠
70	增值税	节能环保	其他	01069902	《财政部 国家税务总局关于全面推开营业税改征增值税试点的通知》（财税〔2016〕36号）	附件3第一条第（二十七）款	合同能源管理项目免征增值税优惠

续表

序号	收入种类	减免政策大类	减免政策小类	减免性质代码	政策名称	优惠条款	减免项目名称
71	增值税	支持金融资本市场	金融市场	01081501	《财政部 国家税务总局关于被撤销金融机构有关税收政策问题的通知》（财税〔2003〕141 号）	第二条第 4 款	被撤销金融机构转让财产免征增值税优惠
72	增值税	支持金融资本市场	金融市场	01081502	《财政部 国家税务总局关于黄金期货交易有关税收政策的通知》（财税〔2008〕5 号）		黄金期货交易免征增值税优惠
73	增值税	支持金融资本市场	金融市场	01081503	《财政部 国家税务总局关于上海期货交易所开展期货保税交割业务有关增值税问题的通知》（财税〔2010〕108 号）		上海期货保税交割免征增值税优惠
74	增值税	支持金融资本市场	金融市场	01081505	《财政部 海关总署 国家税务总局关于调整钻石及上海钻石交易所有关税收政策的通知》（财税〔2006〕65 号）		钻石交易免征增值税优惠
75	增值税	支持金融资本市场	金融市场	01081506	《财政部 国家税务总局关于原油和铁矿石期货保税交割业务增值税政策的通知》（财税〔2015〕35 号）		原油和铁矿石期货保税交割业务增值税政策
76	增值税	支持金融资本市场	金融市场	01081507	《财政部 国家税务总局关于全面推开营业税改征增值税试点的通知》（财税〔2016〕36 号）	附件 3 第一条第（十九）款第 3 项	国债、地方政府债利息收入免征增值税优惠
77	增值税	支持金融资本市场	金融市场	01081508	《财政部 国家税务总局关于全面推开营业税改征增值税试点的通知》（财税〔2016〕36 号）	附件 3 第一条第（十九）款第 6 项	外汇管理部门在从事国家外汇储备经营过程中，委托金融机构发放的外汇贷款取得的利息收入免征增值税优惠

续表

序号	收入种类	减免政策大类	减免政策小类	减免性质代码	政策名称	优惠条款	减免项目名称
78	增值税	支持金融资本市场	金融市场	01081509	《财政部 国家税务总局关于全面推开营业税改征增值税试点的通知》(财税〔2016〕36 号)	附件 3 第一条第(十九)款第 7 项	统借统还业务取得的利息收入免征增值税优惠
79	增值税	支持金融资本市场	金融市场	01081510	《财政部 国家税务总局关于全面推开营业税改征增值税试点的通知》(财税〔2016〕36 号)	附件 3 第一条第(二十)款	被撤销金融机构以货物、不动产、无形资产、有价证券、票据等财产清偿债务免征增值税优惠
80	增值税	支持金融资本市场	金融市场	01081511	《财政部 国家税务总局关于全面推开营业税改征增值税试点的通知》(财税〔2016〕36 号)	附件 3 第一条第(二十二)款第 2 项	香港市场投资者(包括单位和个人)通过沪港通买卖上海证券交易所上市 A 股取得的收入免征增值税优惠
81	增值税	支持金融资本市场	金融市场	01081512	《财政部 国家税务总局关于全面推开营业税改征增值税试点的通知》(财税〔2016〕36 号)	附件 3 第一条第(二十二)款第 3 项	香港市场投资者(包括单位和个人)通过基金互认买卖内地基金份额取得的收入免征增值税优惠
82	增值税	支持金融资本市场	金融市场	01081513	《财政部 国家税务总局关于全面推开营业税改征增值税试点的通知》(财税〔2016〕36 号)	附件 3 第一条第(二十二)款第 4 项	证券投资基金(封闭式证券投资基金、开放式证券投资基金)管理人运用基金买卖股票、债券取得的收入免征增值税优惠
83	增值税	支持金融资本市场	金融市场	01081515	《财政部 国家税务总局关于全面推开营业税改征增值税试点的通知》(财税〔2016〕36 号)	附件 3 第一条第(二十三)款	适用财税〔2016〕36 号文件规定的金融同业往来利息收入(不含财税〔2016〕46 号、财税〔2016〕70 号文件规定的免税收入)增值税优惠

续表

序号	收入种类	减免政策大类	减免政策小类	减免性质代码	政策名称	优惠条款	减免项目名称
84	增值税	支持金融资本市场	金融市场	01081517	《财政部 国家税务总局关于全面推开营业税改征增值税试点的通知》（财税〔2016〕36 号）	附件 3 第一条第（二十二）款第 1 项	合格境外投资者（QFII）委托境内公司在我国从事证券买卖业务取得的收入免征增值税优惠
85	增值税	支持金融资本市场	金融市场	01081518	《财政部 国家税务总局关于全面推开营业税改征增值税试点的通知》（财税〔2016〕36 号）	附件 3 第一条第（二十二）款第 5 项	个人从事金融商品转让业务取得的收入免征增值税优惠
86	增值税	支持金融资本市场	金融市场	01081519	《财政部 国家税务总局关于全面推开营业税改征增值税试点的通知》（财税〔2016〕36 号）	附件 3 第一条第（十九）款第 4 项	人民银行对金融机构的贷款的利息收入免征增值税优惠
87	增值税	支持金融资本市场	金融市场	01081520	《财政部 国家税务总局关于黄金期货交易有关税收政策的通知》（财税〔2008〕5 号）		黄金期货交易增值税即征即退
88	增值税	支持金融资本市场	金融市场	01081521	《财政部 国家税务总局关于进一步明确全面推开营改增试点金融业有关政策的通知》（财税〔2016〕46 号）	第一条	适用财税〔2016〕46 号文件规定的金融同业往来利息收入增值税优惠
89	增值税	支持金融资本市场	金融市场	01081522	《财政部 国家税务总局关于金融机构同业往来等增值税政策的补充通知》（财税〔2016〕70 号）	第一、二、三条	适用财税〔2016〕70 号文件规定的金融同业往来利息收入增值税优惠
90	增值税	支持金融资本市场	金融市场	01081523	《财政部 国家税务总局关于部分营业税和增值税政策到期延续问题的通知》（财税〔2016〕83 号）	第三条	邮政代理金融收入免征增值税优惠
91	增值税	支持金融资本市场	金融市场	01081524	《财政部 税务总局关于境外机构投资境内债券市场企业所得税 增值税政策的通知》（财税〔2018〕108 号）	第一条	境外机构投资境内债券市场的债券利息收入免征增值税优惠

续表

序号	收入种类	减免政策大类	减免政策小类	减免性质代码	政策名称	优惠条款	减免项目名称
92	增值税	支持金融资本市场	资本市场	01083901	《财政部 国家税务总局关于4家资产管理公司接收资本金项下的资产在办理过户时有关税收政策问题的通知》（财税〔2003〕21号）	第二条	金融资产管理公司免征增值税优惠
93	增值税	支持金融资本市场	资本市场	01083903	《财政部 国家税务总局关于中国信达等4家金融资产管理公司税收政策问题的通知》（财税〔2001〕10号）		金融资产管理公司免征增值税优惠
94	增值税	支持金融资本市场	资本市场	01083904	《财政部 国家税务总局关于中国东方资产管理公司处置港澳国际（集团）有限公司有关资产税收政策问题的通知》（财税〔2003〕212号）	第二条第4项、第三条第4项、第四条第4项	金融资产管理公司免征增值税优惠
95	增值税	支持金融资本市场	资本市场	01083907	《财政部 国家税务总局关于熊猫普制金币免征增值税政策的通知》（财税〔2012〕97号）		熊猫普制金币免征增值税优惠
96	增值税	支持金融资本市场	资本市场	01083911	《财政部 国家税务总局关于中国信达资产管理股份有限公司等4家金融资产管理公司有关税收政策问题的通知》（财税〔2013〕56号）		金融资产管理公司免征增值税优惠
97	增值税	支持金融资本市场	资本市场	01083913	《财政部 国家税务总局关于全面推开营业税改征增值税试点的通知》（财税〔2016〕36号）	附件3第一条第（二十一）款	保险公司开办的一年期以上人身保险产品取得的保费收入免征增值税优惠
98	增值税	支持金融资本市场	资本市场	01083916	《财政部 国家税务总局关于全面推开营业税改征增值税试点的通知》（财税〔2016〕36号）	附件3第二条第（二）款	有形动产融资租赁服务增值税即征即退

续表

序号	收入种类	减免政策大类	减免政策小类	减免性质代码	政策名称	优惠条款	减免项目名称
99	增值税	支持金融资本市场	资本市场	01083917	《财政部 税务总局关于明确养老机构免征增值税等政策的通知》（财税〔2019〕20 号）	第三条	企业集团内单位之间的资金无偿借贷免征增值税优惠
100	增值税	支持金融资本市场	资本市场	01083918	《财政部 税务总局 证监会关于创新企业境内发行存托凭证试点阶段有关税收政策的公告》（财政部 税务总局 证监会公告 2019 年第 52 号）	第三条第三款	对公募证券投资基金管理人运营基金过程中转让创新企业 CDR 取得的差价收入，三年内暂免征收增值税
101	增值税	支持金融资本市场	资本市场	01083919	《财政部 税务总局 证监会关于创新企业境内发行存托凭证试点阶段有关税收政策的公告》（财政部 税务总局 证监会公告 2019 年第 52 号）	第三条第四款	对合格境外机构投资者（QFII）、人民币合格境外机构投资者（RQFII）委托境内公司转让创新企业 CDR 取得的差价收入，暂免征收增值税
102	增值税	支持三农	金融市场	01091503	《财政部 税务总局关于小额贷款公司有关税收政策的通知》（财税〔2017〕48 号）	第一条	小额贷款公司取得的农户小额贷款利息收入免征增值税优惠
103	增值税	支持三农	肥料饲料	01092202	《财政部 国家税务总局关于饲料产品免征增值税问题的通知》（财税〔2001〕121 号）		饲料产品免征增值税优惠
104	增值税	支持三农	肥料饲料	01092203	《财政部 国家税务总局关于有机肥产品免征增值税的通知》（财税〔2008〕56 号）		有机肥免征增值税优惠

续表

序号	收入种类	减免政策大类	减免政策小类	减免性质代码	政策名称	优惠条款	减免项目名称
105	增值税	支持三农	肥料饲料	01092212	《财政部 国家税务总局关于豆粕等粕类产品征免增值税政策的通知》（财税〔2001〕30号）		饲料产品免征增值税优惠
106	增值税	支持三农	农村建设	01092301	《财政部 国家税务总局关于不带动力的手扶拖拉机和三轮农用运输车增值税政策的通知》（财税〔2002〕89号）		农业生产资料免征增值税优惠
107	增值税	支持三农	农村建设	01092303	《财政部 国家税务总局关于免征农村电网维护费增值税问题的通知》（财税字〔1998〕47号）		农村电网维护费免征增值税优惠
108	增值税	支持三农	农村建设	01092311	《财政部 国家税务总局关于农民专业合作社有关税收政策的通知》（财税〔2008〕81号）	第一、二、三条	农民专业合作社免征增值税优惠
109	增值税	支持三农	农村建设	01092312	《财政部 国家税务总局关于农业生产资料征免增值税政策的通知》（财税〔2001〕113号）		农业生产资料免征增值税优惠
110	增值税	支持三农	农村建设	01092313	《财政部 国家税务总局关于全面推开营业税改征增值税试点的通知》（财税〔2016〕36号）	附件3第一条第（十）款	农业机耕、排灌、病虫害防治、植物保护、农牧保险以及相关技术培训业务，家禽、牲畜、水生动物的配种和疾病防治免征增值税优惠
111	增值税	支持三农	农村建设	01092316	《财政部 税务总局关于建筑服务等营改增试点政策的通知》（财税〔2017〕58号）	第四条	承包地流转给农业生产者用于农业生产免征增值税优惠

续表

序号	收入种类	减免政策大类	减免政策小类	减免性质代码	政策名称	优惠条款	减免项目名称
112	增值税	支持三农	农村建设	01092317	《财政部 税务总局关于继续实行农村饮水安全工程税收优惠政策的公告》（财政部 税务总局公告 2019 年第 67 号）	第四条	农村饮水安全工程免征增值税优惠
113	增值税	支持三农	其他	01099901	《财政部 国家税务总局关于免征滴灌带和滴灌管产品增值税的通知》（财税〔2007〕83 号）		滴灌带和滴灌管产品免征增值税优惠
114	增值税	支持三农	其他	01099903	《财政部 国家税务总局关于全面推开营业税改征增值税试点的通知》（财税〔2016〕36 号）	附件 3 第一条第（三十五）款	将土地使用权转让给农业生产者用于农业生产免征增值税优惠
115	增值税	支持文化教育体育	教育	01101401	《财政部 国家税务总局关于教育税收政策的通知》（财税〔2004〕39 号）	第一条第 7 项	特殊教育校办企业增值税优惠
116	增值税	支持文化教育体育	教育	01101402	《财政部 国家税务总局关于全面推开营业税改征增值税试点的通知》（财税〔2016〕36 号）	附件 3 第一条第（八）款	从事学历教育的学校提供的教育服务免征增值税优惠
117	增值税	支持文化教育体育	教育	01101403	《财政部 国家税务总局关于全面推开营业税改征增值税试点的通知》（财税〔2016〕36 号）	附件 3 第一条第（九）款	学生勤工俭学提供的服务免征增值税优惠
118	增值税	支持文化教育体育	教育	01101404	《财政部 国家税务总局关于全面推开营业税改征增值税试点的通知》（财税〔2016〕36 号）	附件 3 第一条第（十九）款第 2 项	国家助学贷款取得的利息收入免征增值税优惠
119	增值税	支持文化教育体育	教育	01101405	《财政部 国家税务总局关于全面推开营业税改征增值税试点的通知》（财税〔2016〕36 号）	附件 3 第一条第（二十九）款	政府举办的从事学历教育的高等、中等和初等学校（不含下属单位），举办进修班、培训班取得的全部归该学校所有的收入免征增值税优惠

续表

序号	收入种类	减免政策大类	减免政策小类	减免性质代码	政策名称	优惠条款	减免项目名称
120	增值税	支持文化教育体育	教育	01101406	《财政部 国家税务总局关于全面推开营业税改征增值税试点的通知》（财税〔2016〕36 号）	附件 3 第一条第（三十）款	政府举办的职业学校设立的企业从事“现代服务”“生活服务”业务活动取得的收入免征增值税优惠
121	增值税	支持文化教育体育	教育	01101407	《财政部 国家税务总局关于继续执行高校学生公寓和食堂有关税收政策的通知》（财税〔2016〕82 号）	第二、三条	高校学生食堂餐饮服务收入免征增值税，高校学生公寓住宿费收入免征增值税
122	增值税	支持文化教育体育	体育	01102902	《财政部 税务总局 海关总署关于北京 2022 年冬奥会和冬残奥会税收政策的通知》（财税〔2017〕60 号）	第一条第（一）款	对北京冬奥组委、北京冬奥会测试赛赛事组委会取得的分成收入免征增值税
123	增值税	支持文化教育体育	体育	01102903	《财政部 税务总局 海关总署关于北京 2022 年冬奥会和冬残奥会税收政策的通知》（财税〔2017〕60 号）	第一条第（二）款	对北京冬奥组委、北京冬奥会测试赛赛事组委会取得的赞助收入、特许权收入、销售门票收入免征增值税
124	增值税	支持文化教育体育	体育	01102904	《财政部 税务总局 海关总署关于北京 2022 年冬奥会和冬残奥会税收政策的通知》（财税〔2017〕60 号）	第一条第（三）款	对北京冬奥组委、北京冬奥会测试赛赛事组委会取得的发行纪念邮票、纪念币收入免征增值税
125	增值税	支持文化教育体育	体育	01102905	《财政部 税务总局 海关总署关于北京 2022 年冬奥会和冬残奥会税收政策的通知》（财税〔2017〕60 号）	第一条第（四）款	对北京冬奥组委、北京冬奥会测试赛赛事组委会取得的媒体收入免征增值税

续表

序号	收入种类	减免政策大类	减免政策小类	减免性质代码	政策名称	优惠条款	减免项目名称
126	增值税	支持文化教育体育	体育	01102906	《财政部 税务总局 海关总署关于北京 2022 年冬奥会和冬残奥会税收政策的通知》（财税〔2017〕60 号）	第一条第（八）款	对北京冬奥组委、北京冬奥会测试赛赛事组委会向分支机构划拨所获赞助物资免征增值税
127	增值税	支持文化教育体育	体育	01102907	《财政部 税务总局 海关总署关于北京 2022 年冬奥会和冬残奥会税收政策的通知》（财税〔2017〕60 号）	第一条第（八）款	对北京冬奥组委、北京冬奥会测试赛赛事组委会赛后再销售物品和出让资产收入免征增值税
128	增值税	支持文化教育体育	体育	01102908	《财政部 税务总局 海关总署关于北京 2022 年冬奥会和冬残奥会税收政策的通知》（财税〔2017〕60 号）	第一条第（十四）款	对北京冬奥组委、北京冬奥会测试赛赛事组委会取得的餐饮服务、住宿、租赁、介绍服务和收费卡收入免征增值税
129	增值税	支持文化教育体育	体育	01102909	《财政部 税务总局 海关总署关于北京 2022 年冬奥会和冬残奥会税收政策的通知》（财税〔2017〕60 号）	第二条第（一）款	对国际奥委会取得的收入免征增值税（除转播权收入）
130	增值税	支持文化教育体育	体育	01102910	《财政部 税务总局 海关总署关于北京 2022 年冬奥会和冬残奥会税收政策的通知》（财税〔2017〕60 号）	第二条第（三）款	对国际奥委会取得的转播权收入免征增值税
131	增值税	支持文化教育体育	体育	01102911	《财政部 税务总局 海关总署关于北京 2022 年冬奥会和冬残奥会税收政策的通知》（财税〔2017〕60 号）	第二条第（四）款	对中国奥委会取得的由北京冬奥组委支付的收入免征增值税
132	增值税	支持文化教育体育	体育	01102912	《财政部 税务总局 海关总署关于北京 2022 年冬奥会和冬残奥会税收政策的通知》（财税〔2017〕60 号）	第二条第（五）款	对国际残奥委会取得的与北京 2022 年冬残奥会有关的收入免征增值税

续表

序号	收入种类	减免政策大类	减免政策小类	减免性质代码	政策名称	优惠条款	减免项目名称
133	增值税	支持文化教育体育	体育	01102913	《财政部 税务总局 海关总署关于北京2022年冬奥会和冬残奥会税收政策的通知》(财税〔2017〕60号)	第二条第（六）款	对中国残奥委会取得的由北京冬奥组委分期支付的收入免征增值税
134	增值税	支持文化教育体育	体育	01102914	《财政部 税务总局 海关总署关于北京2022年冬奥会和冬残奥会税收政策的通知》(财税〔2017〕60号)	第三条第（二）款	企业根据赞助协议向北京冬奥组委免费提供的服务免征增值税（免税清单由北京冬奥组委报财政部、税务总局确定）
135	增值税	支持文化教育体育	体育	01102915	《财政部 税务总局 海关总署关于北京2022年冬奥会和冬残奥会税收政策的通知》(财税〔2017〕60号)	第三条第（九）款	免征参与者向北京冬奥组委无偿提供服务和无偿转让无形资产的增值税
136	增值税	支持文化教育体育	体育	01102916	《财政部 税务总局 海关总署关于北京2022年冬奥会和冬残奥会税收政策的通知》(财税〔2017〕60号)	第三条第（五）款	对外籍技术官员取得的由北京冬奥组委、测试赛赛事组委会支付的劳务报酬免征增值税
137	增值税	支持文化教育体育	体育	01102917	《财政部 税务总局 海关总署关于北京2022年冬奥会和冬残奥会税收政策的通知》(财税〔2017〕60号)	第三条第（六）款	对中方技术官员取得的由北京冬奥组委、测试赛赛事组委会支付的劳务报酬免征增值税
138	增值税	支持文化教育体育	体育	01102918	《财政部 税务总局 海关总署关于第七届世界军人运动会税收政策的通知》(财税〔2018〕119号)	第一条第（一）项	对执委会取得的电视转播权销售分成收入、国际军事体育理事会世界赞助计划分成收入，免征应缴纳的增值税

续表

序号	收入种类	减免政策大类	减免政策小类	减免性质代码	政策名称	优惠条款	减免项目名称
139	增值税	支持文化教育体育	体育	01102919	《财政部 税务总局 海关总署关于第七届世界军人运动会税收政策的通知》（财税〔2018〕119 号）	第一条第（二）项	对执委会市场开发计划取得的国内外赞助收入、转让无形资产特许权收入和销售门票收入，免征应缴纳的增值税
140	增值税	支持文化教育体育	体育	01102920	《财政部 税务总局 海关总署关于第七届世界军人运动会税收政策的通知》（财税〔2018〕119 号）	第一条第（三）项	对执委会取得的与中国集邮总公司合作发行纪念邮票收入、与中国人民银行合作发行纪念币收入，免征应缴纳的增值税
141	增值税	支持文化教育体育	体育	01102921	《财政部 税务总局 海关总署关于第七届世界军人运动会税收政策的通知》（财税〔2018〕119 号）	第一条第（四）项	对执委会取得的来源于广播、因特网、电视等媒体收入，免征应缴纳的增值税
142	增值税	支持文化教育体育	体育	01102922	《财政部 税务总局 海关总署关于第七届世界军人运动会税收政策的通知》（财税〔2018〕119 号）	第一条第（五）项	对执委会赛后出让资产取得的收入，免征应缴纳的增值税
143	增值税	支持文化教育体育	文化	01103203	《财政部 国家税务总局关于北京中科进出口公司销售给高等学校科研单位和北京图书馆的进口图书报刊资料免征增值税问题的通知》（财税字〔1998〕69 号）		进口图书、报刊资料免征增值税优惠
144	增值税	支持文化教育体育	文化	01103207	《财政部 国家税务总局关于中国国际图书贸易总公司销售给高等学校教育科研单位和北京图书馆的进口图书报刊资料免征增值税问题的通知》（财税字〔1998〕68 号）		进口图书、报刊资料免征增值税优惠

续表

序号	收入种类	减免政策大类	减免政策小类	减免性质代码	政策名称	优惠条款	减免项目名称
145	增值税	支持文化教育体育	文化	01103208	《财政部 国家税务总局关于中国教育图书进出口公司销售给高等学校教育科研单位和北京图书馆的进口图书报刊资料免征增值税问题的通知》(财税字〔1998〕67 号)		进口图书、报刊资料免征增值税优惠
146	增值税	支持文化教育体育	文化	01103209	《财政部 国家税务总局关于中国经济图书进出口公司中国出版对外贸易总公司销售给大专院校和科研单位的进口书刊资料免征增值税的通知》(财税字〔1999〕255 号)		进口图书、报刊资料免征增值税优惠
147	增值税	支持文化教育体育	文化	01103210	《财政部 国家税务总局关于中国科技资料进出口总公司销售进口图书享受免征国内销售环节增值税政策的通知》(财税〔2004〕69 号)		进口图书、报刊资料免征增值税优惠
148	增值税	支持文化教育体育	文化	01103211	《财政部 国家税务总局关于中国图书进出口总公司销售给科研教学单位的进口书刊资料免征增值税问题的通知》(财税字〔1997〕66 号)		进口图书、报刊资料免征增值税优惠
149	增值税	支持文化教育体育	文化	01103215	《财政部 国家税务总局 中宣部关于下发红旗出版社有限责任公司等中央所属转制文化企业名单的通知》(财税〔2011〕3 号)		文化事业单位转制免征增值税优惠
150	增值税	支持文化教育体育	文化	01103216	《财政部 国家税务总局 中宣部关于下发人民网股份有限公司等 81 家中央所属转制文化企业名单的通知》(财税〔2011〕27 号)		文化事业单位转制免征增值税优惠

续表

序号	收入种类	减免政策大类	减免政策小类	减免性质代码	政策名称	优惠条款	减免项目名称
151	增值税	支持文化教育体育	文化	01103217	《财政部 国家税务总局 中宣部关于下发世界知识出版社等 35 家中央所属转制文化企业名单的通知》（财税〔2011〕120 号）		文化事业单位转制免征增值税优惠
152	增值税	支持文化教育体育	文化	01103227	《财政部 国家税务总局关于全面推开营业税改征增值税试点的通知》（财税〔2016〕36 号）	附件 3 第一条第（十一）款	纪念馆、博物馆、文化馆、文物保护单位管理机构、美术馆、展览馆、书画院、图书馆在自己的场所提供文化体育服务取得的第一道门票收入免征增值税优惠
153	增值税	支持文化教育体育	文化	01103228	《财政部 国家税务总局关于全面推开营业税改征增值税试点的通知》（财税〔2016〕36 号）	附件 3 第一条第（十二）款	寺院、宫观、清真寺和教堂举办文化、宗教活动的门票收入免征增值税优惠
154	增值税	支持文化教育体育	文化	01103230	《财政部 国家税务总局关于全面推开营业税改征增值税试点的通知》（财税〔2016〕36 号）	附件 3 第一条第（十四）款	个人转让著作权免征增值税优惠
155	增值税	支持文化教育体育	文化	01103232	《财政部 税务总局关于延续宣传文化增值税优惠政策的通知》（财税〔2018〕53 号）	第二条	图书批发、零售环节免征增值税优惠
156	增值税	支持文化教育体育	文化	01103233	《财政部 税务总局关于延续宣传文化增值税优惠政策的通知》（财税〔2018〕53 号）	第三条	对科普单位的门票收入，以及县级及以上党政部门和科协开展科普活动的门票收入免征增值税优惠

续表

序号	收入种类	减免政策大类	减免政策小类	减免性质代码	政策名称	优惠条款	减免项目名称
157	增值税	支持文化教育体育	文化	01103234	《财政部 税务总局关于延续动漫产业增值税政策的通知》（财税〔2018〕38号）	第一条	动漫企业增值税即征即退
158	增值税	支持文化教育体育	文化	01103235	《财政部 税务总局关于延续动漫产业增值税政策的通知》（财税〔2018〕38号）	第二条	动漫企业增值税即征即退
159	增值税	支持文化教育体育	文化	01103236	《关于继续实施文化体制改革中经营性文化事业单位转制为企业若干税收政策的通知》（财税〔2019〕16号）	第一条第（三）项	转制文化企业党报、党刊发行收入和印刷收入免征增值税
160	增值税	支持文化教育体育	文化	01103237	《财政部 税务总局关于继续实施支持文化企业发展增值税政策的通知》（财税〔2019〕17号）	第一条	电影产业免征增值税优惠
161	增值税	支持文化教育体育	文化	01103238	《财政部 税务总局关于继续实施支持文化企业发展增值税政策的通知》（财税〔2019〕17号）	第二条	有线电视基本收视费免征增值税优惠
162	增值税	支持其他各项事业	飞机制造	01120401	《财政部 国家税务总局关于飞机维修增值税问题的通知》（财税〔2000〕102号）		飞机维修劳务增值税即征即退
163	增值税	支持其他各项事业	飞机制造	01120404	《财政部 国家税务总局关于大型客机和新支线飞机增值税政策的通知》（财税〔2016〕141号）	第二条	生产销售新支线飞机减按5%征收增值税
164	增值税	支持其他各项事业	公益	01120601	《财政部 税务总局 国务院扶贫办关于扶贫货物捐赠免征增值税政策的公告》（财政部 税务总局 国务院扶贫办公告2019年第55号）	第一条	扶贫货物捐赠免征增值税

续表

序号	收入种类	减免政策大类	减免政策小类	减免性质代码	政策名称	优惠条款	减免项目名称
165	增值税	支持其他各项事业	国防建设	01120706	《财政部 国家税务总局关于全面推开营业税改征增值税试点的通知》（财税〔2016〕36 号）	附件 3 第一条第（三十三）款	军队空余房产租赁收入免征增值税优惠
166	增值税	支持其他各项事业	交通运输	01121301	《财政部 国家税务总局关于铁路货车修理免征增值税的通知》（财税〔2001〕54 号）		铁路货车修理免征增值税优惠
167	增值税	支持其他各项事业	交通运输	01121310	《财政部 国家税务总局关于全面推开营业税改征增值税试点的通知》（财税〔2016〕36 号）	附件 3 第一条第（十八）款	国际货物运输代理服务免征增值税优惠
168	增值税	支持其他各项事业	交通运输	01121311	《财政部 国家税务总局关于全面推开营业税改征增值税试点的通知》（财税〔2016〕36 号）	附件 3 第二条第（一）款	管道运输服务增值税即征即退
169	增值税	支持其他各项事业	商品储备	01122601	《财政部 国家税务总局关于全面推开营业税改征增值税试点的通知》（财税〔2016〕36 号）	附件 3 第一条第（二十五）款	国家商品储备管理单位及其直属企业承担商品储备任务，从中央或者地方财政取得的利息补贴收入和价差补贴收入免征增值税优惠
170	增值税	支持其他各项事业	医疗卫生	01123406	《财政部 国家税务总局关于全面推开营业税改征增值税试点的通知》（财税〔2016〕36 号）	附件 3 第一条第（七）款	医疗机构提供的医疗服务免征增值税优惠
171	增值税	支持其他各项事业	医疗卫生	01123408	《财政部 税务总局关于延续免征国产抗艾滋病病毒药品增值税政策的公告》（财政部 税务总局公告 2019 年第 73 号）	第一条	抗艾滋病药品免征增值税优惠

续表

序号	收入种类	减免政策大类	减免政策小类	减免性质代码	政策名称	优惠条款	减免项目名称
172	增值税	支持其他各项事业	无偿援助	01124302	《财政部 国家税务总局外经贸部关于外国政府和国际组织无偿援助项目在华采购物资免征增值税问题的通知》(财税〔2002〕2号)		无偿援助项目免征增值税优惠
173	增值税	支持其他各项事业	其他	01129901	《财政部 国家税务总局关于铂金及其制品税收政策的通知》(财税〔2003〕86号)	第一、二、四条	铂金增值税即征即退
174	增值税	支持其他各项事业	其他	01129902	《财政部 国家税务总局关于部分货物适用增值税低税率和简易办法征收增值税政策的通知》(财税〔2009〕9号)	第二条(一)、(二)项	已使用固定资产减征增值税
175	增值税	支持其他各项事业	其他	01129907	《财政部 国家税务总局关于黄金税收政策问题的通知》(财税〔2002〕142号)	第一、二条	黄金交易免征增值税优惠
176	增值税	支持其他各项事业	其他	01129911	《国家税务总局关于拍卖行取得的拍卖收入征收增值税、营业税有关问题的通知》(国税发〔1999〕40号)	第一条	拍卖货物免征增值税优惠
177	增值税	支持其他各项事业	其他	01129914	《财政部 国家税务总局关于增值税税控系统专用设备和技术维护费用抵减增值税税额有关政策的通知》(财税〔2012〕15号)		购置增值税税控系统专用设备抵减增值税
178	增值税	支持其他各项事业	其他	01129916	《财政部 国家税务总局 中国人民银行关于配售出口黄金有关税收规定的通知》(财税〔2000〕3号)	第二条	黄金交易免征增值税优惠

续表

序号	收入种类	减免政策大类	减免政策小类	减免性质代码	政策名称	优惠条款	减免项目名称
179	增值税	支持其他各项事业	其他	01129917	《财政部 国家税务总局关于推广税控收款机有关税收政策的通知》（财税〔2004〕167 号）		购置增值税税控系统专用设备抵减增值税
180	增值税	支持其他各项事业	其他	01129924	《财政部 国家税务总局关于简并增值税征收率政策的通知》（财税〔2014〕57 号）	第一条	已使用固定资产减征增值税
181	增值税	支持其他各项事业	其他	01129927	《财政部 国家税务总局关于全面推开营业税改征增值税试点的通知》（财税〔2016〕36 号）	附件 3 第一条第（三十七）款	土地所有者出让土地使用权和土地使用者将土地使用权归还给土地所有者免征增值税优惠
182	增值税	支持其他各项事业	其他	01129928	《财政部 国家税务总局关于全面推开营业税改征增值税试点的通知》（财税〔2016〕36 号）	附件 3 第一条第（三十八）款	县级以上地方人民政府或自然资源行政主管部门出让、转让或收回自然资源使用权（不含土地使用权）免征增值税优惠
183	增值税	支持其他各项事业	其他	01129931	《财政部 国家税务总局关于全面推开营业税改征增值税试点的通知》（财税〔2016〕36 号）	附件 3 第一条第（十三）款	行政单位之外的其他单位收取的符合条件的政府性基金和行政事业性收费免征增值税优惠
184	增值税	支持其他各项事业	其他	01129932	《财政部 国家税务总局关于全面推开营业税改征增值税试点的通知》（财税〔2016〕36 号）	附件 2 第一条第（九）款第 2 项	公路经营企业中的一般纳税人选择适用简易计税方法减按 3%计算应纳增值税
185	增值税	支持其他各项事业	其他	01129933	《财政部 税务总局关于租入固定资产进项税额抵扣等增值税政策的通知》（财税〔2017〕90 号）	第八条	社会团体会费免征增值税优惠

续表

序号	收入种类	减免政策大类	减免政策小类	减免性质代码	政策名称	优惠条款	减免项目名称
186	增值税	支持其他各项事业	其他	01129999	《财政部 国家税务总局关于将铁路运输和邮政业纳入营业税改征增值税试点的通知》（财税〔2013〕106号）	附件3第一条第（一）款	个人转让著作权免征增值税优惠
					《财政部 国家税务总局关于血站有关税收问题的通知》（财税字〔1999〕264号）	第二条	血站免征增值税优惠
					《财政部 国家税务总局关于医疗卫生机构有关税收政策的通知》（财税〔2000〕42号）	第一条第（三）项、第二条第（一）项	医疗卫生机构免征增值税优惠
					《中华人民共和国增值税暂行条例》（中华人民共和国国务院令第538号）	第十五条第（二）、（七）项	避孕药品和用具免征增值税优惠
					《中华人民共和国增值税暂行条例》（中华人民共和国国务院令第538号）	第十五条第（三）项	古旧图书免征增值税优惠
					《中华人民共和国增值税暂行条例》（中华人民共和国国务院令第538号）	第十五条第（一）项	自产农产品免征增值税优惠
					其他		其他

二、销售服务、无形资产、不动产注释

行业名称		税率	注释（财税〔2016〕36 号）	补充文件
交通运输服务（交通运输服务，是指利用运输工具将货物或者旅客送达目的地，使其空间位置得到转移的业务活动。）	陆路运输服务	税率为 9%	陆路运输服务，是指通过陆路（地上或者地下）运送货物或者旅客的运输业务活动，包括铁路运输服务和其他陆路运输服务。 （1）铁路运输服务，是指通过铁路运送货物或者旅客的运输业务活动。 （2）其他陆路运输服务，是指铁路运输以外的陆路运输业务活动。包括公路运输、缆车运输、索道运输、地铁运输、城市轻轨运输等。 出租车公司向使用本公司自有出租车的出租车司机收取的管理费用，按照陆路运输服务缴纳增值税。	《关于租入固定资产进项税额抵扣等增值税政策的通知》（财税〔2017〕90 号）第二条：自 2018 年 1 月 1 日起，纳税人已售票但客户逾期未消费取得的运输逾期票证收入，按照“交通运输服务”缴纳增值税。 《国家税务总局关于国内旅客运输服务进项税抵扣等增值税征管问题的公告》（国家税务总局公告 2019 年第 31 号）： 六、关于运输工具舱位承包和舱位互换业务适用税目 （一）在运输工具舱位承包业务中，发包方以其向承包方收取的全部价款和价外费用为销售额，按照“交通运输服务”缴纳增值税。承包方以其向托运人收取的全部价款和价外费用为销售额，按照“交通运输服务”缴纳增值税。 运输工具舱位承包业务，是指承包方以承运人身份与托运人签订运输服务合同，收取运费并承担承运人责任，然后以承包他人运输工具舱位的方式，委托发包方实际完成相关运输服务的经营活动。 （二）在运输工具舱位互换业务中，互换运输工具舱位的双方均以各自换出运输工具舱位确认的全部价款和价外费用为销售额，按照“交通运输服务”缴纳增值税。 运输工具舱位互换业务，是指纳税人之间签订运输协议，在各自以承运人身份承揽的运输业务中，互相利用对方交通运输工具的舱位完成相关运输服务的经营活动。 十二、关于餐饮服务税目适用纳税人现场制作食品并直接销售给消费者，按照“餐饮服务”缴纳增值税。
	水路运输服务	税率为 9%	水路运输服务，是指通过江、河、湖、川等天然、人工水道或者海洋航道运送货物或者旅客的运输业务活动。 水路运输的程租、期租业务，属于水路运输服务。 程租业务，是指运输企业为租船人完成某一特定航次的运输任务并收取租赁费的业务。 期租业务，是指运输企业将配备有操作人员的船舶承租给他人使用一定期限，承租期内听候承租方调遣，不论是否经营，均按天向承租方收取租赁费，发生的固定费用均由船东负担的业务。	
	航空运输服务	税率为 9%	航空运输服务，是指通过空中航线运送货物或者旅客的运输业务活动。 航空运输的湿租业务，属于航空运输服务。 湿租业务，是指航空运输企业将配备有机组人员的飞机承租给他人使用一定期限，承租期内听候承租方调遣，不论是否经营，均按一定标准向承租方收取租赁费，发生的固定费用均由承租方承担的业务。 航天运输服务，按照航空运输服务缴纳增值税。 航天运输服务，是指利用火箭等载体将卫星、空间探测器等空间飞行器发射到空间轨道的业务活动。	
	管道运输服务	税率为 9%	管道运输服务，是指通过管道设施输送气体、液体、固体物质的运输业务活动。 无运输工具承运业务，按照交通运输服务缴纳增值税。 无运输工具承运业务，是指经营者以承运人身份与托运人签订运输服务合同，收取运费并承担承运人责任，然后委托实际承运人完成运输服务的经营活动。	

续表

行业名称		税率	注释（财税〔2016〕36 号）	补充文件
邮政服务（邮政服务，是指中国邮政集团公司及其所属邮政企业提供邮件寄递、邮政汇兑和机要通信等邮政基本服务的业务活动。）	邮政普遍服务	税率为9%	邮政普遍服务，是指函件、包裹等邮件寄递，以及邮票发行、报刊发行和邮政汇兑等业务活动。 函件，是指信函、印刷品、邮资封片卡、无名址函件和邮政小包等。 包裹，是指按照封装上的名址递送给特定个人或者单位的独立封装的物品，其重量不超过五十千克，任何一边的尺寸不超过一百五十厘米，长、宽、高合计不超过三百厘米。	
	邮政特殊服务	税率为9%	邮政特殊服务，是指义务兵平常信函、机要通信、盲人读物和革命烈士遗物的寄递等业务活动。	
	其他邮政服务	税率为9%	其他邮政服务，是指邮册等邮品销售、邮政代理等业务活动。	
电信服务（电信服务，是指利用有线、无线的电磁系统或者光电系统等各种通信网络资源，提供语音通话服务，传送、发射、接收或者应用图像、短信等电子数据和信息的业务活动。）	基础电信服务	税率为9%	基础电信服务，是指利用固网、移动网、卫星、互联网，提供语音通话服务的业务活动，以及出租或者出售带宽、波长等网络元素的业务活动。	
	增值电信服务	税率为6%	增值电信服务，是指利用固网、移动网、卫星、互联网、有线电视网络，提供短信和彩信服务、电子数据和信息的传输及应用服务、互联网接入服务等业务活动。 卫星电视信号落地转接服务，按照增值电信服务缴纳增值税。	
建筑服务（建筑服务，是指各类建筑物、构筑物及其附属设施的建造、修缮、装饰，线路、管道、设备、设施等的安装以及其他工程作业的业务活动。）	工程服务	税率为9%	工程服务，是指新建、改建各种建筑物、构筑物的工程作业，包括与建筑物相连的各种设备或者支柱、操作平台的安装或者装设工程作业，以及各种窑炉和金属结构工程作业。	
	安装服务	税率为9%	安装服务，是指生产设备、动力设备、起重设备、运输设备、传动设备、医疗实验设备以及其他各种设备、设施的装配、安置工程作业，包括与被安装设备相连的工作台、梯子、栏杆的装设工程作业，以及被安装设备的绝缘、防腐、保温、油漆等工程作业。 固定电话、有线电视、宽带、水、电、燃气、暖气等经营者向用户收取的安装费、初装费、开户费、扩容费以及类似收费，按照安装服务缴纳增值税。	

续表

行业名称		税率	注释（财税〔2016〕36 号）	补充文件
建筑服务（建筑服务，是指各类建筑物、构筑物及其附属设施的建造、修缮、装饰，线路、管道、设备、设施等的安装以及其他工程作业的业务活动。）	修缮服务	税率为9%	修缮服务，是指对建筑物、构筑物进行修补、加固、养护、改善，使之恢复原来的使用价值或者延长其使用期限的工程作业。	
	装饰服务	税率为9%	装饰服务，是指对建筑物、构筑物进行修饰装修，使之美观或者具有特定用途的工程作业。	
	其他建筑服务	税率为9%	其他建筑服务，是指上列工程作业之外的各种工程作业服务，如钻井（打井）、拆除建筑物或者构筑物、平整土地、园林绿化、疏浚（不包括航道疏浚）、建筑物平移、搭脚手架、爆破、矿山穿孔、表面附着物（包括岩层、土层、沙层等）剥离和清理等工程作业。	《财政部、国家税务总局关于明确金融、房地产开发、教育辅助服务等增值税政策的通知》（财税〔2016〕140 号）第十五条：物业服务企业为业主提供的装修服务，按照“建筑服务”缴纳增值税。第十六条：纳税人将建筑施工设备出租给他人使用并配备操作人员的，按照“建筑服务”缴纳增值税。
金融服务（金融服务，是指经营金融保险的业务活动。）	贷款服务	税率为6%	贷款，是指将资金贷与他人使用而取得利息收入的业务活动。 各种占用、拆借资金取得的收入，包括金融商品持有期间（含到期）利息（保本收益、报酬、资金占用费、补偿金等）收入、信用卡透支利息收入、买入返售金融商品利息收入、融资融券收取的利息收入，以及融资性售后回租、押汇、罚息、票据贴现、转贷等业务取得的利息及利息性质的收入，按照贷款服务缴纳增值税。 融资性售后回租，是指承租方以融资为目的，将资产出售给从事融资性售后回租业务的企业后，从事融资性售后回租业务的企业将该资产出租给承租方的业务活动。 以货币资金投资收取的固定利润或者保底利润，按照贷款服务缴纳增值税。	《财政部、国家税务总局关于明确金融、房地产开发、教育辅助服务等增值税政策的通知》（财税〔2016〕140 号）第一条：《销售服务、无形资产、不动产注释》（财税〔2016〕36 号）第一条第（五）项第 1 点所称“保本收益、报酬、资金占用费、补偿金”，是指合同中明确承诺到期本金可全部收回的投资收益。金融商品持有期间（含到期）取得的非保本的上述收益，不属于利息或利息性质的收入，不征收增值税。

续表

行业名称		税率	注释（财税〔2016〕36 号）	补充文件
金融服务（金融服务，是指经营金融保险的业务活动。）	直接收费金融服务	税率为6%	直接收费金融服务，是指为货币资金融通及其他金融业务提供相关服务并且收取费用的业务活动。包括提供货币兑换、账户管理、电子银行、信用卡、信用证、财务担保、资产管理、信托管理、基金管理、金融交易场所（平台）管理、资金结算、资金清算、金融支付等服务。	
	保险服务	税率为6%	保险服务，是指投保人根据合同约定，向保险人支付保险费，保险人对于合同约定的可能发生的事故因其发生所造成的财产损失承担赔偿保险金责任，或者当被保险人死亡、伤残、疾病或者达到合同约定的年龄、期限等条件时承担给付保险金责任的商业保险行为。包括人身保险服务和财产保险服务。 人身保险服务，是指以人的寿命和身体为保险标的的保险业务活动。 财产保险服务，是指以财产及其有关利益为保险标的的保险业务活动。	
	金融商品转让	税率为6%	金融商品转让，是指转让外汇、有价证券、非货物期货和其他金融商品所有权的业务活动。 其他金融商品转让包括基金、信托、理财产品等各类资产管理产品和各种金融衍生品的转让。	《财政部 国家税务总局关于明确金融、房地产开发、教育辅助服务等增值税政策的通知》（财税〔2016〕140 号）第二条：纳税人购入基金、信托、理财产品等各类资产管理产品持有至到期，不属于《销售服务、无形资产、不动产注释》（财税〔2016〕36 号）第一条第（五）项第 4 点所称的金融商品转让。

续表

行业名称		税率	注释（财税〔2016〕36号）	补充文件
现代服务（现代服务，是指围绕制造业、文化产业、现代物流产业等提供技术性、知识性服务的业务活动。）	研发和技术服务	税率为6%	研发和技术服务，包括研发服务、合同能源管理服务、工程勘察勘探服务、专业技术服务。 （1）研发服务，也称技术开发服务，是指就新技术、新产品、新工艺或者新材料及其系统进行研究与试验开发的业务活动。 （2）合同能源管理服务，是指节能服务公司与用能单位以契约形式约定节能目标，节能服务公司提供必要的服务，用能单位以节能效果支付节能服务公司投入及其合理报酬的业务活动。 （3）工程勘察勘探服务，是指在采矿、工程施工前后，对地形、地质构造、地下资源蕴藏情况进行实地调查的业务活动。 （4）专业技术服务，是指气象服务、地震服务、海洋服务、测绘服务、城市规划、环境与生态监测服务等专项技术服务。	
	信息技术服务	税率为6%	信息技术服务，是指利用计算机、通信网络等技术对信息进行生产、收集、处理、加工、存储、运输、检索和利用，并提供信息服务的业务活动。包括软件服务、电路设计及测试服务、信息系统服务、业务流程管理服务和信息系统增值服务。 （1）软件服务，是指提供软件开发服务、软件维护服务、软件测试服务的业务活动。 （2）电路设计及测试服务，是指提供集成电路和电子电路产品设计、测试及相关技术支持服务的业务活动。 （3）信息系统服务，是指提供信息系统集成、网络管理、网站内容维护、桌面管理与维护、信息系统应用、基础信息技术管理平台整合、信息技术基础设施管理、数据中心、托管中心、信息安全服务、在线杀毒、虚拟主机等业务活动。包括网站对非自有的网络游戏提供的网络运营服务。 （4）业务流程管理服务，是指依托信息技术提供的人力资源管理、财务经济管理、审计管理、税务管理、物流信息管理、经营信息管理和呼叫中心等服务的活动。 （5）信息系统增值服务，是指利用信息系统资源为用户附加提供的信息技术服务。包括数据处理、分析和整合、数据库管理、数据备份、数据存储、容灾服务、电子商务平台等。	

续表

行业名称		税率	注释（财税〔2016〕36号）	补充文件
现代服务（现代服务，是指围绕制造业、文化产业、现代物流产业等提供技术性、知识性服务的业务活动。）	文化创意服务	税率为6%	文化创意服务，包括设计服务、知识产权服务、广告服务和会议展览服务。 （1）设计服务，是指把计划、规划、设想通过文字、语言、图画、声音、视觉等形式传递出来的业务活动。包括工业设计、内部管理设计、业务运作设计、供应链设计、造型设计、服装设计、环境设计、平面设计、包装设计、动漫设计、网游设计、展示设计、网站设计、机械设计、工程设计、广告设计、创意策划、文印晒图等。 （2）知识产权服务，是指处理知识产权事务的业务活动。包括对专利、商标、著作权、软件、集成电路布图设计的登记、鉴定、评估、认证、检索服务。 （3）广告服务，是指利用图书、报纸、杂志、广播、电视、电影、幻灯、路牌、招贴、橱窗、霓虹灯、灯箱、互联网等各种形式为客户的商品、经营服务项目、文体节目或者通告、声明等委托事项进行宣传和提供相关服务的业务活动。包括广告代理和广告的发布、播映、宣传、展示等。 （4）会议展览服务，是指为商品流通、促销、展示、经贸洽谈、民间交流、企业沟通、国际往来等举办或者组织安排的各类展览和会议的业务活动。	《财政部 国家税务总局关于明确金融、房地产开发、教育辅助服务等增值税政策的通知》（财税〔2016〕140号）第十条：宾馆、旅馆、旅社、度假村和其他经营性住宿场所提供会议场地及配套服务的活动，按照“会议展览服务”缴纳增值税。
	物流辅助服务	税率为6%	物流辅助服务，包括航空服务、港口码头服务、货运客运场站服务、打捞救助服务、装卸搬运服务、仓储服务和收派服务。 （1）航空服务，包括航空地面服务和通用航空服务。 航空地面服务，是指航空公司、飞机场、民航管理局、航站等向在境内航行或者在境内机场停留的境内外飞机或者其他飞行器提供的导航等劳务性地面服务的业务活动。包括旅客安全检查服务、停机坪管理服务、机场候机厅管理服务、飞机清洗消毒服务、空中飞行管理服务、飞机起降服务、飞行通讯服务、地面信号服务、飞机安全服务、飞机跑道管理服务、空中交通管理服务等。 通用航空服务，是指为专业工作提供飞行服务的业务活动，包括航空摄影、航空培训、航空测量、航空勘探、航空护林、航空吊挂播洒、航空降雨、航空气象探测、航空海洋监测、航空科学实验等。	

续表

行业名称		税率	注释（财税〔2016〕36号）	补充文件
现代服务（现代服务，是指围绕制造业、文化产业、现代物流产业等提供技术性、知识性服务的业务活动。）	物流辅助服务	税率为6%	（2）港口码头服务，是指港务船舶调度服务、船舶通讯服务、航道管理服务、航道疏浚服务、灯塔管理服务、航标管理服务、船舶引航服务、理货服务、系解缆服务、停泊和移泊服务、海上船舶溢油清除服务、水上交通管理服务、船只专业清洗消毒检测服务和防止船只漏油服务等为船只提供服务的业务活动。 港口设施经营人收取的港口设施保安费按照港口码头服务缴纳增值税。 （3）货运客运场站服务，是指货运客运场站提供货物配载服务、运输组织服务、中转换乘服务、车辆调度服务、票务服务、货物打包整理、铁路线路使用服务、加挂铁路客车服务、铁路行包专列发送服务、铁路到达和中转服务、铁路车辆编解服务、车辆挂运服务、铁路接触网服务、铁路机车牵引服务等业务活动。 （4）打捞救助服务，是指提供船舶人员救助、船舶财产救助、水上救助和沉船沉物打捞服务的业务活动。 （5）装卸搬运服务，是指使用装卸搬运工具或者人力、畜力将货物在运输工具之间、装卸现场之间或者运输工具与装卸现场之间进行装卸和搬运的业务活动。 （6）仓储服务，是指利用仓库、货场或者其他场所代客贮放、保管货物的业务活动。 （7）收派服务，是指接受寄件人委托，在承诺的时限内完成函件和包裹的收件、分拣、派送服务的业务活动。 收件服务，是指从寄件人收取函件和包裹，并运送到服务提供方同城的集散中心的业务活动。 分拣服务，是指服务提供方在其集散中心对函件和包裹进行归类、分发的业务活动。 派送服务，是指服务提供方从其集散中心将函件和包裹送达同城的收件人的业务活动。	

续表

行业名称		税率	注释（财税〔2016〕36 号）	补充文件
现代服务（现代服务，是指围绕制造业、文化产业、现代物流产业等提供技术性、知识性服务的业务活动。）	租赁服务	不动产租赁服务，税率为 9%，有形动产租赁服务，税率为 13%	租赁服务，包括融资租赁服务和经营租赁服务。 （1）融资租赁服务，是指具有融资性质和所有权转移特点的租赁活动。即出租人根据承租人所要求的规格、型号、性能等条件购入有形动产或者不动产租赁给承租人，合同期内租赁物所有权属于出租人，承租人只拥有使用权，合同期满付清租金后，承租人有权按照残值购入租赁物，以拥有其所有权。不论出租人是否将租赁物销售给承租人，均属于融资租赁。 按照标的物的不同，融资租赁服务可分为有形动产融资租赁服务和不动产融资租赁服务。 融资性售后回租不按照本税目缴纳增值税。 （2）经营租赁服务，是指在约定时间内将有形动产或者不动产转让他人使用且租赁物所有权不变更的业务活动。 按照标的物的不同，经营租赁服务可分为有形动产经营租赁服务和不动产经营租赁服务。 将建筑物、构筑物等不动产或者飞机、车辆等有形动产的广告位出租给其他单位或者个人用于发布广告，按照经营租赁服务缴纳增值税。 车辆停放服务、道路通行服务（包括过路费、过桥费、过闸费等）等按照不动产经营租赁服务缴纳增值税。 水路运输的光租业务、航空运输的干租业务，属于经营租赁。 光租业务，是指运输企业将船舶在约定的时间内出租给他人使用，不配备操作人员，不承担运输过程中发生的各项费用，只收取固定租赁费的业务活动。 干租业务，是指航空运输企业将飞机在约定的时间内出租给他人使用，不配备机组人员，不承担运输过程中发生的各项费用，只收取固定租赁费的业务活动。	
	鉴证咨询服务	税率为 6%	鉴证咨询服务，包括认证服务、鉴证服务和咨询服务。 （1）认证服务，是指具有专业资质的单位利用检测、检验、计量等技术，证明产品、服务、管理体系符合相关技术规范、相关技术规范的强制性要求或者标准的业务活动。	

续表

行业名称		税率	注释（财税〔2016〕36号）	补充文件
现代服务（现代服务，是指围绕制造业、文化产业、现代物流产业等提供技术性、知识性服务的业务活动。）	鉴证咨询服务	税率为6%	（2）鉴证服务，是指具有专业资质的单位受托对相关事项进行鉴证，发表具有证明力的意见的业务活动。包括会计鉴证、税务鉴证、法律鉴证、职业技能鉴定、工程造价鉴证、工程监理、资产评估、环境评估、房地产土地评估、建筑图纸审核、医疗事故鉴定等。 （3）咨询服务，是指提供信息、建议、策划、顾问等服务的活动。包括金融、软件、技术、财务、税收、法律、内部管理、业务运作、流程管理、健康等方面的咨询。 翻译服务和市场调查服务按照咨询服务缴纳增值税。	
	广播影视服务	税率为6%	广播影视服务，包括广播影视节目（作品）的制作服务、发行服务和播映（含放映，下同）服务。 （1）广播影视节目（作品）制作服务，是指进行专题（特别节目）、专栏、综艺、体育、动画片、广播剧、电视剧、电影等广播影视节目和作品制作的服务。具体包括与广播影视节目和作品相关的策划、采编、拍摄、录音、音视频文字图片素材制作、场景布置、后期的剪辑、翻译（编译）、字幕制作、片头、片尾、片花制作、特效制作、影片修复、编目和确权等业务活动。 （2）广播影视节目（作品）发行服务，是指以分账、买断、委托等方式，向影院、电台、电视台、网站等单位和个人发行广播影视节目（作品）以及转让体育赛事等活动的报道及播映权的业务活动。 （3）广播影视节目（作品）播映服务，是指在影院、剧院、录像厅及其他场所播映广播影视节目（作品），以及通过电台、电视台、卫星通信、互联网、有线电视等无线或者有线装置播映广播影视节目（作品）的业务活动。	
	商务辅助服务	税率为6%	商务辅助服务，包括企业管理服务、经纪代理服务、人力资源服务、安全保护服务。 （1）企业管理服务，是指提供总部管理、投资与资产管理、市场管理、物业管理、日常综合管理等服务的业务活动。	

续表

行业名称		税率	注释（财税〔2016〕36号）	补充文件
现代服务（现代服务，是指围绕制造业、文化产业、现代物流产业等提供技术性、知识性服务的业务活动。）	商务辅助服务	税率为6%	（2）经纪代理服务，是指各类经纪、中介、代理服务。包括金融代理、知识产权代理、货物运输代理、代理报关、法律代理、房地产中介、职业中介、婚姻中介、代理记账、拍卖等。 货物运输代理服务，是指接受货物收货人、发货人、船舶所有人、船舶承租人或者船舶经营人的委托，以委托人的名义，为委托人办理货物运输、装卸、仓储和船舶进出港口、引航、靠泊等相关手续的业务活动。 代理报关服务，是指接受进出口货物的收、发货人委托，代为办理报关手续的业务活动。 （3）人力资源服务，是指提供公共就业、劳务派遣、人才委托招聘、劳动力外包等服务的业务活动。 （4）安全保护服务，是指提供保护人身安全和财产安全，维护社会治安等的业务活动。包括场所住宅保安、特种保安、安全系统监控以及其他安保服务。	《财政部 国家税务总局关于明确金融、房地产开发、教育辅助服务等增值税政策的通知》（财税〔2016〕140号）第十四条：纳税人提供武装守护押运服务，按照“安全保护服务”缴纳增值税。《国家税务总局关于明确中外合作办学等若干增值税征管问题的公告》（国家税务总局公告2018年第42号）第五条：拍卖行受托拍卖取得的手续费或佣金收入，按照“经纪代理服务”缴纳增值税。
	其他现代服务	税率为6%	其他现代服务，是指除研发和技术服务、信息技术服务、文化创意服务、物流辅助服务、租赁服务、鉴证咨询服务、广播影视服务和商务辅助服务以外的现代服务。	《国家税务总局关于明确中外合作办学等若干增值税征管问题的公告》（国家税务总局公告2018年第42号）第六条：纳税人对安装运行后的机器设备提供的维护保养服务，按照“其他现代服务”缴纳增值税。《关于租入固定资产进项税额抵扣等增值税政策的通知》（财税〔2017〕90号）第二条：纳税人为客户办理退票而向客户收取的退票费、手续费等收入，按照“其他现代服务”缴纳增值税。

续表

行业名称		税率	注释（财税〔2016〕36号）	补充文件
生活服务（生活服务，是指为满足城乡居民日常生活需求提供的各类服务活动。）	文化体育服务	税率为6%	文化体育服务，包括文化服务和体育服务。 （1）文化服务，是指为满足社会公众文化生活需求提供的各种服务。包括：文艺创作、文艺表演、文化比赛，图书馆的图书和资料借阅，档案馆的档案管理，文物及非物质遗产保护，组织举办宗教活动、科技活动、文化活动，提供游览场所。 （2）体育服务，是指组织举办体育比赛、体育表演、体育活动，以及提供体育训练、体育指导、体育管理的业务活动。	《财政部 国家税务总局关于明确金融、房地产开发、教育辅助服务等增值税政策的通知》（财税〔2016〕140号）第十一条：纳税人在游览场所经营索道、摆渡车、电瓶车、游船等取得的收入，按照“文化体育服务”缴纳增值税。
	教育医疗服务	税率为6%	教育医疗服务，包括教育服务和医疗服务。 （1）教育服务，是指提供学历教育服务、非学历教育服务、教育辅助服务的业务活动。 学历教育服务，是指根据教育行政管理部门确定或者认可的招生和教学计划组织教学，并颁发相应学历证书的业务活动。包括初等教育、初级中等教育、高级中等教育、高等教育等。 非学历教育服务，包括学前教育、各类培训、演讲、讲座、报告会等。 教育辅助服务，包括教育测评、考试、招生等服务。 （2）医疗服务，是指提供医学检查、诊断、治疗、康复、预防、保健、接生、计划生育、防疫服务等方面的服务，以及与这些服务有关的提供药品、医用材料器具、救护车、病房住宿和伙食的业务。	
	旅游娱乐服务	税率为6%	旅游娱乐服务，包括旅游服务和娱乐服务。 （1）旅游服务，是指根据旅游者的要求，组织安排交通、游览、住宿、餐饮、购物、文娱、商务等服务的业务活动。 （2）娱乐服务，是指为娱乐活动同时提供场所和服务的业务。 具体包括：歌厅、舞厅、夜总会、酒吧、台球、高尔夫球、保龄球、游艺（包括射击、狩猎、跑马、游戏机、蹦极、卡丁车、热气球、动力伞、射箭、飞镖）。	

续表

行业名称		税率	注释（财税〔2016〕36 号）	补充文件
生活服务（生活服务，是指为满足城乡居民日常生活需求提供的各类服务活动。）	餐饮住宿服务	税率为 6％	餐饮住宿服务，包括餐饮服务和住宿服务。 （1）餐饮服务，是指通过同时提供饮食和饮食场所的方式为消费者提供饮食消费服务的业务活动。 （2）住宿服务，是指提供住宿场所及配套服务等的活动。包括宾馆、旅馆、旅社、度假村和其他经营性住宿场所提供的住宿服务。	《财政部 国家税务总局关于明确金融、房地产开发、教育辅助服务等增值税政策的通知》（财税〔2016〕140 号）第九条：提供餐饮服务的纳税人销售的外卖食品，按照“餐饮服务”缴纳增值税。《国家税务总局关于在境外提供建筑服务等有关问题的公告》（国家税务总局公告 2016 年第 69 号）第五条：纳税人以长（短）租形式出租酒店式公寓并提供配套服务的，按照住宿服务缴纳增值税。《国家税务总局关于国内旅客运输服务进项税抵扣等增值税征管问题的公告》（国家税务总局公告 2019 年第 31 号）：纳税人现场制作食品并直接销售给消费者，按照“餐饮服务”缴纳增值税。
	居民日常服务	税率为 6％	居民日常服务，是指主要为满足居民个人及其家庭日常生活需求提供的服务，包括市容市政管理、家政、婚庆、养老、殡葬、照料和护理、救助救济、美容美发、按摩、桑拿、氧吧、足疗、沐浴、洗染、摄影扩印等服务。	
	其他生活服务	税率为 6％	其他生活服务，是指除文化体育服务、教育医疗服务、旅游娱乐服务、餐饮住宿服务和居民日常服务之外的生活服务。	《国家税务总局关于进一步明确营改增有关征管问题的公告》（国家税务总局公告 2017 年第 11 号）第五条：纳税人提供植物养护服务，按照“其他生活服务”缴纳增值税。

续表

行业名称	税率	注释（财税〔2016〕36 号）	补充文件
销售无形资产	转让土地使用权，税率为 9%，其他税率为 6%	销售无形资产，是指转让无形资产所有权或者使用权的业务活动。无形资产，是指不具实物形态，但能带来经济利益的资产，包括技术、商标、著作权、商誉、自然资源使用权和其他权益性无形资产。 技术，包括专利技术和非专利技术。 自然资源使用权，包括土地使用权、海域使用权、探矿权、采矿权、取水权和其他自然资源使用权。 其他权益性无形资产，包括基础设施资产经营权、公共事业特许权、配额、经营权（包括特许经营权、连锁经营权、其他经营权）、经销权、分销权、代理权、会员权、席位权、网络游戏虚拟道具、域名、名称权、肖像权、冠名权、转会费等。	《国家税务总局关于明确中外合作办学等若干增值税征管问题的公告》（国家税务总局公告 2018 年第 42 号）第三条：纳税人通过省级土地行政主管部门设立的交易平台转让补充耕地指标，按照销售无形资产缴纳增值税，税率为 6%。本公告所称补充耕地指标，是指根据《中华人民共和国土地管理法》及国务院土地行政主管部门《耕地占补平衡考核办法》的有关要求，经省级土地行政主管部门确认，用于耕地占补平衡的指标。
销售不动产	税率为 9%	销售不动产，是指转让不动产所有权的业务活动。不动产，是指不能移动或者移动后会引起性质、形状改变的财产，包括建筑物、构筑物等。 建筑物，包括住宅、商业营业用房、办公楼等可供居住、工作或者进行其他活动的建造物。 构筑物，包括道路、桥梁、隧道、水坝等建造物。 转让建筑物有限产权或者永久使用权的，转让在建的建筑物或者构筑物所有权的，以及在转让建筑物或者构筑物时一并转让其所占土地的使用权的，按照销售不动产缴纳增值税。	

三、个人转让住房增值税政策及代开发票

项目	计税方法	销售额	税率（征收率）	跨县（市、区）预缴、申报方法	跨县（市、区）预缴税款	代开发票
个人将购买不足2年的住房对外销售的	简易计税方法计税	取得的全部价款和价外费用	5%	个体工商户应按照本条规定的计税方法向住房所在地主管税务机关预缴税款，向机构所在地主管税务机关申报纳税；其他个人应按照本条规定的计税方法向住房所在地主管税务机关申报纳税。	应预缴税款＝全部价款和价外费用÷(1+5%)×5%	以取得的全部价款和价外费用全额向不动产所在地主管税务机关申请代开增值税专用发票或增值税普通发票。备注栏：注明不动产详细地址。
个人将购买2年以上（含2年）的非普通住房对外销售的，仅适用于北京市、上海市、广州市和深圳市	简易计税方法计税	取得的全部价款和价外费用扣除购买住房价款后的余额			应预缴税款＝（全部价款和价外费用－不动产购置原价或者取得不动产时的作价）÷(1＋5%)×5%	
个人将购买2年以上（含2年）的普通住房对外销售的，仅适用于北京市、上海市、广州市和深圳市	—	—	免税	—	—	以取得的全部价款和价外费用全额向不动产所在地主管税务机关申请代开增值税普通发票。备注栏：注明不动产详细地址。
个人将购买2年以上（含2年）的住房对外销售的，适用于北京市、上海市、广州市和深圳市之外的地区	—	—	免税	—	—	
自建自用住房对外销售的	—	—	免税	—	—	

四、增值税简易计税方法、发票类型及计税公式汇总表

类别	应税行为	发票类型	计税公式
小规模纳税人			
按 3%征收率简易征收	小规模纳税人发生应税行为，增值税征收率为 3%，财政部和国家税务总局另有规定的除外。	可以代开增值税专用发票	增值税＝含税销售额/（1＋3%）×3%
	试点纳税人中的小规模纳税人（以下称小规模纳税人）跨县（市）提供建筑服务，应以取得的全部价款和价外费用扣除支付的分包款后的余额为销售额，按照 3%的征收率计算应纳税额。纳税人应按照上述计税方法在建筑服务发生地预缴税款后，向机构所在地主管税务机关进行纳税申报。		
按 5%征收率简易征收	1. 小规模纳税人销售其取得（不含自建）的不动产（不含个体工商户销售购买的住房和其他个人销售不动产），应以取得的全部价款和价外费用减去该项不动产购置原价或者取得不动产时的作价后的余额为销售额，按照 5%的征收率计算应纳税额。纳税人应按照上述计税方法在不动产所在地预缴税款后，向机构所在地主管税务机关进行纳税申报。 2. 小规模纳税人销售其自建的不动产，应以取得的全部价款和价外费用为销售额，按照 5%的征收率计算应纳税额。纳税人应按照上述计税方法在不动产所在地预缴税款后，向机构所在地主管税务机关进行纳税申报。	可以代开增值税专用发票	增值税＝含税销售额/（1＋5%）×5%
	房地产开发企业中的小规模纳税人，销售自行开发的房地产项目，按照 5%的征收率计税。	可以代开增值税专用发票	增值税＝含税销售额/（1＋5%）×5%
	小规模纳税人出租其取得的不动产（不含个人出租住房），应按照 5%的征收率计算应纳税额。纳税人出租与机构所在地不在同一县（市）的不动产，应按照上述计税方法在不动产所在地预缴税款后，向机构所在地主管税务机关进行纳税申报。	可以代开增值税专用发票	增值税＝含税销售额/（1＋5%）×5%

续表

类别	应税行为	发票类型	计税公式
按 5%征收率简易征收	小规模纳税人提供劳务派遣服务，可以选择差额纳税，以取得的全部价款和价外费用，扣除代用工单位支付给劳务派遣员工的工资、福利和为其办理社会保险及住房公积金后的余额为销售额，按照简易计税方法依 5%的征收率计算缴纳增值税。	选择差额纳税的纳税人，向用工单位收取用于支付给劳务派遣员工工资、福利和为其办理社会保险及住房公积金的费用，不得开具增值税专用发票，可以开具普通发票	增值税=(全部价款和价外费用－代用工单位支付给劳务派遣员工的工资、福利和为其办理社会保险及住房公积金的费用)÷(1+5%)×5%
按 3%征收率简易征收	小规模纳税人（除其他个人外）销售自己使用过的除固定资产以外的物品。	可以代开增值税专用发票	增值税＝含税销售额/(1＋3%)×3%
按 2%征收率简易征收	小规模纳税人（除其他个人外）销售自己使用过的固定资产（不区分购进年限）和旧货。	只能开具普通发票，不得代开增值税专用发票	增值税＝含税销售额/(1＋3%)×2%
放弃减税，按 3%征收率简易征收	小规模纳税人销售自己使用过的固定资产，适用简易办法依照 3%征收率减按 2%征收增值税政策的，可以放弃减税，按照简易办法依照 3%征收率缴纳增值税。	可以代开增值税专用发票	增值税＝含税销售额/(1＋3%)×3%
可按 5%征收率简易征收	纳税人转让 2016 年 4 月 30 日前取得的土地使用权，可以选择适用简易计税方法，以取得的全部价款和价外费用减去取得该土地使用权的原价后的余额为销售额，按照 5%的征收率计算缴纳增值税。	可以代开增值税专用发票	增值税＝含税销售额/(1＋5%)×5%
一般纳税人			
暂按 3%征收率简易征收	一般纳税人销售货物属于下列情形之一的，暂按简易办法依照 3%征收率计算缴纳增值税： 1. 寄售商店代销寄售物品（包括居民个人寄售的物品在内）。 2. 典当业销售死当物品。 3. 经国务院或国务院授权机关批准的免税商店零售的免税品。	可以开具增值税专用发票	增值税＝含税销售额/(1＋3%)×3%

续表

类别	应税行为	发票类型	计税公式
可按3%征收率简易征收	增值税一般纳税人生产销售和批发、零售罕见病药品。	可以开具增值税专用发票	增值税＝含税销售额/(1＋3%)×3%
	一般纳税人销售自产的下列货物： 1. 县及县以下小型水力发电单位生产的电力。小型水力发电单位，是指各类投资主体建设的装机容量为5万千瓦以下（含5万千瓦）的小型水力发电单位。 2. 建筑用和生产建筑材料所用的砂、土、石料。 3. 以自己采掘的砂、土、石料或其他矿物连续生产的砖、瓦、石灰（不含粘土实心砖、瓦）。 4. 用微生物、微生物代谢产物、动物毒素、人或动物的血液或组织制成的生物制品。 5. 自来水。 6. 商品混凝土（仅限于以水泥为原料生产的水泥混凝土）。	可以开具增值税专用发票	增值税＝含税销售额/(1＋3%)×3%
	两类企业批发零售生物制品，可选择简易办法计算缴纳增值税：一是取得（食品）药品监督管理部门颁发的《药品经营许可证》的药品经营企业；二是取得兽医行政管理部门颁发的《兽药经营许可证》的兽用药品经营企业。	可以开具增值税专用发票	增值税＝含税销售额/(1＋3%)×3%
	一般纳税人发生下列应税行为可以选择适用简易计税方法计税： 1. 公共交通运输服务。 公共交通运输服务，包括轮客渡、公交客运、地铁、城市轻轨、出租车、长途客运、班车。 班车，是指按固定路线、固定时间运营并在固定站点停靠的运送旅客的陆路运输服务。	可以开具增值税专用发票	增值税＝售价÷(1＋3%)×3%

续表

类别	应税行为	发票类型	计税公式
可按3%征收率简易征收	2. 经认定的动漫企业为开发动漫产品提供的动漫脚本编撰、形象设计、背景设计、动画设计、分镜、动画制作、摄制、描线、上色、画面合成、配音、配乐、音效合成、剪辑、字幕制作、压缩转码（面向网络动漫、手机动漫格式适配）服务，以及在境内转让动漫版权（包括动漫品牌、形象或者内容的授权及再授权）。 动漫企业和自主开发、生产动漫产品的认定标准和认定程序，按照《文化部 财政部 国家税务总局关于印发〈动漫企业认定管理办法（试行）〉的通知》（文市发〔2008〕51号）的规定执行。 3. 电影放映服务、仓储服务、装卸搬运服务、收派服务和文化体育服务。 4. 以纳入营改增试点之日前取得的有形动产为标的物提供的经营租赁服务。 5. 在纳入营改增试点之日前签订的尚未执行完毕的有形动产租赁合同。	可以开具增值税专用发票	增值税＝售价÷(1＋3%)×3%
	1. 一般纳税人以清包工方式提供的建筑服务，可以选择适用简易计税方法计税。 以清包工方式提供建筑服务，是指施工方不采购建筑工程所需的材料或只采购辅助材料，并收取人工费、管理费或者其他费用的建筑服务。 2. 一般纳税人为甲供工程提供的建筑服务，可以选择适用简易计税方法计税。 甲供工程，是指全部或部分设备、材料、动力由工程发包方自行采购的建筑工程。 3. 一般纳税人为建筑工程老项目提供的建筑服务，可以选择适用简易计税方法计税。 建筑工程老项目，是指： (1)《建筑工程施工许可证》注明的合同开工日期在2016年4月30日前的建筑工程项目；	可以开具增值税专用发票	增值税＝含税销售额/(1＋3%)×3%

续表

类别	应税行为	发票类型	计税公式
可按 3%征收率简易征收	（2）未取得《建筑工程施工许可证》的，建筑工程承包合同注明的开工日期在 2016 年 4 月 30 日前的建筑工程项目。 4．一般纳税人跨县（市）提供建筑服务，选择适用简易计税方法计税的，应以取得的全部价款和价外费用扣除支付的分包款后的余额为销售额。纳税人应按照上述计税方法在建筑服务发生地预缴税款后，向机构所在地主管税务机关进行纳税申报。	可以开具增值税专用发票	增值税＝含税销售额/(1＋3%)×3%
	一般纳税人销售自产机器设备的同时提供安装服务，应分别核算机器设备和安装服务的销售额，安装服务可以按照甲供工程选择适用简易计税方法计税。 一般纳税人销售外购机器设备的同时提供安装服务，如果已经按照兼营的有关规定，分别核算机器设备和安装服务的销售额，安装服务可以按照甲供工程选择适用简易计税方法计税。	可以开具增值税专用发票	增值税＝含税销售额/(1＋3%)×3%
	建筑工程总承包单位为房屋建筑的地基与基础、主体结构提供工程服务，建设单位自行采购全部或部分钢材、混凝土、砌体材料、预制构件的，适用简易计税方法计税。	可以开具增值税专用发票	增值税＝含税销售额/(1＋3%)×3%
可按 5%征收率简易征收	1．一般纳税人销售其 2016 年 4 月 30 日前取得（不含自建）的不动产，可以选择适用简易计税方法，以取得的全部价款和价外费用减去该项不动产购置原价或者取得不动产时的作价后的余额为销售额，按照 5%的征收率计算应纳税额。纳税人应按照上述计税方法在不动产所在地预缴税款后，向机构所在地主管税务机关进行纳税申报。 2．一般纳税人销售其 2016 年 4 月 30 日前自建的不动产，可以选择适用简易计税方法，以取得的全部价款和价外费用为销售额，按照 5%的征收率计算应纳税额。纳税人应按照上述计税方法在不动产所在地预缴税款后，向机构所在地主管税务机关进行纳税申报。	可以开具增值税专用发票	增值税＝含税销售额/(1＋5%)×5%
	房地产开发企业中的一般纳税人，销售自行开发的房地产老项目。	可以开具增值税专用发票	增值税＝含税销售额/(1＋5%)×5%
	一般纳税人出租其 2016 年 4 月 30 日前取得的不动产。纳税人出租其 2016 年 4 月 30 日前取得的与机构所在地不在同一县（市）的不动产，应按照上述计税方法在不动产所在地预缴税款后，向机构所在地主管税务机关进行纳税申报。	可以开具增值税专用发票	增值税＝含税销售额/(1＋5%)×5%

续表

类别	应税行为	发票类型	计税公式
可减按3%的征收率简易征收	公路经营企业中的一般纳税人收取试点前开工的高速公路的车辆通行费，可以选择适用简易计税方法，减按3%的征收率计算应纳税额。 试点前开工的高速公路，是指相关施工许可证明上注明的合同开工日期在2016年4月30日前的高速公路。	可以开具增值税专用发票	增值税＝含税销售额/(1＋5%)×3%
可按5%征收率简易征收	纳税人提供劳务派遣服务，可以选择差额纳税，以取得的全部价款和价外费用，扣除代用工单位支付给劳务派遣员工的工资、福利和为其办理社会保险及住房公积金后的余额为销售额，按照简易计税方法依5%的征收率计算缴纳增值税。(纳税人提供安全保护服务，比照劳务派遣服务政策执行。)	选择差额纳税的纳税人，向用工单位收取用于支付给劳务派遣员工工资、福利和为其办理社会保险及住房公积金的费用，不得开具增值税专用发票，可以开具普通发票	增值税＝（全部价款和价外费用－代用工单位支付给劳务派遣员工的工资、福利和为其办理社会保险及住房公积金的费用）÷(1＋5%)×5%
	纳税人提供人力资源外包服务，按照经纪代理服务缴纳增值税，其销售额不包括受客户单位委托代为向客户单位员工发放的工资和代理缴纳的社会保险、住房公积金。	向委托方收取并代为发放的工资和代理缴纳的社会保险、住房公积金，不得开具增值税专用发票，可以开具普通发票	增值税＝(全部价款和价外费用－受客户单位委托代为向客户单位员工发放的工资和代理缴纳的社会保险、住房公积金)÷(1＋5%)×5%
按照3%征收率减按2%简易征收	1. 纳税人购进或者自制固定资产时为小规模纳税人，登记为一般纳税人后销售该固定资产。 2. 增值税一般纳税人发生按简易办法征收增值税应税行为，销售其按照规定不得抵扣且未抵扣进项税额的固定资产。 3. 2009年1月1日前购进或者自制的固定资产。	只能开具增值税普通发票(税率一栏按3%)，不得自行开具或由税务机关代开增值税专用发票	增值税＝含税销售额/(1＋3%)×2%
	销售旧货。	只能开具增值税普通发票(税率一栏按3%)，不得自行开具或由税务机关代开增值税专用发票	增值税＝含税销售额/(1＋3%)×2%

续表

类别	应税行为	发票类型	计税公式
放弃减税，按 3%征收率简易征收	纳税人销售自己使用过的固定资产，适用简易办法依照 3%征收率减按 2%征收增值税政策的，可以放弃减税，按照简易办法依照 3%征收率缴纳增值税。	可以开具增值税专用发票	增值税＝含税销售额/(1＋3%)×3%
可按 5%征收率简易征收	一般纳税人 2016 年 4 月 30 日前签订的不动产融资租赁合同，或以 2016 年 4 月 30 日前取得的不动产提供的融资租赁服务，可以选择适用简易计税方法，按照 5%的征收率计算缴纳增值税。	可以开具增值税专用发票	增值税＝含税销售额/(1＋5%)×5%
	纳税人转让 2016 年 4 月 30 日前取得的土地使用权，可以选择适用简易计税方法，以取得的全部价款和价外费用减去取得该土地使用权的原价后的余额为销售额，按照 5%的征收率计算缴纳增值税。		
可按 3%征收率简易征收	农村信用社、村镇银行、农村资金互助社、由银行业机构全资发起设立的贷款公司、法人机构在县（县级市、区、旗）及县以下地区的农村合作银行和农村商业银行提供金融服务收入，可以选择适用简易计税方法按照 3%的征收率计算缴纳增值税。	利息支出不得抵扣，利息收入一般开具增值税普通发票	增值税＝含税销售额/(1＋3%)×3%
	对中国农业银行纳入“三农金融事业部”改革试点的各省、自治区、直辖市、计划单列市分行下辖的县域支行和新疆生产建设兵团分行下辖的县域支行（也称县事业部），提供农户贷款、农村企业和农村各类组织贷款（具体贷款业务清单之内的）取得的利息收入，可以选择适用简易计税方法按照 3%的征收率计算缴纳增值税。		
	中国农业发展银行总行及其各分支机构提供涉农贷款（具体涉农贷款业务清单之内的）取得的利息收入，可以选择适用简易计税方法按照 3%的征收率计算缴纳增值税。		
	提供物业管理服务的纳税人，向服务接受方收取的自来水水费，以扣除其对外支付的自来水水费后的余额为销售额，按照简易计税方法依 3%的征收率计算缴纳增值税。	可以开具增值税专用发票	增值税＝(向服务接受方收取的自来水水费－其对外支付的自来水水费)/(1＋3%)×3%

续表

类别	应税行为	发票类型	计税公式
可按 3%征收率简易征收	一般纳税人提供非学历教育服务。	可以开具增值税专用发票	增值税＝含税销售额/(1＋3%)×3%
	一般纳税人提供教育辅助服务。	可以开具增值税专用发票	增值税＝含税销售额/(1＋3%)×3%
	非企业性单位中的一般纳税人提供的研发和技术服务、信息技术服务、鉴证咨询服务，以及销售技术、著作权等无形资产，可以选择简易计税方法按照 3%征收率计算缴纳增值税。 非企业性单位中的一般纳税人提供《营业税改征增值税试点过渡政策的规定》（财税〔2016〕36 号）第一条第（二十六）项中的“技术转让、技术开发和与之相关的技术咨询、技术服务”，可以参照上述规定，选择简易计税方法按照 3%征收率计算缴纳增值税。	可以开具增值税专用发票	增值税＝含税销售额/(1＋3%)×3%
	自 2018 年 5 月 1 日起，增值税一般纳税人生产销售和批发、零售抗癌药品，可选择按照简易办法依照 3%征收率计算缴纳增值税。上述纳税人选择简易办法计算缴纳增值税后，36 个月内不得变更。	可以开具增值税专用发票	增值税＝含税销售额/(1＋3%)×3%
其他个人			
按 5%征收率简易征收	1. 其他个人销售其取得（不含自建）的不动产（不含其购买的住房），应以取得的全部价款和价外费用减去该项不动产购置原价或者取得不动产时的作价后的余额为销售额，按照 5%的征收率计算应纳税额。 2. 其他个人出租其取得的不动产（不含住房）。	可以代开增值税专用发票	增值税＝含税销售额/(1＋5%)×5%
按照 5%征收率减按 1.5%简易征收	个人出租住房，应按照 5%的征收率减按 1.5%计算应纳税额。	可以代开增值税专用发票	增值税＝含税销售额/(1＋5%)×1.5%

续表

其他说明
2009年1月1日后购进或者自制的固定资产（国家税务总局公告2012年1号规定的情形除外），销售自己使用过的除固定资产以外的其他物品，按照适用税率征收增值税，可以开具增值税专用发票（税率一栏按适用税率）。固定资产，是指使用期限超过12个月的机器、机械、运输工具以及其他与生产经营有关的设备、工具、器具等有形动产，不包括不动产（不能移动或者移动后会引起性质、形状改变的财产，包括建筑物、构筑物等）。 使用过的固定资产，是指纳税人根据财务会计制度已经计提折旧的固定资产。
北京、上海、广州、深圳四城市，个人销售购进不足2年的住房按照5%征收率全额缴税；个人销售购进2年以上（含2年）的非普通住房以销售收入减去购房价款后的差额按照5%征收率缴税；个人销售购进2年以上（含2年）的普通住房免税。北京、上海、广州、深圳四城市以外的其他地区，个人销售购进不足2年的住房按照5%征收率全额缴税；个人销售购进2年以上（含2年）的住房免税。
旧货，是指进入二次流通的具有部分使用价值的货物（含旧机动车、旧摩托车和旧游艇），但不包括使用过的物品。
政策依据
《中华人民共和国增值税暂行条例》（国务院令538号）、《中华人民共和国增值税暂行条例实施细则》（财政部 国家税务总局令50号）、《国家税务总局关于增值税简易征收政策有关管理问题的通知》（国税函〔2009〕90号）、《财政部 国家税务总局关于部分货物适用增值税低税率和简易办法征收增值税政策的通知》（财税〔2009〕9号）、《国家税务总局关于供应非临床用血增值税政策问题的批复》（国税函（2009）456号）、《国家税务总局关于药品经营企业销售生物制品有关增值税问题的公告》（国家税务总局公告2012年第20号）、《财政部 国家税务总局关于简并增值税征收率政策的通知》（财税（2014）57号）、《国家税务总局关于简并增值税征收率有关问题的公告》（国家税务总局公告2014年第36号）、《国家税务总局关于兽用药品经营企业销售兽用生物制品有关增值税问题的公告》（国家税务总局公告2016年第8号）、《财政部 国家税务总局关于全面推开营业税改征增值税试点的通知》（财税〔2016〕36号）、《关于进一步明确全面推开营改增试点有关劳务派遣服务、收费公路通行费抵扣等政策的通知》（财税〔2016〕47号）、《财政部国家税务总局关于营业税改征增值税试点若干政策的通知》（财税〔2016〕39号）、《关于进一步明确全面推开营改增试点金融业有关政策的通知》（财税〔2016〕46号）、《关于进一步明确全面推开营改增试点有关再保险、不动产租赁和非学历教育等政策的通知》（财税〔2016〕68号）、《国家税务总局关于物业管理服务中收取的自来水税法增值税问题的公告》（国家税务总局公告2016年第54号）、《财政部 国家税务总局关于明确金融、房地产开发、教育辅助服务等增值税政策的通知》（财税〔2016〕140号）、《国家税务总局关于明确中外合作办学等若干增值税征管问题的公告》（国家税务总局公告2018年第42号）、《关于建筑服务等营改增试点政策的通知》（财税〔2017〕58号）、《财政部 海关总署 税务总局 国家药品监督管理局关于抗癌药品增值税政策的通知》（财税〔2018〕47号）、《财政部 海关总署 税务总局 药监局关于罕见病药品增值税政策的通知》（财税〔2019〕24号）

五、建筑服务、销售不动产、不动产经营租赁增值税政策及发票开具一览表

应税行为	项目	计税方法	销售额	税率（征收率）	跨县（市、区）预缴、申报方法	跨县（市、区）预缴税款	发票开具
建筑服务（一般纳税人）	清包工	可以选择适用简易计税方法计税	取得的全部价款和价外费用扣除支付的分包款后的余额	3%	应以取得的全部价款和价外费用扣除支付的分包款后的余额为销售额，按照3%的征收率计算应纳税额。纳税人应按照上述计税方法在建筑服务发生地预缴税款后，向机构所在地主管税务机关进行纳税申报。纳税人在同一地级行政区范围内跨县（市、区）提供建筑服务，不适用《纳税人跨县（市、区）提供建筑服务增值税征收管理暂行办法》（国家税务总局公告2016年第17号印发）。	应预缴税款＝(全部价款和价外费用－支付的分包款)÷(1＋3%)×3%	纳税人自行开具。以取得的全部价款和价外费用全额开具增值税专用发票或增值税普通发票，备注栏注明建筑服务发生地所在县（市、区）及项目名称。申报的税款按差额计算。
	甲供工程	可以选择适用简易计税方法计税（注：属于财税〔2017〕58号第一条规定的特殊甲供工程，适用简易计税方法计税）					
	建筑工程老项目	可以选择适用简易计税方法计税					
	清包工、甲供工程、建筑工程老项目	可以选择一般计税方法计税	取得的全部价款和价外费用	9%	应以取得的全部价款和价外费用扣除支付的分包款后的余额，按照2%的预征率在建筑服务发生地预缴税款后，向机构所在地主管税务机关进行纳税申报。纳税人在同一地级行政区范围内跨县（市、区）提供建筑服务，不适用《纳税人跨县（市、区）提供建筑服务增值税征收管理暂行办法》（国家税务总局公告2016年第17号印发）。	应预缴税款＝(全部价款和价外费用－支付的分包款)÷(1＋9%)×2%	纳税人自行开具。以取得的全部价款和价外费用全额开具增值税专用发票或增值税普通发票，备注栏注明建筑服务发生地所在县（市、区）及项目名称。申报时全额纳税。
	建筑工程新项目	一般计税方法计税					

续表

应税行为	项目	计税方法	销售额	税率（征收率）	跨县（市、区）预缴、申报方法	跨县（市、区）预缴税款	发票开具
建筑服务（小规模纳税人）	建筑服务	简易计税方法计税	取得的全部价款和价外费用扣除支付的分包款后的余额	3%	应以取得的全部价款和价外费用扣除支付的分包款后的余额为销售额，按照3%的征收率计算应纳税额。纳税人应按照上述计税方法在建筑服务发生地预缴税款后，向机构所在地主管税务机关进行纳税申报。纳税人在同一地级行政区范围内跨县（市、区）提供建筑服务，不适用《纳税人跨县（市、区）提供建筑服务增值税征收管理暂行办法》（国家税务总局公告 2016 年第 17 号印发）。《国家税务总局关于小规模纳税人免征增值税政策有关征管问题的公告》（国家税务总局公告 2019 年第 4 号）第六条规定，按照现行规定应当预缴增值税税款的小规模纳税人，凡在预缴地实现的月销售额未超过 10 万元的，当期无需预缴税款。	应预缴税款＝（全部价款和价外费用－支付的分包款）÷(1＋3%)×3%	纳税人自行开具增值税发票，不能自行开具增值税发票的，可向建筑服务发生地主管税务机关按照申请代开增值税发票。开具发票时，以取得的全部价款和价外费用全额开具增值税发票，申报的税款按差额计算。备注栏注明建筑服务发生地所在县（市、区）及项目名称。申报时差额纳税。
销售不动产（一般纳税人）	2016 年 4 月 30 日前取得（不含自建）的不动产	可以选择适用简易计税方法	取得的全部价款和价外费用减去该项不动产购置原价或者取得不动产时的作价后的余额	5%	纳税人应按照上述计税方法向不动产所在地主管税务机关预缴税款，向机构所在地主管税务机关申报纳税。	应预缴税款＝（全部价款和价外费用－不动产购置原价或者取得不动产时的作价）÷(1＋5%)×5%	纳税人自行开具。以取得的全部价款和价外费用全额开具增值税专用发票或增值税普通发票。票面货物或应税劳务、服务名称栏填写不动产名称及房屋产权证书号码（无房屋产权证书的可不填写）；单位栏填写面积单位；备注栏注明不动产详细地址。

续表

应税行为	项目	计税方法	销售额	税率(征收率)	跨县(市、区)预缴、申报方法	跨县(市、区)预缴税款	发票开具
销售不动产(一般纳税人)	2016年4月30日前取得(不含自建)的不动产	可以选择一般计税方法计税	取得的全部价款和价外费用	9%	纳税人应以取得的全部价款和价外费用扣除不动产购置原价或者取得不动产时的作价后的余额，按照5%的预征率向不动产所在地主管税务机关预缴税款，向机构所在地主管税务机关申报纳税。	应预缴税款=(全部价款和价外费用−不动产购置原价或者取得不动产时的作价)÷(1+5%)×5%	
	2016年4月30日前自建的不动产	可以选择适用简易计税方法	取得的全部价款和价外费用	5%	纳税人应按照上述计税方法向不动产所在地主管税务机关预缴税款，向机构所在地主管税务机关申报纳税。	应预缴税款=全部价款和价外费用÷(1+5%)×5%	
		可以选择一般计税方法计税	取得的全部价款和价外费用	9%	纳税人应以取得的全部价款和价外费用，按照5%的预征率向不动产所在地主管税务机关预缴税款，向机构所在地主管税务机关申报纳税。	应预缴税款=全部价款和价外费用÷(1+5%)×5%	
	2016年5月1日后取得(不含自建)的不动产	一般计税方法计税	取得的全部价款和价外费用	9%	纳税人应以取得的全部价款和价外费用扣除不动产购置原价或者取得不动产时的作价后的余额，按照5%的预征率向不动产所在地主管税务机关预缴税款，向机构所在地主管税务机关申报纳税。	应预缴税款=(全部价款和价外费用−不动产购置原价或者取得不动产时的作价)÷(1+5%)×5%	
	2016年5月1日后自建的不动产	一般计税方法计税	取得的全部价款和价外费用	9%	纳税人应以取得的全部价款和价外费用，按照5%的预征率向不动产所在地主管税务机关预缴税款，向机构所在地主管税务机关申报纳税。	应预缴税款=全部价款和价外费用÷(1+5%)×5%	

续表

应税行为	项目	计税方法	销售额	税率（征收率）	跨县（市、区）预缴、申报方法	跨县（市、区）预缴税款	发票开具
销售不动产（小规模纳税人）	取得（不含自建）的不动产（不含个体工商户销售购买的住房和其他个人销售不动产）	简易计税方法计税	取得的全部价款和价外费用减去该项不动产购置原价或者取得不动产时的作价后的余额	5%	除其他个人之外的小规模纳税人，应按照本条规定的计税方法向不动产所在地主管税务机关预缴税款，向机构所在地主管税务机关申报纳税；其他个人按照本条规定的计税方法向不动产所在地主管税务机关申报纳税。	应预缴税款=(全部价款和价外费用一不动产购置原价或者取得不动产时的作价)÷(1+5%)×5%	纳税人自行开具增值税普通发票或申请代开（不能自行开具增值税普通发票或需要开具增值税专用发票的，可向不动产所在地主管税务机关申请代开）。开具发票时以取得的全部价款和价外费用全额开具增值税发票。票面货物或应税劳务、服务名称栏填写不动产名称及房屋产权证书号码（无房屋产权证书的可不填写）；单位栏填写面积单位；备注栏注明不动产详细地址。申报的税款按差额计算。
	销售其自建的不动产	简易计税方法计税	取得的全部价款和价外费用	5%		应预缴税款=全部价款和价外费用÷(1+5%)×5%	纳税人自行开具增值税普通发票或申请代开（不能自行开具增值税普通发票或需要开具增值税专用发票的，可向不动产所在地主管税务机关申请代开）。开具发票时以取得的全部价款和价外费用全额开具增值税发票。票面货物或应税劳务、服务名称栏填写不动产名称及房屋产权证书号码（无房屋产权证书的可不填写）；单位栏填写面积单位；备注栏注明不动产详细地址。申报时全额纳税。

续表

应税行为	项目	计税方法	销售额	税率（征收率）	跨县（市、区）预缴、申报方法	跨县（市、区）预缴税款	发票开具
房地产开发企业（一般纳税人）	销售自行开发的房地产老项目	可以选择适用简易计税方法	取得的全部价款和价外费用	5%	暂无明确规定，按主管税务机关要求执行。	—	纳税人自行开具。以取得的全部价款和价外费用全额开具增值税专用发票或增值税普通发票。票面货物或应税劳务、服务名称栏填写不动产名称及房屋产权证书号码（无房屋产权证书的可不填写）；单位栏填写面积单位；备注栏注明不动产详细地址。
		可以选择一般计税方法计税	取得的全部价款和价外费用，扣除受让土地时向政府部门支付的土地价款后的余额	9%	应以取得的全部价款和价外费用，按照3%的预征率在不动产所在地预缴税款后，向机构所在地主管税务机关进行纳税申报。	—	
	销售自行开发的房地产新项目	一般计税方法计税			暂无明确规定，按主管税务机关要求执行。	—	
房地产开发企业（小规模纳税人）	销售自行开发的房地产项目	简易计税方法计税	取得的全部价款和价外费用	5%	暂无明确规定，按主管税务机关要求执行。	—	纳税人自行开具增值税普通发票或申请代开（不能自行开具增值税普通发票或需要开具增值税专用发票的，可向主管税务机关申请代开）。开具发票时以取得的全部价款和价外费用全额开具增值税发票。票面货物或应税劳务、服务名称栏填写不动产名称及房屋产权证书号码（无房屋产权证书的可不填写）；单位栏填写面积单位；备注栏注明不动产详细地址。

续表

应税行为	项目	计税方法	销售额	税率（征收率）	跨县（市、区）预缴、申报方法	跨县（市、区）预缴税款	发票开具
不动产经营租赁服务（一般纳税人）	出租其2016年4月30日前取得的不动产	可以选择适用简易计税方法	取得的全部价款和价外费用	5%	不动产所在地与机构所在地不在同一县（市、区）的，纳税人应按照上述计税方法向不动产所在地主管税务机关预缴税款，向机构所在地主管税务机关申报纳税。 不动产所在地与机构所在地在同一县（市、区）的，纳税人向机构所在地主管税务机关申报纳税。 纳税人出租的不动产所在地与其机构所在地在同一直辖市或计划单列市但不在同一县（市、区）的，由直辖市或计划单列市国家税务局决定是否在不动产所在地预缴税款。	应预缴税款＝含税销售额÷(1＋5%)×5%	纳税人自行开具。以取得的全部价款和价外费用全额开具增值税专用发票或增值税普通发票。备注栏：注明出租不动产详细地址。
		可以选择一般计税方法计税	取得的金融价款的价外费用	9%	不动产所在地与机构所在地不在同一县（市、区）的，纳税人应按照3%的预征率向不动产所在地主管税务机关预缴税款，向机构所在地主管税务机关申报纳税。 不动产所在地与机构所在地在同一县（市、区）的，纳税人应向机构所在地主管税务机关申报纳税。	应预缴税款＝含税销售额÷(1＋9%)×3%	
	出租其2016年5月1日后取得的不动产	一般计税方法计税	取得的全部价款和价外费用	9%		应预缴税款＝含税销售额÷(1＋9%)×3%	

续表

应税行为	项目	计税方法	销售额	税率（征收率）	跨县（市、区）预缴、申报方法	跨县（市、区）预缴税款	发票开具
不动产经营租赁服务（一般纳税人）	一般纳税人收取试点前开工的一级公路、二级公路、桥、闸通行费（试点前开工，是指相关施工许可证注明的合同开工日期在2016年4月30日前）	可以选择适用简易计税方法	取得的全部价款和价外费用	5%	—	—	
	公路经营企业收取试点前开工的高速公路的车辆通行费	可以选择适用简易计税方法	取得的全部价款和价外费用	减按3%	—	—	

续表

应税行为	项目	计税方法	销售额	税率（征收率）	跨县（市、区）预缴、申报方法	跨县（市、区）预缴税款	发票开具
房地产开发企业中的一般纳税人	出租自行开发的房地产老项目	可以选择适用简易计税方法	取得的全部价款和价外费用	5%	纳税人出租自行开发的房地产老项目与其机构所在地不在同一县（市）的，应按照上述计税方法在不动产所在地预缴税款后，向机构所在地主管税务机关进行纳税申报。	应预缴税款＝含税销售额÷(1+5%)×5%	纳税人自行开具。以取得的全部价款和价外费用全额开具增值税专用发票或增值税普通发票。备注栏：注明出租不动产详细地址。
	出租其2016年5月1日后自行开发的与机构所在地不在同一县（市）的房地产项目	一般计税方法计税	取得的全部价款和价外费用	9%	房地产开发企业中的一般纳税人，出租其2016年5月1日后自行开发的与机构所在地不在同一县（市）的房地产项目，应按照3%预征率在不动产所在地预缴税款后，向机构所在地主管税务机关进行纳税申报。	应预缴税款＝含税销售额÷(1+9%)×3%	
房地产开发企业中的小规模纳税人	出租自行开发的房地产项目	简易计税方法计税	取得的全部价款和价外费用	5%	纳税人出租自行开发的房地产项目与其机构所在地不在同一县（市）的，应按照上述计税方法在不动产所在地预缴税款后，向机构所在地主管税务机关进行纳税申报。	应预缴税款＝含税销售额÷(1+5%)×5%	纳税人自行开具增值税普通发票或申请代开（不能自行开具增值税普通发票或需要开具增值税专用发票的，可向主管税务机关申请代开）。开具发票时以取得的全部价款和价外费用全额开具增值税发票。备注栏：注明出租不动产详细地址。

续表

应税行为	项目	计税方法	销售额	税率（征收率）	跨县（市、区）预缴、申报方法	跨县（市、区）预缴税款	发票开具
不动产经营租赁服务（小规模纳税人）	单位和个体工商户出租不动产（不含个体工商户出租住房）	简易计税方法计税	取得的全部价款和价外费用	5%	不动产所在地与机构所在地不在同一县（市、区）的，纳税人应按照上述计税方法向不动产所在地主管税务机关预缴税款，向机构所在地主管税务机关申报纳税。 不动产所在地与机构所在地在同一县（市、区）的，纳税人应向机构所在地主管税务机关申报纳税。 纳税人出租的不动产所在地与其机构所在地在同一直辖市或计划单列市但不在同一县（市、区）的，由直辖市或计划单列市国家税务局决定是否在不动产所在地预缴税款。	应预缴税款＝含税销售额÷(1+5%)×5%	纳税人自行开具增值税普通发票或申请代开（不能自行开具增值税普通发票或需要开具增值税专用发票的，可向不动产所在地主管税务机关申请代开）。开具发票时以取得的全部价款和价外费用全额开具增值税发票。备注栏：注明出租不动产详细地址。
	个体工商户出租住房	简易计税方法计税	取得的全部价款和价外费用	5%的征收率减按1.5%		应预缴税款＝含税销售额÷(1＋5%)×1.5%	纳税人自行开具增值税普通发票或申请代开（不能自行开具增值税普通发票或需要开具增值税专用发票的，可向不动产所在地主管税务机关申请开具）。开具发票时以取得的全部价款和价外费用全额开具增值税发票。开具时税率栏选择1.5%，票面打印显示“＊＊＊”。备注栏：注明出租不动产详细地址。

续表

应税行为	项目	计税方法	销售额	税率（征收率）	跨县（市、区）预缴、申报方法	跨县（市、区）预缴税款	发票开具
不动产经营租赁服务（小规模纳税人）	其他个人出租不动产（不含住房）	简易计税方法计税	取得的全部价款和价外费用	5%	向不动产所在地主管税务机关申报纳税。	应预缴税款＝含税销售额÷(1＋5%)×5%	以取得的全部价款和价外费用全额向不动产所在地主管税务机关申请代开增值税专用发票或增值税普通发票。备注栏：注明出租不动产详细地址。
	其他个人出租住房	简易计税方法计税	取得的全部价款和价外费用	5%的征收率减按1.5%	向不动产所在地主管税务机关申报纳税。	应预缴税款＝含税销售额÷(1＋5%)×1.5%	以取得的全部价款和价外费用全额向不动产所在地主管税务机关申请代开增值税专用发票或增值税普通发票。开具时税率栏选择1.5%，票面打印显示“＊＊＊”。备注栏：注明出租不动产详细地址。
转让土地使用权	纳税人转让2016年4月30日前取得的土地使用权	可以选择适用简易计税	取得的全部价款和价外费用减去取得该土地使用权的原价后的余额	5%	《财政部 国家税务总局关于进一步明确全面推开营改增试点有关劳务派遣服务、收费公路通行费抵扣等政策的通知》（财税〔2016〕47号）：纳税人以经营租赁方式将土地出租给他人使用，按照不动产经营租赁服务缴纳增值税。	—	纳税人自行开具。以取得的全部价款和价外费用全额开具增值税专用发票或增值税普通发票。备注栏：注明出租不动产详细地址。

续表

其他说明		备注
建筑工程老项目	建筑工程老项目，是指： (1)《建筑工程施工许可证》注明的合同开工日期在 2016 年 4 月 30 日前的建筑工程项目； (2) 未取得《建筑工程施工许可证》的，建筑工程承包合同注明的开工日期在 2016 年 4 月 30 日前的建筑工程项目。	财税〔2016〕36 号
跨县(市、区)提供建筑服务	第五条　纳税人跨县（市、区）提供建筑服务，按照以下公式计算应预缴税款： （一）适用一般计税方法计税的，应预缴税款=(全部价款和价外费用－支付的分包款)÷(1+9%)×2% （二）适用简易计税方法计税的，应预缴税款=(全部价款和价外费用－支付的分包款)÷(1+3%)×3% 纳税人取得的全部价款和价外费用扣除支付的分包款后的余额为负数的，可结转下次预缴税款时继续扣除。 纳税人应按照工程项目分别计算应预缴税款，分别预缴。 第六条　纳税人按照上述规定从取得的全部价款和价外费用中扣除支付的分包款，应当取得符合法律、行政法规和国家税务总局规定的合法有效凭证，否则不得扣除。 上述凭证是指： （一）从分包方取得的 2016 年 4 月 30 日前开具的建筑业营业税发票。 上述建筑业营业税发票在 2016 年 6 月 30 日前可作为预缴税款的扣除凭证。 （二）从分包方取得的 2016 年 5 月 1 日后开具的，备注栏注明建筑服务发生地所在县（市、区）、项目名称的增值税发票。 （三）国家税务总局规定的其他凭证。 第七条　纳税人跨县（市、区）提供建筑服务，在向建筑服务发生地主管税务机关预缴税款时，需填报《增值税预缴税款表》，并出示以下资料： （一）与发包方签订的建筑合同复印件（加盖纳税人公章）； （二）与分包方签订的分包合同复印件（加盖纳税人公章）； （三）从分包方取得的发票复印件（加盖纳税人公章）。 第八条　纳税人跨县（市、区）提供建筑服务，向建筑服务发生地主管税务机关预缴的增值税税款，可以在当期增值税应纳税额中抵减，抵减不完的，结转下期继续抵减。	国家税务总局公告 2016 年第 17 号、国家税务总局公告 2016 年第 53 号

续表

其他说明		备注
跨县(市、区）提供建筑服务	纳税人以预缴税款抵减应纳税额，应以完税凭证作为合法有效凭证。 第九条　小规模纳税人跨县（市、区）提供建筑服务，不能自行开具增值税发票的，可向建筑服务发生地主管税务机关按照其取得的全部价款和价外费用申请代开增值税发票。 第十条　对跨县（市、区）提供的建筑服务，纳税人应自行建立预缴税款台账，区分不同县（市、区）和项目逐笔登记全部收入、支付的分包款、已扣除的分包款、扣除分包款的发票号码、已预缴税款以及预缴税款的完税凭证号码等相关内容，留存备查。 第十一条　纳税人跨县（市、区）提供建筑服务预缴税款时间，按照财税〔2016〕36 号文件规定的纳税义务发生时间和纳税期限执行。 第十二条　纳税人跨县（市、区）提供建筑服务，按照本办法应向建筑服务发生地主管税务机关预缴税款而自应当预缴之月起超过 6 个月没有预缴税款的，由机构所在地主管税务机关按照《中华人民共和国税收征收管理法》及相关规定进行处理。 纳税人跨县（市、区）提供建筑服务，未按照本办法缴纳税款的，由机构所在地主管税务机关按照《中华人民共和国税收征收管理法》及相关规定进行处理。 注：纳税人在同一地级行政区范围内跨县（市、区）提供建筑服务，不适用《纳税人跨县（市、区）提供建筑服务增值税征收管理暂行办法》（国家税务总局公告 2016 年第 17 号印发）。	国家税务总局公告 2016 年第 17 号、国家税务总局公告 2016 年第 53 号
建筑服务取得预收款预缴增值税	纳税人提供建筑服务取得预收款，应在收到预收款时，以取得的预收款扣除支付的分包款后的余额，按照本条第三款规定的预征率预缴增值税。 按照现行规定应在建筑服务发生地预缴增值税的项目，纳税人收到预收款时在建筑服务发生地预缴增值税。按照现行规定无需在建筑服务发生地预缴增值税的项目，纳税人收到预收款时在机构所在地预缴增值税。 适用一般计税方法计税的项目预征率为 2%，适用简易计税方法计税的项目预征率为 3%。	财税〔2017〕58 号
房地产老项目	房地产老项目，是指： （一）《建筑工程施工许可证》注明的合同开工日期在 2016 年 4 月 30 日前的房地产项目； （二）《建筑工程施工许可证》未注明合同开工日期或者未取得《建筑工程施工许可证》但建筑工程承包合同注明的开工日期在 2016 年 4 月 30 日前的建筑工程项目。	国家税务总局公告 2016 年第 18 号

续表

	其他说明	备注
房地产企业销售额	第四条　房地产开发企业中的一般纳税人（以下简称一般纳税人）销售自行开发的房地产项目，适用一般计税方法计税，按照取得的全部价款和价外费用，扣除当期销售房地产项目对应的土地价款后的余额计算销售额。销售额的计算公式如下： 销售额=(全部价款和价外费用－当期允许扣除的土地价款)÷(1+9%) 第五条　当期允许扣除的土地价款按照以下公式计算： 当期允许扣除的土地价款=(当期销售房地产项目建筑面积÷房地产项目可供销售建筑面积)×支付的土地价款 当期销售房地产项目建筑面积，是指当期进行纳税申报的增值税销售额对应的建筑面积。 房地产项目可供销售建筑面积，是指房地产项目可以出售的总建筑面积，不包括销售房地产项目时未单独作价结算的配套公共设施的建筑面积。 支付的土地价款，是指向政府、土地管理部门或受政府委托收取土地价款的单位直接支付的土地价款。 第六条　在计算销售额时从全部价款和价外费用中扣除土地价款，应当取得省级以上（含省级）财政部门监（印）制的财政票据。 第七条　一般纳税人应建立台账登记土地价款的扣除情况，扣除的土地价款不得超过纳税人实际支付的土地价款。	国家税务总局公告 2016 年第 18 号
	第七条 《营业税改征增值税试点有关事项的规定》（财税〔2016〕36 号）第一条第（三）项第 10 点中“向政府部门支付的土地价款”，包括土地受让人向政府部门支付的征地和拆迁补偿费用、土地前期开发费用和土地出让收益等。 房地产开发企业中的一般纳税人销售其开发的房地产项目（选择简易计税方法的房地产老项目除外），在取得土地时向其他单位或个人支付的拆迁补偿费用也允许在计算销售额时扣除。纳税人按上述规定扣除拆迁补偿费用时，应提供拆迁协议、拆迁双方支付和取得拆迁补偿费用凭证等能够证明拆迁补偿费用真实性的材料。 第八条　房地产开发企业（包括多个房地产开发企业组成的联合体）受让土地向政府部门支付土地价款后，设立项目公司对该受让土地进行开发，同时符合下列条件的，可由项目公司按规定扣除房地产开发企业向政府部门支付的土地价款。 （一）房地产开发企业、项目公司、政府部门三方签订变更协议或补充合同，将土地受让人变更为项目公司； （二）政府部门出让土地的用途、规划等条件不变的情况下，签署变更协议或补充合同时，土地价款总额不变； （三）项目公司的全部股权由受让土地的房地产开发企业持有。	财税〔2016〕140 号
	第五条 《国家税务总局关于发布〈房地产开发企业销售自行开发的房地产项目增值税征收管理暂行办法〉的公告》（国家税务总局公告 2016 年第 18 号）第五条中，“当期销售房地产项目建筑面积”“房地产项目可供销售建筑面积”，是指计容积率地上建筑面积，不包括地下车位建筑面积。	国家税务总局公告 2016 年第 86 号

续表

其他说明		备注
房地产企业预缴增值税、进项税额、纳税申报、发票开具（一般纳税人）	房地产开发企业一般纳税人采取预收款方式销售自行开发的房地产项目，应在收到预收款时按照3%的预征率预缴增值税。 应预缴税款按照以下公式计算： 应预缴税款＝预收款÷(1＋适用税率或征收率)×3% 适用一般计税方法计税的，按照9%的适用税率计算；适用简易计税方法计税的，按照5%的征收率计算。 一般纳税人应在取得预收款的次月纳税申报期向主管税务机关预缴税款。	国家税务总局公告2016年第18号
	一般纳税人销售自行开发的房地产项目，兼有一般计税方法计税、简易计税方法计税、免征增值税的房地产项目而无法划分不得抵扣的进项税额的，应以《建筑工程施工许可证》注明的“建设规模”为依据进行划分。 不得抵扣的进项税额＝当期无法划分的全部进项税额×(简易计税、免税房地产项目建设规模÷房地产项目总建设规模)	国家税务总局公告2016年第18号
	第十四条　一般纳税人销售自行开发的房地产项目适用一般计税方法计税的，应按照《营业税改征增值税试点实施办法》（财税〔2016〕36号文件印发，以下简称《试点实施办法》）第四十五条规定的纳税义务发生时间，以当期销售额和9%的适用税率计算当期应纳税额，抵减已预缴税款后，向主管税务机关申报纳税。未抵减完的预缴税款可以结转下期继续抵减。 第十五条　一般纳税人销售自行开发的房地产项目适用简易计税方法计税的，应按照《试点实施办法》第四十五条规定的纳税义务发生时间，以当期销售额和5%的征收率计算当期应纳税额，抵减已预缴税款后，向主管税务机关申报纳税。未抵减完的预缴税款可以结转下期继续抵减。	国家税务总局公告2016年第18号
	第十六条　一般纳税人销售自行开发的房地产项目，自行开具增值税发票。 第十七条　一般纳税人销售自行开发的房地产项目，其2016年4月30日前收取并已向主管地税机关申报缴纳营业税的预收款，未开具营业税发票的，可以开具增值税普通发票，不得开具增值税专用发票。 第十八条　一般纳税人向其他个人销售自行开发的房地产项目，不得开具增值税专用发票。	国家税务总局公告2016年第18号

续表

	其他说明	备注
房地产企业预缴增值税、进项税额、纳税申报、发票开具（小规模纳税人）	第十九条　房地产开发企业中的小规模纳税人（以下简称小规模纳税人）采取预收款方式销售自行开发的房地产项目，应在收到预收款时按照3%的预征率预缴增值税。 第二十条　应预缴税款按照以下公式计算： 应预缴税款＝预收款÷(1＋5%)×3% 第二十一条　小规模纳税人应在取得预收款的次月纳税申报期或主管税务机关核定的纳税期限向主管税务机关预缴税款。	国家税务总局公告2016年第18号
	第二十二条　小规模纳税人销售自行开发的房地产项目，应按照《试点实施办法》第四十五条规定的纳税义务发生时间，以当期销售额和5%的征收率计算当期应纳税额，抵减已预缴税款后，向主管税务机关申报纳税。未抵减完的预缴税款可以结转下期继续抵减。	国家税务总局公告2016年第18号
	第二十三条　小规模纳税人销售自行开发的房地产项目，自行开具增值税普通发票。购买方需要增值税专用发票的，小规模纳税人向主管税务机关申请代开。 第二十四条　小规模纳税人销售自行开发的房地产项目，其2016年4月30日前收取并已向主管地税机关申报缴纳营业税的预收款，未开具营业税发票的，可以开具增值税普通发票，不得申请代开增值税专用发票。 第二十五条　小规模纳税人向其他个人销售自行开发的房地产项目，不得申请代开增值税专用发票。	国家税务总局公告2016年第18号
	第二十六条　房地产开发企业销售自行开发的房地产项目，按照本办法规定预缴税款时，应填报《增值税预缴税款表》。 第二十七条　房地产开发企业以预缴税款抵减应纳税额，应以完税凭证作为合法有效凭证。 第二十八条　房地产开发企业销售自行开发的房地产项目，未按本办法规定预缴或缴纳税款的，由主管税务机关按照《中华人民共和国税收征收管理法》及相关规定进行处理。	国家税务总局公告2016年第18号
试点前开工的高速公路	试点前开工的高速公路，是指相关施工许可证明上注明的合同开工日期在2016年4月30日前的高速公路。	财税〔2016〕36号

续表

其他说明		备注
合法有效凭证	纳税人按规定从取得的全部价款和价外费用中扣除不动产购置原价或者取得不动产时的作价的，应当取得符合法律、行政法规和国家税务总局规定的合法有效凭证。否则，不得扣除。 上述凭证是指：(一）税务部门监制的发票。(二）法院判决书、裁定书、调解书，以及仲裁裁决书、公证债权文书。(三）国家税务总局规定的其他凭证。	国家税务总局公告2016年第14号
预缴税款抵减应纳税额	纳税人转让其取得的不动产，向不动产所在地主管税务机关预缴的增值税税款，可以在当期增值税应纳税额中抵减，抵减不完的，结转下期继续抵减。 纳税人以预缴税款抵减应纳税额，应以完税凭证作为合法有效凭证。	国家税务总局公告2016年第14号
小规模纳税人发票	小规模纳税人转让其取得的不动产，不能自行开具增值税发票的，可向不动产所在地主管税务机关申请代开。纳税人向其他个人转让其取得的不动产，不得开具或申请代开增值税专用发票。	国家税务总局公告2016年第14号
出租不动产预缴税款、发票规定	第九条　单位和个体工商户出租不动产，按照本办法规定向不动产所在地主管税务机关预缴税款时，应填写《增值税预缴税款表》。 第十条　单位和个体工商户出租不动产，向不动产所在地主管税务机关预缴的增值税款，可以在当期增值税应纳税额中抵减，抵减不完的，结转下期继续抵减。 纳税人以预缴税款抵减应纳税额，应以完税凭证作为合法有效凭证。 第十一条　小规模纳税人中的单位和个体工商户出租不动产，不能自行开具增值税发票的，可向不动产所在地主管税务机关申请代开增值税发票。 其他个人出租不动产，可向不动产所在地主管税务机关申请代开增值税发票。 第十二条　纳税人向其他个人出租不动产，不得开具或申请代开增值税专用发票。 第十三条　纳税人出租不动产，按照本办法规定应向不动产所在地主管税务机关预缴税款而自应当预缴之月起超过6个月没有预缴税款的，由机构所在地主管税务机关按照《中华人民共和国税收征收管理法》及相关规定进行处理。 纳税人出租不动产，未按照本办法规定缴纳税款的，由主管税务机关按照《中华人民共和国税收征收管理法》及相关规定进行处理。	国家税务总局公告2016年第16号

续表

	其他说明	备注
个人转让其购买的住房	个人将购买不足2年的住房对外销售的，按照5%的征收率全额缴纳增值税；个人将购买2年以上（含2年）的住房对外销售的，免征增值税。上述政策适用于北京市、上海市、广州市和深圳市之外的地区。 个人将购买不足2年的住房对外销售的，按照5%的征收率全额缴纳增值税；个人将购买2年以上（含2年）的非普通住房对外销售的，以销售收入减去购买住房价款后的差额按照5%的征收率缴纳增值税；个人将购买2年以上（含2年）的普通住房对外销售的，免征增值税。上述政策仅适用于北京市、上海市、广州市和深圳市。	财税〔2016〕36号
暂停预缴增值税	一般纳税人跨省（自治区、直辖市或者计划单列市）提供建筑服务或者销售、出租取得的与机构所在地不在同一省（自治区、直辖市或者计划单列市）的不动产，在机构所在地申报纳税时，计算的应纳税额小于已预缴税额，且差额较大的，由国家税务总局通知建筑服务发生地或者不动产所在地省级税务机关，在一定时期内暂停预缴增值税。	财税〔2016〕36号
增值税纳税义务、扣缴义务发生时间	（一）纳税人发生应税行为并收讫销售款项或者取得索取销售款项凭据的当天；先开具发票的，为开具发票的当天。 收讫销售款项，是指纳税人销售服务、无形资产、不动产过程中或者完成后收到款项。 取得索取销售款项凭据的当天，是指书面合同确定的付款日期；未签订书面合同或者书面合同未确定付款日期的，为服务、无形资产转让完成的当天或者不动产权属变更的当天。 （二）纳税人提供租赁服务采取预收款方式的，其纳税义务发生时间为收到预收款的当天。 （三）纳税人发生本办法第十四条规定情形的，其纳税义务发生时间为服务、无形资产转让完成的当天或者不动产权属变更的当天。 （四）增值税扣缴义务发生时间为纳税人增值税纳税义务发生的当天。	财税〔2016〕36号、财税〔2017〕58号
	纳税人提供建筑服务，被工程发包方从应支付的工程款中扣押的质押金、保证金，未开具发票的，以纳税人实际收到质押金、保证金的当天为纳税义务发生时间。	国家税务总局公告2016年第69号

续表

本表政策依据
《财政部　国家税务总局关于全面推开营业税改征增值税试点的通知》（财税〔2016〕36 号）、《纳税人转让不动产增值税征收管理暂行办法》（国家税务总局公告 2016 年第 14 号）、《纳税人提供不动产经营租赁服务增值税征收管理暂行办法》（国家税务总局公告 2016 年第 16 号）、《纳税人跨县（市、区）提供建筑服务增值税征收管理暂行办法》（国家税务总局公告 2016 年第 17 号）、《房地产开发企业销售自行开发的房地产项目增值税征收管理暂行办法》（国家税务总局公告 2016 年第 18 号）、《关于进一步明确全面推开营改增试点有关再保险、不动产租赁和非学历教育等政策的通知》（财税〔2016〕68 号）、《国家税务总局关于营改增试点若干征管问题的公告》（国家税务总局公告 2016 年第 53 号）、《国家税务总局关于在境外提供建筑服务等有关问题的公告》（国家税务总局公告 2016 年第 69 号）、《财政部 国家税务总局关于明确金融、房地产开发、教育辅助服务等增值税政策的通知》（财税〔2016〕140 号）、《国家税务总局关于土地价款扣除时间等增值税征管问题的公告》（国家税务总局公告 2016 年第 86 号）、《国家税务总局关于进一步明确营改增有关征管问题的公告》（国家税务总局公告 2017 年第 11 号）、《关于建筑服务等营改增试点政策的通知》（财税〔2017〕58 号）、《国家税务总局关于小规模纳税人免征增值税政策有关征管问题的公告》（国家税务总局公告 2019 年第 4 号）